Guns,

Germs,

and
Steel

Jared Diamond

The Fates of Human Societies

枪炮、病菌与钢铁

人类社会的命运

〔美〕贾雷德·戴蒙德——著

王道还 廖月娟——译

中信出版集团｜北京

图书在版编目（CIP）数据

枪炮、病菌与钢铁 /（美）贾雷德·戴蒙德著；王
道还，廖月娟译 . -- 北京：中信出版社，2022.1（2025.7 重印）
　书名原文：Guns, Germs, and Steel
　ISBN 978-7-5217-3681-6

　I.①枪… Ⅱ.①贾… ②王… ③廖… Ⅲ.①社会发
展史 Ⅳ.① K02

中国版本图书馆 CIP 数据核字（2021）第 250822 号

枪炮、病菌与钢铁

著者：　　［美］　贾雷德·戴蒙德
译者：　　王道还　廖月娟
出版发行：中信出版集团股份有限公司
　　　　（北京市朝阳区东三环北路 27 号嘉铭中心　邮编　100020）
承印者：　河北鹏润印刷有限公司

开本：880mm×1230mm　1/32　　印张：19.5　　　　字数：372 千字
版次：2022 年 1 月第 1 版　　　印次：2025 年 7 月第 27 次印刷
京权图字：01-2021-6753　　　　审图号：GS（2021）8343 号
书号：ISBN 978-7-5217-3681-6
定价：89.00 元

目录

致我的中国读者   III

前　言   XIX

开场白   XXIII

第一部分 第1章 人类社会的起跑线   3

从伊甸园到 第2章 历史的自然实验   25
卡哈马卡
       第3章 卡哈马卡的冲突   42

第二部分 第4章 农民的力量   63

食物生产的 第5章 历史上的有与无   72
兴起与扩散
       第6章 下田好，还是打猎好？   85

       第7章 杏仁的前世今生   97

       第8章 是苹果的问题，还是印第安人的问题？ 116

       第9章 斑马、不幸福的婚姻与安娜·卡列尼娜原则 146

       第10章 大陆轴线——历史的伏笔   168

第三部分	第11章	牲畜的致命礼物	189
从食物到枪炮、病菌与钢铁	第12章	蓝本和借来的字母	213
	第13章	发明为需求之母	240
	第14章	从人人平等到盗贼统治	274

第四部分	第15章	亚力的族人	309
环游世界	第16章	中国——东亚之光	344
	第17章	开往波利尼西亚的快船	359
	第18章	两个半球的碰撞	384
	第19章	非洲是怎么变成黑人的非洲的？	412
	第20章	日本人是什么人？	444

收场白	473
2017版后记	499
致　谢	515
延伸阅读	517
图片来源	541

致我的中国读者

能有此机会向我的中国读者介绍我自己以及我写的书，我倍感荣幸。

我于 1937 年出生在美国东北部的沿海城市波士顿。美国人与中国人不同，大多数中国人的祖先包括早在 50 万年前就生活在中国的早期人类，而当今的美国人无一例外地要么是移民，要么是后来移居美国的人的后代。1.3 万年前，在如今是美国的地方，甚至北美或者南美的任何角落，都没有人类生存过。直到 1.3 万年前，现代美洲原住民的祖先才来到美国。直到 400 年前，绝大多数现代美国人的祖先才开始来到美国——最早的一批来自欧洲，不久之后有来自非洲的，从大约 170 年前开始又有来自亚洲的。我的父亲是移民，他出生在当时的俄罗斯帝国，两岁时随父母来到美国。我的外祖父母在东欧出生长大，生了 3 个孩子后，于 19 世纪 80 年代带着孩子移居美国，后来又生了 6 个孩子，我的母亲是最小的那个。我妻子玛丽的父母于 1948 年从波兰移居美国。

　　我的母亲是一名钢琴家、语言学家，还是一名教师。在她的教育和帮助下，我从 3 岁开始识字，从 6 岁开始学习弹钢琴，从 10 岁开始学习英语语法和散文创作，还在 11 岁学习拉丁语，在 16 岁学习德语。我的父亲是一名医学家，他帮助创建了小儿血液学（儿童血液疾病）学科，还帮助建立起美国血库系统。在他的影响下，我对科学产生了兴趣。我的父母都不是观鸟人，我自己喜欢上了鸟类，从 7 岁就开始观鸟了。

　　在我成长的过程中，每当有人问我长大后想做什么，我都脱口而出："我想成为一名像我爸爸那样的医生。"11 岁时，我很幸运地进入一所很好的学校读书，那里的历史课、外语课、写作课很精彩，科学课一般。因为我觉得我在今后的人生中会一直从事科学事业，所以我感到上学期间是接触历史、语言和写作的大好时机。17 岁时，我考入哈佛大学，仍然怀揣着最终成为一名医生或者至少成为一名医学研究人员的梦想。但那时，因为我还是觉得我在今后的人生中会一直从事科学事业，所以我在大学期间尽可能地学一些与医学无关的课程——比如俄语、德语文学、作曲、口传史诗、动机心理学和天文学。

　　直到我在哈佛四年大学生涯的最后一年，我才意识到我不想行医，我真正想从事的是科学。因此，我没有按照原来的计划去医学院就读（我当时已经申请并被录取了），而是在毕业前几个月改变了计划，决定攻读生理学这门实验室科学的博士学位，研究人类和其他动物的身体机制。

　　为了完成博士期间的研究，我来到英国的剑桥大学，在欧洲生活了四年。我选择剑桥大学出于两个原因。一个原因是剑桥在当时拥有世界上顶尖的生理学家，我的博士生导师就是其中一位。另外一个原因是在此之前，除了去美国其他地区进行过短暂的旅游，我一直生活在波士顿，和我的父母住在一起或者和他们住得很近。我准备开始自己的人生，准备离开家去体验别处的生活。实际上，在欧洲生活是一段很愉快的经历，不仅仅是因为剑桥大学的生理学很杰出。我有许多机会去其他欧洲国家游览、学习，比如，我可以去德国练就一口流利的德语，去芬兰初步学习芬兰语这门很难的语言，还能去当时的南斯拉夫。在剑桥大学，我有很多闲暇时间作为钢琴演奏者和其他音乐家演奏室内乐，在大学合唱团演唱，自学管风琴，开启我演奏伟大作曲家约翰·塞巴斯蒂安·巴赫所有管风琴作品的逐梦之路。

　　在欧洲生活还有一个好处，那就是加深了我对地理及历史之于人类生活影响的理解。我在儿时就感受到了地理和历史的影响力，出生于1937年的我在第二次世界大战期间长大。那时，我父亲在我卧室的墙上贴了两张地图，一张是欧洲地图，另一张是太平洋和东亚地图。我父亲在地图上用大头针表示第二次世界大战中的欧洲战线和太平洋战线，随着战线的转移，他每天晚上都给大头针换位置。1958—1962年，我在欧洲生活，朋友也都是出生于1937年前后的欧洲人。但是，由于地理和历史因素，我的欧洲朋友有着与我截然不同的童年。尽管第二次世界大战对美国人生活的影响无处不在，自然对我也有很大影响，但我从没看到过炸弹从天而降，也没看到过有人被杀死。我那些欧洲朋友的童年生活就完全不同了。取决于他们是碰巧出生在英国、德国、南斯拉夫还是别的什么国家，他们经历的苦难各不相同，有的失去了双亲，有的从远处眼看着父母的房子被炸毁，还有的失去了受教育的机会。这些事情没有一件在我身上发生过——完全是由于地理上的偶然，我出生在波士顿，而不是出生在伦敦或慕尼黑或贝尔格莱德。

我在剑桥大学的博士实验室研究是关于胆囊的。胆囊是个很小的器官，我们平常不会注意到它，除非不幸地得了胆结石。但事实证明，我关于胆囊的研究发现能提供一个良好的模型，帮助人们了解肠道、肾脏、肝脏等相关且更重要的器官。我成了世界上最了解胆囊运输盐和水机制的人。这种专业问题在你看来可能毫无用处，但如果你的肠道或者肾脏出现问题，让你的生命危在旦夕，你就不会这么认为了。1962 年，我从欧洲回到美国，在哈佛大学医学院任职。1966 年，我搬到洛杉矶生活，在加州大学任职，我之后的职业生涯都在这里度过。我的工作是继续研究胆囊，同时为医学生讲授医学生理学的课程。

但是，我逐渐发现我被寄予了将余生奉献给胆囊研究事业的期望，不安的感觉与日俱增。因为在此之前我把我大段的人生用在了更广泛的兴趣上，包括钢琴、语言、历史、鸟类，所以把余生用来研究胆囊让我感到太受限制和束缚。因此，1963 年，我与一位同我一样爱好探险和观鸟的大学同学一起，策划了一场前往秘鲁这个南美国家的旅行，去攀登安第斯山脉的高山，观察亚马孙盆地的鸟类。第二年，我和我的朋友又组织了一次旅行，去澳大利亚以北的热带大岛新几内亚岛研究鸟类。

1964 年那场首次踏足新几内亚岛的旅行对我的人生具有决定性意义。一旦你去过新几内亚岛，你就会觉得世界上的其他地方黯然失色。新几内亚岛地处赤道附近，但岛上的山脉海拔高达 5 000米。世界上只有三个地方可以在赤道附近的山顶看到雪和冰川，新几内亚岛便是其中之一（另外两个地方是安第斯山脉和东非山地）。新几内亚岛上的鸟类是世界上最迷人、最漂亮的。岛上有上千个不同的部落，岛民说着上千种不同的语言：新几内亚岛是世界上语言最多样化的地方。即使到了现代，新几内亚岛也是世界上最晚改变传统生活方式的地方之一：人们传统上仍然使用石器工具而非金属工具，仍然没有文字，仍然没有中央政府——在远古，世界各地都是这样，直到 1 万年前左右，随着农业的出现，才有 10 个地方（包括中国）发明了金属工具，创造了文字，发展出中央政府。

在第一次新几内亚岛之旅后，我又去过 31 次，都是为了研究鸟类，以及（坦率地说）向新几内亚岛岛民学习。我很快就遇到了一个矛盾：为什么聪明的新几内亚岛岛民仍在使用石器工具而不使用金属工具，而我这个在丛林中自己找不到路也不会生火的愚钝美国人，却作为带来金属工具、文字并征服新几内亚岛的欧洲社会之代表来到此地？从新几内亚岛岛民那里，我学会了如何养育子女，如何预知危险，如何领导他人，还学会了许多其他东西。在这一过程中，我对新几内亚岛上鸟类的研究发展成为我在生态学和进化生物学方面的第二职业，这比我对胆囊的研究更让我在科学界为人所知。

随着第二职业的起步，我开始在两个不同的科学领域（生理学和鸟类学）撰写学术研究论文。但我所有的论文都是学术性的，只有科学家能读懂。至于其他方面的人类知识，我只能阅读，不能认真思考并写出点什么。我在学术性的科学期刊上发表论文，几乎用不到我从母亲那里以及从英语和其他语言的文学中学到的向广大读者传达想法的技巧。于是，我在 20 世纪 70 年代末开始为杂志撰写面向大众的短文，讨论人类的经验，内容与胆囊和鸟类都不相关。

20 世纪 80 年代发生了两件事，让我从撰写面向大众的杂志短文转而撰写面向大众的书。第一个事件出人意料，我接到一通麦克阿瑟基金会打来的电话，告知我他们已经决定给我一份为期 5 年的奖金，资助我做任何我想做的事情。那天接完电话后，我一整天都非常兴奋，但从第二天起，一整周都情绪低落，这是我人生中唯一一次情绪低落的时候。我意识到这通电话实际上是说："贾雷德，你是一个很有才华的人，我们给你 5 年既有自由又有报酬的时间，希望你好好利用这一自由，做点重要的事情。你的人生到目前而言，都在撰写关于胆囊和新几内亚鸟类的学术论文，没能发挥出你的潜能！"

第二个事件是我和玛丽的双胞胎儿子马克斯和乔舒亚在 1987 年出生。在他们出生前，每当人们谈论到未来某年比如 2050 年地球可能会面临的灾祸，我都觉得不真实，因为我出生在 1937 年，意味着 2050 年这样遥远的年份其实只存在于想象之中：我不可能活到那时。但是，2050 年到来时，马克斯和乔舒亚很可能还活着，处于人生的巅峰时期，还能活好几十年。他们的人生，以及 2050 年世界的模样，都不是胆囊和新几内亚岛上的鸟类能决定的。我想为孩子们创造更美好的世界，因此需要开始把世界上最重要、最值得关注的问题呈现给大众，而不是只为胆囊专家和新几内亚岛鸟类专家写作。

这两个事件让我决定开始撰写面向大众的书籍。这些书讨论的是公众会关心的问题，这些问题可能会决定我的儿子们在一生中大部分时间里所处的世界的状态。就这样，我踏上了写作之路。四年后，我出版了第一本面向大众的书，到现在一共出版了8本。我很荣幸这8本书都被翻译成了中文。现在，我准备依次介绍一下这8本书，希望能激发你的阅读兴趣。

我的第一本书是《第三种黑猩猩》（1991年），论述了人类何以在这么短的时间内变得如此不同于其他动物。从基因角度看，我们不过是第三种黑猩猩：大约600万年前，我们的祖先才与另外两种黑猩猩的祖先分离开来，我们的基因组与它们的基因组的差异不到2%。（如今，生物学家将其他的黑猩猩从两类分为三类，所以我们现在不是第三种黑猩猩，而是第四种黑猩猩了。）这意味着人类和其他几种黑猩猩的亲缘关系十分紧密，比观鸟者分辨不出的几种鸟的关系还要紧密。但在某些关键方面，人类与其他几种黑猩猩的差异很大，因此传统上我们不仅不被认为是黑猩猩，甚至不被认为是动物。这些关键性差异一定是在最近1 000万年内进化出来的。

因此，《第三种黑猩猩》讨论的是艺术和语言等人类特征在晚近时代的演化，这些特征似乎用一道不可逾越的鸿沟将人类和"动物"分离开来：人类的艺术、语言、种族灭绝、农业、生态破坏性，以及特有的性行为。书中有一章提出这样一个问题：除了地球，智慧生命或任何形式的生命是否还存在于宇宙中的其他地方？在我看来，《第三种黑猩猩》是我所写的书中最有趣、写得最好的一本，也是我母亲至今仍最爱读的一本。接下来的三本书对于我在《第三种黑猩猩》中首次探讨的几个最重要问题进行了更深入的探究。

我的第二本书是《枪炮、病菌与钢铁》（1997年），研究的是我最先在《第三种黑猩猩》中讨论的几个问题之一，也是晚近的人类历史中最重大的问题：为什么在过去 1 万年间，人类社会在不同大洲发展得如此不同？例如，为什么那些聪明的新几内亚岛岛民最近还在使用石器工具，为什么是欧洲人而不是亚洲人或美洲原住民或非洲人在最近几个世纪崛起并征服了世界上大部分其他地方？有一种种族主义的解释，大多数欧洲人在不久前还在相信，许多欧洲人至今仍然坚信，那就是欧洲人比其他人种更聪明。但是，欧洲的种族主义者从未给出支持这一解释的证据。我自己的经历是，尽管新几内亚岛岛民使用石器工具，但他们总体上至少和欧洲人一样聪明——这一说法比我之前写过的任何内容都要激怒我的一些欧洲读者。

不同于种族主义解释，《枪炮、病菌与钢铁》表明人类社会在不同大洲上的不同历史轨迹是由于各大洲的自然环境不同：首先是各大洲在适合驯化的野生动植物物种方面的差异，其次是各大洲在大陆轴线和孤立程度方面的差异。《枪炮、病菌与钢铁》解释了这样一些过程：农业只独立发源于世界上的部分地区（包括中国但不包括欧洲），农业带来了金属工具、文字、中央政府等多方面的发展，使一些族群有能力征服另一些族群。中国读者可能会对书中关于中国的部分尤其感兴趣，包括水稻、猪和蚕等驯化动植物的起源，以及这些中国的创新产物向朝鲜、日本、东南亚、印度尼西亚和波利尼西亚偏远太平洋岛屿传播的过程。

我的第三本书是篇幅最短的一本，即《性趣何来？》（1997 年），我一写完《第三种黑猩猩》就开始写这本书。人类与其他动物包括我们的近亲黑猩猩的不同之处，不仅在于我们的语言和艺术，还在于我们特有的性行为、生理学和解剖学特征。如果你的宠物狗会说话，你可以问问它对你的性生活有何看法。你会惊讶地发现，被你视为理所当然的行为在狗看来很怪异。你的宠物狗会说："这些人类真病态、真疯狂！为了交配，他们还得去卧室并关上门，而不像有自尊心的狗一样在大庭广众下交配。他们在一个月中的任何一天都能交配，而不是只在女性可受孕期交配。实际上，如果不用体温计测量或者不用激素检测试剂盒检测，我和我的主人都不知道女主人在一个月中的哪几天可以受孕，甚至女主人自己也不知道。但雌性的狗会将它们可受孕的日子广而告之，任何其他正常的雌性动物都会这么做。最恶心的事情是，人类即使在女人衰老不能生育后还有性行为。这些人的大多数性行为是对精力的巨大浪费，因为大部分性行为都不能带来受孕！"没错，你的宠物狗观察得完全正确。但是，所有这些被我们人类视为理所当然、让你的宠物狗觉得恶心的人类性行为，与人类的语言和工具一样，对人类社会的运行至关重要。

下一本书是《崩溃》（2005 年），探讨的问题是为什么有的社会实施愚蠢的政策而走向自我崩坏，而有的社会能持续兴盛数百年甚至数千年。我描述了几个历史上有名的崩溃事例：波利尼西亚社会之崩溃，该社会曾经所在的复活节岛上巨型石像群高高耸立；阿纳萨齐城镇之废弃，在欧洲人到来之前，美洲原住民在这片位于现代美国西南部的土地上建造了最高的大楼，建立了最先进的社会；玛雅文明之消亡，中美洲的那些美洲原住民城市曾因其神庙、神像和雕刻之壮观而举世闻名；维京人之没落，格陵兰岛上的维京人聚居地过了 400 年后，一个人也没有剩下。这些崩溃的古代社会与避免了自我灭亡的古代社会，以及成败不一的现代社会都形成了鲜明的对比。这本书探究了导致有些社会制定灾难性决策的多种原因，以及现代世界面临的主要环境问题。《崩溃》这本书为我们当今的社会提供了最现实的经验与教训。

我的第五本书是《历史的自然实验》（2010 年），这本书是我和同事吉姆·罗宾逊（Jim Robinson）合著的，其中的篇章包括吉姆撰写的、我撰写的、以及另外 5 位作者撰写的，展示的是如何利用自然实验理解人类行为和人类社会。物理学家、化学家和分子生物学家告诉我们，唯一严谨的科学研究方法是进行可操纵的实验室实验：在实验中取两支相同的试管，在其中一支试管中加入某种化学物质或干扰试剂，将该试管与另一支未受干扰的试管进行对比，从而明确地证明该化学物质或干扰试剂的作用。如果我们能够开展此类可操纵实验，比如通过实验让一半的女性在每月的可受孕期变成亮红色，或者用时光机将历史倒退 20 次，其中 10 次有希特勒，10 次没有希特勒，以此证明希特勒对历史的影响，那么我们社会科学家就能快速解决所有重大的历史和人类行为问题。可惜，对我们这些不幸的社会科学家而言，这类可操纵实验通常无法实现、违犯法律或者违背道德。但是我们仍然能通过对比所谓的自然实验结果取得进展，在这些"实验"中，自然有时受到了某种人为操纵，有时没受到人为操纵。

例如，对于拿破仑对欧洲的经济发展的作用究竟是正面还是负面，历史学家争执不下。法国历史学家通常认为拿破仑带来了可观的效益，而英国历史学家往往认为他让欧洲的经济变得混乱不堪。很不幸，我们无法控制拿破仑的存在与否并让历史重来几遍，以此解答这个问题。但是，在拿破仑时期，德意志有几十个独立的邦国，有些邦国遭到拿破仑的入侵并完成了改革，有些邦国虽然遭到拿破仑的入侵，但其推行的改革后来被普鲁士王国推翻，还有些邦国从未实行过拿破仑的改革。即使不用化学家所钟爱的试管和可操纵实验，这一自然实验仍能表明：关于拿破仑的影响，法国历史学家是正确的，英国历史学家是错误的。自然实验已经成为回答人类历史和人类行为相关问题的最实用、最可行方法。

第六本书是《昨日之前的世界》（2012 年），书中比较了传统社会的生活（比如我待了很长时间的新几内亚岛上的部落社会生活）与大部分读者都不陌生的现代社会生活。传统社会与现代工业社会的差异表现在许多方面：敌友的划分、打仗的方法，以及解决争端、养育子女、对待老人、应对危险、保持健康的方式，等等。在有些方面回归传统做法是很可怕的，我们可以认为我们现代的生活方式更优越，比如不必总是卷入战争，不必眼睁睁看着大多数子女死去。但在另一些方面，传统社会处理问题的方式比我们现代人强，我们可以从中学到很多，比方说如何维持一生的友情，将子女养育成具有竞争力且快乐的人，识别危险，以及为老年人提供有意义的生活。《昨日之前的世界》是我最具个人色彩的一本书，也是最易于读者参考应用，使自己的生活更惬意的一本书。

在我最新出版的书之前的一本是《为什么有的国家富裕，有的国家贫穷》（2014 年）。我的另外 7 本书都围绕一个单一话题展开，并且需要从头开始读，但这本小书只有 7 章，每章的话题都不同，你可以一次只读一章，随便什么顺序都行。各章讨论的话题包括：为什么有的国家富裕，有的国家贫穷？如何避免损害健康或者危及生命的事故？吃什么能够避免过早死于糖尿病、高血压、心脏病，或者其他可能威胁我和大多数读者生命的医学问题？还有一整章是关于中国的，描述的是我这个外国历史学家眼中的中国。

我最新出版的书是《剧变》（2019 年），讨论的是现代国家如何应对国家危机，书中的案例多数发生在过去的 80 年内。虽然已经有数不胜数的书讨论最近或以前的国家危机，但是这本书从一个全新的视角剖析了这一常见且重要的问题：由个人危机提供的视角。几乎所有人都经历过个人危机，比如婚姻或其他亲密关系即将破裂、所爱之人去世这类事件，或者工作、财务或健康方面的重大挫折。我对这一问题思考了很多，因为我的妻子玛丽是一名临床心理学家，她的专业涉及为面临严重个人危机的人提供帮助。

我们都知道，不管是根据自己的经历还是基于对朋友的观察，有些人在面对危机时比其他人处理得更妥当。借助玛丽和其他心理学家的经验，我们总结出了决定个人能否成功应对个人危机的 12 项因素，包括是否承认危机，是否承担责任，是否对自己诚实，是否有选择性地改变自身做得不好的部分，是否接受朋友的帮助，等等。结果表明，类似的因素也影响着印度尼西亚、日本、澳大利亚、德国等国家应对国家危机的方式。这本书的最后几章剖析了日本、我的祖国美国以及整个世界现在正面临的主要问题，还分析了影响日本、美国以及整个世界成功解决现存问题的可能性的因素。

你将会注意到我的这些书是在 1991—2019 年出版的。每一本书都在出版前的几年里写成。这可能会让你心生疑问：这些书是不是已经过时了呢？从 1991 年或者 2005 年至今，知识已经更新换代，这些书现在是不是不合时宜、失去价值了呢？

当然，对于我在这些书中所探讨的问题，相关研究肯定不会在书出版后就停滞不前。不过事实证明，后续的研究只是提供了新的例子，促进了我们的理解，并没有推翻我书中的结论。例如，1991 年《第三种黑猩猩》出版时，我们不知道我们的祖先智人遇到现在已经灭绝的尼安德特人时，两个人种是否发生了杂交。现在，基于过去 15 年的基因研究发现，我们知道确实发生过杂交，特别是当我们的智人祖先从非洲扩张后首次遇到尼安德特人时——或许因为他们那时男女人数不平衡，智人中的男性不得不与尼安德特人中的女性交配。结果是，非洲之外的所有现代人类（中国人、美国人等）有大约 3% 的基因源自尼安德特人与不断扩张的智人杂交的短暂时期。这一发现为我在 1991 年出版的《第三种黑猩猩》一书中所描述的人类进化进程增添了有趣的一笔，但并没有推翻我这本书的结论。

最后，我将列举 11 个问题，这些问题可能让你感到困惑，你不确定这些问题的答案是什么（许多科学家往往也不确定！），但是你会发现这些问题在我的这几本书中都有所探讨。这些问题能说明为什么我认为我们人类和我们的社会非常有趣，以及为什么我认为我的中国读者将会对这些问题特别感兴趣。举例如下：

为什么几乎所有的中国人都是黑头发、黑眼睛，而大多数北欧人是黄头发或红头发、蓝眼睛？为什么黑头发、黑眼睛会给生活在中国而非北欧环境中的人类带来优势？

为什么在世界上的所有人种中，中国男性的胡须（和体毛）特别稀疏，欧洲男性的胡须更浓密，日本北部的阿伊努人的胡须是世界上最浓密的？长胡须或者不长胡须对男性各有什么好处，为什么这种好处在中国、欧洲和日本北部有所不同？

中国人特别是中国北方人的一项独特的面部特征是眼型，这是由于叫作内眦赘皮的眼睑特征造成的。内眦赘皮在中国北方人和西伯利亚东部人口的眼部表现得很明显，在中国南方人和南亚人口的眼部表现得不太明显，而世界上大多数其他人种的眼部没有内眦赘皮。如果你的眼部有内眦赘皮，这对你有什么好处呢？为什么如果你的祖先来自中国北方，好处就会更大，如果你的祖先来自中国南方，好处就会更小，而如果你的祖先来自欧洲，就没有好处呢？

为什么中国的丈夫平均而言比他们的妻子高 10 厘米左右呢？为什么很少有中国男人比妻子高很多，也很少有比妻子矮的呢？

就地理方面而言，欧亚大陆以东的日本和欧亚大陆以西的英国像是对方的镜像——日本是靠近中国海岸的大群岛，而英国是靠近欧洲海岸的大群岛。人们可能因此便期待日本和中国的历史关系与英国和欧洲的历史关系大致相同。事实上，英语与欧洲大陆的日耳曼语系关系密切，与欧洲弗里西亚语的关系尤为紧密，而日语与汉语完全不相干，与任何其他亚洲语言也没有确切的亲缘关系。同样，英国在过去 2 000 年里与欧洲国家纠葛不断，不断遭到欧洲人的入侵和占领，几乎在每个世纪都派遣了军队到欧洲大陆作战；但日本早先一直与亚洲大陆国家保持着几乎是相互隔绝的状态，在公元前 400 年之后从未遭到过侵占，在近代之前只有一次（16 世纪 90 年代）向亚洲大陆派兵作战。为什么日本和英国有着如此相似的地理特征，却在语言、社会和历史方面发展得如此悬殊呢？

中国在公元前 221 年首次实现了政治统一，从此在历史上的大部分时期都是统一的状态。相反，欧洲大陆从未实现过政治上的统一，直至今天，欧盟甚至连促使欧洲各国组成非常松散的联盟都很有困难。为什么中国这么容易实现统一，而欧洲实现统一就难上加难？

人类女性有绝经期，这意味着所有女性在 40 岁之后的一段时间会逐渐丧失生育能力。这似乎违背了基于自然选择的期望，因为自然选择应该倾向有助于动植物物种繁衍更多后代这种特性的进化。另外唯一一种已知有雌性绝经期的哺乳动物是领航鲸，也可能还有虎鲸，还有一种哺乳动物（澳大利亚袋鼩）有雄性绝精期。为什么女性有绝经期，与基于自然选择的期望不一致呢？如果绝经对女性有某种好处，那么为什么绝精对男性没有好处呢？为什么人类男性没有绝精期呢？人类女性与雌性领航鲸或虎鲸有何共同之处，唯独让这三种生物的雌性有绝经期呢？为什么雄性袋鼩有绝精期，而人类男性或者任何其他雄性哺乳动物没有绝精期呢？

生双胞胎对中国女性来说很少见：只有几百分之一的概率。但在尼日利亚的女性中，生双胞胎非常常见，比中国女性生双胞胎常见 20 倍——每 100 名尼日利亚新生儿中就有 6 对双胞胎。人们可能会想当然地认为生双胞胎会为自然选择所青睐：生双胞胎的女性能因此繁衍更多的子女并最终占领全世界。那么，为什么生双胞胎对尼日利亚女性有明显的好处，而对中国女性不利呢？

糖尿病曾经在中国很少见，但最近几十年发病率大大增加，已经接近美国的病发率。但是，糖尿病患者在中国人口中的分布与在美国人口中的分布截然相反。在中国，糖尿病集中发生在受教育程度高的富人身上，几乎不会发生在受教育程度低的穷人身上。与之相反，在美国，糖尿病在受教育程度低的穷人中最常见，在受教育程度高的富人中不常见。为什么糖尿病的发病分布在中国与在美国完全相反呢？

中国未来面临的最严峻问题之一是蚯蚓的问题。蚯蚓正面临什么问题呢，为什么蚯蚓问题对中国人的未来是一项严重的威胁呢？

中国和美国经常将彼此视为经济竞争对手，甚至可能是军事竞争对手。但是，中国所面临的最严重的长期问题与美国所面临的最严重的长期问题是一样的，即核武器、气候变化、全球范围内关键资源的枯竭、世界各地不平等导致的种种后果，以及在新冠肺炎之后的新型疾病将给整个世界所带来的危险。所有这些问题都非常棘手，只有在中国、美国以及世界上其他强国的通力合作下才能得到解决。为什么中国和美国现在还不做出更多的努力，来保障自己政府和自己人民的利益，来应对这些共同的问题，来解决我们两国都在面临的这 5 个最严重的难题？

以上 11 个问题只是列举的几个例子，你将看到我在 8 本书中还探讨了上千个精彩的问题。对于其中的一些问题，我在书中提供了具有信服力的答案。对于其中的另一些问题，我只能提供一些推测，这些推测尚未得到广泛的认可。其中还有一些问题至今仍然是谜，不过科学家希望能够在你们的有生之年解开谜题。尽情阅读、尽情享受吧！这次有机会向我的中国读者致辞，我真的很高兴。

Jared Diamond

前言

为什么说世界历史就像洋葱一样？[①]

　　本书尝试概述过去 1.3 万年来的人类史。激发我写作本书的问题是：为什么不同大洲的历史发展轨迹不同？如果这一问题让你担忧，生怕拿到了一本带有种族色彩的专著，那么请放心：本书给出的解答丝毫不涉及人类种族间的差异。本书的重点在于探寻终极的原因，并尽可能向前回溯历史的因果链。

　　大多数关于世界历史的著作聚焦在具有读写文化的欧亚和北非社会，至于其他地区，比如撒哈拉以南非洲、美洲、东南亚岛屿、澳大利亚、新几内亚和太平洋岛屿，那里的本土社会只会被大概提及，而且讲的主要是它们在相当晚近的时候被西欧人发现并征服后的事。即使就欧亚大陆而言，欧亚大陆西部历史所占的篇幅也大得多，远胜过中国、印度、日本、东南亚热带地区以及其他欧亚大陆东部社会的历史。文字大约在公元前 3000 年诞生，

① 本书前言、第 20 章及后记由李艳翻译。——编者注

在那之前的历史往往只被一笔带过，尽管在人类 500 万年的历史中，没有文字的时间占到了 99.9%。

这种狭隘的世界历史写法有三方面缺陷。第一，当今，对欧亚大陆西部之外的社会感兴趣的人越来越多，这不难理解。毕竟，那些"其他"社会的人口占世界人口的大多数，世界上绝大部分种族、文化、语言群体也在那里。其中一些社会已经或正在成为极为强大的经济体和政治力量。

第二，那些特别关心现代世界如何形成的人，如果只读文字出现之后的历史，是无法获得深层次的认知的。情况并不是从前各个大洲上的社会势均力敌，直到公元前 3000 年欧亚大陆西部突然发明了文字，并开始在各个方面领先。实情是，到公元前 3000 年，欧亚大陆和北非的一些社会不仅已经拥有早期的文字，还有了集权的国家政府、城市、广泛使用的金属工具和武器，还将家畜用于交通、牵引和产生机械动力，依赖农业和家畜获取食物。而其他大洲的大部分或所有地区，上述事物在那时都没有出现；后来美洲和撒哈拉以南非洲的部分地区出现了其中一些事物，但这个过程花了差不多 5 000 年；澳大利亚土著社会则从未有过这些事物。由此我们应该可以想到，欧亚大陆西部在现代世界的支配地位，其根源可以追溯到公元前 3000 年以前，尚未有文字出现的过去。（关于欧亚大陆西部的支配地位，我指的是对欧亚大陆西部社会自身及其在其他大洲上塑造的社会的支配。）

第三，只关心欧亚大陆西部社会的历史，就会忽视一个重大问题：为什么那些社会的实力和创新能力都格外强大？通常人们在回答这个问题时，都会谈到一些近因，例如资本主义、重商主义、科学研究、技术，以及病菌，那些可怕的病菌杀死了其他大洲上与欧亚大陆西部拓殖者产生接触的族群。但是，为什么这些造就征服地位的要素都出现在欧亚大陆西部，而其他地方或是只有一部分，或是完全没有呢？

所有这些要素都只是近因，而不是终极原因。为什么资本主义没有在墨西哥土著社会蓬勃发展，重商主义没有在撒哈拉以南非洲风靡盛行，科学研究没有在古代中国备受推崇，先进技术没有在北美土著社会落地开花，致命病菌没有在澳大利亚土著群体中演化出来？也许有人会说，原因在于这些社会的文化特质（比如，科学研究在古代中国因儒家思想而遭到遏制，在欧亚大陆西部则因希腊或犹太-基督教传统而得到促进），但这种回答还是回避了对终极原因的追寻：为什么不是儒家思想出现在欧亚大陆西部，犹太-基督教伦理出现在古代中国？此外，这一说法还忽略了一个事实，即在公元 1400 年以前，尊崇儒家思想的中国在技术上一直领先于欧亚大陆西部。

如果只盯着欧亚大陆西部的社会，那么甚至连欧亚大陆西部社会本身都无法了解。前述那些值得关注的问题都涉及这些社会与其他社会之间的差异。回答这些问题需要我们同样了解其他社会，这样才能将欧亚大陆西部的社会置于更广阔的背景下。

有些读者可能会觉得，我反对传统历史的写法，自己却走向另一个极端，为了写世界上其他地区的历史而过度压缩给欧亚大陆西部的篇幅。对此，我的回答是，世界上其他的一些地区很有启发性，往往在一小片地理区域中就有多种多样的社会。还有些读者可能会赞同本书一位评论者的看法。这位评论者半开玩笑地写道，我似乎把世界历史看作了洋葱，现代世界是最外面的那一层，在寻求理解历史的过程中要把洋葱一层一层地剥开。没错，世界历史的确就是这样的洋葱！不过，将洋葱层层剥开的过程令人着迷、充满挑战，对于今天的我也意义重大，因为我们力图以史为师，以往鉴来。

开场白

亚力的问题

众所周知，地球上不同地区族群的历史发展轨迹大不相同。上个冰期结束以来的 1.3 万年里，世界上的一些地区发展出了有文字、使用金属工具的工业社会，一些地区只形成了没有文字的农业社会，还有一些地区则依旧是使用石器的狩猎–采集社会。此类历史发展上的不均等给现代世界投下了深长的阴影，因为有文字、使用金属工具的社会征服或消灭了其他类型的社会。这些差异是世界历史中最基本的事实，但出现差异的原因不明朗，且有争议。25 年前，有人当面向我发问，问题的形式很简单，那是我第一次接触到这个令人困惑的问题。

1972 年 7 月，我在热带岛屿新几内亚的沙滩上漫步，当时我在那里研究鸟类的演化。早听说当地大名鼎鼎的政治人物亚力（Yali）也在这一带活动，而那天，我们碰巧走了同一条路，他追上了我，我们边走边谈，同行了一个小时左右。

亚力散发着领袖的气质与活力，眼里闪烁着迷人的神采。他很自信地谈了自己的事，向我提出许多深刻的问题，也很专注地听我诉说。一开始，我们谈的是那时每个新几内亚人都关心的问题，也就是快速变化的政治局势。今天，亚力的国家国名是巴布亚新几内亚，而当时那里仍是联合国的托管地，由澳大利亚治理，但独立的呼声已经很高。亚力说，他的任务就是使当地人做好自治的准备。

谈着谈着，亚力话锋一转，开始考较起我来。此人从未离开过新几内亚，教育程度也仅止于中学，却有一颗无法满足的好奇心。首先，他想了解我在新几内亚的鸟类研究（包括可以得到多少酬劳）。我向他说明了几百万年来不同种类的鸟移居至新几内亚的情况。接着他问道，在过去的几万年中，他的祖先如何在新几内亚落地生根？近200年来，欧洲白人又如何使新几内亚沦为他们的殖民地？

虽然我和亚力都清楚，彼此代表的两种社会间存在着张力，但我们还是相谈甚欢。两个世纪前，新几内亚人还"生活在石器时代"，用的是欧洲人几千年前在有金属工具后就弃用了的石制工具，所住的村落中也没有集权的政治组织。白人到来后设立了集权政府，还带来了各种物品，举凡钢斧、火柴、药品，乃至衣服、饮料、雨伞……应有尽有，新几内亚人立刻发现了这些物品的价值。在新几内亚，那些一概名之为"货物"。

许多来此殖民的白人公然鄙视新几内亚人，说他们"原始落后"。即使是最平庸的白人"主子"（1972年他们仍享有这个尊称），生活水平都远超新几内亚人，连亚力那样有魅力的政治人物也不能企及。在考较我之前，亚力已经考较过许多白人了，而我也考较过许多新几内亚人。我俩都很清楚，新几内亚人至少和欧洲人一样聪明。种种事情想必在亚力内心盘旋已久，他那闪烁的双眼流露出敏锐的心思，问我："为什么是白人制造出这么多货物，再运来这里？为什么我们黑人没搞出过什么名堂？"

这个简单的问题直指亚力生活经验的核心。是的，就生活方式而言，普通的新几内亚人和普通的欧美人仍有很大的差别。世界上其他族群的生活方式也同样有差异。这么大的差异背后必然有一些重要的原因，可能还是显而易见的原因。

然而，亚力的问题看来简单，却难以回答。那时，我还没有答案。历史学者仍莫衷一是，大多数人甚至连这样的问题都不再问了。与亚力一席话后的这些年来，我一直在研究人类演化、历史与语言的其他面向。经过 25 年，我写下了本书，正是为了回答亚力的问题。

* * *

虽然亚力问的只是新几内亚人和欧洲白人生活方式的差异，但对于现代世界中更多的差异现象，也可以问同样的问题。欧亚大陆的族群，特别是今天仍然住在欧洲和东亚的人，加上移民到北美洲的人，掌控了现代世界的财富和权力。其他族群，包括大多数的非洲人，虽已推翻欧洲殖民政权，但就财富和权力而言仍远远落后。还有一些族群，比方说澳大利亚、美洲和非洲南端的土著，连自己的土地都丢了，还惨遭欧洲殖民者的杀戮、征服甚至灭族。

因此，对于现代世界中的不均等，套用亚力的问题，我们可以问：为何财富和权力的分配是以今天这种面貌呈现，而非其他形式？例如，为什么越过大洋进行杀戮、征服和灭绝的，不是美洲、非洲或澳大利亚的土著，而是欧洲人和亚洲人？

同样的问题也适用于更早的时代。公元 1500 年，欧洲的殖民扩张才刚开始，而各大洲的族群在技术和政治组织的发展上已有相当大的差异。分布于欧洲、亚洲与北非的，是使用金属工具的国家或帝国，有些已逼近工业化的门槛，而美洲的阿兹特克人和印加人仍在靠石器统治帝国。撒哈拉以南非洲的一些小国和酋邦已使用铁器，而在其他大多数地方，包括澳大利亚和新几内亚全境、许多太平洋岛屿、美洲大部分地区和撒哈拉以南非洲的少数地区，居民的组织形式是农耕部落，甚至是使用石器的狩猎–采集游群（band）。

显然，公元 1500 年时世界各地在技术和政治发展方面的差异直接造成了现代世界的不均等。以钢铁打造武器的帝国征服或灭绝了仍在使用石制和木制武器的部落。然而，这个世界是如何发展成公元 1500 年时的模样的？

基于历史记载和考古学的发现，对于更久远的年代，我们也可以问同样的问题。上一个冰期结束于公元前 11000 年左右，在那以前，各大洲的各个族群皆以狩猎–采集为生。在公元前 11000—公元 1500 年的这段时间里，几个大洲的发展速度各不相同，造成了公元 1500 年时技术和政治发展不均等的现象。澳大利亚土著和许多美洲土著一直停留在狩猎–采集阶段，欧亚大陆的大部分地区、美洲和撒哈拉以南非洲的许多地区逐渐发展出农业、牧业、冶金技术和复杂的政治组织。欧亚大陆的一些地区和美洲的一个区域也独立发展出了文字。然而，这些新发展都在欧亚大陆最早出现。例如，南美洲的安第斯山脉附近区域直到公元1500年之前的几个世纪才开始大量生产青铜器，比欧亚大陆的一些地区足足晚了4 000年。公元1642年欧洲的探险家首次接触到塔斯马尼亚人，发现他们的石器在技术上比好几万年前欧洲旧石器时代晚期制作的石器还要简陋。

　　总之，关于现代世界不均等的问题，我们可以重述如下：为何不同大洲上人类发展的速度如此不同？各大洲迥异的发展速度构成了人类历史最普遍的模式，而这也是本书的主题。

　　虽然本书讨论的是历史与史前史，但其主题不仅有学术意义，在经世与政治上也甚为重要。人类各族群通过征服、流行病与灭族行动而互动的历史，就是塑造现代世界的力量。族群冲突在历史上的回响，经过许多世纪，至今未尝稍歇，仍在今日世界上某些最动荡不安的区域发酵。

　　举例来说，非洲许多地方仍在现代殖民主义的灰烬中挣扎。还有一些地区，包括中美洲大部分地区、墨西哥、秘鲁、新喀里多尼亚、原苏联地区和印度尼西亚的部分地区，仍扰攘不安；各地依旧人数众多的原有住民发起街头暴动或游击战，对抗由外来征服者后裔掌控的政府。其他许多地方的原住民，如夏威夷土著、澳大利亚土著、西伯利亚土著和美国、加拿大、巴西、阿根廷和智利的印第安人，由于种族屠杀和灭绝而人数锐减，侵略者的后裔反倒成为当地人口中的大多数。这些族群虽无法发动内战，但越来越坚决地争取自己的权利。

过去的族群冲突除了继续在今天的政治和经济生活中回荡，对人类的语言世界也造成重大冲击。今日世上尚存 6 000 种语言，其中大多数面临消亡的命运，渐渐取代它们的是英语、汉语、俄语，以及最近几百年来使用人数大幅增加的其他几种语言。现代世界中的这些问题，全肇因于不同的历史发展轨迹。亚力的问题就是这么来的。

* * *

在解答亚力的问题之前，我们应先考虑几个反对讨论这个问题的理由。有些人一看到这个问题就生气，有几点原因。

其中一个反对的理由是：若我们解释某一族群支配另一族群的缘由，不正是为这样的奴役支配张目？意思是不是说，这种结果在当初既然无可避免，今天若试图加以改变，注定徒劳无功？这个反对理由混淆了原因解释与辩护，是常见的谬误。对历史提出解释是一回事，怎么用这种解释是另一回事。我们努力去理解一件事，往往是为了改变某个结果，而不是为了重复或延续恶行。心理学家努力了解杀人犯和强奸犯的心理，社会史家了解灭族事件，医生了解造成疾病的原因，都抱着同样的目的。他们做研究，并不是为了给谋杀、强暴、种族灭绝和疾病辩护。厘清导致这些惨剧与悲剧的因果链之后，才能设法打断这个链条。

第二个反对理由是：认真对待亚力的问题，岂不是要采用以欧洲为本位的历史观，吹捧西欧人的业绩，得意于西欧与欧化美国在今日世界的卓越地位？然而，这些地方不过是在过去几百年里暂居高位，如今日本和东南亚不是快要取而代之了吗？其实，本书主要讨论的是欧洲人以外的族群。除了欧洲人和非欧洲人的互动，我们还要讨论欧洲以外的不同族群之间的相互关系，尤其是撒哈拉以南非洲、东南亚、印度尼西亚和新几内亚等地的族群互动。我们绝不会吹捧源于西欧的族群，反倒会表明，西欧文明最基本的要素，其实是由其他地区的族群发展出来后传入西欧的。

　　第三个反对理由是："文明"和"文明的兴起"这种词是不是会误导读者，显得好像文明是好的，狩猎-采集的部落生活是悲惨的，过去1.3万年的历史就是人类越发幸福的进步史？其实，我并不认为工业化的国家必然比狩猎-采集部落"高明"，也不认为离开狩猎-采集的生活方式，进入使用铁器的国度，就代表"进步"，更不觉得这样就是增进了人类的福祉。在美国城市和新几内亚村落的生活体验让我体会到，文明是福是祸实在难说。例如，比起狩猎-采集部落，现代工业国家的公民享有较佳的医疗照顾，遭到谋杀的风险低，寿命较长，但获得的来自朋友和亲族的社会支持少得多。我研究人类社会的地理差异，动机不在鼓吹某一种社会形态的好处，而只是单纯地想了解：历史上，到底发生过什么事？

*　*　*

　　亚力的问题真需要用一本书来回答吗？我们不是已经知道答

案了吗？那么，答案是什么？

可能最常见的一种解释，就是或明说或暗示地认定族群间有生物差异。公元1500年之后的几百年间，欧洲探险家注意到世上各个族群之间在技术和政治组织上有相当大的差异，他们认为那是因为各族群的天赋有差异。达尔文理论兴起后，天择与演化系谱成为解释的工具。既然人是从类似猿的祖先演化而来的，技术原始的族群就代表人类演化早期阶段的孑遗。出身工业社会的殖民者能取而代之，不过演示了适者生存的道理。后来，遗传学兴起，遗传就成了解释人群差异的利器：现在人们认为欧洲人在遗传天赋上比非洲人聪明，比起澳大利亚土著那更不用说了。

今天，西方社会中的一些角落里可以听到公然谴责种族主义的声音，然而许多（也许是绝大多数）西方人私底下或潜意识里仍继续认可种族主义的解释方法。在日本和其他许多国家，仍有人公开提出此类解释，而且不带歉意。甚至连受过教育的白种美国人、欧洲人和澳大利亚人，一讨论到澳大利亚土著，也不免认为他们比较原始。他们看起来与白种人不同，不是吗？许多澳大利亚土著熬过了欧洲殖民期，但他们的子孙在澳大利亚白人社会中仍然难以致富发家。

一个看来有点道理的论证，是这么说的：白种人到澳大利亚殖民，只花了不到100年就建立了一个民主国家——使用金属工具，有中央集权的政治体制，文字、工业、农业等一应俱全，而澳大利亚土著在澳大利亚至少住了4万年，一直在部落中过着狩猎-采集的生活，连金属工具都没有发展出来。这是人类史上的两个实验，一前一后。实验在同一环境中进行，唯一的变量是居住在这环境中的人种。就澳大利亚土著和欧洲白人的业绩而言，两种社会的差距若不是由两种人本身的差异造成的，还会是什么呢？

我们反对此一种族主义的解释，不仅因为这种解释令人作呕，更重要的是，这么说根本是大错特错。各族群间的确存在技术发展程度的差异，但是并没有可靠的证据可以证明各族群间有智力的差异。其实，现代那些仍在"石器时代"生活的族群，智力非但不比工业社会里的人逊色，或许反倒更胜一筹。这听来有点吊诡，我们会在第 15 章讨论，澳大利亚今日的文明工业社会，以及前面谈过的各种现代特色，实在不是白人殖民者的功劳。此外，澳大利亚土著和新几内亚土著等族群的技术，虽然在接触白人之前仍然非常原始，但若给他们机会，驾驭工业技术并非难事。

有些国家的人口中包括来自不同地理族群的后裔，认知心理学家花费了极大的力气，想找出这些族群间在智商方面的差异。许多美国白人心理学家几十年来更是一直想证明，非洲裔美国人天赋智力比不上欧洲裔白人。然而大家都知道，这两个族群的社会环境和教育机会差别很大。鉴于这个事实，验证"技术水准差异反映智力高下"这个假说遭遇了双重困难。首先，即便是成年后的认知能力，也与童年时社会环境的影响关系极深，因此很难分辨先天遗传因素究竟扮演了什么角色。其次，认知能力的测验（如智商测试）往往测量的是文化学习能力，而不是先天智力——暂时不谈所谓先天智力究竟是什么玩意。成长环境和学得的知识势必影响智商测试的结果，因此心理学家至今未能提出强有力的证据用以证明非白人族群有先天的智力缺陷。

对于这个引起争议的课题，我的观点源自与新几内亚人打交道 33 年的经验，他们的社会还维持着传统的形态。打从一开始我就发现，比起一般的欧洲人或美国人，这些新几内亚人通常更加聪明、机警、善于表达，对周遭的人、事、物也更感兴趣。有些能反映大脑功能诸多方面的任务，他们执行起来比西方人利落多了，例如在陌生环境中建立心象地图，掌握四周动静、判断进退趋避。当然，有些任务西方人从小就受过训练，新几内亚人根本没有学习的机会，因此表现得比较差。所以，没上过学的新几内亚人从偏远的村落进得城来，西方人会觉得他们看起来很愚笨。反过来，跟着新几内亚人到丛林中溜达的时候，在他们眼中我是多么愚蠢，我心知肚明。一些简单的任务（像是在丛林中找出路、搭建棚屋），我一点也帮不上忙，因为我从来没有学过。那些可是新几内亚人从小练就的本事。

我感到新几内亚人比西方人聪明，我有两个理由支持这个印象，一说你就明白。第一，几千年来，欧洲人都生活在人口稠密的社会中，中央政府、警察系统和司法制度一应俱全。在这种社会中，传染病（例如天花）长久以来一直是主要的死因，谋杀反倒比较不寻常，战乱则是例外而非常态。大多数欧洲人只要熬过传染病的侵袭，就不再时时受死神的威胁，可以把基因传给下一代。今天，西方人的婴儿大多不受致命传染病侵袭，不管智力或基因的质量如何，一般能顺利传宗接代。相形之下，新几内亚人的社会中人口稀疏，只能在稠密的人口中演化的传染病根本无从生根。新几内亚人的死亡原因，向来以谋杀、部落间的长期战争、意外、食物不足为大宗。

在传统新几内亚社会中，聪明的人比较有机会逃出鬼门关，传递基因。在传统欧洲社会中，传染病的死亡威胁筛出的不是智力，而是与遗传抗性有关的身体化学。例如，血型为 B 型或 O 型者，对于天花的抵抗力就比 A 型血的人来得强。也就是说，针对智力的天择压力，很可能在新几内亚社会中表现得更为赤裸裸；相较之下，在人口稠密、政治组织复杂的社会，天择鉴别的是身体化学。

新几内亚人也许比西方人聪明，除了前面谈的遗传因素，还有一个理由。现代欧洲和美国的儿童，花了太多时间在不必动脑的娱乐上，如电视、收音机和电影。一般美国家庭，每天电视开机的时间长达 7 个小时。相比之下，新几内亚的孩子在传统社会中根本没有机会接触那种被动娱乐。他们只要不睡觉，就会主动做一些事，比如与人说话或玩耍。几乎所有的儿童发展都强调：童年的刺激和活动有助于心智发展，不可逆的心智障碍与童年时的刺激不足有关。新几内亚人比较聪明，这个非遗传因素扮演了一个角色。

也就是说，就智力而言，新几内亚人先天上或许要比西方人强，就后天条件而言，新几内亚人不受文明之害，不像工业社会大多数的孩子，在不利于心智发展的环境中成长。因此，亚力的问题，答案不在新几内亚人的智力不如人。先天的遗传与后天的儿童心智发展，这两个因素也许不只区别了新几内亚人与西方人，也区别了技术原始的狩猎-采集社会和技术先进的社会。因此，种族主义者的一贯论调应该颠倒过来。换言之，我们应该问：为什么先天不足、（在现代社会中）后天失调的欧洲人能生产出那么多的货物？尽管我认为新几内亚人比较聪明，他们没搞出什么名堂却是事实，为什么？

* * *

要回答亚力的问题，不依赖遗传因素，也可以有几个不同的方案。有一种解释是北欧人的最爱，他们相信北欧的寒冷气候有激发创意、精力的效果，而炎热、潮湿的热带气候使人迟钝。也许高纬度地区四季分明的气候提供了复杂多样的挑战，四季不分的热带气候则单调了些。也许寒冷的气候让人不得不绞尽脑汁发明创造，建温暖的房舍、缝暖和的衣物，不然活不下去；而在热带只需要简单的房舍，衣服不穿也成。不过气候的故事换个方式说，仍然可以得到同样的结论：高纬度地区由于冬季长，大家闲居家中百无聊赖，只好以发明消磨时间。

这种解释虽然以前很流行，但后来被证明不堪一击。因为直到 1 000 年前，北欧人对欧亚文明的发展还是可以说毫无贡献。他们只是运气好，住在一个方便输入先进发明的地方。农业、车轮、文字、冶金术，都是欧亚大陆比较暖和的地区的产物。在新大陆，高纬度严寒地带的发展更是停滞。美洲土著社会唯一的文字系统，是在北回归线之南的墨西哥发展出来的；新大陆最古老的陶器，是在南美洲热带靠近赤道之处发现的；新大陆在艺术、天文学和其他方面最为先进的，则是公元第一个千年内在热带的尤卡坦、危地马拉兴起的古典玛雅社会。

　　针对亚力的问题，第三种答案和气候干燥的河谷低地有关。这类地区高产量的农业仰赖大规模的灌溉系统，而得有权力集中的官僚体制才能兴修水利。这种解释依托于一个确定的事实：已知最早的帝国和文字系统兴起于肥沃新月地带的底格里斯河和幼发拉底河河谷，以及埃及的尼罗河河谷。在世界其他地区，治水系统似乎也和中央集权的政治组织有关，如南亚次大陆上的印度河流域、中国的黄河与长江流域、中美洲的玛雅低地、秘鲁的海岸沙漠。

　　然而，详细的考古研究发现，复杂的灌溉系统并非与中央集权的官僚体制同时出现，而是隔了一段时间之后才出现。换言之，政治集权的产生另有原因，集权体制建立后，才能建造复杂的灌溉系统。在那些文明的摇篮中，政治集权出现前的种种关键发展都与河谷或复杂灌溉系统毫无关系。例如，肥沃新月地带的粮食生产和村庄发源于丘陵山地，而非低地河谷。乡村粮食生产在肥沃新月地带出现后长约 3 000 年的时间里，尼罗河河谷仍是一片文化边鄙。美国西南部的河谷最终还是出现了灌溉农业、复杂社会，但是灌溉农业和复杂社会的要素都是在墨西哥发展出来，再输入这里的。澳大利亚东南部的河谷则一直由没有农业的部落占据。

　　针对亚力的问题，另一种解释路数，是列举有助于欧洲人征服、杀戮其他族群的直接因素，其中荦荦大者，有枪炮、传染病、钢铁工具和工业产品。这个路数无疑是正确的，因为可以证明那些因素的确直接协助了欧洲人的征服。然而，这个假说并不完整，因为它只是近因（第一层级）的解释，仅仅指出了直接原因。找出近因后，自然引出终极因的问题：为什么枪炮、病菌、钢铁站在欧洲人这一边，而不是非洲人或美洲土著那一边？

欧洲人征服新大陆的终极因，目前已有眉目；至于欧洲人何以征服非洲，仍是个令人百思不得其解的谜。非洲大陆是原始人的演化摇篮，解剖学意义上的现代人类可能也是在这里演化出来的。非洲的地方病，如疟疾、黄热病，当年不知夺去了多少欧洲探险者的性命。非洲起步如此之早，为什么枪炮、钢铁不是在非洲最先发展出来的？有了枪炮、钢铁，再加上这儿的病菌，非洲人应能征服欧洲。澳大利亚土著始终过着狩猎-采集生活，为什么他们没有发展到下一个阶段？

比较世界各地的人类社会生发出了不少问题，历史学家和地理学家一度对此十分关注。最有名的现代例子，是阿诺德·汤因比（Arnold Toynbee）的 12 卷《历史研究》（*Study of History*）。汤因比特别感兴趣的，是 23 个先进文明的内在发展动力——其中 22 个有文字，19 个在欧亚大陆。他对史前史和没有文字的简单社会不怎么感兴趣。然而，现代世界的不平等，其根源可以追溯到史前史。因此汤因比并没有提出亚力的问题，也没有讨论我看到的那种历史的普遍模式。现有的其他研究世界历史的著作，往往也更关注近 5 000 年欧亚大陆上有文字的先进文明，对哥伦布之前的美洲文明只有简短的介绍，至于其他地方的文明就更别提了，只约略讨论了它们在近代和欧亚文明的互动。汤因比之后，对历史上的因果关系做世界范围内的综合分析被当成棘手的难题，失去了大多数历史学者的青睐。

几个不同学科的专家在各自的专长领域中做了全球的综合分析，尤其是生态地理学家、文化人类学家、研究动植物驯化的生物学家、研究传染病对历史的影响的学者，他们的研究产生了许多对我们特别有用的见解。这些研究让我们注意到一些重要的线索，但和我们需要的普遍综合分析相比，只是一些片段。

综上，如何解答亚力的问题，目前尚无共识。我们对近因已有腹案：有些族群着了先鞭，发展出枪炮、病菌、钢铁，以及其他增进政治、经济力量的条件；有些族群什么名堂都没搞出来。仍不明确的是终极因。例如，为什么青铜器很早就在欧亚大陆上的某些地区出现，新大陆青铜工艺发展得很晚，只局限于某些地区，而澳大利亚土著从未发展出青铜工艺？

我们还没能解释终极因，这是个知识上的缺憾，因为我们说不清历史的普遍模式何以如此。更严重的是，这还留下了一个道德层面的缺口。无论是不是公开的种族主义者，每个人都很清楚，不同族群在历史上的命运是不同的。今天的美国社会是以欧洲为模型打造出来的，土地掠夺自美洲土著，人口中又有从撒哈拉以南非洲劫持来的黑奴的后裔——当年输入的黑奴共有数百万。而打造现代欧洲的，可不是撒哈拉以南非洲的黑人，也没有这样的人从美洲劫来数百万土著充当奴隶。

我们观察到的结果是一面倒的：情况可不是欧亚大陆上的族

群征服了 51% 的美洲、澳大利亚、非洲，而美洲、澳大利亚、非洲的土著征服了 49% 的欧洲。现代世界所呈现的是这一面倒现象的结果。这样的现象肯定得有一些确凿的解释，而且原因要比几千年前谁碰巧打赢了一场仗、偶然发明了个什么东西更为根本。

要说历史模式反映了族群间的天赋差异，似乎有点道理。当然，我们的教养不容许我们公开这么主张，那太不礼貌了。许多专家发表研究报告，宣布他们证实了人种的先天差异，然后有另一批专家出面反驳，指出那些研究的技术瑕疵。我们平时也会看到，一些历史上受压制的族群的成员今天仍居于社会底层，而距离他们的祖先遭遇征服或奴役已经好几个世纪了。这个事实有人主张是社会因素而非先天禀赋造成的，例如弱势族群能享受到的社会资源不足，上进的机会有限。

然而，我们不禁疑惑起来。族群之间地位显然一直并不平等。公元 1500 年的世界已表现出今天的不平等，以生物禀赋来解释，那肯定是错的。然而正确的解释是什么？我们需要为历史的普遍模式提出可信、详细、有共识的解释，不然大多数人还是会继续觉得，说不定种族主义者的主张是正确的。这是我写作本书的最大动力。

* * *

媒体记者最喜欢请作者用一句话来交代一本厚书。本书可以这么交代："各族群的历史循着不同的轨迹开展，那是环境而非生物差异造成的。"

环境地理和生物地理影响社会的发展，这当然不是新观念。然而今天的历史学家却嗤之以鼻：有的认为它不是错了就是简化了实况；有的觉得它同环境决定论无异，不予相信；有的干脆把解释全球族群差异当成无解的难题，束之高阁。但是，地理的确会影响历史，问题在于影响的程度如何，以及地理是否可以解释历史的普遍模式。

以新的观点解答这些问题的时机已经成熟了，因为好几门似乎与人类历史不怎么有关联的科学学科产生了新发现，可供我们利用。这些学科中最重要的有：研究农作物及其野生原种的遗传学、分子生物学、生物地理学，研究家畜及其野生原种的遗传学、分子生物学、生物地理学、行为生态学，研究人类病菌和相关动物病菌的分子生物学，人类疾病的流行病学，人类遗传学，语言学，各大洲及主要岛屿上的考古研究，针对技术、文字、政治组织的历史研究。

若要写一本书回答亚力的问题，就得用到前述种种学科的研究，而这是个问题。作者必须学识渊博，对前述各个学科都能把握，才能综合利用相关的进展。作者还得综合掌握地球各大洲的史前史与历史。这本书的主题是个历史问题，但是解答的门路是科学，特别是演化生物学、地质学等历史科学。从狩猎-采集社会到迈入太空时代的文明社会，作者对各种类型的人类社会都必须亲身体验过。

从以上条件看来，这本书似乎得由几个人合作才应付得了。但这种规划注定失败，因为解答亚力的问题，需要的是能成为一体的综合分析，因此这本书即便再难，也只能由一个作者来写。当然，这个作者得费尽心力，才能运用好如此多学科的材料，在写作过程中也少不了众多同事的指引。

在 1972 年遇见亚力之前，我的家庭背景已经引导我涉足过其中一些学科。我母亲当老师，也是个语言学家；我父亲是儿童遗传疾病专科医师。受到父亲的影响，我小学起就立志当医生。7 岁时，我又疯狂爱上了观鸟。所以大四那年我放弃医学，改念生物，跨出这一步我并不感到困难。不过，从小学、中学到大学，我所受的训练主要是语言、历史与写作。甚至决心攻读生理学博士之后，我还差点在读研第一年放弃科学去念语言学。

1961 年拿到博士学位后，我的研究在两个领域中进行：分子生理学，以及演化生物学和生物地理学。演化生物学是历史科学，不能使用实验科学的方法，因此，我涉足演化生物学的经验对我研究亚力的问题帮助很大，这是当初没料到的。设计一种科学方法来研究人类历史，其中的困难我早已熟悉。1958—1962 年，我住在欧洲，看到朋友的生活因 20 世纪的欧洲史而受到重创，我开始对历史做严肃的反思，想弄清楚历史中的因果链条。

过去 33 年中，我到各地做演化生物学田野研究，和许多类型的人类社会有过近距离接触。我的专业领域是鸟类演化，停驻之地包括南美洲、非洲南部、印度尼西亚、澳大利亚，新几内亚就更不用说了。在各地我与土著一起生活，逐渐对许多技术原始的人类社会有了了解，例如直到不太久以前仍仰赖石器的狩猎-采集社会、农耕部落、渔猎社群。因此，识文断字者大多视为怪异的遥远史前时代的生活方式，却是我亲身体验过的鲜活生活。新几内亚的面积在地球上算不了什么，人类社会的多样性却极高。现在世界上的语言有 6 000 种，其中 1 000 种在新几内亚。我在新几内亚研究鸟类时，又燃起了对语言的兴趣，因为我必须搞清楚各种鸟在差不多 100 种当地语言中的俗名。

最近，我从前面谈到的各种研究兴趣理出了头绪，写成了一部通俗的人类演化史《第三种黑猩猩》。书中第 14 章《偶然的征服者》（Accidental Conquerors），讨论的是欧洲人和美洲土著接触的后果。那本书写成之后，我意识到，无论是史前时代还是现代的族群接触，都会引发同样的问题。我发现，自己在那一章里全力周旋的问题，根本就是 1972 年亚力提出的问题，只不过换个场景罢了。终于，在许多朋友的帮助下，我写下了本书，希望它能满足亚力的好奇心，也满足我的好奇心。

* * *

本书分成 4 个部分。第一部分《从伊甸园到卡哈马卡》有 3 章。第 1 章带领读者对人类演化和人类历史做一趟旋风之旅，起点是 700 万年前，那时人类与猿类刚刚分化，终点是上一个冰期结束，约在 1.3 万年前。人类先祖发源于非洲，扩散到其他大洲，为了解被统称为“文明兴起”的一系列事件发生之前的世界，我们得追溯这个过程。结果发现：各大洲的族群，起步的时间不同。

本书探讨各大洲的自然环境在过去 1.3 万年中对人类历史的影响，第 2 章是出发前的热身活动，简要考察在较小的时空范围内，岛屿环境对历史有什么影响。大约 3 200 年前，波利尼西亚人的祖先向太平洋散布，他们散居的各个岛屿环境迥异。短短几千年之内，从狩猎–采集部落到原始帝国，同出一源的族群发展出形态各异的社会。这种发散的现象可以当作基本模型，协助我们理解从上个冰期结束至今，各大洲的人类族群如何在更长的时间、更广的空间内发展出了从狩猎–采集部落到帝国的种种社会形态。

第 3 章向读者介绍来自不同大洲的族群冲突的一个例子。在秘鲁的卡哈马卡城，印加帝国末代皇帝阿塔瓦尔帕（Atahuallpa）与从西班牙来的弗朗西斯科·皮萨罗（Francisco Pizarro）会面。虽然皮萨罗只有一小撮人跟着，但结果大军簇拥着的阿塔瓦尔帕在众目睽睽之下被皮萨罗擒住。我们将通过当时人的眼光来看此类交往的历史上最戏剧化的一幕。从皮萨罗擒住阿塔瓦尔帕这个事件，我们可以分析出一串环环相扣的近因，而欧洲人征服美洲其他社会，也循着同样的因果链进行。那些近因包括西班牙病菌、马匹、文字、政治组织和技术（特别是船只与武器）。分析近因是本书比较容易的部分，困难的是找出终极因。哪些终极因导向了近因并带来了这样的结果？为什么不是阿塔瓦尔帕率大军到马德里掳获卡洛斯一世（Charles I）呢？

第二部分《食物生产的兴起与扩散》共有 7 章，讨论的是在我看来人类历史中最重要的一组终极因。第 4 章讨论食物生产（通过农业或畜牧业生产食物，而非借助狩猎、采集在野外收集食物）如何最终导向了促成皮萨罗获胜的直接因素。不过，食物生产在世界各地有不同的发展模式。我们在第 5 章会看到，有些地区的族群独立发展出食物生产的能力，有些族群在史前时代从那些独立发展中心采借了技术，还有一些族群既没有发展出食物生产的技术，也没有采借，直到现代仍维持狩猎-采集的生活方式。第6章探讨为何从狩猎-采集到食物生产的转变只发生在某些地区。

第7~9章叙述史前时代驯化粮食作物和家畜的过程，当时的农民和牧民断然想不到后来的发展。适合驯化的野生动植物有不同的地理分布，这有助于解释何以只有几个地区独立发展出食物生产的技术，何以各地食物生产的发展有快慢之别。食物生产从少数几个中心向外传播，有些地方很快就采借了，其他地方却很慢。影响各地采借速度的主因和大陆的轴线有关：欧亚大陆的主要轴线是东西向，而美洲、非洲则是南北向（第10章）。

本书第3章勾勒欧洲人征服美洲土著的直接因素；第4章追溯终极因，那就是食物生产。第三部分（《从食物到枪炮、病菌与钢铁》，第11~14章）则详细讨论终极因与近因之间的因果关联，从在稠密的人口中演化出来的病菌谈起（第11章）。比起欧亚的枪炮或钢铁武器，欧亚的病菌杀死了更多美洲土著和其他非欧亚人种。反过来说，欧洲人到了新大陆几乎没遇上过什么致命病菌。为什么病菌的交流这么不对等？最近分子生物学研究的成果让我们看到了病菌与食物生产兴起的关联，这种关联在欧亚大陆比在美洲显著得多。

另外一条因果链是从食物生产到文字的链条，而文字可以说是最近几千年中最重要的发明（第12章）。人类历史上，文字独立发明过几次而已，而且是在最早发展出食物生产手段的地区。其他社会要么从那几个中心直接采借文字，要么受到那些文字系统的启发而发展出自己的文字。因此对研究世界史的学者来说，文字系统的分布数据特别有用，可以用来探讨另一组因果关系：在思想与发明的传播方面，地理有何影响？

技术的发展、流传，受到的限制和文字一样（第 13 章）。关键的问题在：技术的发明、改进，依赖的是少数的天才以及许多独特的文化因素吗？假如答案是肯定的，那我们就不可能了解人类社会技术发展的共通模式了。说来吊诡的是，因为有大量文化因素，世界技术发展的共通模式反倒更容易理解。食物生产手段让农民生产出食物盈余，因此农业社会可以供养全职的技术专家，他们不用亲自耕作，只要专注于发展技术。

食物生产除了支持文士和发明家，还供养了政治人（第 14 章）。过着迁徙生活的狩猎-采集游群的成员相当平等，他们的政治领域限于游群的领地，以及与邻近游群合纵连横的关系。在人口稠密、定居的农牧社会中，则出现了首领、国王和官僚。这种层级体制不但是治理广土众民所需，也是维持常备军队、派遣探险舰队和发动征服战争的前提。

第四部分（《环游世界》，第 15 ~ 20 章）把从前两个部分归纳出的道理应用到各大洲和几个重要的岛屿上。第 15 章讨论了澳大利亚的历史，以及原来和澳大利亚相连的新几内亚岛的历史。近代技术最原始的人类社会就在澳大利亚，澳大利亚也是各大陆中唯一没有独立发展出食物生产手段的。因此在讨论不同大陆的人类社会为何有不同的理论时，澳大利亚可以作为关键性试验对象。我们要讨论：为什么澳大利亚土著一直维持狩猎-采集的生活方式，而附近新几内亚的土著大多成了农人？

　　第16~17章把澳大利亚、新几内亚和东亚大陆及太平洋岛屿联系起来，把视野拓宽到整个区域。食物生产在中国兴起后，促成了好几次史前人口大流动或文化特质传播，也许两者皆有。其中的一次发生在中国本土，创造了今日我们所知的政治和文化意义上的中国。另一次发生在东南亚热带地区，源自华南的农民取代了那里的狩猎-采集土著。再来就是南岛语族的扩张，他们取代了菲律宾、印度尼西亚的土著，深入南太平洋，散布到波利尼西亚各岛屿，但是没能在澳大利亚与新几内亚大部分地区定居。对研究世界史的人而言，东亚族群与太平洋族群的斗争，重要性有两重：第一，他们的国家总人口占世界人口的三分之一，经济力量更有日益集中的倾向；第二，他们提供了非常清楚的模型，能帮助我们了解世界其他地区族群的历史。

　　第18章则回到第3章的问题，就是欧洲人和美洲土著的冲突。回顾过去1.3万年这两大洲的历史，可以帮助我们看清楚：欧洲人征服美洲，不过是两条大部分时间内并无交集的历史轨迹在漫长过程中发展的结果。这两条轨迹的差异表现为两大洲各方面的差异，包括可驯化的动植物、病菌、人类定居的年代、轴线的走向和生态屏障等。

　　最后，撒哈拉以南非洲的历史（第19章）和新大陆的既惊人地相似，又有差异。欧洲人与非洲人的接触会如此，背后的因素正是那些在欧洲人和美洲土著相遇时起作用的因素。但具体到各个因素作用的细节，非洲和美洲的情况是有差异的。除最南端外，欧洲人并没有在撒哈拉以南非洲建立大片的或长久的殖民地。比较有长远影响的，是非洲内部大规模的人口流动——班图族扩张（Bantu expansion）。其实，这个戏码一再在各地上演，包括卡哈马卡、东亚、太平洋诸岛屿、澳大利亚和新几内亚。班图族扩张也是同样的因素促成的。

本书成功解释了过去 1.3 万年来的世界史吗？对此我并没有幻想。即使我们真的了解所有的答案，也不可能只用一本书便完整地铺陈出来。本书充其量是指出了几组环境因素，在一定程度上解答了亚力的问题。然而，找出那些因素，更凸显出我们没有把握的部分，若要厘清，还有待未来的努力。

收场白《人类史这门科学的未来》，从那些尚无解答的部分，举出几点提醒读者，例如欧亚大陆内部各地的差异、与环境无关的文化因素，以及个人的角色。或许尚未解决的问题中最困难的，是把人类史建构成一门历史科学，和演化生物学、地质学、气候学这样已获认可的历史科学比肩。研究人类历史的确会遭遇困难，但是那些已获认可的历史科学也会遭逢同样的挑战。因此，那些领域发展出来的方法，或许在人类史研究里可以派上用场。

无论如何，我希望能说服读者：历史绝对不像某个怀疑者说的那样，是"没完没了的事实"。历史的确有普遍的模式，解释那些模式，不仅能生产慧见，也是个令人着迷的事业。

第一部分

从伊甸园到卡哈马卡

第 1 章

人类社会的起跑线

比较各大洲的历史发展，公元前 11000 年左右是个合适的起点。[①] 大概在那个时候，一些地区出现了村落生活，美洲开始有人类定居，更新世和上一个冰期结束了，进入了地质学家所说的全新世。从那时算起的几千年内，至少有一个地区的人类开始栽种作物、豢养牲畜。当时某些大洲上的族群是否已经领先于其他大洲的族群？他们是否已占有明显的优势？

若果真如此，当时的领先经过 1.3 万年的放大，或许就是亚力问题的答案。因此本章要带读者进行一趟人类历史的旋风之旅，

---

① 本书所提及的年代，只要在过去 1.5 万年之内，一律使用校正过的碳 14 年代，关于碳 14 年代测定的校正与未校正的差别，将会在第 5 章说明。校正过的碳 14 年代被认为更接近实际年代。比较熟悉未校正年代的读者，有时可能会觉得本书所提及的年代过于古老，那是因为我采用了校正过的碳 14 年代。举例来说，北美洲的克洛维斯（Clovis）遗址，一般被报道属于公元前 9000 年（距今约 1.1 万年），但我采用的年代则是校正后的公元前 11000 年（距今约 1.3 万年）。

得从几百万年前的人类起源说起，一直讲到1.3万年前。我们要用二十几页的篇幅浓缩那么长的历史，不得不省略细节，把重点放在与本书主题相关的历史趋势上。

现在世上人类最近的亲戚，就是三种类人猿：大猩猩（gorilla）、黑猩猩（chimpanzee）和倭黑猩猩（pygmy chimpanzee，或称bonobo）。由于它们只生活在非洲，那里又出土了丰富的化石证据，学者推测人类演化的早期阶段是在非洲进行的。人类的历史大约始于700万年前（学者的估计在900万—500万年前），那时有一群非洲猿分化成好几个群体，其中一支演化成现代的大猩猩，一支演化成两种黑猩猩，还有一支演化成人类。从演化的时期来看，大猩猩这一支分化得稍微早一些。

化石显示，我们的直系祖先在400万年前已经是直立的了，到250万年前，体型和脑容量都增大了。那些原始人类就是大家知道的非洲南方古猿（*Australopithecus africanus*）、能人（*Homo habilis*）和直立人（*Homo erectus*），学者相信他们彼此间有演化亲缘关系。约170万年前出现的直立人虽然体型已相当接近现代人，但脑容量不到现代人的一半。石器在250万年前已很普遍，不过都是非常粗糙的剥片或打片石器。从动物学来说，直立人当然已经不是猿了，但与现代人还差得远。

从约700万年前人类起源开始，人类在非洲生活了五六百万年，然后才走出非洲，逐渐散布到全球（图1.1）。第一批走出非洲的人类祖先是直立人，其化石证据是在东南亚的爪哇岛发现的"爪哇人"（Java man）。过去学者推断，最古老的爪哇人化石

（*Homo erectus*）的年代在约 100 万年前，近来则有人提出年代是在 180 万年前。（严格来说，*Homo erectus* 是用来称呼这些爪哇人化石的，非洲的直立人化石或许也该有不同的称法。）目前没有争议的人类在欧洲最早的活动遗迹，是约 50 万年前留下的，不过有学者指出还有更早的。我们相信人类进驻亚洲与欧洲的时间不会相隔太久，因为欧洲、亚洲位于同一块大陆上，其间并无难以逾越的障碍。

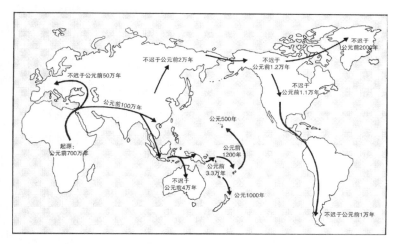

图 1.1 人类在全世界的扩散 [1]

上文体现了一个在本书中会不断出现的问题。每当某位科学家宣布发现了"最早的 X"（这个 X 可以是欧洲最早的人类化石、墨西哥种植玉米最早的证据，也可以是任何地方的任何东西），都

_____

[1] 本书所有插图系原文插图。——编者注

会刺激其他科学家去寻找更早的 X。就实情而言，所有"最早的 X"主张中，必然只有一个是对的，其他都是错的。不过学术史的常态却是：每一个"最早的 X"宣布了之后，几乎每一年都会有人报告发现了更早的 X。考古学家通常要花几十年才能达成共识。

大约在 50 万年前，人类的形态发生了新的变化，开始与直立人有分别，他们的颅骨较大、较圆，曲线柔和。50 万年前的非洲人和欧洲人，头骨已和我们相当近似，所以学者不再称他们为直立人，而将他们归入智人（Homo sapiens）。这种区分当然是武断的，因为智人是从直立人演化出来的。不过，早期智人头骨的形态细节仍和我们的不同，脑容量也比我们小得多，他们的工具和行为更与我们大相径庭。20 世纪仍使用石器的族群，例如亚力的曾祖辈，如果见到 50 万年前的石器，一定会觉得过于粗糙。早期智人的文化业绩中，还值得一提的就是火的使用，目前已有明确的证据。

然而早期智人留给我们的，只有他们的遗骨与粗糙的石器，没有艺术品，也没有骨器或其他遗迹。那时，澳大利亚还没有人迹。原因很简单，东南亚的人得乘船才能到那儿。美洲也没有人迹，那得等到欧亚大陆离美洲最近的地区（西伯利亚）有人烟之后，或许那些人还得懂得造船。（今天西伯利亚与阿拉斯加之间浅浅的白令海峡在冰期由于海面的升降，有时是海峡，有时则是宽广的洲际陆桥。）然而，不论是造船，还是生活在天寒地冻的西伯利亚，都不是早期智人做得到的。

50 万年前之后，非洲、欧亚大陆西部和东亚的人类开始分

化，这表现在解剖学的细节上。13万—4万年前居住在欧洲和
西亚的人类留下了许多化石，那就是我们所知的尼安德特人
（Neanderthals），也有人主张其属于另一个种——*Homo neander-
thalensis*。虽然许多漫画都把尼安德特人描绘成住在洞穴里的野
蛮猿人，但尼安德特人的脑容量比我们的还略大一点。他们还是
第一种有明确的证据显示会埋葬死者、照顾病人的人类。但是，
他们的石器比起现代新几内亚人的磨制石斧仍显得粗糙，而且也
没有种类繁多、形制固定、功能分化的工具组。

　　和尼安德特人同时代的非洲人类留下的化石不多，其形态更
近似现代人而非尼安德特人。东亚人类留下的化石更少，他们看来
与那时的非洲人和尼安德特人都不同。关于当时的生活方式，保
存得最完整的证据，是非洲南部出土的石器和动物骨骼。虽然那些
10万年前的非洲人比起同时期的尼安德特人更像现代人类，但他
们制造的石器和尼安德特人的一样粗陋，没有固定形制，也没有艺
术品。从捕猎的动物遗骨判断，他们的狩猎技术并不出色，专找容
易猎杀且温驯的动物下手，还没有猎杀水牛、野猪或是其他猛兽的
能力。他们甚至不会捕鱼。他们住在海岸的附近，遗址中却见不到
鱼骨和鱼钩。他们和尼安德特人都还不是现代意义上完全的人类。

　　大约5万年前，现代人类的历史终于揭开了序幕，那就是我
所谓的"跳跃式演化"时期。在非洲东部出土了固定形制的石器
和保存下来最早的装饰品（鸵鸟蛋壳磨成的串珠），这是该时期
的第一批明确证据。类似的发展很快在近东和东南欧出现，随
后（约4万年前）也发生在西南欧。在西南欧生活的克罗马农人

（Cro-Magnon）从骨骼看已是完全的现代人类，他们留下了大量人工制品。跳跃式演化以降的考古遗址中出土的物件变得越来越有趣，可以肯定他们无论在生理上还是行为上都和现代人类无异。

克罗马农人的垃圾场遗址中除了石器，还有骨器。骨头很容易就可以改变形状（例如制成鱼钩），从前的人类似乎没有注意到这一点。工具的种类、形制繁多，看来又眼熟，所以我们很容易辨认它们的用途：有针、锥子、雕刀等。除了刮刀等单件式工具，也有复合工具。克罗马农人遗址中出土的复合武器，有鱼叉、射矛器、弓箭等步枪之类的现代武器的前身。那些都是在安全距离之外进行杀戮的有效武器，于是人类得以猎杀犀牛和大象等危险的野兽。而发明了绳索后，就可以结网、搓绳、设陷阱，方便捞鱼捕鸟。人的饮食从此才有了山珍海味。房舍与织物证明克罗马农人能够在寒冷的气候中生活。他们的饰品和精心埋葬的骸骨，代表人类的审美和精神层次取得了革命性的发展。

保存至今的克罗马农人的产物中，最有名的是艺术品，包括精美的洞穴壁画、雕像、乐器等，我们今天仍视绘画、雕塑、音乐为艺术。任何人只要亲临法国西南拉斯科洞穴（Lascaux Cave），目睹壁上尺寸和实际大小相当的野牛、野马，必会深受震撼，且会悟到，那些史前艺术家不只形态和现代人雷同，连心灵也一样。

显然，我们祖先的能力在 10 万—5 万年前发生了重大变化。这次跳跃式演化引发了两个尚未解决的问题：触发它的原因是什么？发生的地理位置在哪里？至于原因，我在《第三种黑猩猩》中主张：喉头的演化是关键，这是现代语言的解剖学基础，而人类的创造力又依赖语言。其他学者则认为大脑组织的变化（尽管脑容量没有变化）才是现代语言出现的关键。

至于地点，究竟是跳跃式演化先发生在某一个地区的某一群人中，这群人因此得以扩张并取代其他地方原有的人类种群，还是好几个地区都发生了跳跃式演化，现在居住在那些地区的人，就是当初经历过跳跃式演化的人群的后代？非洲出土的一个 10 万年前的头骨化石在形态上非常接近现代人，因此有学者用它来支持第一种说法，主张非洲是跳跃式演化的原生地。［对线粒体 DNA（脱氧核糖核酸）的］分子研究起先也是按现代人发源于非洲来解释的，不过那些分子研究结果的意义目前仍有争议。此外，一些体质人类学家分别在中国和印度尼西亚出土的一些几十万年前的头骨上发现了现代中国人和澳大利亚土著的特征。倘若果真如此，现代人类源自同一个"伊甸园"的说法就不能成立，而现代人类在好几个地区平行演化的说法可能就是真的了。目前对此还没有定论。

"现代人类起源于某个地区，然后扩散并取代其他地区的人类种群"这个理论，在欧洲的证据看起来最强。大约 4 万年前，克罗马农人来到欧洲，他们的形态接近现代人类，武器先进，还有其他进步的文化特征。不到几千年，已在欧洲生活了几十万年的尼安德特人就消失了，而原本他们是欧洲唯一的人类种群。从事情发生的顺序看，很有可能是克罗马农人凭借先进的技术、语言能力或脑力，杀害或取代了尼安德特人——几乎没有证据显示这两种人曾经混血。

＊＊＊

跳跃式演化发生的时候，人类分布的地理范围也扩大了。自人类在欧亚大陆定居以后，那是第一次可以证实的主要地理扩张。仍连成一块大陆的澳大利亚和新几内亚这时有了人迹。许多遗址的碳14年代在4万—3万年前（当然，也有人主张年代更早，但可靠性仍有争议）。在很短的时间内，人类已经遍布整个大陆，而且适应了那里多样的生境，包括新几内亚的热带雨林、高山，以及澳大利亚干燥的内陆和潮湿的东南端。

在冰期中，由于海水大都结成冰川，世界海域的海平面足足比现在低了数百英尺[①]。今日亚洲大陆和苏门答腊、加里曼丹、爪哇、巴厘岛等印度尼西亚诸岛之间是浅海，当年则是陆地（其他较浅的海峡，如白令海峡和英吉利海峡，也是如此）。当时亚洲大陆的东南边比起现在的位置，要往东700英里[②]左右。不过，介于巴厘岛和澳大利亚之间的印度尼西亚诸岛仍为深海所环绕、深水海峡分隔。从当时的亚洲大陆到澳大利亚—新几内亚，得越过至少8个海峡，最宽的海峡少说也有50英里。那些岛屿大多数隔着海峡都看得见，但从印度尼西亚望不见澳大利亚大陆，即使是在与澳大利亚最为接近的帝汶岛和塔宁巴尔群岛上也望不见。因此，人类定居澳大利亚—新几内亚是划时代的事件，因为到达那里非得有船不可，而那是人类历史上最早使用船只的证据。直到3万年后（距今1.3万年前），世上其他地区（地中海）才出

---

① 1英尺≈0.3米。——编者注
② 1英里≈1.6千米。——编者注

现了使用船只的铁证。

　　起先，考古学家认为人类定居澳大利亚—新几内亚可能是意外的结果：有几个人乘木筏在印度尼西亚某个岛屿的海岸捕鱼，结果漂入海中，后来漂流到澳大利亚。更为离谱的说法是，最早到澳大利亚的，只有一个怀着男胎的年轻女子。但是相信机遇说的人一定会对近来的发现感到惊讶：新几内亚出现人类踪迹后，约是 3.5 万年前，新几内亚东边的岛屿也有人移居了，包括俾斯麦群岛中的新不列颠岛、新爱尔兰岛和所罗门群岛中的布卡岛。布卡岛纵使是从西边最接近的岛屿望去也看不见，必须航行 100英里才能到达。因此，早期的澳大利亚人和新几内亚人想必已能有目的地通过水上航行到达他们看得见的岛屿，而且必定经常出海，才能多次无意中造访从家园望不见的远方岛屿。

　　人类定居澳大利亚—新几内亚，是人类第一次使用船只，也是自定居欧亚大陆后的第一次地理扩张，此外，也可能是人类第一次造成大型动物大规模的灭绝。今天我们都认为非洲大陆是大型哺乳动物的王国。今天的欧亚大陆也有不少大型动物（虽然比不上非洲的塞伦盖蒂平原），例如亚洲的犀牛、大象和老虎，以及欧洲的麋鹿、熊和（古典时期之前的）狮子。而今天的澳大利亚—新几内亚却没有大型哺乳动物，说来最大的哺乳动物就是100 磅[①] 重的袋鼠了。但是澳大利亚—新几内亚过去是有许多种大型哺乳动物的，包括巨型袋鼠，体型大如母牛、态似犀牛的草

---

①　1 磅 ≈ 0.45 千克。——编者注

食性有袋动物双门齿兽（diprotodont），以及肉食性有袋类动物。从前还有形似鸵鸟而不会飞、重达400磅的巨鸟，以及大得令人瞠目结舌的爬行动物，如1吨重的巨蜥、巨蟒和陆栖鳄鱼。

然而，这些巨型动物（megafauna）却在人类定居澳大利亚—新几内亚之后消失无踪。这些巨型动物灭绝的确切时间虽仍有争议，但在澳大利亚有几个年代相距几万年的考古遗址出土过巨量的动物遗骨，学者仔细考察过所有证据后，却没有在遗址中发现巨型动物在过去3.5万年中留下的蛛丝马迹。巨型动物很有可能在人类登陆澳大利亚不久后就灭绝了。

这么多大型物种几乎同时灭绝，我们肯定要问：原因是什么？一个明显的可能答案是：第一批到达此地的人直接杀死或间接消灭了它们。要知道在人类狩猎者到达以前，那些动物在澳大利亚—新几内亚已经演化了好几百万年。我们知道加拉帕戈斯群岛和南极的鸟类、哺乳动物仍然温驯得无可救药，它们在没有人类的环境中演化，见到人类也是最近的事。要不是环保人士的努力，它们可能早就灭种了。其他新近发现的岛屿，在没能迅速采取环保措施的情况下的确发生过灭绝的事：毛里求斯岛上的渡渡鸟（dodo）就是一例，它已经成为代表动物灭绝的符号。现在我们知道，打从史前时代开始，海洋岛屿一旦有人类殖民，岛上动物就会遭劫，例如新西兰的恐鸟（moa）、马达加斯加的大狐猴（giant lemur）和不会飞的夏威夷雁。渡渡鸟和海岛海豹遇上现代人根本不知走避，等到刀斧加身，已经晚了；史前人类杀戮那些恐鸟和大狐猴，大概也是那么容易。

因此，有学者推测，澳大利亚—新几内亚的巨型动物，可能在约 4 万年前经历了同样的命运。相形之下，非洲和欧亚大陆上大型哺乳动物大都至今犹存，因为它们和人类的祖先共同演化了几十万年甚至几百万年，有充分的时间演化出对人类"敬而远之"的本能，毕竟我们的祖先当年的狩猎技术还不太高明，花了很长的时间才改进。而对渡渡鸟、恐鸟，或许还有澳大利亚—新几内亚的巨型动物来说，技术精良的猎人像是从天而降，根本没时间做演化准备，只好走向灭绝。

然而，就澳大利亚—新几内亚而言，这个被称为"过度猎杀"（overkill）的假说不是没有遭到质疑。批评者强调，还没有人仔细研究过那些巨型动物的化石，提出它们被人类猎杀的充分证据，甚至没有人能证明它们曾与人类同时生活在那里。支持过度猎杀假说的人则回应：若灭绝发生得十分迅速，而且是在很久以前，比方说 4 万年前，那么找到带有猎杀痕迹的遗址的可能性是很小的。反方则提出另一个理论来响应：或许是气候变迁造成那场灭绝的，澳大利亚大陆本来就是个长期干旱的地方，要是发生了严重的旱灾，无异雪上加霜。辩论仍在持续。

我认为，澳大利亚大陆的巨型动物已经领教过几千万年的干旱历史，它们会突然间几乎同时拒绝抵抗下去，而且特别挑在第一批人类到达澳大利亚的时候，短时间内（若以百万年的时间尺度来看，数千年可算是短时间）暴毙，实属莫名其妙。而且不只澳大利亚中部干旱地带的巨型动物灭绝了，湿润的新几内亚和澳大利亚东南部也发生了同样的惨剧。从沙漠到寒带雨林和热带雨林，澳大利亚—新几内亚所有生物生境中的巨型动物都灭绝了，无一例外。因此，我认为人类导致巨型动物灭绝是极有可能的，途径有二：直接的——将它们宰来吃，间接的——人类破坏了它们的生境。但是，过度猎杀假说也好，气候假说也好，不管哪个正确，巨型动物在澳大利亚—新几内亚的灭绝都对人类之后的历史产生了重要影响。巨型动物灭绝后，人类就没有驯化大型野生动物当牲口的机会了，因此澳大利亚和新几内亚的土著没有土产牲口。

＊　＊　＊

澳大利亚—新几内亚一直到跳跃式演化之时才有人类繁息。人类势力的另一次扩张紧跟其后，那就是人类定居欧亚大陆最严寒的地带。虽然生活在冰川时代的尼安德特人已相当适应寒冷的气候，但他们在北方的分布从未超过德国北部和基辅。这不奇怪，因为尼安德特人显然没有针线，不会缝制衣服，也没有建造温暖的房屋等在严寒地带生存所需的技术。拥有那种技术的是解剖学意义上的现代人，他们约在 2 万年前到达西伯利亚（当然，有人主张更早的年代）。那一次扩张也许导致了欧亚大陆长毛猛犸象和披毛犀的灭绝。

人类移居澳大利亚—新几内亚后，地球上 5 个可居住的大洲就有 3 个有人定居了。（在本书中，我将欧洲与亚洲当作一个整体，我也略过南极洲不提，因为人类直到 19 世纪才抵达那里，而且那里始终没有自给自足的居民。）另外两个则是北美洲和南美洲。人类最后才到达那里定居，理由很清楚：美洲与旧大陆隔着大洋，要么得有船（有证据显示即便是印度尼西亚也是 4 万年前才有了船运，欧洲还要晚得多），要么得先到西伯利亚（约 2 万年前才开始有人居住），再通过白令陆桥到达美洲。

不过，人类什么时候开始定居美洲尚不清楚，只知道是在 3.5 万—1.4 万年前。美洲最早的人类遗址，最确定的是约公元前 12000 年在阿拉斯加留下的，然后在公元前 11000 年前的几个世纪，加拿大边界以南的美国和墨西哥地区都出现了人迹。墨西哥发现的就是克洛维斯遗址。这类遗址以美国新墨西哥州克洛维斯镇发现的为代表，克洛维斯文化典型的大型石矛头也是首先在那里发现的。在美国、墨西哥已经发现了数百个克洛维斯遗址，分布遍及美国西部及南部 48 州直到墨西哥的广大区域。确凿的证据显示，那之后不久，南美洲亚马孙河流域及巴塔哥尼亚地区都出现了人迹。这些事实可以解释成：克洛维斯遗址保存下来第一批到美洲定居的人的踪迹，这些人很快繁衍、扩张，占据了北美、南美两洲。

克洛维斯人的后裔从美加边界推进到 8 000 英里以南的巴塔哥尼亚，只花了不到 1 000 年的时间，或许有人会觉得不可思议。然而，平均起来那不过相当于一年推进 8 英里，对狩猎-采集族群而言，那实在算不了什么，他们平常四处觅食，也许一天就会走上 8 英里。

显然人类进入美洲后人口增长得很快，所以才必须不断向南推进直到巴塔哥尼亚，这个现象或许有人感到惊异。但是，若我们好好计算一下实际的数字，这个人口增长现象就不足为奇了。如果南、北美洲所能容纳的狩猎-采集族群，平均每平方英里一人（这对现代的狩猎-采集人群来说是很高的人口密度了），那么整个美洲可以容纳 1 000 万人口。但是，即使第一批移民只有 100 人，人口增长率以每年 1.1% 计算，繁衍至 1 000 万人也只需要 1 000 年左右。此外，人口增长率以每年 1.1% 来计算，可以说是低估了：在现代史上，人类定居原本无人居住的土地后，人口增长率可高达每年 3.4%，例如英国皇家海军"邦提号"（Bounty）发生的"叛舰喋血记"——叛变者和他们的塔希提女人逃往皮特凯恩岛（Pitcairn Island）垦殖，就创造了这样的纪录。

克洛维斯人在美洲头几个世纪的扩张，和距现在更近的毛利人（Maori）在新西兰的扩张类似。当初解剖学意义上的现代人在欧洲扩张的初期，以及人类在澳大利亚—新几内亚垦殖初期也有同样的现象，以上都有考古证据可以覆案。也就是说，克洛维斯人及其在美洲的扩张，和历史上人类到从无人迹的地方拓殖的明确例子，可以互相印证。

公元前 11000 年之前的几百年间，克洛维斯人在美洲疾速散布开来，这意味着什么？为什么不是公元前 16000 年或公元前 21000 年？还记得西伯利亚永远是冰天雪地吧，在更新世的冰期中，整个加拿大都被冰盖占据，无法通行。而应付严寒气候的本领，要等到 4 万年前现代人占据欧洲后才发展出来，那之后过了 2 万年人类才定居西伯利亚。最后，那些西伯利亚的早期居民到了阿拉斯加，他们或者坐船横渡白令海峡（今日也只有约 50 英里宽），或者在冰川时期白令海峡是干地的时候步行通过。冰期中，最宽时可达 1 000 英里的白令陆桥反复浮沉，每次陆桥存在可达千年，对习于严寒气候的人而言，穿越冻原不是难事。公元前 14000 年左右，海平面上升淹没陆桥，海峡又形成了。不管当年西伯利亚人是步行还是划船到了阿拉斯加，根据比较可靠证据，阿拉斯加最早的人迹都出现在约公元前 12000 年。

不久，占据加拿大的冰盖有部分消融，出现了一道南北向的走廊，让阿拉斯加最早的居民得以通过，来到北美大平原，就是现在加拿大西南的埃德蒙顿附近。对现代人类而言，阿拉斯加和巴塔哥尼亚之间最严重的障碍就此消失。最先来到埃德蒙顿的人会发现这个大平原到处都是猎物。他们在那里繁衍，随着人口增长，逐渐向南扩展，最后占领整个美洲。

我们认为克洛维斯人是第一批在加拿大冰盖以南地区拓垦的人类，因为克洛维斯现象的另一个特征与这个推论符合。美洲和澳大利亚—新几内亚一样，本来有许多大型哺乳动物栖息。大约在 1.5 万年前，美洲西部简直和今天非洲的塞伦盖蒂平原没有什么两样：有成群的大象和马，附近有狮子和猎豹，此外还有一些奇异的物种，例如骆驼和巨大的地懒（ground sloth）。就像澳大利亚—新几内亚大型哺乳动物的命运一样，美洲大多数大型哺乳动物也灭绝了。澳大利亚的大灭绝或许在距今 3 万年之前就发生了，美洲的则发生在距今 1.7 万—1.2 万年前。在美洲灭绝的哺乳动物中，那些留下大量化石可供精确定年的物种，灭绝的年代都在公元前 11000 年左右。其中两种定年最准确的，也许是大峡谷区的沙斯塔地懒（Shasta ground sloth）和哈灵顿山羊（Harrington's mountain goat），它们是在公元前 11000 前后的一两百年内灭绝的。不管是不是巧合（虽然两者的年代有些差距，但是仍在实验误差范围之内），克洛维斯猎人刚好是这时到达大峡谷一带的。

考古学家在许多猛犸象的骨骼化石中发现了克洛维斯矛头，位置正好在肋骨之间，因此前面提到的年代吻合也许不是巧合。狩猎部落在美洲不断向南推进，遇到从未见过人类的大型动物，两三下就把那些巨兽解决了，最后可能还导致了它们的灭绝。有人提出另一个不同的理论，主张美洲大型哺乳动物的消失和上个冰期结束时的气候变化有关，那也是在公元前 11000 年发生的。

我认为，这个气候理论的问题，我们在澳大利亚—新几内亚的例子里已经谈过了：美洲的大型哺乳动物已经熬过了 22 个冰期，为何大部分栽在了第 23 个冰期上，而正巧看来无害的人类那时出现了？此外，所有生境中的这些物种都灭绝了，无论生境在上个冰期结束时是扩大还是收缩。因此我怀疑克洛维斯猎人必须对此负责，但目前辩论还不会结束。不管哪个理论接近真相，那些大型哺乳动物消失之后，美洲土著可以驯养的物种就大大减少了。

另一个还未解决的问题是：克洛维斯猎人是不是美洲最早的居民？前面提到过，任何一个"最早"的主张都会引出更早的主张，许多人宣布在美洲发现了克洛维斯猎人之前的人类遗迹。每一年都有几个这样的发现，起先看来可信而振奋人心，然而随之而来的，是无可避免的诠释问题。例如，那些遗址中的石器真是人类打造的，还是石头原本就是那个形状？发表的碳 14 年代是正确的吗？毕竟碳 14 测年法实际上有许多技术困难。假使年代无误，那用以测定年代的样本和人工制品的关系如何？会不会是一块 1.5 万年前的木炭，掉落到一堆只有 9 000 年历史的石器旁呢？

为了说明这个问题，让我举个典型的例子吧，且看一个宣称比克洛维斯更早且常被引用的实例。在巴西一个叫作佩德拉富拉达（Pedra Furada）的岩穴，考古学家在岩洞壁上发现了确实出于人类之手的壁画。他们也注意到悬崖底下有成堆的石头，有些形状似乎类似原始的工具。此外，他们还找到几个"灶"的遗迹，其中发现的木炭以碳 14 测年法得到的年代是 3.5 万年前。有关佩德拉富拉达遗址的报告，发表在地位崇高的国际科学期刊《自然》杂志上。

但是，悬崖底下的那些石头并不像是明显的人工制品，而克洛维斯人的矛头或克罗马农人的工具一眼就可以看出是人工制作的。若在几万年间，从高高的悬崖上落下过几万块石头，先来后到的石头相互碰撞后，有的会有剥裂的痕迹，类似粗糙的石器，不足为奇。在西欧或亚马孙的其他地方，考古学家利用碳 14 测年法测定壁画颜料的年代，但佩德拉富拉达的考古学家没这么做。此外，佩德拉富拉达附近偶尔发生森林火灾，事后木炭不免会被风或溪流带入洞穴中。没有证据可将壁画和那高龄 3.5 万年的木炭联系起来。虽然最先探勘这个遗址的人深信其间必有关联，但一批当时未参加挖掘的考古学家最近到遗址访问，他们倾向于相信克洛维斯人之前还有更早的人类在美洲生活，却不认为佩德拉富拉达就是证据。

在北美洲，据说是克洛维斯人到达之前的人类遗址中，最可信的是宾夕法尼亚州的梅多克罗夫特（Meadowcroft）岩棚。据报道，其中的人类遗迹的碳 14 年代为 1.6 万年前。没有考古学家否认，那里经过仔细发掘的考古地层中出土的一些人工制品货真价实。但是，那个"最早的年代"毫无道理，因为遗址中与人工制品一起出土的动植物年代都比较近，是在比较温和的气候中生长的，而不是 1.6 万年前冰期中的类型。因此我们不得不怀疑：这些从古老地层中出土的木炭样本，虽然炭化的年代在克洛维斯之后，但可能原本就包含了更早的年代炭化的物质。在南美洲，最有可能证实是"前克洛维斯"时期的遗址，是智利之南的蒙特维尔第遗址（Monte Verde），其碳 14 年代至少在 1.5 万年前。许多考古学家似乎都认为可信，但是基于前车之鉴，还是小心一点的好。

若在克洛维斯人之前美洲已有人迹，为何难以证明他们的存在？考古学家在美洲已发掘了几百个遗址，年代介于公元前 11000 年和公元前 2000 年之间，包括北美洲西部的几十个克洛维斯遗址、阿巴拉契亚山的岩穴和在加利福尼亚海岸的遗址。许多遗址，学者在明确有人类遗迹的地层之下继续挖掘，结果只找到动物遗迹或化石，但是没有人迹。美洲"前克洛维斯"假说证据的弱点，与欧洲现代智人最早的遗迹形成了鲜明的对比——欧洲有数百个公元前 11000 年之前的遗址，也就是早于克洛维斯人的遗址。对比更鲜明的例子来自澳大利亚—新几内亚。那里考古学家的数目不到美国的十分之一，却发现了 100 多个明确的"前克洛维斯"遗址，散布于澳大利亚全境。

　　早期的人类不可能搭乘直升机从阿拉斯加飞往梅多克罗夫特或蒙特维尔第，他们应该会在沿途留下一些蛛丝马迹。支持"前克洛维斯"假说的人等于是在主张，"前克洛维斯"时期的族群在几千年甚至几万年间，出于某种或某些不可考的原因，人口一直稀疏得很，或者留下的考古可见的遗迹非常少。我觉得那样的主张难以成立，我宁愿相信蒙特维尔第或梅多克罗夫特的发现日后会重新解释，就像其他的"前克洛维斯"遗址一样。我觉得美洲真有比克洛维斯人更早的人类生活的话，早该出现明显的证据了，哪里会到今天还必须费词辩论。无论如何，对这个问题，考古界仍未出现定论。

　　不管最后哪一个假说成立，都不会影响我们对美洲史前史后期的了解。要么人类在公元前 11000 年到达美洲，然后很快散布到各地，要么人类早就来了（大多数支持"前克洛维斯"假说的人主张在 2 万—1.5 万年前，也有人主张在 3 万年前，几乎没有人主张更早的年代），可是那些"前克洛维斯"族群似乎人口稀少，直到约公元前 11000 年都对美洲没有产生什么影响。无论何者为真，在可供人类居住的 5 个大洲中，南、北美洲的人类史前史都是最短暂的。

＊　＊　＊

　　美洲有人类定居之后，地球上大多数的大陆、大陆岛，以及从印度尼西亚到新几内亚以东的海洋岛就有人类居住了，只剩下一些直到晚近的年代才有人类居住的海岛：地中海中的岛屿如克里特岛、塞浦路斯岛、科西嘉岛和撒丁岛皆在公元前 8500—前 4000 年才有人定居，加勒比海的岛屿则是在公元前 4000 年，波利尼西亚和密克罗尼西亚有人定居是在公元前 1200 年—前 1000 年，马达加斯加在公元 300—800 年，而冰岛则在 9 世纪。美洲土著约在公元前 2000 年到达北极寒地，他们或许为现代因纽特人的祖先。欧洲探险者在过去 700 年间所能探访的无人地带，只剩大西洋、印度洋中的偏远岛屿（如亚述群岛和塞舌尔群岛），以及南极大陆。

人类定居各大洲的时间先后有别，这对后来的历史发展有什么影响吗？假设有位考古学家经由时光隧道回到公元前 11000 年，他环游世界之后，能否推测哪个大洲上的社会能首先发展出枪炮、病菌与钢铁，各大洲发展出枪炮、病菌与钢铁的顺序是什么？要是能的话，他就能预测今日世界的面貌了。

这位考古学家或许会认为起步优势很重要，那么非洲就遥遥领先于其他洲了：人类在非洲至少有 500 万年的演化史。此外，假如现代智人 10 万年前在非洲演化出现，然后移民到其他各洲，那么其他各洲过去累积的优势不论有多大，都不再重要。非洲毫无疑问地领袖群伦。再者，人类遗传多样性以非洲最高，或许人群中的个体差异越大，创作的东西花样越多。

但是，我们的考古学家接着可能会思索一个问题：就本书所探讨的问题而言，究竟什么才是"起步优势"？切记，不可拘泥于字面的意义，我们讨论的并不是赛跑。若"起步优势"指的是人群布满整个大洲所需的时间，那个时间就相当短。以美洲为例，从初临斯土的开荒族群，到各地都布满了人，不到 1 000 年就办到了。但假如"起步优势"是指适应当地环境所需的时间，我承认比较极端的环境要花比较多的时间，如北极寒地，在美洲其他地区布满了人之后，得再花 9 000 年。但是，现代智人的发明能力发展起来以后，人类在大部分其他地区能很快适应与开发。例如，毛利人的祖先登陆新西兰之后，不到 100 年就找到了所有具备价值的石头资源；短短几个世纪后，即使是世界上最恶劣的地形上的恐鸟，也被猎杀殆尽；也不过几个世纪，那里就分化出了各种不同的社会，有海岸地带的狩猎-采集族群，也有农业社会。

　　我们的考古学家在端详了美洲后，可能会得到一个结论：尽管非洲起步得很早，但是最早的美洲土著最多只要 1 000 年就能赶上非洲土著。此后，美洲的广大面积（比非洲大 50%）、较大的环境多样性会让美洲土著拥有领先优势。

　　然后，这位考古学家可能会转向欧亚大陆，开始推论。欧亚大陆是世界上最大的陆块。除了非洲，再无其他大洲有那么悠久的人类历史。欧亚大陆 100 万年前才开始有人居住。非洲领先的那几百万年可能毫无价值，因为那时人还处于原始的演化阶段。接着，我们的考古学家望向 2 万—1.2 万年前的西南欧，那里的旧石器时代晚期文化非常发达，还有著名的艺术品和复杂的工具。他也许会觉得，欧亚大陆可能已经取得了先机，至少有一个区域是如此。

　　最后，他的目光投向澳大利亚—新几内亚，首先注意到的是这里面积不大（这是最小的大洲），而且有很大的比例是沙漠，人类在那里不容易生活。他也注意到这块大陆的孤立，还注意到人类很晚才到达此地定居（比非洲和欧亚大陆都晚）。因此，我们的考古学家可能会预测，这个地方会发展得很慢。

但是，不要忘了澳大利亚人和新几内亚人可是世界上最早发展出水运工具的族群。他们创作洞穴壁画，和欧洲克罗马农人大约同时。乔纳森·金登（Jonathan Kingdon）和蒂姆·弗兰纳里（Tim Flannery）指出，人类从亚洲大陆架上的岛屿移居到澳大利亚—新几内亚，必须先适应印度尼西亚中部岛屿上的新环境——世界上海洋资源最丰富的海岸、珊瑚礁和红树林组成的迷宫。拓殖者往东渡过海峡踏上另一个岛屿，适应后布满了全岛，再转向下一个岛屿。这种人口不断膨胀扩张的现象是此前从未有过的。也许这种拓殖、适应和人口爆炸的周期为跳跃式演化铺了路，跳跃式演化在这里发生后，再西向传回欧亚大陆、非洲。如果这个过程是真的，那么澳大利亚—新几内亚当然享有巨大的起步优势，那优势在跳跃式演化之后仍能继续推进当地人类的发展。

可见，在公元前 11000 年的时候，实在难以预言哪个大洲的人类社会将发展得最快，几乎每个大洲都有潜力。以后见之明，我们当然知道欧亚大陆跑了第一。然而真正的理由却不是我们的考古学家所想的那么简单。本书后文要探讨的，就是那些真正的理由。

第 2 章

历史的自然实验

新西兰以东 500 英里的查塔姆群岛上本有一群莫里奥里人（Moriori）。这群莫里奥里人过了好几个世纪与世隔绝的岁月。1835 年 12 月，恬静平和的生活突然变色，飘来阵阵腥风血雨。这个悲剧的开始是在前一个月：11 月 19 日，500 个毛利人带着枪支、棍棒、斧头乘船而来。12 月 5 日，又有 400 个毛利人来到。这些毛利人成群结队走过一个个莫里奥里部落，告诉当地人："乖乖束手就擒，当我们的奴隶吧！若有不从，格杀勿论！"莫里奥里人的人数是毛利人的两倍，若团结抵御还有可能取胜。然而，生性爱好和平的莫里奥里人开会决定不再反击，打算以和平、友谊和共享自然资源作为和解的条件。

莫里奥里人还没来得及提议和解，毛利人就大开杀戒，不出数日，就杀了好几百个莫里奥里人，烹其肉，饮其血，活口则收编为奴隶，随兴所至，爱杀就杀。不到几年，莫里奥里人几乎被杀光了。劫后余生者心有余悸地说："毛利人把我们当牲畜宰割。

我们吓得逃到树丛中，躲在地洞里，但还是一一被揪出来杀掉，男女老少，无一幸免。"毛利人为自己的行为辩解道："这些人就是我们的财产……根据我们的习俗，就该统统抓起来，没有例外。逃走的，抓一个杀一个；没逃的，我们想杀就杀。这就是本族的习俗。"

我们可以想见莫里奥里人和毛利人发生冲突的下场。莫里奥里人是一个孤立的狩猎-采集小群体，技术与武器极其原始，对于战事一无所知，更别提强有力的领导和组织了。打从新西兰北岛而来的毛利人向来居住在人口稠密的农业社会中，骁勇善战，技术和武器先进得多，而且在强势领导人的智慧下行事。双方实力悬殊，莫里奥里人自然招架不住，没有第二种可能。

然而，莫里奥里人的悲剧并非现代的专利，从远古就开始上演了：强者凭恃着优势的武器、工具征服手无寸铁的弱者。更让人心痛的是，毛利人与莫里奥里人的冲突还是一场骨肉相残的真实故事。他们本来同出一源，不到 1 000 年以前，还是难分你我的波利尼西亚人。现代毛利人是公元 1000 年前后在新西兰定居的波利尼西亚农民的后裔。那之后不久，这些毛利人中有一群人跑到查塔姆群岛开创自己的天地，是为莫里奥里人。在此后几百年的时间里，两个族群分别往不同的方向演化：北岛的毛利人发展出了更为复杂的技术和政治组织，而莫里奥里人的技术和政治组织都比较简单。莫里奥里人回归以前的狩猎-采集生活，而北岛的毛利人则发展出了密集农作。

这种背道而驰的发展决定了后来两群人冲突的结局。如果我们能理解这两种岛屿社会发展差异的原因，或许就有了一个能帮助我们理解各大洲发展差异这个更宏大问题的模型。

＊　＊　＊

莫里奥里人和毛利人的历史构成了一个为时不长的小型自然实验，我们可借此了解环境对人类社会的影响。本书打算研究环境如何影响了极大范围内的人类社会，也就是过去1.3万年来世界各地的社会，在读整本书之前，要是能先看些规模小一点的测试，知道这样的效应的确能起作用，读者应该会比较心安。如果你是在实验室研究老鼠的科学家，就可以把在一地繁殖的老鼠分成若干组，放到不同环境的笼子里，等它们繁衍几代后再回来查看结果。当然，这种具有目的性的实验无法在人类社会中实行，科学家不得不去寻找"自然实验"，也就是人类历史上出现过的类似情况。

人类定居波利尼西亚的过程中，就有这么一个自然实验。这些散布在新几内亚和美拉尼西亚以东的太平洋岛屿有好几千个，面积、偏远程度、地势高低、气候、生产力、地理和生物资源都不同（图2.1）。在人类历史的大部分时间里，这些岛屿因舟船无法到达而无人居住。大约在公元前1200年，有一群人从新几内亚以北的俾斯麦群岛出航，最后发现了几个岛屿。这些人除了航海，还会耕作和捕鱼。在接下来的几个世纪，他们的子孙几乎踏上了每一个可供人居住的岛屿。定居过程基本完成于公元500年，余下的几个岛屿在公元1000年后也有人上岸定居。

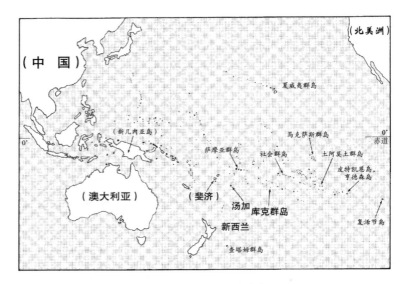

图 2.1　波利尼西亚诸岛

注：括号中的区域不属于波利尼西亚。

　　就这样，在比较短的时间里，这个环境极为多样的群岛上布满了住民。他们都来自同一个族群，源于同一个祖先，接受同一种文化的熏陶，语言、技术、作物和家畜也大同小异。因此，波利尼西亚的历史可以视为一种帮助我们研究人类适应过程的自然实验，而其他地区的人类定居，往往由一拨又一拨彼此无关的拓殖者分批完成，会造成很多影响我们研究的复杂状况。

　　波利尼西亚的历史算是一个中型实验，莫里奥里人的命运则是其中的小型实验。我们可追本溯源，研究查塔姆群岛和新西兰两地环境对人类社会的影响。毛利人的祖先来到查塔姆群岛之初还是农人，但他们带来的热带作物无法在寒冷的查塔姆群岛生长，不得不回到狩猎-采集的生活形态。这些狩猎-采集者无法生产多余的作物，更谈不上重新分配或储藏以供养不事生产的专家，如手艺专家、军队、官僚和首领。他们的猎物有海豹、海鸟、虾、蟹、螺、贝、鱼等，可用手或棍棒等简单工具捕获。此外，查塔姆群岛相当小，而且偏远，可以维持总数约 2 000 的狩猎-采集者的生计。在别无选择的情况下，莫里奥里人只好继续留在查塔姆群岛，大家共存共荣，不轻易刀戈相向。为了防止人口过多引发冲突，他们会阉割一些男婴。这些做法成就了一个和平的小型群体，技术和武器都很简单，也没什么领导和组织。

相形之下，新西兰北部（比较暖和）的岛屿（当时也是波利尼西亚最大的岛群）非常适合波利尼西亚的农业。留在新西兰的毛利人因而人口激增，突破了 10 万大关。在地狭人稠的情况下，他们与邻近地区的族群常发生激烈争战。由于栽种的作物数量可观，可以囤积，他们可以养活一批工具制造专家、首领和兼差的士兵。为了需要，他们设计出各种工具，应用于农作、战争甚至艺术。他们还盖了一座座礼堂和为数不少的堡垒。

就这样，同出一源的莫里奥里人和毛利人渐行渐远，到最后完全不知道彼此的存在，也许 500 年后才又碰头。这么一天终于来到，澳大利亚的猎海豹船在前往新西兰的路上发现了查塔姆群岛，也把这个信息带给新西兰的毛利人："那儿海产丰富，湖里的鳗鱼比比皆是，陆地则是卡拉卡莓（karaka berry）之乡。居民不少，不知打斗，且手无寸铁。"这个消息马上使得 900 名毛利人蠢蠢欲动，组队航向查塔姆群岛。结局清楚显示出环境如何在短时间内对经济、技术、政治组织和战斗技术造成了影响。

* * *

前面说过，毛利人和莫里奥里人的冲突相当于一个中型实验中的小型实验。就环境对人类社会的影响而言，波利尼西亚群岛能告诉我们什么？不同岛屿上的社会之间，哪些差异是需要解释的？

新西兰和查塔姆群岛的环境不同，放眼整个波利尼西亚，各岛屿的环境条件更为多样。就整个波利尼西亚住民的生存模式而言，既有（最简单的）查塔姆群岛上的狩猎-采集部落，也有刀耕火种的农人，还有一些人口极为稠密的地区可用集约的方式生产食物。波利尼西亚农人也致力于各种家禽家畜的豢养，如狗、猪和鸡。他们组织工程队，建造大规模的灌溉系统以利农事，并用大池塘做水产养殖。大抵而言，波利尼西亚社会的经济基础是多少可以自给自足的家庭，有些群岛还有余力支持工具制造专家。在社会组织方面，波利尼西亚的社会从人人平等的村落到阶级严明的社会一应俱全，后者有首领和平民等阶级，讲求门当户对。就政治组织而言，简单如独立的部落、村落，复杂如由几个群岛组成的帝国雏形，这种原始帝国已有开疆拓土的常备军。最后，就波利尼西亚的物质文化而言，有些地方只生产出个人用具，有些地方则有能力建造壮观的石头建筑。对于这些差异，我们要如何解释？

波利尼西亚的环境变量至少有 6 种：岛屿气候、地质类型、海洋资源、面积、地形破碎化程度、隔绝程度。我们先逐一探讨这些因素，再考虑它们对波利尼西亚社会的具体影响。

波利尼西亚的气候多样，大部分岛屿在赤道附近，岛上是温暖的热带或亚热带气候，新西兰大部分地区是温带气候，查塔姆群岛和新西兰南岛的南端是寒冷的副极地气候。夏威夷大岛虽在北回归线之内，但其上有高山峻岭，因此得以出现高山自然生境，偶尔也有降雪。各地的雨量也不同，有的雨量达到世界之最（如新西兰的峡湾地带和夏威夷考爱岛的阿拉凯沼泽），也有的雨量仅为前者的十分之一，干旱到难以发展农业。

岛屿的地质类型包括珊瑚环礁、高耸的石灰岩岛、火山岛、大陆岛，以及以上几种的组合。这里有无数个仅能露出海平面的低平珊瑚礁，如土阿莫土群岛。其他早期形成的珊瑚礁，如亨德森岛和伦内尔岛，则是远高出海平面的石灰岩岛。珊瑚礁无论地势高低都不利于人类定居，因为它们完全由石灰岩构成，土壤也只有薄薄的一层，而且无法持续获得淡水。如果珊瑚礁是一个极端，另一个极端的代表就是波利尼西亚的最大岛新西兰。新西兰是冈瓦纳古大陆的一部分，年代久远，地质形态多样，矿藏丰富，有铁、煤、金、玉等供商业利用。而波利尼西亚的其他大型岛屿多为高出海面的火山岛，从不是大陆的一部分，只有一些岛上有高高突起的石灰岩地形。这些海洋火山岛虽不像新西兰那般地质条件多样，但（从波利尼西亚人的观点来看）已比珊瑚礁要好很多，毕竟岛上有许多种火山岩，有些还非常适合制作石器。

火山岛之间也有所不同。地势较高者，多风多雨，土壤层较厚，也有终年不竭的溪流。就波利尼西亚群岛而言，山势最为挺拔者有社会群岛、萨摩亚群岛、马克萨斯群岛，以及特别突出的夏威夷群岛。地势比较低的岛屿如汤加群岛和复活节岛，由于火山灰堆积，也有肥沃的土壤（复活节岛的土壤略逊一些），但没有夏威夷群岛那么多的溪流。

至于海洋资源，大多数波利尼西亚岛屿周围是浅海和暗礁，许多还有潟湖，鱼类和甲壳类都相当丰富。然而，复活节岛、皮特凯恩岛、马克萨斯群岛等岩岸陡峭，又缺少珊瑚礁，因此海产稀少。

面积则是另一个明显的变量，这里有面积仅 100 英亩[①]、与世隔绝的小岛阿努塔，那是有人定居的最小的波利尼西亚岛屿，也有 103 000 平方英里[②] 的迷你大陆新西兰。以马克萨斯群岛为代表的一些岛屿，可供人居住的地区被山脉分割为一个个陡壁河谷，而以汤加群岛和复活节岛为代表的岛屿则起伏不大，旅行和通信都很方便。

最后一个环境变量是隔绝的程度。复活节岛和查塔姆群岛都很小，而且相当偏远，因此第一批拓殖者到来后，社会发展一直与世隔绝。新西兰、夏威夷群岛和马克萨斯群岛也地处偏远，但至少后两者在第一批拓殖者定居后和其他群岛还有接触，而且这三个群岛内的许多岛屿间相距不远，常有互动。其他在波利尼西

① 1 英亩 ≈ 0.4 公顷。——编者注
② 1 平方英里 ≈ 259 公顷。——编者注

亚的岛屿多少都和其他岛屿有往来。特别值得一提的是，汤加群岛和斐济、萨摩亚、瓦利斯这几个群岛相距不远，群岛之间常有船只来往，为汤加人最终征服斐济创造了条件。

* * *

略观波利尼西亚多样的环境后，我们接着探讨环境因素如何影响社会。就先从比较实际的生计层面来看吧，毕竟生计对其他方面也有影响。

波利尼西亚人维持生计主要靠以下几种方式的不同组合：渔获，采集野生植物、贝类、甲壳动物，捕捉陆栖鸟和在繁殖季节的海鸟，以及食物生产。大多数的波利尼西亚岛屿原本有无法飞翔的大鸟，它们在没有掠食者威胁的情况下演化已久，最负盛名的如新西兰的恐鸟和夏威夷雁。这些大鸟对于早先的拓殖者可以说是重要的食物来源，尤其是在新西兰南岛。由于没有逃生本领，这些鸟中的大部分很快灭绝了。正常繁殖季节的海鸟在人类的捕捉下，数量也急遽下降，但仍是某些岛上主要的食物来源。就大多数的岛屿而言，海洋资源相当重要，然而复活节岛、皮特凯恩岛和马克萨斯群岛则较依赖岛民自己生产的食物。

波利尼西亚先民带着三种家养动物（猪、鸡和狗），在波利尼西亚也没有驯化其他动物。很多岛屿仍保有这三种动物，但隔绝程度较高的则缺个一两种，可能是牲畜无法熬过漫长的独木舟之旅，也可能是带去的牲畜在小岛上死光后，很难再从岛外带牲畜来补充。例如，隔绝程度比较高的新西兰最后只剩下了狗，复活节岛和蒂蔻皮亚岛只剩下了鸡。复活节岛周围没有珊瑚礁，也没有海产丰富的浅滩，岛上的陆栖鸟又很快灭绝，岛民只好改建鸡舍，集约饲养家禽。

然而，这几种家养动物并不能成为主要的食物来源。波利尼西亚人的食物生产主要靠农业，但他们的作物都是在波利尼西亚之外被驯化后随拓殖者而来的热带作物，在亚南极地区无法种植。查塔姆群岛和新西兰南岛最严寒的南部的居民不得不放弃几千年来祖先传下来的农耕，回归狩猎-采集。

波利尼西亚其他岛屿的人是从事农业的，主要种植旱地作物（如芋头、山药和甘薯）、灌溉作物（主要是芋头）和木本作物（如面包果、香蕉和椰子）。这几类作物的产量和居民对其依赖的程度因地而异。人口最为稀疏的当属亨德森岛、伦内尔岛和其他珊瑚环礁，因为岛上土壤贫瘠、淡水有限。温带的新西兰人口也不多，主要是那里的气候不适合一些波利尼西亚作物的生长。这几个和其他一些岛屿上的波利尼西亚人多半实行轮垦和刀耕火种的非集约农业。

还有一些岛屿虽然土壤肥沃，但地势不高，没有终年不竭的溪流，遑论灌溉系统。这些岛屿的住民因而发展出集约旱作，以密集劳力来开垦梯田、利用覆盖层、实行作物轮耕、尽可能缩短休耕期、维护种植园。旱作农业在复活节岛、小岛阿努塔、地势低平的汤加群岛产量可观，这些岛屿上的波利尼西亚人将大部分土地用于种植作物。

波利尼西亚产量最高的农作物是灌溉地上栽培的芋头。人口较多的热带岛屿中，汤加群岛是无法种植芋头的，因为岛上地势低平而缺乏河流。灌溉农业最盛的地方是夏威夷群岛最西端的考爱岛、瓦胡岛和莫洛凯岛，这些岛屿面积够大、雨量够多，不但有大的常流河，也有多到可以从事建筑工程的人口。夏威夷徭役建造了精密的灌溉系统，每英亩芋田最多能产出 24 吨芋头，产量居波利尼西亚作物之冠，因此也可养活许多猪。此外，夏威夷群岛在波利尼西亚独树一帜，投入大量劳力用于水产养殖，他们建造了大型的鱼塘，养虱目鱼（milkfish）和梭鱼（mullet）。

* * *

　　以上种种和环境相关的因素使波利尼西亚各地发展出不同的生存方式，也造成了巨大的人口密度（每平方英里可耕地上的人口）差异。人口密度低的地方包括狩猎-采集者居住的查塔姆群岛部落（每平方英里只有 5 人）和新西兰南岛，以及新西兰余下的农业地带（每平方英里 28 人）。相形之下，许多实行集约农业的岛屿，人口密度可超过每平方英里 120 人。汤加群岛、萨摩亚群岛和社会群岛的人口密度可达每平方英里 210～250 人，夏威夷群岛则约为 300 人。

　　人口总数就是人口密度（每平方英里多少人）和面积（几平方英里）相乘的结果。需要考虑的面积并非某个岛屿的实际面积，而是一个政治单元的面积，可能大于或小于一个岛屿的面积。几个邻近的岛屿有可能组成一个政治单元，而一个地势崎岖的大岛上也可能分出许多彼此独立的政治单元。因此，政治单元的大小不仅和岛屿面积有关，也受岛屿地形的破碎化程度和隔绝程度的影响。

对隔绝程度较高的小岛而言，若没有阻隔内部通信的重大障碍，整个岛就是一个政治单元，阿努塔岛和其上的 160 个居民就是一例。许多大一些的岛上从未达成政治统一，可能是因为人口分散为多个狩猎-采集游群，每个游群只有十几人（如查塔姆群岛和新西兰南岛的南部），也可能是因为从事农业的人口分散得很开，彼此距离很远（如新西兰的余下部分），还有一种可能，就是务农者虽然人口稠密，但地形崎岖，无法联合成统一的政治单元。例如，马克萨斯群岛上，陡壁山谷中的居民与附近山谷的居民往来主要靠海路，每个山谷都是一个由几千个居民组成的独立政治实体，群岛中的几个比较大的岛都是分割成许多个政治单元的。

而汤加群岛、萨摩亚群岛、社会群岛和夏威夷群岛的地形有助于岛内的政治统一，由此产生的政治单元，每个至少包含 1 万人（夏威夷群岛中较大的岛屿上也有超过 3 万人的政治单元）。不管是汤加群岛中各岛间的距离，还是汤加群岛与附近群岛间的距离，都不足以成为阻碍，一个容纳 4 万人的多岛帝国才得以建立。综上，波利尼西亚政治单元容纳的人数，少则几十人，多则 4 万人。

在波利尼西亚，政治单元的人口数量和人口密度交互作用，影响到技术、经济、社会和政治组织。一般而言，政治单元越大，人口密度越高，技术和组织就越繁复，其中原因我们将在后文中详细探讨。简而言之,人口密度高的地方只有一部分人务农,但皆从事密集劳作,以产出足够的剩余食物来供养不事生产的人,如首领、官僚、神职人员和士兵。最大的政治单元可以募集非常多的劳力来建造灌溉系统和鱼塘,使食物生产更高效。这种发展现象在汤加群岛、萨摩亚群岛和社会群岛尤其明显,以波利尼西亚的标准来看,这几个群岛皆肥沃富饶、人口稠密,而且有一定的规模。最能体现这种趋势的是夏威夷群岛,波利尼西亚最大的几个热带岛屿都属于夏威夷群岛,人口密度高加上岛屿面积大,意味着有大量劳力可供首领使唤。

人口密度与政治单元大小的差异对波利尼西亚各地的社会有何影响?经济生活仍非常简单的岛屿要么人口密度低(如查塔姆群岛上的狩猎–采集社群),要么人口数量少(小环礁上的社群),要么二者皆是。在这种社会,家家户户自给自足,经济上几乎不需要专业分工。经济专业化是在面积较大、人口密度较高的岛屿发展出来的,尤以萨摩亚群岛、社会群岛、汤加群岛和夏威夷群岛的经济专业化最为发达。特别是汤加群岛和夏威夷群岛,岛上已出现世袭的手艺专家,尽管并非全职,如独木舟师傅、航海家、石匠、捕鱼人和刺青师傅。

此外,人口密度与政治单元的大小也同社会的复杂程度有关。同样,在查塔姆群岛和环礁区域有最原始而平等的社会,虽然遵循最初的波利尼西亚传统保了首领,但首领的穿着打扮和一般住民几无二致,住一般茅舍,也得亲自下田或狩猎,以挣得自己的食物。在人口密度高、政治单元大的岛上,社会阶级更为分明,首领的权力也更大，这一点在汤加群岛和社会群岛最为显著。

社会复杂程度最高的当属夏威夷群岛，光首领家族就分了 8 个层级。首领家族的成员不但不与平民通婚，也只和同一阶层的人缔结婚约，有些甚至和兄弟姊妹（包括同父异母或同母异父者）结为夫妻。到了首领面前，平民必须行拜倒之礼。首领家族的成员、所有的官僚和一部分手艺专家可以不事生产。

政治组织也有这种倾向。在查塔姆群岛和环礁区域，首领可掌控的资源不多，决策通常是众人讨论的结果，土地属于整个社群而非首领个人。比较大且人口密集的政治单元，首领握有的实权较多。在政治组织最为复杂的汤加群岛和夏威夷群岛，世袭首领的地位和世界其他地区的国王相当，而且土地皆由其掌握，不属于平民所有。首领利用官僚代自己向平民征收粮食，并强制征召平民进行建筑工程施工，工程项目因岛而异：在夏威夷群岛是灌溉系统、鱼塘，在马克萨斯群岛则为舞蹈和祭典中心，在汤加群岛是首领的陵墓，此外还有夏威夷群岛、社会群岛和复活节岛上的庙宇。

18 世纪欧洲人来到汤加的时候，汤加已是由多个群岛组成的帝国。汤加群岛在地理上结构紧密，包含几个地形完整的大岛，因此每个岛屿都在一个首领的统御之下；汤加最大岛汤加塔布岛的世袭首领统一了整个汤加群岛，还征服了最远达 500 英里外的岛屿。汤加和斐济、萨摩亚保持远距离贸易关系，他们先是在斐济建立汤加聚落，接着开始劫掠、并吞。这个原始海洋帝国向外扩张，主要是靠可乘 150 人的大独木舟组成的海军。

　　夏威夷像汤加一样，成了包含多个人口稠密岛屿的政治实体，但夏威夷远离其他岛屿，因此这个政治体里只有夏威夷这一个群岛。欧洲人在1778年"发现"夏威夷时，各个岛屿都已政治一统，有几个岛甚至整合为一。最大的 4 个岛［夏威夷大岛（狭义的夏威夷）、毛伊岛、瓦胡岛和考爱岛］都是独立的，掌控或争相掌控附近的小岛，如拉奈岛、莫洛凯岛、卡胡拉威岛和尼豪岛等。欧洲人来到后，大岛的国王卡米哈米哈一世（Kamehameha I）随即向欧洲人购买枪支和船，巩固最大的几个岛屿的联合，同时向外征服毛伊岛和瓦胡岛。卡米哈米哈国王还准备进军最后一个独立岛屿——考爱岛，后来他接受考爱岛首领提出的谈判条件，完成了夏威夷群岛的统一。

　　我们要讨论的最后一种波利尼西亚社会间的差异主要和工具等物质文化有关。原材料的多寡显然会影响到物质文化的发展。亨德森岛就是一个极端之例，这个高于海平面的珊瑚礁上只有石灰岩，别无其他岩石，岛上居民只能用蛤壳来做扁斧。另一个极端之例是新西兰这个迷你大陆上的毛利人，他们有丰富的原材料可用，运用玉石尤为远近驰名。在这两个极端之间的则是波利尼西亚的火山岛，岛上虽缺乏花岗岩、燧石和其他大陆岩石，但至少还有火山岩可供人琢磨成扁斧，以进行整地与耕种。

　　至于工具的种类，查塔姆群岛岛民需要的不外乎用以击毙海豹、鸟类和龙虾的棍棒。其他岛屿的居民则有形形色色的工具如鱼钩、扁斧，也有饰物。像查塔姆群岛那样的珊瑚礁，岛民的物品皆自制自用，形状较小且简单，岛上的建筑都是粗陋的茅舍。人口稠密的较大岛屿有从事手艺的专家，他们能制作些珍奇的装饰品给首领，如夏威夷首领身上的羽毛披肩，那可是用几万根鸟羽缝制出来的。

波利尼西亚最大型的制品要数几个岛屿上的巨大石头建筑：颇负盛名的有复活节岛上的雕像、汤加首领的陵墓、马克萨斯的祭典舞台，以及夏威夷和社会群岛上的神庙。这些波利尼西亚建筑的发展方向显然和埃及、美索不达米亚、墨西哥、秘鲁等地的金字塔相同，然规模却不若那些地方。这只是反映一个事实：埃及法老征召到的人丁要比波利尼西亚的首领多出甚多。尽管如此，复活节岛的岛民还是有能耐竖立起重达 30 吨的雕像——对赤手空拳的 7 000 岛民而言，这种成就真是非同小可。

* * *

可见，波利尼西亚诸岛的经济专业化、社会复杂程度、政治组织和物质产品皆大异其趣。这种种差异和人口多寡、密度都有关，也和岛屿面积大小、地形完整程度、隔绝程度有关，也关系到维持生计、发展食物生产能力的机会。波利尼西亚各个社会的这些差别是在相对短的时间内产生出来的，牵涉到的地域也不大，这些社会同出一源，但因环境不同而发展各异。前述波利尼西亚社会文化差异的几种类别，也适用于世界其他地区的文化差异。

当然，全球各地的差异要比波利尼西亚内部的大得多。现代各大洲固然有像波利尼西亚人那样依赖石器的族群，但南美洲已有社会精于贵重金属的利用，而欧亚大陆和非洲更有人开始铸铁。波利尼西亚没能出现类似的发展，因为除新西兰外的波利尼西亚岛屿都缺乏矿产。早在波利尼西亚有人定居前，欧亚大陆就有名副其实的帝国了。南美洲与中美洲后来也出现了帝国，而那时波利尼西亚只有两个原始帝国，其中之一的夏威夷还是在欧洲人到来后才建立起来的。欧亚大陆和中美洲发展出了本地的文字系统，波利尼西亚却只在复活节岛一地有神秘的文字，然而这可能还是岛民和欧洲人接触后的事。

和世界范围内人类社会的多样性相比，波利尼西亚的多样性只是一个截面。这并不奇怪，毕竟在地理多样性方面，波利尼西亚也只是一个截面。此外，人类很晚才定居波利尼西亚，即使是最古老的波利尼西亚社会也只发展了 3 200 年左右，实在难望其他大洲项背，哪怕是起步最晚的美洲，至少也有 1.3 万年的历史。若是多给汤加或夏威夷几千年，它们或许可以成为有文字系统用于治理、为控制太平洋而彼此争夺的真正的帝国，而新西兰毛利人或许也能用上铜器和铁器，而不是只能使用玉石等材料。

就体现人类社会因环境而出现的差异而言，波利尼西亚还是不失为可靠的例子。由于波利尼西亚的示范，我们知道这个戏码还有可能再次上演。但是，各大陆是否也出现了同样的情况？若果真如此，造成大陆差异的环境差别为何，后果又如何？

第 3 章

卡哈马卡的冲突

现代史上最大规模的人口变迁发生在新大陆，亦即欧洲人和美洲土著（印第安人）的消长：欧洲人大举在美洲殖民，美洲土著在其征服之下，数目大为减少，大部分的族群甚至完全消失。正如第 1 章所述，在新大陆这个殖民地打前锋者是公元前 11000 年或更早经由阿拉斯加、白令海峡和西伯利亚来到的先民。复杂的农业社会慢慢在美洲形成，一路向南发展，完全独立于旧大陆发展出的复杂社会。最初的亚洲拓殖者到达美洲后，新旧两个世界间唯一有充分证据证明的接触，是白令海峡两边狩猎–采集者的往来，此外，可能也有人借由太平洋的水路来到新大陆，把南美洲的甘薯带到波利尼西亚。

早期到达新大陆的欧洲人，只有公元 986—1500 年一小群占据格陵兰的诺尔斯人（Norse），但诺尔斯人的来到并没有对美洲土著社会造成什么冲击。新旧大陆因一定目的发生冲突，则是爆发于 1492 年哥伦布"发现"加勒比群岛的事件，那时这些岛屿上人口稠密，一眼望去都是美洲土著。

在此后欧洲人和美洲土著的交往中，1532 年 11 月 16 日发生的事件极具戏剧性。那天，在秘鲁高原上的卡哈马卡，印加帝国皇帝阿塔瓦尔帕和西班牙征服者的首领皮萨罗相遇了，这是他俩第一次会面。阿塔瓦尔帕是至高无上的君主，所统御的帝国不但在新大陆中版图最大，也是最先进的。皮萨罗则代表神圣罗马帝国皇帝查理五世（Charles V，即西班牙国王卡洛斯一世），亦即欧洲第一强国的帝王。皮萨罗率领的是由 168 个西班牙人组成的涣散的军队，他们人生地不熟，而且离他们最近的西班牙队伍在巴拿马以北 1 000 英里之外，万一遇上紧急情况，根本不可能及时得到援军。阿塔瓦尔帕则好整以暇地坐拥这个臣民数百万的帝国，有支 8 万人的军队，最近才出兵击败其他印第安部落。然而，几分钟之内，阿塔瓦尔帕就成了皮萨罗的阶下囚，身陷囹圄长达 8 个月。后来皮萨罗答应以赎金作为释放的条件，这可是史上最大的一笔赎金——必须在长 22 英尺、宽 17 英尺、高 8 英尺的房间内堆满黄金。心狠手辣的皮萨罗在黄金得手后，随即将阿塔瓦尔帕处决。

阿塔瓦尔帕的被俘对欧洲人征服印加帝国有决定性的影响。虽然拥有优势武器的西班牙终将获胜，但这个俘虏事件犹如催化剂，使得整个过程易如反掌。阿塔瓦尔帕在印加帝国被尊为太阳之神，有着无上的权威，纵使被俘，也能从狱中发号施令，而臣民莫敢不从。在他成为阶下囚那几个月，皮萨罗派遣探险队肆无忌惮地在印加帝国各处探勘，同时等待来自巴拿马的援军。阿塔瓦尔帕一命呜呼后，西班牙人随即和印加帝国开战，此时的西班牙军队已势如破竹，不复早先的涣散。

阿塔瓦尔帕的被俘是现代历史上最大冲突中的决定性时刻，因此令人玩味不已。但这一事件之所以能引起更广泛的关注，是因为使得皮萨罗虏获阿塔瓦尔帕的种种因素，也在现代世界中许多殖民者和土著的冲突中起了作用。可以说，阿塔瓦尔帕被俘为我们了解世界史打开了一扇窗。

* * *

那天在卡哈马卡发生的事件众所周知，因为许多西班牙亲历者留下了记录。为了一睹这个重大的历史事件，就让我们看看皮萨罗 6 名随从的记录，包括他的兄弟埃尔南多（Hernando）和佩德罗（Pedro）的见证：

> 我们是神圣罗马帝国皇帝暨西班牙国王麾下的武士。沉稳坚毅，战技纯熟，吃苦耐劳是本分。我们漂洋过海，历尽艰险，我武惟扬，完成征服大业。我们的故事令信徒喜乐、异端丧胆。因此，为了荣耀上帝，宣扬今上圣德，谨将我们的经历写下，敬呈陛下，愿陛下臣民都能分享我们的成就。我们征服的土地面积、异教徒数量超越古今。上帝的国度规模从未如此之盛。感谢上帝指引，荣耀全归上帝。凡此种种也都是为了荣耀陛下。若非陛下的力量与德荫，就没有这样的结果。辉煌的战果、疆土的开拓、满载而归的金银珠

宝，这些都是国王陛下的功业，我们也与有荣焉。忠心事主者因之更加喜乐，离经叛道者则闻之丧胆，全人类都因此而景仰陛下。

从古到今，不知有多少征战是以寡击众、以穷抗富，漂洋过海，到异乡蛮邦去征服未知，然而有多少能和西班牙的战果争辉？我们这些西班牙臣民，只有二三百之谱，有时甚至不到一百，却征服前所未见的广大之地，比起所有的明君和叛贼统御的领土还大。此时此刻，我将写下我的所见所闻，且以精简为宗，避免芜蔓庞杂。

皮萨罗总督刑求卡哈马卡的印第安人，希望借此得到情报。印第安人招供说阿塔瓦尔帕正在卡哈马卡城等待总督的来到，于是总督命令我们前进。一入卡哈马卡，远远望去可见阿塔瓦尔帕的大军集结在山脚，军容极为壮观。营地看来就像座美丽的城市。帐篷四处林立，密密麻麻，这种前所未见的景象令我们心生畏惧和困惑。但若面露惧色，转身离去，岂不是让印第安人看穿了我们的怯懦，连抓来当向导的印第安人都有可能恍然大悟而轻取我们的性命。因此，我们不得不表现得趾高气扬，细心观察城镇与帐篷，再沿着河谷走下，进入卡哈马卡城。

我们商量对策，人人心中满怀恐惧。敌众我寡，且深入内地，根本无从得到援军。关于第二天的行动，我们和总督讨论再讨论。几乎没有一人能成眠。夜晚，印第安大军的营火因近山边，多不胜数，使人分不清是繁星还是营火。那天晚上，在皮萨罗的阵营中，无分贵贱，步兵或骑兵，人人全副武装，站岗守卫。英明的总督不断为手下打气。他的兄弟埃尔南多预估印第安士兵当有 4 万人之多。其实，这是个善意的谎言，他不想让我们丧气，所以没有说出有 8 万大军的实情。

第二天早上，阿塔瓦尔帕派使者来，总督对他说："请转告贵国国王，随时欢迎他大驾光临，我将以礼待之，绝不会有伤害或侮辱的情事。会见一事越快越好。"

总督的手下在卡哈马卡埋伏，骑兵共分两路，一路由他的弟兄埃尔南多·皮萨罗领军，另一支队伍则交给埃尔南多·德·索托（Hernando de Soto）。步兵也分两支，总督自行领导一队，另一队则由他的弟兄胡安·皮萨罗（Juan Pizarro）负责。同时，他要佩德罗·德·坎迪亚（Pedro de Candia）和两三名步兵带着号角和一点枪炮，到广场上的一个小堡垒驻守。计划如下：在所有印第安人和阿塔瓦尔帕步入广场时，总督会给坎迪亚那几个人使个眼色，他们开始射击，号角响起，在广场四周埋伏的骑兵冲上前来。

午时，阿塔瓦尔帕一行人浩浩荡荡前来之时，整个平原全是印第安人，他们走走停停，好让后面的人跟上来。下午，又有多支队伍鱼贯进入。前面的队伍离我们军营很近，还有更多的印第安军队陆续赶到。在阿塔瓦尔帕之前有 2 000 名清理路面的印第安人，后面则是战士，在其后分成两队前进。

最前面一支印第安队伍身着不同颜色的衣服，呈棋盘花纹。他们一面前进，一面捡起地上稻草，并清扫路面。其后跟着三支队伍，衣服颜色也不相同，又歌又舞的，后面一群人则携带武器、大型金属盘和金银打造的皇冠。那些大型金银器皿在阳光之下，极为耀眼。阿塔瓦尔帕的身影就在其中。他坐在精工雕刻的轿子上，两端的木材都镶有银饰。80个身穿亮丽蓝色衣装的领主充当轿夫，把阿塔瓦尔帕坐的轿子扛在肩膀上。阿塔瓦尔帕当然是锦衣丽服，头戴金冠，颈上则是一圈翠玉。他高踞在轿上凳子的华丽鞍形坐垫上。轿子不但有鹦鹉彩羽，还镶金镀银。

在阿塔瓦尔帕后面还有两抬轿子和两张吊床，其上都是德高望重的首领，接着还有几支印第安队伍，头上不是金冠就是银冕。这些印第安人高歌步入广场，很快广场就满布重兵。躲在天井里的西班牙弟兄这会儿可是胆战心惊地在准备行动，许多人甚至吓得尿了一裤子而不自知。阿塔瓦尔帕到了场中，仍高踞在轿子上，他的军队继续鱼贯入内。

皮萨罗总督于是派遣巴尔韦德修士（Friar Vicente de Valverde）去和阿塔瓦尔帕说话，希望他以西班牙国王和上帝之名告知阿塔瓦尔帕，要他臣服耶稣基督和国王陛下。巴尔韦德修士一手持十字架，一手拿着《圣经》穿过重重包围的印第安士兵，来到阿塔瓦尔帕的跟前，开口道："我是上帝派来的教士，把上帝的训示教给基督徒，也希望把这一切传给您。我将教的都在这本书上。因此，我希望代表上帝和基督徒，请求您做他们的朋友。这是上帝的旨意，也是为了您的福祉。"

阿塔瓦尔帕把书要了去，想看看究竟，修士把合起的书递给他，他却不知如何打开，于是修士伸手过去帮忙。阿塔瓦尔帕却勃然大怒，给他手臂一拳，不希望他帮这个忙。接着，他自己翻阅，觉得上面的字母和纸张平凡无奇，把书丢出五六步之遥，整张脸红通通的。

修士回到皮萨罗身边，大叫："出来吧！兄弟们，起身对抗这些拒绝上帝的狐群狗党吧！这个暴君居然把《圣经》丢在地上！你们看到了没有？对这种狗辈还需要什么礼节？进攻吧！你们若上前把他拿下，我就赦免你们的罪。"

总督给坎迪亚一个暗号，他就开火了。同时，号角响起，携枪带械的西班牙步兵和骑兵从各个藏身之处飞奔而来，冲到没有武装的印第安人中，大叫："杀！"我们还在马匹上放了响器来惊吓印第安人。枪声砰砰、号角哒哒加上马匹上的响器，把那些印第安人吓得魂不守舍，抱头鼠窜。英勇的西班牙人上前擒拿，之后将他们碎尸万段。印第安人见状吓得争相脱逃，跑得慢的活活被人踩在脚下，由于手无寸铁，根本不足以与基督徒对抗。骑兵就在其后追赶，见一个杀一个。步兵也拿出剑来将他们一一送上黄泉。

总督拔出刀剑和西班牙士兵穿过印第安人墙，英勇无比地冲到阿塔瓦尔帕的轿子前面。他猛然抓住阿塔瓦尔帕的左臂，大叫"杀"，但无法从那高高的宝座把他拉下。那些抬轿的印第安人可以说杀不胜杀，死了一批，又来一批。最后，有七八名西班牙骑兵在轿子一侧冲撞，使之倾倒，阿塔瓦尔帕这才束手就擒，成为总督的俘虏。那些抬轿和护卫的臣民无一人离弃他——全部在他身边气绝倒地。

　　广场上的印第安人惊惶失措，枪支和马匹都是他们不曾见过的怪物，这会儿吓得如同见到凶神恶煞，死命推倒广场旁边的围墙，企图逃到外面的平原。我们的骑兵也从围墙缺口飞跃出去，大叫："追捕那些穿得花花绿绿的！不要留活口！一概射杀！"剩下来的印第安人则是阿塔瓦尔帕从 1 英里外征召来准备作战的，但是大家都一动也不动，没有人敢拿起弓箭对着西班牙人。城外的印第安人见到有人从城里尖叫飞奔而出，大部分也吓得拔腿就跑。这真是触目惊心的一幕——在这方圆 15～20 英里谷地全都是忙着逃命的印第安人。到了夜幕低垂之时，骑兵仍继续追杀，最后我们听到集合的号角。

　　要不是天色已黑，印第安人的 4 万大军恐怕就此全军覆没，无一幸免。不过，已经尸横遍野，死者有六七千，更多的是断手残腿的。阿塔瓦尔帕承认说，他的手下被我们杀了 7 000，包括另一个在轿子上的高官，也就是他的宠臣——钦查（Chincha）的领主。帮阿塔瓦尔帕抬轿的都是权贵和官员，全数阵亡，其他坐轿和躺在吊床里的首领也都上了西天，卡哈马卡的领主也阵亡了。死者可以说不计其数。阿塔瓦尔帕的随从都是大领主。掌控数万大军的一国之君竟在刹那成为俘虏，实在匪夷所思。这实在不是我们这一小撮人所能成就的功业，而是上帝的神迹。

西班牙人强行把阿塔瓦尔帕从轿子中拖下来，还扯下他的袍子。总督命令部下把衣服还给他。阿塔瓦尔帕整装之后，总督命令他坐在一旁，使狂怒而激动的他稍稍和缓下来。毕竟，从高高在上的一国之君突然成为阶下囚的命运，不是凡人所能接受的。总督对他说："不要认为这是一种侮辱。我和我手下这群基督徒虽然寥寥可数，但我们征服过比你们更强大的王国，也俘获过比你更伟大的君主。我们都是西班牙国王的臣民，他则是统御全世界的君主。我们就是在他的命令下前来进攻的，且本着对上帝的信仰。因此，这一切都是天意。你们该弃绝野蛮、邪恶的生活，接受上帝的洗礼。这也就是我们以寡敌众的原因。若你们能体会过去种种的错误，就能明白今日我们征服你们，全是为了你们的福祉。上帝就是打算挫挫你们的锐气，让你们学会如何尊敬基督徒。"

* * *

关于这千古难得一见的交会，其因果链条为何？我们先探讨一下当时几个事件。为何卡哈马卡相会时，是皮萨罗擒拿阿塔瓦尔帕，杀戮他的臣属？人多势众的阿塔瓦尔帕为何反倒制服不了皮萨罗麾下的这支乌合之众？毕竟，皮萨罗手下只有62名骑兵、106名步兵，而阿塔瓦尔帕麾下却有8万大军。且让我们追溯到这一切的原点：当初阿塔瓦尔帕是在什么因缘下来到卡哈马卡的？为何皮萨罗会来此地擒掳他，而非阿塔瓦尔帕远征至西班牙，拿下卡洛斯一世？也许身为后人的我们是在放马后炮，不过我们不禁要问，阿塔瓦尔帕怎么会走入这么明显的陷阱而不自知？在这场遭遇中起作用的因素，是否也在旧大陆和新大陆的相遇中、在其他族群之间的互动中起到更为广泛的作用？

皮萨罗得以俘虏阿塔瓦尔帕的原因何在？皮萨罗的武力优势在于西班牙人的枪炮、刀剑和马匹。而阿塔瓦尔帕的军队作战时没有骑乘任何动物，武器也只有石头、铜器、木棒、狼牙棒、斧头，加上弹弓和其他拼凑起来的武器。这种悬殊决定了美洲土著等族群与欧洲人交锋时的命运。

这么多世纪以来，能抵御欧洲人入侵的美洲土著，只有那些终于知道利用马匹和枪炮的部落。对一般美国白人而言，"印第安人"这个名词，总令人联想到在大草原上策马奔驰、挥舞着来复枪的印第安人，比如苏族（Sioux）战士，他们于 1876 年在著名的小巨角河战役中歼灭了乔治·卡斯特（George Custer）将军指挥的联邦军。我们很容易忘记马匹和来复枪不是美洲土著本来就拥有的，而是欧洲人引进的，印第安部族知道这些东西的威力之后，他们的社会也起了改变。在骑术精进、枪法准确之后，他们便能击退入侵的白人，北美的大草原印第安人（Plains Indians）、智利南部的阿劳干印第安人（Araucanian Indians）和阿根廷的潘帕斯草原印第安人（Pampas Indians）就是很好的例子。比起一般的美洲土著，他们比较抵挡得住白人的入侵，除非双方实力悬殊，如 19 世纪 70—80 年代白人政府的大规模军事侵略。

今天，我们很难想象当初的西班牙人凭借武器装备战胜美洲土著时，双方人数何等悬殊。以卡哈马卡之役来说，就这么 168 名西班牙人竟可力克 500 倍以上的美洲印第安人，杀死了数千名土著，却未折损一兵一卒。皮萨罗战胜印加人，埃尔南多·科尔特斯（Hernando Cortés）征服阿兹特克人，早先其他欧洲人对抗美洲土著，以寡敌众的故事不断上演，几十个欧洲骑兵杀死几千印第安人轻而易举。阿塔瓦尔帕死后，皮萨罗从卡哈马卡前往印加帝国首都库斯科，沿途又经历了 4 场类似的战役，分别发生在豪哈、比卡舒曼、比卡诺塔和库斯科。参与这几场战役的西班牙骑兵分别是 80 人、30 人、110 人和 40 人，却击败了成千上万的印第安人。

西班牙人的大胜不能轻易归因于其他美洲土著之助，或武器、马匹等新奇之物对敌人的威吓作用，也不是因为（常有人提到的）印加人误把西班牙人当作神明维拉科恰（Viracocha）再世。皮萨罗和科尔特斯打了几场胜仗后，的确吸引了些土著盟友。这些美洲土著了解大势已去，西班牙人即使孤立无援也势如破竹，若强行抵御，自己恐怕将和先前的印第安人一样，死无葬身之地，因此选择和未来的胜利者站在同一阵线。马匹、武器、枪炮，种种印第安人前所未见的东西确实震慑到了卡哈马卡的印加人，但在卡哈马卡惨败，印加人见识过武器和马匹后，即抵死不从，进行抵抗。在西班牙人首次尝到胜利后不到 6 年的时间里，印加人甚至发动了两次有计划的大规模反叛，人人视死如归。然而，武力悬殊，印加人还是抵抗徒劳。

到了 18 世纪，枪炮已经取代刀剑，成为欧洲人征服美洲土著与其他族群的利器。例如，1808 年，枪法很准的英国海员查理·萨维奇（Charlie Savage）带着滑膛枪来到斐济，单枪匹马就足以让整个斐济俯首称臣。此人热爱探险，曾划着独木舟到斐济一个名叫卡沙孚（Kasavu）的村落，远从篱笆外向村内没有防御能力的村民射击。血流成河，死者众多，幸存的村民躲在堆成小山的尸首后面才逃过一劫。靠枪支击溃没有枪支的土著，这样的例子还有许许多多。

在西班牙人征服印加人的过程中，枪支的作用并不大。那时，他们所用的枪叫火绳枪（harquebus），子弹不好装，也很难发射，而且皮萨罗也只有十来支枪，然而颇有虚张声势之效，那些印第安人看到他们拿起枪来，就心生害怕。比起枪支，刀剑、长矛等坚韧锐利的武器要来得重要，是为他们杀戮印第安人的利器。相较之下，印第安人的棍棒虽然能击打西班牙的士兵和马匹，但难以致命，每每总被其金属甲胄和钢铁头盔挡了回去。

从目击者的叙述看，马匹显然给予西班牙人绝大的优势。印第安哨兵还来不及通知后面的军队，西班牙骑兵的蹄声已经近了，他们把步行的印第安人踩在脚下，一一送上西天。马匹的威力、机灵和速度，使西班牙骑兵得以居高临下，战场上的印第安步兵则相形见绌，不知所措。马匹的威力，远不限于在初见马匹的战士心中引起的恐惧。不经一事，不长一智，1536 年印加人起义时，已经知道怎么对付那些骑兵了，他们在狭路埋伏，再行攻击、歼灭。但到了辽阔的战场，步兵就绝不是骑兵的对手。在阿塔瓦尔帕之后成为印加皇帝的曼科（Manco），其麾下最骁勇善战的是尤潘基（Quizo Yupanqui）。1536 年，尤潘基率军在利马发动突袭攻打西班牙人，然而对方只派出两支西班牙骑兵就把他们打得落花流水，尤潘基和手下的将领都被杀，全军覆没。另一支 26 名骑兵组成的队伍则在库斯科击败了曼科亲率的精锐。

　　对战争的转型颇有影响力的马匹开始变成家畜，是在公元前4000 年黑海北面的大草原。有了马匹，人类便可日行千里、发动突袭，在敌人得以形成更强大的队伍前即逃之夭夭。在 20 世纪初之前的 6 000 年中，马匹一直在军事上发挥作用，卡哈马卡一役就体现了马匹的这种作用，这种现象各大洲都有。直到第一次世界大战，骑兵才失去了军事优势。若我们考虑到西班牙人的种种优势，除了马匹，还有钢铁武器、甲胄等，要对付那些手无寸铁的步兵实在是轻而易举。因此，他们的所向披靡，以寡击众，并不足为奇。

　　阿塔瓦尔帕又是在何种机缘下来到亡命之城卡哈马卡的呢？阿塔瓦尔帕和其大军之所以在卡哈马卡，是因他们是内战获胜的一方，然而印加帝国也因此陷入分裂，伤痕累累。机敏的皮萨罗察觉到这一点，认为机不可失，决定行动。而内战的远因则是天花。西班牙殖民者登陆巴拿马和哥伦比亚后，让南美洲的印第安部落染上了这种传染病。公元 1526 年左右，天花蹂躏印加帝国，皇帝瓦伊纳·卡帕克（Huayna Capac）和他指定的继承人尼南·库尤奇（Ninan Cuyuchi）以及多数大臣都为之丧命，种下日后阿塔瓦尔帕与同父异母的兄弟瓦斯卡尔（Huascar）相争之因。

若不是天花，西班牙人面对的将是一个团结的帝国。

阿塔瓦尔帕在卡哈马卡出现这个事件，正可凸显世界史的一个重要因素：较有免疫力的入侵族群把传染病带给其他没有免疫力的族群。天花、麻疹、流感、斑疹伤寒、腺鼠疫等已在欧洲蔓延的传染病，反倒成了欧洲人征服世界各地族群的助力。例如，西班牙殖民者于1520年首度入侵阿兹特克失利，却意外引发天花的流行，在蒙提祖马二世（Montezuma II）之后称帝没多久的奎特拉瓦克（Cuitláhuac）因之一命呜呼。疾病在美洲部落传播的速度比欧洲人的脚步更快，前哥伦布时代约95%的美洲土著因之丧生。人口最多且最有组织的美洲土著社会——密西西比酋邦在1492年和17世纪第一个10年末之间因传染病而消亡，而那时欧洲人还没能来到密西西比河落脚。欧洲人摧毁南非桑人（San people），1713年暴发的天花是最重要的一步。英国人于1788年开始在悉尼殖民，令大量澳大利亚土著丧生的传染病随之而来。传染病在1806年横扫斐济的事件则有详尽的文献记载，带来传染病的是几名在"阿尔戈号"（Argo）触礁后挣扎上岸的欧洲船员。其他太平洋上的岛屿，如汤加、夏威夷等，也无法自外于这样的历史。

然而，传染病在历史上的角色并不只是为欧洲人的扩张开路。疟疾、黄热病等在热带非洲、印度、东南亚和新几内亚的流行病，曾是欧洲殖民者在这些热带地区遇到的最大障碍。

皮萨罗为什么会出现在卡哈马卡？为什么不是阿塔瓦尔帕出兵征服西班牙？皮萨罗来到卡哈马卡，靠的是欧洲的海事技术，有了这种技术，他才能乘船从西班牙横渡大西洋到达巴拿马，又驶进秘鲁。阿塔瓦尔帕则没有这样的技术可用，因此不可能离开南美洲向海外扩张。

皮萨罗能现身卡哈马卡，除了依靠船只，也有赖于中央集权的政治组织，有这种组织，西班牙才有财力、技术、人员来打造和装备船只。印加帝国虽有类似的组织，但反倒对帝国本身造成伤害，皮萨罗俘虏了阿塔瓦尔帕，也就掌握了印加帝国的指挥系统。由于印加帝国的官僚体系已和其神格化的绝对君主合而为一，阿塔瓦尔帕一死，整个体系随之瓦解。欧洲向外扩张，海事技术和政治组织同样关键，其他族群向外扩张也是如此。

将西班牙人带到秘鲁的一个相关因素是文字。西班牙有，印加帝国则无。比起口传，文字能把信息传递得更远、更准确、更详尽。在哥伦布远航及科尔特斯征服墨西哥的信息的刺激下，西班牙人源源不断地涌入新大陆。信件和手册不但详述动机，还写下了实用的航海指南。皮萨罗的征战首见于同伴克里斯托瓦尔·德·梅纳（Cristóbal de Mena）1534 年 4 月在塞维利亚印行出版的书，离阿塔瓦尔帕被杀不过 9 个月。这本书马上变成畅销书，译成多种欧洲语言，更让许多西班牙人心生向往，前往秘鲁为皮萨罗助阵。

为何阿塔瓦尔帕会落入陷阱？我们不禁讶然，阿塔瓦尔帕居然这么轻易中计。西班牙人恐怕也为自己的侥幸暗自窃喜。要解释这个问题，文字是至关重要的一环。

最直接的解释是，阿塔瓦尔帕对西班牙人及其兵力和意图几乎一无所知。唯一的消息来源，是花了两天时间随同皮萨罗队伍从海岸走到内陆的使者。阿塔瓦尔帕全听信他的片面之词：一群没有战斗力的乌合之众，只消 200 个印第安勇士就可摆平。可想而知，阿塔瓦尔帕因此毫无戒心。

在新大陆，只有现代墨西哥和邻近地区一些群体中的一小部分精英有读写能力，那些地区都在印加帝国以北遥远之处。虽然早在 1510 年，印加帝国以北 600 英里处的巴拿马就有了西班牙殖民者的踪迹，但要等到 1527 年皮萨罗在秘鲁海岸登陆，印加帝国与西班牙人接触的序幕才揭开。在那之前，阿塔瓦尔帕完全不知西班牙人已长驱直入至中美洲最强大且人口稠密的印第安社群。

更令我们感到惊讶的是阿塔瓦尔帕的天真。他以为只要付了赎金，皮萨罗就会信守承诺释放他，焉知这些西班牙人的矛头已对准了永远的征服，而非只是单单一笔赎金。

失策误判造成的惨剧并非只发生在阿塔瓦尔帕身上。阿塔瓦尔帕被俘后，他麾下的总司令恰古奇马（Chalcuchima）又中了弗兰西斯卡·皮萨罗的兄弟埃尔南多的计，率领大军奔入西班牙人的掌心。恰古奇马的失算使印加帝国抵御的功力尽失，和阿塔瓦尔帕的被俘同为局势急转直下的关键事件。更离谱的是，阿兹特克皇帝蒙提祖马还把科尔特斯当作神明再世，欢迎他和那一小队士兵光临阿兹特克的首都特诺奇蒂特兰。结果，蒙提祖马本人遭到囚禁，首都和整个帝国都成为科尔特斯的囊中物。

以现实的眼光来看，阿塔瓦尔帕、恰古奇马、蒙提祖马，以及无数的美洲土著首领之所以为欧洲人所欺，主要是因为新大陆没有人到过旧大陆，因此无从得知西班牙人的底细。即便如此，我们还是不禁为阿塔瓦尔帕扼腕，要是他起了一点疑心就好了，要是他统治的社会对人类行为有更多的了解就好了。然而，皮萨罗刚到卡哈马卡时，对印加帝国也很陌生，其仅有的知识是在1527—1531年从当地臣民的口供中得到的。皮萨罗虽然也是大字不识，但来自文明的国度。西班牙人已从书本中得知远在欧洲之外诸多同时代文明的情况，也知道数千年的欧洲史。皮萨罗奇袭阿塔瓦尔帕的巧计简直是科尔特斯的翻版。

总之，文字使西班牙人得以继承关于人类行为和历史的丰富知识。相形之下，阿塔瓦尔帕不但对西班牙人一无所知，没有应对海外入侵者的经验，也未曾经由听闻或阅读而起戒心。这种经验的鸿沟让皮萨罗大胆设下了诱惑阿塔瓦尔帕的圈套。

* * *

皮萨罗俘虏阿塔瓦尔帕的事件体现了一组因素，这些正是使欧洲人得以殖民新大陆，而不是反被美洲土著殖民的近因。皮萨罗成功的直接原因包括基于枪炮、钢铁武器和马匹的军事技术，来自欧亚大陆的传染病，欧洲的海事技术，中央集权的政治组织，以及文字。本书书名正是几个代表性近因的集合，现代欧洲人能征服其他大洲上的族群，这些因素都起了作用。我们将在后文中看到，早在有枪炮和钢铁之前，上述因素中的其他几个因素曾助力一些非欧洲族群向外扩张。

　　然而，我们还需要回答一些根本问题：为何这些起直接作用的优势大多在欧洲人这一边，而不在新大陆那一边？为什么发明枪炮、挥舞利剑、策马奔驰的不是印加人？为什么不是印加人把难以抵抗的恶疾带到欧洲？何以印加人不能打造出坚船利炮，拥有先进的政体和长达数千年的书写历史？以上种种，牵涉到的都是终极因，也是本书后两部分的主题。

第二部分

食物生产的兴起与扩散

第 4 章

农民的力量

1956 年夏，当时只有十几岁的我跑到蒙大拿的农场打工。我的老板弗雷德·赫尔希（Fred Hirschy）生于瑞士，19 世纪 90 年代来到蒙大拿西南时才十几岁，就成了当地的第一批农民，那时，在这个新大陆仍有不少以狩猎–采集为生的美洲土著。

我的"同事"多半是满嘴脏话的白人老粗，平日在这儿工作，图的只是周末有钱花天酒地一番。其中有一个是黑脚印第安人，名叫列维。此人行为举止和一般粗野工人不同，他温文儒雅，负责沉静，能言善道，而且知书达礼。他是我认识的第一个印第安人，我们也来往过一段时间，我很欣赏他。

但是，某个星期天清晨，列维醉得步履蹒跚，满口疯话，突然吐出一句让我终生难忘的话："该死的赫尔希！该死的船，把你从瑞士载来这里干吗！"这时的我，有如利箭穿心。长久以来，我就和其他白人小孩一样，认为西部拓荒是一种英雄行径。赫尔希的家族也都以他为荣，不时说起他当年披荆斩棘、克服万难的事迹。但如赫尔希者流，脚下的土地还是抢来的，原来的主人就是列维的族人——神勇的猎人和赫赫有名的战士。白人农民到底是如何胜过印第安战士的？

自现代人类的祖先在 700 万年前和类人猿"分家"以来，绝大部分时间，人类皆以狩猎-采集为生，也就是黑脚印第安人在 19 世纪的生活方式。直到 1.1 万年前才有了农牧，也就是种植作物和驯养家畜。到了今天，地球上大多数人口消费的是自己或他人生产的食物。依照这种改变速度，不出 10 年，剩下的寥寥可数的狩猎-采集族群就会放弃原来的生活方式，或解体，或消亡，数百万年以来人类的狩猎-采集生涯将就此画上句点。

在史前时代，各个族群获得食物生产技术的时间各有不同。仍有一些族群，如澳大利亚土著，甚至还不知食物生产的门道。知道怎样生产食物的族群中，有的是自己独立发展出这种技术的（如古代中国），有的则是学自邻邦（包括古埃及）。而我们将会看到，食物生产对枪炮、病菌和钢铁的发展而言，是间接的前提条件。因此，从各大洲族群从事农牧的地理条件可看出日后的命运。之后的 6 章将探讨食物生产的地理差异如何出现，本章则先讨论食物生产和种种优势的关联，凭借这些优势，皮萨罗得以俘虏阿塔瓦尔帕，赫尔希那班白人农民能占领列维族人的土地。

第一个关联是最直接的：越多的卡路里能养活越多的人。然而，野生动植物里只有一小部分可供人类食用。大多数生物并不能当食物：有的无法消化，如树皮；有的有毒，如帝王斑蝶（monarch butterfly）或鬼笔鹅膏（death-cap mushrooms）；有的没什么营养，如水母；有的料理起来费事费时，如很小的坚果；有的难以采集，如大多数昆虫的幼虫；有的涉及高风险的行动，如猎杀犀牛。陆地上的生物量（biomass）中，大部分是我们难以消受的树木、枝叶。

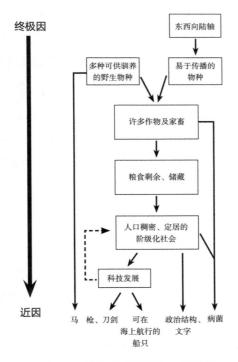

图 4.1 历史普遍模式背后的因素

注：大陆轴线的方向可能是某个族群得以征服其他族群的终极因，由这个终极因引发的一连串因果的连锁，最后会产生某个族群得以征服其他族群的直接原因，亦即枪炮、病菌与钢铁。图中表示终极因与直接原因的因果链。举例来说，若一个地区有许多野生动植物适合被驯养，也代表该地区适合许多能将疾病传染给人类的病菌生长进化，因为农产品的收获及家畜的蓄养有助于维持人口密集的社会，而这样的社会也有助于原本在家畜身上的病菌的进化。

人类选择可以食用的动植物加以培育，使得 1 英亩地上有 90% 而非 0.1% 的生物量可供给人类生存所需，人类可以得到更多的可摄入卡路里。这种土地利用方式的效率比起狩猎-采集方式要高很多，可养活 10～100 倍的农牧人口，农业族群因此获得了第一种军事优势：在人数上超越狩猎-采集族群。

在有家畜的人类社会中，牲畜主要有 4 种用途：提供肉、奶、肥料，以及犁地。其中，尤以肉品为首要。家畜就是人类社会最主要的动物蛋白质来源，让人类从此可不必依靠猎物。以今天的美国为例，动物蛋白质多半来自牛、猪、羊、鸡，至于野味，比方说鹿肉，已成偶尔食之的山珍。此外，一些大型家养哺乳动物已成乳品和黄油、奶酪、酸奶等乳制品的来源。此类动物包括牛、羊、马、驯鹿、水牛、牦牛、单峰驼和双峰驼。就卡路里产量而言，这些动物所生产的乳品的卡路里，比起宰杀它们后所得到的肉品要多出好几倍。

人类豢养的大型哺乳动物和栽种的作物之间会产生两种交互作用，从而提高农作物的产量。首先，正如现代的农民凭经验也知道的，利用牲畜的粪便做肥料，作物的收获量将更为可观。即使化学合成肥料已经问世，用动物粪便的农民还是占大多数，用得最多的就是牛粪，也有人用牦牛和羊的粪便。此外，传统社会也把粪便当作燃料。

其次，由于牲畜能犁地，许多原本没有经济价值的土地都可转为农地，作物产量因此增加。牛、马、水牛、爪哇牛（Bali cattle）、牦牛与普通牛的杂交种等都是耕畜。有个例子可以说明耕畜的作用。史前时代最早的一批中欧农民，也就是兴起时间略早于公元前5000年的线纹陶（Linearbandkeramik, LBK）文化的农民，只能在用棍棒可以翻起的轻质土壤上耕作。直到1 000多年后有了牛拉的耕犁，中欧农民才有办法对付更坚硬、更难缠的土壤。同样，北美大平原上的美洲土著原本在河谷栽种作物，而广袤高地上那些坚硬的土壤，得等到19世纪欧洲人、牲畜和犁到来后才能开发。

　　通过驯化动植物比狩猎-采集方式产出更多食物，从而增加人口密度，这是作物和家畜对人口直接的影响。间接一些的影响，是此类食物生产方法需要人们定居下来，这种生活方式促成了人口密度的增加。许多狩猎-采集社会的人四处游走，搜寻野生的食物，但农民必须待在田地和果园附近。如此一来，田园附近人口密集，妇女的生育间隔也将变短。狩猎-采集社会中的母亲，在营地迁徙之时只能带着一个孩子和几样随身物品，除非孩子大到走得很快，跟得上族人的脚步，否则难以再生养下一个孩子。流动的狩猎-采集族群的小孩，兄弟姊妹的年龄差距大概是4岁，这多半是因为大人利用哺乳期闭经、禁欲、杀婴或是堕胎而控制了生育。而定居的族群无须携带幼子长途跋涉，因此生养无数。一般农人的生育间隔是两年，约为狩猎-采集族群的一半。由于农业社群的高生育率，加上每英亩土地可以供养的人多很多，人口自然要比狩猎-采集社群稠密。

　　定居生活方式的另一个结果，是人们可以储存多余的食物了。若是四海为家，就没有人能守护粮食。有些狩猎-采集社群有时会扛着数日以上的口粮远行，但由于不能加以保护，这项"富源"可以说没啥用处。而储存的食物不但可以供养不事生产的专家，还可养活整个城镇的人。这也足以说明为何狩猎-采集社会几乎没有全职的专家，有定居形态的社会才有。

国王和官僚这两种人就属于这种专家。狩猎-采集社会一般而言人人平等，没有全职的官僚或世袭的首领，政治组织规模较小，仅在游群或部落层面。这是因为强壮的狩猎-采集者的主要时间都花在了获取食物上。相比之下，食物可以储存后，政治精英即可掌控他人生产的食物，强行征税，自己无须从事农牧，能够把全副心神放在政治活动上。因此，小有规模的农业社群则成酋邦，规模庞大者则成王国。这种复杂且有阶级之分的政治单元，自然比人人平等的狩猎-采集族群更有条件发动战争、向外侵略。有些享有丰富资源的狩猎-采集族群，如在北美洲西北太平洋岸，或在厄瓜多尔海岸者，也发展成定居的社群，能储存食物，也有社会的雏形，却无法迈开大步成为王国。

课征来的盈余食物储存下来，即可供养君主、官僚和其他全职的专家。和征战最相关的是，如此可以供养职业士兵。不列颠帝国最后能击败武器精良的毛利人，关键原因就在这里。毛利人虽然获得了几次大胜，但因无力持续供养军队，终究抵挡不住1.8万名全职的不列颠士兵。储存的食物还可以养活为征服战争提供宗教理由的神职人员，制造刀剑、枪炮等的工匠，以及记下大量未必准确的信息的文士。

以上所述，都是作物和牲畜作为食物的直接和间接价值，它们还有其他用途，如供给我们温暖的衣物、有用的物品。我们可从作物和牲畜中得到天然纤维来制造衣服、毛毯、绳网。人类栽种粮食作物，也栽种纤维作物，尤其是棉花、亚麻和麻。有些家养动物也可提供纤维，比方说绵羊、山羊、骆马和羊驼的毛，还有蚕丝。在冶金技术出现之前的新石器时代，动物的骨头也是人工制品的重要原材料。牛皮被用于制革。葫芦是美洲许多地方最早栽培的作物之一，人们栽培葫芦并非为了食用，而是为了拿来做容器。

在 19 世纪铁路出现以前，大型家养哺乳动物是主要的陆上运输工具，可以说是人类社会的一大变革。在那些动物得到驯化之前，运送货品只能靠人背负。大型哺乳动物改变了这一点：人类历史首见远距离、大量载运货物之道，人类自己也得以日行千里。可让人骑乘的家畜包括马、驴、牦牛、驯鹿和骆驼。此外，骆马会载运货物，牛马能拖车，北极圈的驯鹿和狗会拉雪橇，马更成为欧亚大陆长途运输的主要工具，它们都是人类的好帮手。人类豢养的三种骆驼（单峰驼、双峰驼和骆马）分别在北非和阿拉伯、中亚、安第斯扮演了类似的角色。

在开疆辟土时，这些作物、家畜中直接贡献最大的当属欧亚大陆的马匹，马匹可谓远古战争中的吉普车和坦克。正如第 3 章提到的，马匹就是科尔特斯和皮萨罗以寡击众、出奇制胜之道。更早以前（约在公元前 4000 年），还没有鞍辔之时，印欧语系的族群从乌克兰向西扩张的关键，可能也是马匹这种军事利器。这些人说的语言最后取代了除巴斯克语之外的西欧早期的语言。后来，马匹不但上轭运输货物，也会拖拉战车（约发明于公元前 1800 年），近东、地中海区域和中国的战争形态因此大为改变。例如，公元前 1674 年，喜克索人（Hyksos）就是靠马匹之助入主没有马匹的埃及，建立了短暂的王朝。

再往后，马鞍和马镫发明后，匈人等一拨又一拨的外族从亚洲大草原策马而来，对罗马帝国及其继承国造成威胁，13—14世纪的蒙古人更是登峰造极，几乎整个亚洲和俄罗斯都臣服其下。在第一次世界大战前，马匹一直是颇有战略价值的牲畜，也可迅捷地运送物资，后来由于卡车和坦克问世，马匹才被取代。在其他地理环境中扮演类似角色的骆驼也是如此。大抵而言，懂得豢养马匹或骆驼并善加利用，就具有军事优势。

在征服战争中同等重要的是在人类社会中与家养动物一起演化的病菌。天花、麻疹、流感等病菌虽然只会传染给人类，但最初都是来自动物传染病病菌的突变种（第 11 章）。豢养家畜的人类虽然是这些新品种病菌最初的牺牲者，但还是会慢慢对这些病菌产生抗体。当这些拥有抗体的人与从来不曾感染过这类病菌的人们接触时，就有可能会造成传染病的大流行，最严重的情况是被传染的群体中有 99% 的人会死亡。这些原本由家畜传染给人类的病菌，就是以这样的形式，在欧洲人征服美洲、澳大利亚、南非及太平洋岛屿时，扮演了关键角色。

简言之，作物和牲畜为人类带来了更多的食物，人口密度因而大为增加。食物盈余，加上（一些地区）可运送盈余食物的驮畜的出现，发展出定居、集权、社会分层、经济复杂、技术创新的社会的条件就具备了。作物和牲畜的有无，从根本上解释了为何帝国、文字、钢铁武器最早在欧亚大陆出现，而在其他地方较晚甚至没有出现。再加上马匹和骆驼在军事上的作用，以及源自动物的病菌的杀伤力，食物生产和征服之间的主要链条就完整了。接下来，我们将对此做详细探讨。

第 5 章

历史上的有与无

人类历史充满了有与无之间不平等的斗争：有农业的族群和没有农业的族群斗；有的族群很早就获得农业的技能，有的族群较晚获得，他们也斗。地球上的大片地区从未发展出食物生产技术，理由很简单：生态条件欠佳，那些地方至今仍难以生产食物。例如，美洲北极圈内在史前时代既无农业，也无牧业；畜养驯鹿是欧亚大陆的北极区生产食物的唯一手段。沙漠中缺乏灌溉水源的地方，也不会发展出生产食物的手段，如澳大利亚中部和美国西部的一些地区。

让人费解的反而是：有些地区生态条件明明不错，今日已成为世界上的农牧业重心，过去为什么没有发展出食物生产的手段？其中特别令人不解的是，欧洲殖民者第一次到达美国加利福尼亚等太平洋沿岸各州、阿根廷潘帕斯草原、澳大利亚的西南和东南部，以及南非好望角地区的时候，当地土著还过着狩猎—采集生活。如果我们回到公元前 4000 年的世界一游，会发现今日世界的几个"大谷仓"竟空空如也，如美国大部分地区、英国、法国许多地区、印度尼西亚，以及非洲近赤道地带。而那时，在最古老的农业发生地，农业已发展了好几千年。我们为农业寻根，找到了它的发源地。等着我们的是另一个惊奇的发现：那些发源地不但算不上什么"谷仓"，以今天的标准来看，恐怕还干旱了点，而且生态条件欠佳，如伊拉克、伊朗、墨西哥、安第斯山脉、中国的一些地区和非洲的萨赫勒地区。为什么农业发轫于这些似乎是边陲的区域？为什么今天最肥美的农田和牧场没有着先鞭呢？

各地获得食物生产手段的过程不一样，这也令人困惑。有些地区的人驯化当地的动植物，自行发展出农牧业；大部分地区则由农牧业的原生地引进农作物、牲口和农牧技术。既然后面这些地区在史前时代的条件就适合食物生产，那么为什么当地人没能自行发展出农牧业呢？他们也可以驯化当地的动植物，不是吗？

另外，就自行发展出农牧业的地区而言，为何各地并不同步，且发展出农牧业的时间相距久远？例如，东亚足足比美国东部早了好几千年，而澳大利亚东部从来没有发展出农牧业？至于那些在史前时代就已从外地引进农业的地区，引进时间为何也有先后，例如西欧就比美国西南部早上好几千年？而在引进农牧技术的地区中，有些地区（如美国西南部）的狩猎-采集者改变了生计，成为农人，而有些地区（如印度尼西亚和非洲近赤道地带大部分地区）以狩猎-采集为生的土著却遭到灾难性的冲击，被入侵的农人取代，这是为什么？以上问题都涉及一系列变化，这些变化决定了哪些族群在历史上拥有优势，哪些则被抛下。

* * *

　　在回答这些问题之前，我们必须想法子找出食物生产的发源地、起源时间，以及特定作物或牲畜被驯化的时间与地点。最明确的证据，就是考古遗址中出土的动植物遗骸。人类栽种的作物和驯养的牲畜，形态大多与自己的野生始祖有差异。例如家畜中牛与绵羊的体型较小，人类养殖的鸡和种植的苹果比较大，人类栽种的豌豆种皮较薄、较平滑，家养山羊头上的角更像拔酒瓶塞的螺旋起子而不是短弯刀。因此，在年代可测定的遗址中出土的被驯化动植物的遗骸，可以认为是当时当地有食物生产活动的充分证据，而如果某个遗址中只出土了野生物种的遗骸，我们就可以认为该地并无食物生产活动的证据，已有证据与狩猎-采集的生活方式更加符合。当然，开始生产食物的族群仍会通过采集和狩猎获取食物，尤其是在发展的早期。因此在他们的遗址中，除了被驯化物种，还经常出土野生物种。

　　考古学家利用碳14测年法来断定生物遗骸的存在年代，从而测算出食物生产的年代。碳是建构生物的基本元素，自然界中含有少量放射性碳14原子，这种原子会衰变成没有放射性的氮14。宇宙射线在大气中会不断制造放射性的碳14原子。植物吸收大气中的碳，而已知碳14和更常见的碳12之间有基本固定的比例。食草动物吃植物，食肉动物吃食草动物，沿着食物链，所有生物体内的碳元素中，都含有固定比例的放射性碳14原子。生物死亡后，就不再从外界吸收碳元素，体内已有的放射性碳14原子仍继续衰变，半衰期约5 700年，生物死后大约4万年，其体内碳 14 的量就低到难以测量，或者难以和晚近时期混入的少量含碳 14 的遗存分辨了。考古遗址中遗存的年代，可以通过测量遗存中碳 14 与碳 12 的比例来估算。

应用碳 14 测年法有许多技术困难，有两项特别值得一谈。第一，直到 20 世纪 80 年代，做碳 14 年代测定需要的样本量都很大（至少好几克），而遗址出土的植物种子、动物骨碎片等绝大多数不符合要求。科学家只好取遗址附近据信与食物遗存"有关联"的样本，通常是燃烧过的木炭，然后祷告那些样本和遗址中的食物遗存是同时进入遗址的。

但是，考古遗址并不总是所有遗存在同一天内完整封装的时间胶囊。不同的遗存可能在不同的时期进入遗址，又混到一起，毕竟蚯蚓、啮齿动物等都会翻土。这样的话，木炭碎片的旁边，就有可能是几千年前或几千年后死亡的动植物的遗存。这个问题直到加速器质谱法出现后才解决。利用加速器质谱法，只需要微量的样本就能做碳 14 年代测定，因此可以直接测定植物种子、动物骨碎片或其他食物残渣的年代。对于一些遗址的年代，以新方法（新方法也有自己的问题）直接测定的和以传统方法间接测定的差别很大。由此出现了许多争论，其中与本书主题特别有关的，也许是美洲食物生产出现的年代：在 20 世纪六七十年代以间接方法测量得到的年代是公元前 7000 年，而根据新的直接测量方法，则不会早于公元前 3500 年。

利用碳 14 测年法的第二个问题，就是大气中碳 14 与碳 12 的比例实际上并不恒定，而是在不同的时间段内有波动，因此基于比例恒定假设的计算结果必然存在系统性的小误差，必须加以校正。我们可以推测，由于树木的年轮是逐年增生的，等于记录下了每一年大气中碳 14 与碳 12 的比例。只要找到古老的树木，分析年轮样本，就可以确定过去大气中碳 14 与碳 12 比例的变化。有了这份数据，先前以恒定比例计算出的年代数据就可以校正了。现在我们已经知道，过去算出来的碳 14 年代，若是在公元前 6000 年到公元前 1000 年之间，以年轮记录校正过后，（实际）年代可能会早个几百上千年。更早的样本的年代用基于另一种放射性衰变过程的方式校正，原先算出的公元前 9000 年，现在则是公元前 11000 年。

现在考古学家开始采用符号标注他们报道的年代，让读者知道那是校正过的还是没有校正过的。不过仍有学者径自报道未经校正过的碳 14 年代，也不提醒读者。本书提到的年代，只要是在过去 1.5 万年之内的，一律使用校正过的年代，不加注明，因此，本书中的关于食物生产出现的年代和一些标准教科书的有出入，请读者留意。

好了，出土的动植物遗存我们已经辨识出来了，知道它们是人工养殖的，也知道它们的存在年代了。现在我们的问题是：它们是在当地被驯化成功的，还是外来品种？回答这个问题的第一种方法，就是找出某一作物或家畜野生始祖的地理分布，然后推断出驯化始于哪些地区。例如，古时从地中海沿岸地区、埃塞俄比亚往东至印度，都种植鹰嘴豆（chickpea）。今天世界上 80% 的鹰嘴豆是由印度生产的。因此我们可能会以为鹰嘴豆是在印度被驯化的。事实上，鹰嘴豆的野生始祖只生长在土耳其的东南地带。考古证据显示：新石器时代遗址中，最早的可能是驯化的鹰嘴豆，就是在土耳其东南部以及邻近的叙利亚北部出土的，年代约为公元前 8000 年；又过了差不多 5 000 年，鹰嘴豆才出现在南亚次大陆上。

辨识最初驯化地的第二个方法还是利用地图，在图上标示出某种作物或家畜在各地第一次出现的年代，年代最早的地点也许就是最初驯化它们的地区。要是那个地方也有野生始祖，就更十拿九稳了。此外，如果距推定的最初驯化区越远的地方，作物或家畜第一次出现的年代越晚，显示出作物或家畜传播的轨迹，那么更能说明原先的推定很可能正确。例如，二粒小麦（emmer wheat）最早出现在肥沃新月地带，时间是公元前 8500 年左右。不久之后，这种作物逐渐在西方出现：希腊，公元前 6500 年左右；德国，公元前 5000 年左右。这些年代显示，二粒小麦可能是在肥沃新月地带被驯化的，而二粒小麦野生始祖的分布范围限于从以色列到伊朗西部和土耳其这个地区，也可以佐证这个结论。

不过，同样的植物或动物，有可能在不同的地区分别驯化成功，这样前面介绍的方法就不怎么管用了，下面我们会讨论这种例子。仔细比较各地品种，检查它们在形态、基因或染色体上的差异，可分辨出这种情况。以印度瘤牛（zebu）为例，这种牛背部有隆起，欧亚大陆西部的家牛就没有。遗传分析显示，现代瘤牛和欧亚牛的祖先，在数十万年前就已经分化了，而在那之后很久，才有动物被人驯化。也就是说，这两种家牛是在过去 1 万年内于印度和欧亚大陆西部分别被驯化的，它们的祖先是已经分化了几十万年的两个亚种。

* * *

现在让我们回到先前的问题：生产食物的手段是什么时候出现的？在哪里出现？怎么出现？当然，各地的情况不同。

在有些地区，生产食物的手段完全是独立发展出来的。这些地区在外来作物与动物输入之前，自行驯化了很多本土的作物与动物。这种地区目前只有 5 个我们有翔实的证据：西南亚（或称近东或肥沃新月地带）、中国、中美洲（墨西哥中部、南部以及邻近的中美洲地区）、南美洲的安第斯山脉（或许还包括邻近的亚马孙盆地）和美国东部（见图 5.1）。这些地区中也许有几个相邻的食物生产中心，各自发展出食物生产的手段。例如中国就有两个食物生产中心：北方的黄河流域和南方的长江流域。

除了这 5 个地区可以确定是食物生产手段的原生地，还有一些大概也是，只是目前证据还不足，例如非洲的萨赫勒地区、西非热带地区、埃塞俄比亚和新几内亚。虽然紧邻着撒哈拉沙漠南缘的萨赫勒地区驯化过当地野生植物，牧牛业大概在农业兴起之前就已经发展了。那儿放牧的牛群，是土著从当地的野生种驯化的，还是从肥沃新月地带引进的家牛触发了土著驯化当地植物的念头？目前还不清楚。西非热带地区、埃塞俄比亚的情况也同样不清楚。当地土著的确驯化过当地的野生植物，但还不确定是不是由萨赫勒传入的作物启发了西非热带地区的人，由西南亚传入的作物启发了埃塞俄比亚的土著。至于新几内亚，考古证据显示那儿早已发展出农业，比邻近地区早得多，但还不能确定那里的作物种类。

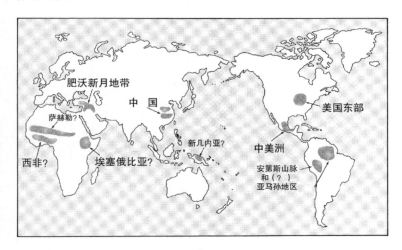

图 5.1　农业发源地

注：图中的问号代表该区域的农业发展可能也受其他地区的影响，或无法确定该区初期所栽种的作物为何（例如新几内亚）。

表 5.1 列出了一些大家熟悉的驯化物种，以及它们最早出现的地区、年代。在那 9 个独立的驯化中心中，西南亚是可确定的最早驯化植物（约公元前 8500 年）与动物（约公元前 8000 年）的地区。西南亚也有最多用碳 14 准确测年的早期食物生产的证据。食物生产在中国发展的年代几乎和西南亚一样早，而美国东部则晚了 6 000 年。至于另外 6 个中心，年代最早的也落后于西

南亚，但是这些地方可准确测年的早期遗址太少，我们还不能确定它们是不是真的比西南亚落后，如果的确落后的话具体晚了多久。

表 5.1　驯化物种时间、地点举隅

地区	驯化物		最早可考的驯化时间
	植物	动物	
单独驯化的起源			
1. 西南亚	小麦、豌豆、橄榄	绵羊、山羊	公元前 8500 年
2. 中国	稻米、小米	猪、蚕	公元前 7500 年或更早
3. 中美洲	玉米、豌豆、南瓜	火鸡	公元前 3500 年或更早
4. 安第斯山脉和亚马孙地区	马铃薯、木薯	骆马、天竺鼠	公元前 3500 年或更早
5. 美国东部	向日葵、藜菜	无	公元前 2500 年
6. 萨赫勒	高粱、非洲米	珠鸡	公元前 5000 年或更早
? 7. 热带西非	非洲山药、油椰	无	公元前 3000 年或更早
? ? 8. 埃塞俄比亚	咖啡、苔麸	无	?
? ? 9. 新几内亚	甘蔗、香蕉	无	公元前 7000 年？
采借其他地区始祖作物之后在当地发展出的驯化物			
10. 西欧	罂粟、燕麦	无	公元前 6000—前 3500 年
11. 印度河流域	芝麻、茄子	印度牛	公元前 7000 年
12. 埃及	西克莫无花果、油莎草	虎、猫	公元前 6000 年

另有一些地区，它们的特色是：虽然有一些动植物在本地被驯化了，但本地生产的食物，以引进的作物或牲畜为大宗。也许我们可以把那些外来的农牧物种当成"始祖"作物和牲畜，因为随着那些作物和牲畜引进来的，是食物生产业。有了始祖作物和牲畜，土著开始过定居的生活，就更有可能驯化本地的野生物种——他们可能原本只是采集当地的野生植物，偶然将其带回家种植后，渐渐学会了有目的地栽种。

此类地区中，有三四个的始祖作物和牲畜来自西南亚。欧洲中部和西部就是这么一个地区，公元前 6000—前 3500 年，西南亚的作物和牲畜传播至此，食物生产也发展出来，但至少有一种植物（可以确定的是罂粟，或许还有燕麦或其他作物）是后来在当地被驯化的。野生罂粟只生长于地中海西岸地区。罂粟种子未见于东欧和西南亚最早的农耕社群遗址，最早发现于西欧的早期农村遗址。相对而言，西南亚作物和牲畜的野生始祖从未在西欧出现过。因此西欧的食物生产手段不是独立发展出来的，而是受源自西南亚的作物和牲畜启发后才有的。西欧的农耕社群把野罂粟变成农作物后，罂粟便以农作物的面貌向东传播。

南亚次大陆的印度河流域是另一个类似的例子。这儿最早的农耕社群出现于公元前 7000—前 6000 年，他们栽种的小麦、大麦等作物是在肥沃新月地带被驯化的，再经由伊朗传播到这里。而后，瘤牛、芝麻等本地驯化的物种才出现在南亚次大陆。埃及也是类似的情况，西南亚作物在公元前 6000—前 5000 年传入埃及后，埃及才发展出食物生产。然后，埃及人驯化了西克莫无花果树（sycamore fig）和一种名为油莎草（chufa）的当地蔬菜。

　　埃塞俄比亚的食物生产发展模式或许也类似。小麦、大麦和其他源自西南亚的作物在此地已栽种了相当长的时间。埃塞俄比亚人也驯化了不少当地的野生物种，那些作物大都不在埃塞俄比亚以外的地区流传，咖啡豆是例外，已传播到世界各地。但我们还不清楚驯化本地植物是在西南亚作物引进之前还是之后。

　　我们已经介绍过，有些地区的食物生产，由外地传入的始祖作物发其端。那么，这些地区原本以狩猎-采集为生的人在这个过程中命运如何？他们是从邻近的农耕社群采借始祖作物后，自己改行当了农民，还是遭到带来始祖作物的农民入侵，最终因人数不敌生养众多的农民而被他们杀死、驱逐、取代？

　　埃及的情况似乎是前一种：当地的狩猎-采集者原本以野生动植物为主要食物来源，后来采借了西南亚的作物、牲畜和农牧技术，逐渐放弃了野生食物。也就是说，促使埃及发展出食物生产手段的不是外来的族群，而是外地引进的作物和牲畜。欧洲大西洋岸可能也是如此，当地的狩猎-采集族群花了好几个世纪，接受了西南亚的绵羊和谷物。在南非南端的开普地区，狩猎-采集者科伊族（Khoi）从遥远的北非引进绵羊、奶牛，改行当了牧人（但没有当农民）。同样，美国西南部的印第安人从墨西哥引进作物，逐渐成为农人。在以上四个地区，食物生产发展之后，并未见到人们驯化当地野生动植物的太多证据，也没有什么土著人口被取代的证据。

　　其他一些地区发生的事则与此完全相反：当地食物生产的开

端，是携外来作物和牲畜突然而来的外来族群。我们这么肯定，是因为这类接触发生在近现代，拥有文字的欧洲人是当事人。事情的始末，欧洲人的记载已经相当详尽。此类地区包括加利福尼亚、北美太平洋岸西北部、阿根廷潘帕斯草原、澳大利亚和西伯利亚。直到近代以前，那些地区都是狩猎–采集者的天下。然后欧洲人来了，不但带来了农作物、牲口，也带来了传染病，他们散播疫病，杀戮、驱逐土著，占领他们的土地。欧洲人从未驯化过当地的动植物，唯一的例外是澳大利亚坚果（macadamia，别名夏威夷果）。在南非开普地区，欧洲人初次抵达时，当地的科伊族有的以狩猎–采集为生，有的以畜牧为生，但没有人种植作物。结果仍是老戏码：农业发展了，可是耕种的是外地的农作物，并未驯化当地物种，而土著人口则被大量取代。

这一戏码在世界多地的史前时期多次上演。由于没有文字记载，我们只能从考古记录或语言学证据中寻绎史前族群更替的证据。族群更替最明显的例证，源自两种证据：一种是体质人类学，由于新来的族群与土著有明显的形态差异，人骨就足以说明一切；另一种是物质文化，侵入的族群带来的不仅是农作物与牲口，还有陶器。本书将描述两个最明确的例子：南岛语族从华南扩张，到达菲律宾和印度尼西亚（第 17 章）；非洲班图人扩张，占领非洲近赤道地带（第 19 章）。

东南欧和中欧也上演过相同的戏码：食物生产（仰赖西南亚作物和牲畜）突然兴起，陶器突然出现。这一发展可能也涉及族群更替：古希腊人和古日耳曼人被现代希腊人和日耳曼人取代。

菲律宾、印度尼西亚和非洲近赤道地带就发生过这样的族群更替。不过，欧洲的新旧族群在形态上的差异并不大，不像菲律宾、印度尼西亚和非洲近赤道地带的情形。因此，欧洲的族群更替，证据不怎么充分，也不那么直接。

＊＊＊

简言之，世界上只有少数几个地区独立发展出食物生产手段，各地区的进度差距很大。在那些核心地区的四周，有些狩猎–采集族群掌握了生产食物的技能，还有一些地区，原本的族群则被来自核心地区的农民连根拔起并取而代之，这些农民是征服者，他们征服各地的时间也很不一致。最后，有些族群虽然生活在生态条件良好的地区，但是既没有在史前时代发展出食物生产手段，也没有从外地采借过这样的手段，千百年来他们一直过着狩猎–采集的生活，直到现代世界将他们抛弃。在食物生产方面取得先机的族群，在迈向枪炮、病菌和钢铁的路途上，领先群雄。其结果就是历史上一连串"有"与"无"的冲突。

食物生产兴起的时间和模式有很大的地理差异，我们如何解释呢？这是史前史最重要的问题，下面 5 章讨论的就是这个问题。

第 6 章

下田好，还是打猎好？

本来地球上所有的人都过着狩猎–采集的生活，为什么其中一些人改行去生产食物了呢？暂且相信这么做的人必然有他的理由，那么，为什么肥沃新月地带的居民早在约公元前 8500 年就开始耕作，气候结构同属地中海型生境的西南欧要到 3 000 年之后才有农民耕作，而加利福尼亚、澳大利亚西南部和南非开普地区的土著从未务农？为什么肥沃新月地带的居民到公元前 8500 年才决定务农？为什么不更早一点，比如说在公元前 18500 或公元前 28500 年？

从现代的观点来看，这些问题乍看之下都是多余的，狩猎–采集生活的劣势不是很明显吗？科学家常引用托马斯·霍布斯的话来形容狩猎–采集的生活："凶残、野蛮、短命。"那些人似乎过得很辛苦，每天只求果腹，仍不免于冻馁。他们缺乏基本的物质保障，没有柔软的床、保暖的衣物，而且寿命不长。

事实上，只有今天那些富裕国家的公民，才会觉得生产食物的行当付出的劳力较少，日子比较舒适，不受冻馁，人活得长。他们从未下田、五谷不分，农业离他们很远。世界上的食物生产者里很大一部分是个体农民和牧民，他们的日子不见得比狩猎-采集族群好。时间预算研究表明，农民和牧民每日的工作时间，实际上比狩猎-采集者还要长。考古学家也证实，许多地区最早的农民身材比较矮小，显得营养不良，得的病比较严重，平均寿命短于原来的狩猎-采集者。那些农民如果可以预见务农的结果，或许就不会改行了。那么，不能预见结果的他们为什么还是选择了务农？

有不少狩猎-采集者和农民比邻而居，眼见他们的邻居忙着生产食物，自己却拒绝接受农业的馈赠，仍过着狩猎-采集的生活。例如，澳大利亚东北的土著，几千年来都与托雷斯海峡（位于澳大利亚和新几内亚之间）诸岛上的农民交换物品，美国加利福尼亚的狩猎-采集族群与科罗拉多河谷的土著农民也有贸易往来。此外，南非鱼河以西的科伊牧民与鱼河以东的班图农民做生意，但自己还是不愿意务农。为什么？

与农民接触的狩猎-采集者，当然也有改行当农民的例子，但这个过程在我们看来过于漫长。举例来说，德意志北部的海岸族群一直过着狩猎-采集生活，线纹陶文化的农民在距离他们只有 125 英里的德意志内陆地区定居了 1 300 年之后，这些海岸族群才改行。为什么他们等了那么久？让他们改变心意的是什么？

* * *

在回答这些问题之前，我们必须先消除几个关于食物生产起源的错误观念，再重新设计我们的问题。我们或许会认为，食物生产是被发现或发明的，这是错的。人们往往不是有意识地选择是生产食物还是狩猎-采集的。具体地说，各地的第一批农民从未见识过农业，他们务农显然不是出自刻意的选择，也不是有意识地以发展农业为目标。实际上，生产食物的行当是逐渐演化出现的，是无心插柳的结果。因此，我们该问的问题是：为什么会演化出生产食物的行当？为什么它只在某些地方演化？为何有时间和地理区域的差异？为何出现的时间不是更早或更晚？

另一个错误的观念是：我们认为狩猎-采集生活和生产食物的行当必然泾渭分明，一流动，一定居。虽然我们常做这种区分，但事实上在某些肥沃地带，狩猎-采集族群也能定居，比如北美太平洋沿岸的西北部，或许还包括澳大利亚东南部，那儿的狩猎-采集者从未改行务农。巴勒斯坦、秘鲁海岸和日本的一些狩猎-采集族群，则是先定居生活，很长一段时间之后才开始务农。1.5万年前，狩猎-采集族群中定居生活的比例可能比现在高多了。这是因为那时地球上所有的人都过着狩猎-采集的生活，最肥沃的地区也不例外，而今天残余的狩猎-采集族群只生活在贫瘠的土地上，那儿只能过流动的狩猎-采集生活，别无选择。

反过来说，农民和牧民中也有不定居的。新几内亚莱克平原上有些现代游牧民，他们先在丛林中清理出一块地，种下香蕉、木瓜，然后离开几个月，过狩猎-采集生活，其间，他们会回来查看，要是作物还在生长就除除草，除完再回头打猎，直到作物收获时，他们才回来定居一阵子，享受收成。美国西南部的阿帕切族印第安人（Apache Indians）夏季在北方高地耕作，冬季则在南方的低地流动，靠野生食物生活。非洲和亚洲的许多牧民会沿固定路线变换扎营地点，以顺应牧场的季节性变化。因此，从狩猎–采集转换到农牧业，未必都是从流动转为定居。

　　还有一个错误的二分看法是，食物生产者积极管理土地，而狩猎–采集者只是收集土地上的野生动植物。但实际上，有些狩猎–采集族群会很积极地利用土地。例如新几内亚土著虽然从未驯化西谷椰子（sago palm）和山露兜树（mountain pandanus），但是知道如何提高那些可食用野生植物的产量：清除掉与它们竞争空间的树木；生长西谷椰子的沼泽地，必须维持水道清澈；砍掉成熟的树，以促新树根生长。澳大利亚土著从未发展出栽培山药或种子植物的农业，不过他们已经掌握了一些相关技术。他们会管理土地：在地上放火，以促进可食用的种子植物在烧过的土地上生长。在采集野生山药时，他们切下大部分可食用的块根，把茎和块根的上端留在土中，让它再度生长。他们挖掘块根的举动松动了土壤，让土壤通气，可以促成块根再度生长。他们想要够得上农民的资格的话，只消让剩下的一段块根和茎连着，带回家在自己的营地里生长就成了。

* * *

　　生产食物的行当，是从狩猎–采集阶段就已经出现的技术一步一步发展成功的。并非所有的必要技术都是短期内发展出来的，在一个地方驯化出来的动植物，也不会都是同时驯化的。独立发展出食物生产技术的地区，即使是速度最快的，也得花上好几千年，才能从全是野味的餐食，转换成只有少数几种野味的餐食。在发展食物生产的早期阶段，人们一边寻找野生食物，一边种植作物。后来作物的比例逐渐加重，各式各样的采集活动于是被一一放弃了。

这个过程是渐进的、逐步的，因为生产食物系统的演进，是许多关于如何分配时间和精力的决定共同造就的。觅食的人类和觅食的动物一样，时间和精力都有限，采用的方式却很多。我们可以想象，有位最早的农民清晨醒来后自忖：今天我该犁田（几个月后就有蔬菜吃了）、捞贝壳（今天就可以吃到一点肉），还是猎鹿（今天可能有大快朵颐的机会，但空手而回的概率更大）？人类也好，动物也好，觅食的时候，心中会不断盘算（即使是无意识的）：先做什么，后做什么？该多花些精力，还是马虎了事？他们会先追求中意的食物，或最划得来的食物，不得已时退而求其次。

做决定时，考虑的因素很多。觅食主要是为了填饱肚子。但他们也会想吃某些食物，如富含蛋白质的食物、脂肪、盐、香甜的水果或一些仅仅是好吃的食物。在其他条件相同的情况下，人会追求最大的回报，不论是卡路里、蛋白质，还是其他食物范畴，而做法是：花最少的时间、最小的精力，尽可能获得回报。同时，他们也要降低饿死的风险：适度而可靠的回报，比起大起大落的生活模式更有吸引力。有人认为，约 1.1 万年前第一次出现的农园，乃是应付野生食物供应不足的未雨绸缪之计。

反过来，猎人的行事准则往往是"声望"：举例来说，他们可能宁愿每天出门猎杀长颈鹿，一个月猎到一头，赢得伟大猎人的封号，也不愿纡尊降贵出门采集坚果，即使他们知道一个月下来，必然可以采到两头长颈鹿那么重的食物。人的行事也受到看似武断的文化偏好左右，例如把鱼当作美食或禁忌。最后，人看重的事，也受价值观的强烈影响，人们会认为某些生活方式比其他的更有价值，今天也是一样。例如在 19 世纪的美国西部，牧牛人、牧羊人和农民彼此鄙视。同样，纵观人类历史，农民瞧不起狩猎-采集者，说他们原始；狩猎-采集者瞧不起农民，说农民无知；牧民则两个都瞧不起。各族群在考虑生计的时候，所有这些因素都会起作用。

＊　＊　＊

我们已经说过，各大洲的第一批农民不可能有意识地选择农业作为生计，因为他们没有见过农民。不过，一旦食物生产行当在大洲的某一角落出现了，邻近的狩猎-采集族群就能观察到结果，并有意识地做出决定。有的狩猎-采集族群会全盘接纳邻居的食物生产体系，有的会选择性地接纳，还有一些则完全拒斥农业，继续过原来的狩猎-采集生活。

例如，大约在公元前 6000 年前，东南欧有些狩猎-采集族群很快接受了西南亚的谷物、豆类和牲畜，将它们全部引进过来。

公元前 5000 年之前的几百年间，这三样迅速传播到中欧。东南欧和中欧的狩猎-采集族群很快全盘采借了农业，也许是因为在那里狩猎-采集生活所获有限，也不具竞争力。相对而言，西南欧（法国南部、西班牙和意大利）接受农业的过程十分漫长，而且不干不脆，先进入那儿的是绵羊，再来是谷类。日本从亚洲大陆采借集约食物生产手段的过程也很漫长，零零星星，也许是因为当地有丰富的海产与植物资源，狩猎-采集的生活已很富足。

狩猎-采集的生活形态可以逐渐转变为农牧生活形态，一种食物生产系统也可以逐渐转变为另一种食物生产系统。例如，美国东部的印第安人早在约公元前 2500 年就驯化了当地的植物，但是他们和农业比较先进的墨西哥印第安人有贸易往来。墨西哥印第安人发展出的作物系统以玉米、南瓜、豆子为主，产值较高。美国东部印第安人采借了墨西哥作物，很多族群逐渐放弃原先驯化的植物；南瓜是他们自行驯化的，玉米则在约公元 200 年从墨西哥引进，起先在作物中不占什么分量，到约公元 900 年才成为主要作物，而豆子则是一两百年后引进的。甚至也有放弃食物生产系统，回归狩猎-采集生活的例子。例如大约在公元前 3000 年，瑞典南部的狩猎-采集族群采纳了以源自西南亚的作物为基础的农业，但公元前 2700 年左右，他们放弃农业，过了 400 年狩猎-采集生活，然后才重拾农业。

* * *

从前面的讨论来看，事情已经很清楚了，我们不该假定从事农耕是无缘无故做成的决定，在当农民之前，人们也不是没有糊口的生计。我们必须把狩猎-采集和食物生产当作两个彼此竞争的策略选项。混合型也是一个选项，即使以狩猎-采集为主，也可以兼顾一两种农作物，畜养一两种家畜、家禽。混合型经济中食物生产所占的比重也有高低，也构成了不同的选项。然而，人类最近1万年的历史彰彰在目的事实，就是人类生计的变迁，主流是从狩猎-采集转变成食物生产。因此我们必须问的是：哪些因素让食物生产显得有利，使其他的生计类型都失色了？

考古学家和人类学家仍在争论，至今未有共识。原因之一是，在不同地方起作用的可能是不同的因素。另一个原因是，食物生产兴起过程中的因果关系难以厘清。不过，我们还是可以归纳出5个主要因素，争论的重点其实在于这几个因素中哪个更重要。

第一个因素是可获得的野生食物越来越少。过去1.3万年来，狩猎-采集可得的回报越来越少，维持这种生计的资源缩减甚至消失，尤其是动物资源。我们在第1章讨论过，更新世结束的时候，美洲大多数大型哺乳动物灭绝了，欧亚大陆、非洲也有一些大型哺乳动物灭绝。其原因可能是气候变化，也可能是人类狩猎技术改进、人口增加。虽然在各大洲上人类发展农业与动物灭绝的关系，仍有辩论的余地，但近代在大洋中岛屿上发生的事例倒是无从辩驳。最早登陆新西兰的波利尼西亚族群，直到消灭了恐鸟、摧毁了海豹种群后，才开始认真地生产食物。其他的波利尼西亚岛屿莫不如此。例如公元500年左右波利尼西亚族群登陆复活节岛，带来了家鸡。可是一直到野鸟、海豚少了之后，家鸡才成为主要食物来源。同样，肥沃新月地带的居民驯养家畜的生计，是在当地野生瞪羚数量锐减之后才开发的。

第二个因素是，随着可驯化的野生植物变多，驯化植物的回报越来越多，这和猎物变少让狩猎变得日益困难是一个道理。例如更新世末期，由于气候变化，肥沃新月地带野生谷类的生境面积大增，因此在很短的时间内就可采收大量的食物。那些野生谷类，就是肥沃新月地带最早的作物小麦和大麦的祖先。

影响狩猎-采集和农业消长的第三个因素，是生产食物的技术（例如采收、处理和储藏）不断改进。要是没有收割、打谷、碾谷、储藏的技术，田里即使有一吨的小麦粒，又有什么用？公元前11000年之后，各种必要的方法、工具和设备在肥沃新月地带迅速出现，发明它们就是为了处理当时新出现的大量野生谷类。

那些发明包括：装在木柄或骨柄上的燧石镰刀，收割用；盛装谷物的篮子；杵臼、磨板，用来去谷壳；烘焙谷子的技术，防止麦粒发芽以利储藏；地窖，有的用石膏抹平地面、四壁以防水。在肥沃新月地带狩猎-采集族群遗址中，上述技术的证据在公元前11000年后特别丰富。虽然是为了采集野生谷类发展出来的，但是日后农耕不可或缺的。这些不断累积的发展，无意中为栽培作物铺好了路。

第四个因素是人口密度上升与食物生产兴起的双向关联。全世界只要找得到妥善证据的地方，考古学家都发现：人口密度的上升与食物生产的出现有关。至于哪个是因，哪个是果，就像先有鸡还是先有蛋的问题，仍然辩论不休。是人口密度上升迫使人类转向食物生产，还是食物生产使得人口密度上升？

原则上，可以预期因果链是双向的。前文讨论过，食物生产往往能增加人口密度，因为每英亩地生产出的可食用卡路里比狩猎-采集多。此外，从更新世末期开始，人口密度便逐渐上升，那是采集、处理野生食物的技术不断改进的结果。随着人口密度逐渐上升，生产食物逐渐成为务实的选择，因为这能提高食物产量。

换言之，接受食物生产是一种自催化的过程，也就是在一个正回馈循环中不断自我催化的过程，这个过程开启后就会加速。人口密度逐渐上升，迫使人们想办法取得更多食物，那些无意中跨入食物生产行当的人就得到了回报。人类社群开始生产食物、定居下来后，生育间隔缩短了，人口于是增加，需要更多的食物。明白了食物生产与人口密度的这种双向关联，就可以解释这样一种矛盾状况：食物生产增加了每英亩土地上可食用卡路里的数量，但食物生产者的营养状况不如被他们取代的狩猎-采集者。之所以有时会出现这种状况，是因为食物增产的速度稍稍落后于人口增加的速度。

综合以上四种因素，我们就知道为何肥沃新月地带的食物生产出现在公元前 8500 年左右，而不是公元前 18500 年或公元前 28500 年了。因为更早的时候，狩猎-采集的收获远比刚起步的食物生产来得丰富。那时野生哺乳动物处处可见，野生的谷类数量颇少，人类社群还没有发明采收、处理和储藏谷类的技术，此外，人口密度还没有高到必须设法从土地里攫取更多卡路里地步。

在这样的过渡中，还有一个因素对狩猎-采集者和食物生产者之间的地理边界起着决定性的作用。食物生产者社群的人口密度很高，凭数量优势就足以驱逐或消灭狩猎-采集者，更别提其他优势了（包括技术、病菌和职业军人）。在本来清一色全是狩猎-采集者的地区，改行进行食物生产的族群，繁衍速度远超死守传统的。

结果，在大多数适于从事农牧业的地区，狩猎-采集者的命运只有两种：要么被邻近的食物生产者取代，要么改行农牧。史前时代，在狩猎-采集人口本来就很多的地区，以及有地理屏障阻绝食物生产者移入的地区，当地的狩猎-采集者是有时间慢慢过渡到农耕生活，以农民的身份生存下来的。美国西南部、地中海西岸、欧洲大西洋沿岸和日本的某些地区可能发生过这样的事。然而，在印度尼西亚、东南亚热带地区、非洲近赤道地带的大部分地区，或许还包括欧洲的一部分地区，狩猎-采集者在史前时代就这样被农民取代了，类似的事也发生在近现代的澳大利亚和美国西部的大部分地区。

只有当地理或生态屏障将食物生产者拦在外面，或使得适用于当地的食物生产技术难以传入的时候，狩猎-采集者才有可能一直到近现代都在适于农牧的土地上保持原有的生活方式。三个显著的例子是：美国加利福尼亚一直有狩猎-采集族群，因为沙漠将他们和亚利桑那的农民隔开了；南非开普地区的科伊族始终过着狩猎-采集的生活，因为那里的地中海气候不适合附近班图农民栽种的热带作物生长；澳大利亚各地都有狩猎-采集者，因为海峡将印度尼西亚、新几内亚的农民隔在了外面。有些族群直到 20 世纪仍维持传统的狩猎-采集生活，没有被食物生产者取代，因为他们生活的范围局限在不适合农牧业发展的区域，特别是沙漠和北极地区。但近年来，或是因抗拒不了文明的诱惑，或是因官员或传教士施压而下，或是因饱受病菌之苦，就连他们也改变了生活方式。

第 7 章

杏仁的前世今生

　　如果你在乡间远足，吃腻了农家菜色，也许可以试试野生食物。有些野生的草莓和蓝莓不但风味不错，安全无虞，而且很容易辨认，因为和农家作物的外观很像，只是个头小得多。然而，即使是喜欢冒险的人也不敢轻易采野蘑菇来吃，因为许多种野蘑菇会致命。野杏仁就更没有人敢尝试了，即使是最爱坚果的人也不敢，因为有好几十种野杏仁都含有致命的氰化物（和纳粹毒气室所用的化学毒物相同）。森林里还有其他许多种植物都在食用禁忌之列。

　　所有作物的前身都是野生植物。野生植物是怎么变成作物的？这是个令人困惑的问题。尤其是许多作物的野生始祖不是有毒就是难以入口，比如说杏仁；还有些作物和野生始祖的外观差别非常大，比如说玉米。什么样的穴居人会想出"驯化"植物的点子？他们是怎么办到的？

　　驯化植物也许可以定义为：栽种植物，（有意或无心）使它们发生遗传变化，变得对人类食用者更有用。培育作物现在已是职业科学家的工作。他们了解几百种已有的作物，还积极开发新的作物。通常，他们先种下许多不同的种子或根，找出最好的子代，再种下它们的种子，并运用遗传学培育出优良品种，也许还利用遗传工程的最新技术转移某些有用的基因。例如，加利福尼亚大学戴维斯分校就有一个系专门研究苹果（果树栽培学系），还有一个系研究葡萄和酒（葡萄与酿酒学系）。

不过，人类驯化植物的历史已有 1 万年。最初的农民当然没有分子遗传学技术可用，第一个农民甚至连现成的作物都没见过，怎么会有驯化植物的灵感呢？可见，不管当初他们在做什么，都不可能想到自己竟能栽培出美味的作物。

那么，早期农民怎么会无心插柳，驯化了植物？举个例子，他们既然不知道自己在做什么，怎么会把有毒的杏仁改良成安全的食物呢？除了把野生植物的果实变大、毒性变小，他们还使植物发生了什么变化？一些有价值的作物，驯化的时间还大不相同：例如，豌豆在公元前 8000 年已经驯化，橄榄约在公元前 4000 年，草莓则得等到中世纪，而山核桃更迟至公元 1846 年。许多野生植物本身就是美味，自古口碑载道，比如说橡实，至今仍未被驯化。为何有些植物比其他植物容易被驯化，或者让人更想去驯化？为何橄榄树在石器时代就被驯化了，橡树至今威武不屈，连顶尖的农学家都束手无策？

* * *

我们先从植物的角度来看驯化这回事。就植物而言，无意间促成"驯化"的并非只有人类，还有其他几千种动物。

植物和所有的动物物种（包括人类）一样，必须借由繁衍子代来传递亲代基因。动物可以走动或飞行到新天地，植物则别无选择，只能待在原地，等待"搭便车"的机会，利用风吹水流散播种子到其他地方。有时，植物则以果实色香味来引诱动物。动物吃下果实后，其中的种子就告别亲代的树，随着四处走动、飞行的动物游走，被动物吐出或排出后，在远离亲代的地方生根。

也许，我们会惊异于种子竟能安然无恙地经过消化道，再从粪便中发芽。各位有勇气又不太有洁癖的读者可以亲身试验一下。很多野生植物在发芽之前都必须经过一段消化道之旅。例如，有一种非洲瓜是一种叫土豚（aardvark）的动物特别爱吃的，因此发芽生长的地方往往在土豚的排泄之所。

就"色诱"动物而达到搭便车的目的而言，野草莓是个中翘楚。在种子还小、不能发芽时，莓实青涩酸硬；种子成熟后，莓实则变得红艳甜美，招引如画眉等鸟儿来啄食，种子因而得以借由到处飞翔的鸟儿传播到远方。

草莓自然不是一开始就有吸引鸟儿的意思，只在种子成熟时才表现出吸引力；画眉也没有驯化草莓的意图。草莓经由天择的机制演化。越青涩的莓食，越难得到鸟儿的青睐；越甜艳的，吸引越多鸟儿来啄食，因而得以把成熟的种子散播出去。

还有无数植物都演化出了特定动物爱吃的果实，以便通过动物来传播种子，如草莓与画眉、橡实与松鼠、杧果与蝙蝠，以及某些莎草与蚂蚁。这一点已符合植物驯化的部分定义：祖先植物物种基因上发生了变化，对食用者有用。但没有人会真的把这种演化过程描述成驯化，因为不管是鸟儿、蝙蝠还是其他动物，都不符合定义的另一部分：有意培育——它们都是无心的。野生植物开始演化成作物的早期阶段也不涉及意识，植物演化出一些吸引人类采食而有利于种子传播的特性，人类并没有去培育植物的意识。和土豚的排泄场所一样，人类的茅坑可能是最早那批无意识育种者的试验场。

* * *

我们常不知不觉为野生植物播种，茅坑不过是许多场所中的一个。我们采集可食用的野生植物，在回家的路上有时会撒落一些。有些水果，种子还好端端的，果实却已腐烂，于是被丢弃在垃圾堆中。入口的水果中，草莓种子小得不得了，于是连果肉一同进了我们的肠胃，最后再随粪便排出，而有些水果的种子很大，就会被我们吐出来。因此，茅坑加上痰盂和垃圾堆就成了人类最早的农业研究实验场所。

不管是哪个"实验室"的种子，一般都只来自某些可食用的植物，也就是我们比较喜欢吃的那些。在采集莓子的时候，人们已经有所选择。最早的农民出现后，他们开始有计划地播种，他们播下的种子肯定来自他们经选择后采集来的植物，虽然他们还不理解遗传原则，不知道由大个莓果的种子长出的灌木丛，更有可能结出更多的大个莓果。

设想，在溽热的一天，你步步为营地踏入蚊虫密布的灌木丛中，肯定不是随兴所至走进去的吧。哪怕只是下意识地，你也会选择看起来最有希望、最值得你费力的那丛灌木踏进去。在潜意识中，你的选择标准是什么？

其中的一个标准当然是果实的大小。否则为了几颗又小又丑的草莓，又要忍受烈日，又要被蚊虫叮咬，太不划算了吧。为什么许多作物的果实要比野生始祖的果实大得多？这就是原因之一。大家都有印象，野生的莓子与超市里售卖的草莓和蓝莓相比简直是小不点。这种差异是最近几百年内产生的。

就其他植物而言，这种大小差异可以回溯至农业发源时，那个时候人类栽种出来的豌豆在拣选和演化之后，重量可以超过野豌豆的 10 倍。几千年来，小小的野豌豆一直是狩猎-采集族群的目标（就像今天我们摘小小的野蓝莓那样），之后，人们才开始选择采集并栽培豆荚最大的野豌豆（这就是所谓的耕种），后代的豌豆因而青出于蓝，一代比一代大。超市里的苹果也是一样，大抵而言直径有七八厘米，野生苹果则小得可怜，直径只有两三厘米。最早的玉米还不到 2 厘米长，但公元 1500 年的墨西哥印第安农民已经可以种出长达 15 厘米的玉米，到现代更出现了 45 厘米长的巨玉米。

作物种子和野生始祖种子味道的一个明显差异是苦味。很多野生种子味苦，难以入口，甚至有毒，就是为了不让动物嚼食。这样看来，天择的运作方向在种子和水果上正好相反。植物的果实越香甜，就越为动物所青睐，种子因而得以传播出去，但果实里的种子味道欠佳，不然就会被动物嚼得粉碎，永远不能发芽了。

杏仁那苦涩的种子和驯化之后的改变，就是个让人眼睛为之一亮的例子。大多数的野杏仁含有味苦的苦杏仁苷，分解后会产生致命的氰化物。野杏仁的苦味其实是种警告，让人不可为了口腹之欲而白白送命。采集种子可谓驯化过程的第一阶段，而野杏仁到底是如何到达这个意外的第一阶段的？

原因在于，有时一些杏仁树会发生基因突变而无法合成苦杏仁苷。这种杏仁树在野外往往会灭绝，因为鸟儿一发现，就把其种子吃得精光。但是，在农业发展早期，农家孩子由于好奇或嘴馋，不免在野生植物旁边徘徊，摘一点来吃看看，最后终于发现了没有苦味的杏仁树。（就好像今天欧洲的农民偶尔也会找到美味而不苦的橡实。）这种没有苦味的野杏仁就是早期农民选择栽种的对象，起先可能只是任其在垃圾堆中发芽、生根，后来则有计划地在果园种植。

公元前 8000 年的希腊考古遗址中就出现了野杏仁；公元前3000 年，地中海东岸已有驯化的杏仁；约公元前 1325 年埃及国王图坦卡蒙（Tutankhamen）入土时，朝臣在他的陵墓供放了杏仁。利马豆、西瓜、马铃薯、茄子和甘蓝等许多作物的野生始祖，不是带有苦味就是有毒，不过偶然间会从古代旅人的排泄场所中长出一些味道甘美的。

　　果实的大小和味道就是狩猎-采集者选择野生植物的最明显标准，其他标准则包括果肉丰美与否、有籽无籽、种子是否含油、纤维长短。野南瓜种子周围的果肉不多，但早期的农民会选择果肉比较多的来栽种。古人栽种香蕉时，偏好的则是多肉和无籽，这也是现代农业实验室的科学家培育无籽橘子、无籽葡萄和无籽西瓜的动机。无籽水果正好和野生植物借由种子繁衍的演化原则背道而驰。

　　在古代，还有许多植物受到青睐是因为其果实或种子含油。在地中海世界，最早驯化的果树之一是橄榄，时间约在公元前4000年，为的就是橄榄油。人类种植的橄榄不但果实大，而且比野生橄榄的油更多。古代农民选择芝麻、芥末、罂粟和亚麻，都是为了种子油，现代的科学家则试图从向日葵、红花和棉花得到更多的油。

　　在近世发展出棉花籽油以前，棉花的价值主要在于纺织用的纤维。棉花纤维（棉绒）就是棉花籽上的细丝。美洲和旧大陆的早期农民挑选不同种类的棉花，棉绒越长越好。亚麻和苎麻这两种植物也是古代织品的来源，但纤维来自茎，上选者则为又长又直的茎。在我们的观念中，作物基本上是食物，但最古老的作物——亚麻不是（约在公元前7000年被驯化）。亚麻一直是欧洲最主要的织物，工业革命后才被棉花及合成纤维取代。

＊ ＊ ＊

从野生植物演化成作物，我前面描述的变化，都是那些早期农民实际上可以注意到的特征，例如果实大、口味佳、果肉丰、含油多和纤维长。这几项特质在农民的挑选下发展到极致，野生植物于是走上驯化之路。

人类根据植物看得见的特质挑选，使其发生改变，不过，至少还有四种变化不是通过这种方式发生的。那些变化之所以发生，有时是因为人们只能采收到某些植物而看不见也采收不到别的植物，有时则是因为人们改变了挑选植物的条件。

第一种变化涉及野生植物的种子传播机制。很多植物都有一套把种子散播出去的方法（这样人类就无法大规模采集种子了），而突变的种子少了这种护身法，于是落到人类手里，最后变成始祖作物。

豌豆就是一个明显的例子。豌豆种子（我们吃的豌豆）躲在豆荚内，野豌豆发芽时需要破荚而出。要达到这个效果，豌豆演化出了使豆荚能够爆开、让种子落到地上的基因。有些豌豆发生了基因突变，豆荚不会爆开，于是种子就一直包裹在豆荚内，和亲株一起老死。只有豆荚能爆开的豌豆植株才能把基因传下去，而人类能够采收的豌豆，只有那些豆荚没有爆开的。因此，人们将野豌豆带回家吃这个举动本身，就是在选择具有那种突变基因的植株。类似的例子还有兵豆、亚麻和罂粟。

野生小麦和大麦的种子并没有包裹在会爆开的豆荚中，而是长在麦秆的顶端，麦秆脱落后，种子才能落到地上发芽。某个基因的突变会使麦秆不再脱落。在野生的环境中，这种基因突变可以说是麦子的终结者，因为种子无法落粒，则不能发芽、生根。人类却可轻松采收这些还在麦秆上没有落粒的种子，然后带回家。农民把这些突变的种子拿来种，子代一样随人收割、播种，而原本正常、没有突变的种子则落到地上，难以落到人类手里。因此，农民倒转了天择的方向：从前成功传递下来的优质基因反倒成为劣质，而劣质基因却摇身一变成为优质基因。1万多年前，农民无意识地选择了麦秆不会脱落的小麦和大麦，这可能是人类"改良"植物的第一步。这种变化标志着农业在肥沃新月地带的兴起。

第二种变化对古人而言更难察觉。在气候多变区的一年生植物，若是所有的种子同时快速发芽，就有绝种之虞。只要一阵干旱或霜害，幼苗就会全军覆没，物种也就无从延续了。因此，很多一年生植物必须演化出抑制发芽的规避风险方式，使种子得以休眠，在多年后仍可发芽。这样，即使大多数种子在一时之间遭天候摧残，逃过一劫的仍可在日后滋生、繁衍。

野生植物中一种常见的规避风险方式是以厚层包裹种子，如甲胄般。有这种装备的野生植物包括小麦、大麦、豌豆、亚麻和向日葵。这种晚发芽的种子还是有机会在野外发芽。不过，想想农业早期发展的过程吧，最早的农民经过多次试错，终于发现把土壤耙松、浇水后再播种，收获较多。农民会挑选可立即发芽的种子品种来年种植，而许多无法立即发芽的野生种子，种了之后，也是徒然，没有收成。

偶尔，野生植物会有一两株发生突变，例如种子少了厚实的外层或没有抑制发芽的机制。这些突变种将迅速发芽，结果就是产生更多具有这种突变基因的种子。早期的农民不会注意到这一点，一如他们只知采集果实大的莓子。一旦这个播种—生长—收获—播种的循环建立起来，最有利的就是那些突变种。和野生始祖相比，小麦、大麦、豌豆等许多作物的抑制发芽机制不知不觉已有了改变。

早期农民无法察觉的另一种变化牵涉到植物的繁殖方式。在作物发展的过程中，有一个常见的问题：一些突变的植株（如种子较大或苦味较淡者）对人类较为有利，而若它们继续与正常植株杂交，为人所喜爱的突变特质还是有淡化或丧失的可能。那么，这些突变在什么样的环境中会为早期农民保留下来呢？

对能够自体繁殖的植物而言，突变种自然会保留下来，如利用亲代的块茎或根进行无性生殖的植物，或雌雄同株可自行有性生殖者。但绝大多数的野生植物都不是这么繁殖的，有的虽雌雄同株，但无法自己进行有性生殖，必须和其他雌雄同株者进行交配（我的雄蕊对你的雌蕊，你的雄蕊对我的雌蕊），或是像所有正常的哺乳动物那样雌雄异体。前者有个专有名词叫"自交不亲和的雌雄同株"（self-incompatible hermaphrodites），后者则为"雌雄异株"（dioecious species）。从古代农民的角度看，这两者都成事不足，败事有余，因为这会让他们糊里糊涂错失了有益的突变种。

解决之道牵涉到另一种看不见的变化。许多植物的突变种连带影响到自身的生殖系统。有些突变种可不经授粉而结果，如无籽的香蕉树、葡萄树、橘子树和菠萝树；有些雌雄同株的突变种失去了自交不亲和这个特性而可自行有性生殖，很多果树都是如此，例如桃树、李树、杏树、苹果树、樱桃树；本来雌雄异株的葡萄有些发生突变后变成雌雄同株，可自行有性生殖了。古代的农民当然不明了植物繁殖的生物学，但他们通过栽培最终留下的还是能够真实遗传或说传代的突变种，而不是那些刚开始显得很有用，但繁衍出的子代平平无奇的突变种。

因此，农民选择的标准除了可见的特点，如果实的大小和味道，还包括一些不可见的因素，像是种子的传播机制、发芽的抑制和生殖生物学。而且，并非大就是好，挑选的标准依需要而定。有些植物（如向日葵）的种子当然越大越好，但有些植物（像香蕉）的种子就越小越好，无籽的品种更是上选。莴苣取其丰美的叶片，舍种子或果实；小麦和向日葵则取种子弃叶片；至于南瓜则以果实为主，叶片根本就不重要。有种情况特别有意思，就是某一野生植物有多种用途，经人类选择后，发展成了几种外观完全不同的作物。早先在巴比伦种植的甜菜是取叶子（如现代甜菜的变种厚皮菜），后来发现根部可以食用，到了 18 世纪，人类开始利用其中的糖分。远古，人类之所以看上甘蓝，大概是看上了其种子的油，进一步分化后，发现叶子（现代甘蓝和羽衣甘蓝）、茎（球茎甘蓝）、叶芽（抱子甘蓝）和花芽（花椰菜和西蓝花）各有千秋。

至此，我们讨论了野生植物变成作物的过程是农民无心或刻意选择的成果。也就是说，农民一开始选择某些野生植物的种子，带回自家园圃种植，再从子代中选择佼佼者来年播种。但是，这种转变也会受到植物自身选择的影响。达尔文的"天择"指的是在自然环境中，一些个体在生存和繁衍方面比同一物种内的其他个体在行。事实上，生存和生殖能力的差别已经是一种自然的选择。环境发生改变后，另外的个体可能会在生存和繁衍方面做得更好，从而得到"自然的青睐"，而这个种群也会发生演化。最典型的例子是英国蛾的工业黑化现象。19世纪的工业革命污染了环境，使得深色蛾日增，浅色蛾日减。因为树木的脏污反倒成了深色蛾的保护色，浅色蛾因此更容易引起注意而被捕捉。

工业革命改变了蛾的生存环境，农业也改变了植物的生存环境。经过耙松、浇水、除草的土壤当然要胜过干燥贫瘠的丘陵地。很多植物在被驯化后改变甚多，就是环境和个体受青睐的标准改变造成的。假使农民在园圃播下的种子密密麻麻，种子之间的竞争就很激烈。大个头的种子充分利用良好的环境努力成长，小不点的种子就难以有伸展的余地，而当初在干燥贫瘠的丘陵地，种子数量少，竞争不激烈，个头小一点的种子反而有利。生存环境中竞争越激烈，越有利于个头大的种子。由于这种竞争，从野生植物到古代作物的转变不仅改变了种子的大小，还带来了其他很多差异。

* * *

各种植物的驯化时间先后为何会有这么大的差异？有些在远古就被驯化了，有些则迟至中世纪，直到今天还有顽强抵抗不肯被人类驯化的野生植物。我们可从西南亚肥沃新月地带不同作物的发展顺序中找到答案。

最早在肥沃新月地带出现的作物，比如在 1 万年前被驯化的小麦、大麦和豌豆，它们的野生始祖就已经对人类很有用了。这些植物在野生时便已可以食用，而且产量丰富，成为作物之后还有易于栽种、生长快速等优点，播种之后不消几个月就可收成。这种作物对早期农民颇具吸引力，因为他们仍在四处游猎和定居之间徘徊，还没决定长期待在一处。这些作物多半是自花传粉，直接把有利的基因传给下一代，不必和其他较没有价值的植物杂交，坏了自己的种。最后，这些野生植物用不着大幅改变基因，轻而易举就迈过驯化的门槛。以小麦来说，只需要麦秆不脱落和快速发芽这些突变就够了。

下一阶段发展出来的是最早的果树和坚果树，驯化年代约在公元前 4000 年，包括橄榄树、无花果树、枣树、石榴树和葡萄树。与谷物和豆类相比，这些作物的缺点是至少得种植 3 年才可能有收成，盛产期则必须等待 10 年之久。因此，只有在一地长住的人才有可能种植这些作物。这些最早的果树和坚果树还容易栽种，插枝甚至撒下种子就长出来了，晚期才被驯化的树木可没这么简单。插枝还有个好处，也就是保证后代和亲代一模一样。

第三阶段的果树较难栽培，包括苹果树、梨树、李树和樱桃树。这些树木不可能靠插枝，撒下种子也是徒然，因为前一代的品种优秀，下一代却参差不齐，结的果实大多没有什么价值。这些树木得靠复杂的农业技术（嫁接）来培育，在农业起源一段时间后，中国发展出了这项技术。即便知道嫁接的道理，实践起来也劳心费力，而这道理更是得来不易，是不断努力试验挣来的，没有"无心插柳柳成荫"的运气。

很多在晚近发展出来的果树有一个问题：这些作物的野生始祖无法自花传粉，必须和同种而基因相异的植株进行异花传粉。因此，早期的农民要么得找到无须异花传粉的突变种来做配种，要么就得刻意栽种基因不同的树木，或在同一园圃里种植其他雄株或雌株。这也就是苹果树、梨树、李树和樱桃树直到古典时期才被驯化的原因。差不多在同一时期，另一组植物驯化的过程就简单得多，它们本来只是在田园里出现的杂草，后来变成作物，如黑麦、燕麦、芜菁、萝卜、韭葱和莴苣。

* * *

世界其他地方的作物发展顺序和肥沃新月地带也有类似之处。具体来说，肥沃新月地带的小麦和大麦是谷物（禾本科）的代表，而豌豆和兵豆则是豆类（豆科）的代表。谷物的优点有长得快、碳水化合物含量高，每公顷可收获多达 1 吨的食物。因此，谷物在今天人类摄入的卡路里中占了超过半数。今日世界的 12 种主要作物中，谷物就有 5 种：小麦、玉米、稻米、大麦和高粱。很多谷物蛋白质含量低，但这种缺陷可由豆类来补足。豆类的 25% 是蛋白质，黄豆更高达 38%，谷物和豆类是均衡饮食不可或缺的。

表 7.1 简要说明谷物和豆类的驯化与结合如何在不同地区启动了食物生产。最为人所熟知的，莫过于肥沃新月地带的小麦、

表 7.1　古代世界各地早期主要作物类型举隅

地区	作物种类				
	谷物及其他禾本作物	豆类	纤维作物	块根及块茎作物	瓜类
肥沃新月地带	单粒小麦、二粒小麦、大麦	豌豆、兵豆、鹰嘴豆	亚麻	—	甜瓜
中国	粟、稷、稻	黄豆、小豆、绿豆	大麻	—	[甜瓜]
中美洲	玉米	菜豆、花菜豆、红花菜豆	棉（*G. hirsutum*）、丝光兰、龙舌兰	豆薯	西葫芦（*C. pepo* 等）
安第斯山脉、亚马孙流域	昆诺阿藜、[玉米]	利马豆、菜豆、花生	棉（*G. barbadense*）	木薯、甘薯、马铃薯、块茎酢浆草	笋瓜（*C. maxima* 等）
西非和萨赫勒地区	高粱、珍珠粟、非洲米	豇豆、落花生	棉（*G. herbaceum*）	非洲山药	葫芦
印度	[小麦、大麦、稻、高粱、小米]	扁豆、黑绿豆、绿豆	棉（*G. arboreum*）、[亚麻]	—	黄瓜
埃塞俄比亚	画眉草、龙爪稷、[小麦、大麦]	[豌豆、兵豆]	[亚麻]	—	—
美国东部	五月草、小麦、蓼草、藜菜	—	—	洋姜	西葫芦（*C. pepo*）
新几内亚	甘蔗	—	—	山药、芋头	—

注：这张表列出了早期农业地区 5 个类型的主要作物。如作物名外有方括号，则代表该作物驯化于此处；作物名外无方括号，代表该作物是当地驯化的。表中省略了引入或成为重要作物的时间较晚的作物，比如非洲的香蕉、美国东部的玉米和豆子，新几内亚的甘薯。棉属（*Gossypium*）下有 4 个种，各有各的发源地；南瓜属（*Cucurbita*）下有 5 个种。谷物、豆类、纤维作物及瓜类早期发展像子各个地区栽种，而块根及块茎作物则只在几个地区比较重要。

大麦加上豌豆、兵豆，中美洲的玉米和豆类，中国则是稻米、稷加上黄豆和其他豆类。较少为人所知的则为非洲的高粱、米、珍珠粟（pearl millet）加上豇豆（cowpeas）和落花生（groundnuts）这个组合，以及安第斯山脉非谷类的昆诺阿藜（quinoa）和几种豆子。

从表7.1可看出纤维作物并非肥沃新月地带独有，和该地的亚麻平行发展的有大麻、4种棉花、丝兰和龙舌兰等纤维作物，用来做成绳索或衣服，发展地区则为中国、中美洲、印度、埃塞俄比亚、撒哈拉以南非洲和南美洲。以上地区中有几处还可靠驯养绵羊得到羊毛。在早期食物生产的中心里，只有美国东部和新几内亚没有纤维作物。

全球各地的食物生产体系有上述相似之处，也有几个主要差异。其中之一是旧大陆许多实行播种和单作的田地到头来都利用牲畜犁田。也就是说，种子是一把一把撒下的，整块田地都栽种同一种作物。在牛、马或其他大型哺乳动物被驯养成可拖犁的家畜后，犁地这项吃力的工作就可交给牲畜了。而在新大陆，没有大型哺乳动物可作为驯养的对象，人类只好手持棍棒或锄头来犁地，种子也是一颗一颗种下，而不是一把一把撒在田里。因此，新大陆的田地里常有许多种作物齐聚一地，而非单作。

农业体系另一个大的差异是卡路里和碳水化合物的来源。我们已经知道，谷物在很多地区是重要作物，但在有些地区只是配角，主角是块根作物、块茎作物等在古代的肥沃新月地带和中国属次要的作物，比如南美洲热带地区的主食木薯（manioc或

cassava）和甘薯、安第斯山脉的马铃薯和块茎酢浆草（oca）、非洲的非洲山药、东南亚和新几内亚的山药和芋头。木本作物如香蕉和面包果碳水化合物含量丰富，也是东南亚和新几内亚的主要食物来源。

＊　＊　＊

到了罗马时代，今天的主要作物几乎都已在世界上的某个地区完成了驯化，动物也一样，大都成为人类豢养的牲畜（见第 9 章）。古代的狩猎-采集族群和当地的野生植物朝夕相处，古代的农民必然会动驯化的念头，也驯化了大部分有驯化价值的植物。当然，人类驯化的努力不曾中断，中世纪的修士开始培植草莓和树莓，现代的育种专家也在改良作物品种，增加新的次要作物，如莓子（蓝莓、蔓越莓、奇异果）与坚果（夏威夷果、山核桃、腰果）。但这几种现代贡献还是比不上在古代已发展成主要食物来源的小麦、玉米和稻米。

还有许多具备食用价值的野生植物，人类还无法驯化，橡树就是其中的佼佼者。橡实是加利福尼亚和美国东部印第安人的主要食物来源，而欧洲农民面临饥荒歉收，退而求其次时，也会采集橡实这种营养价值高、淀粉和含油量丰的种子。橡实和其他许多可食的野生食物一样，大多含有单宁（tannin），味苦，但喜欢吃橡实的人从杏仁那里得到灵感，会试着以碾磨和过滤的方式去除单宁酸，或者寻找单宁含量较少的突变种。

为什么我们就是无法驯化橡实这种有食用价值的食物？为什

么人类驯化草莓和树莓旷日费时？为什么已掌握嫁接这种复杂技术的古代农民对这些植物仍束手无策？

　　说来，橡树抵抗驯化之道主要有三。第一，成长缓慢，把大部分农民的耐性都磨光了。小麦只要几个月就可丰收，杏仁也只要三四年就可收成，但得到一颗橡实得等待 10 年以上的光景，真是天荒地老。第二，橡树演化的结果是，橡实的大小和口味似乎都是为松鼠设计的。我们不是常看见这些小动物跑来跑去地把橡实埋起来、挖出来，再拿起来吃？松鼠有时会忘记把埋起来的橡实挖出来，这些橡实就成长为橡树。有橡树的地方就有无数的松鼠，人类哪有机会去挑自己想要的橡实采集？树木生长速度奇慢无比，松鼠行动又快如旋风，农民实在招架不住。欧洲人和山毛榉、美洲土著和山核桃的故事是两个类似的实例。

　　第三，杏仁和橡实之间最大的区别或许在于控制苦味的基因。杏仁是单一基因控制的，橡实的苦味则可能有多个控制基因。按照遗传学定律，如果古代农民种植偶然出现的没有苦味的突变种，种下的杏仁树中有一半能收获不苦的杏仁，而种下的橡树结出的橡实几乎都是苦的。哪怕农民从松鼠口中抢得想要的橡实，又有耐心等候橡实的成熟，若果实苦得无法下咽，到头来还是一场空。

　　至于草莓或树莓，人类也得应付对手——画眉和其他爱好莓子的鸟。罗马人的确试过在园圃种植野草莓，但数以十亿计的欧洲画眉到处撒便，传播野草莓的种子，当然罗马人的园圃也不例外，结果就是长出来的还是画眉喜欢的小颗草莓，人类盼望的大颗草莓只好一再落空。直到近世，由于保护网和温室的发明，人类才打败画眉，生产出合乎自己所求的草莓和树莓。

* * *

我们注意到超市里卖的草莓大而娇艳，野生的却小得可怜，这只不过是一个例子，说明栽培种与野生种的差异。那些差异最初源于野生族群中的自然变异，有一些特质的变异，古代农民想必很容易注意到，例如草莓果粒的大小或坚果的苦味。其他的变异，如种子散播机制或休眠，得等到现代植物学兴起后才能为人所察觉。古人采集野生植物当食物或其他用途，不管有没有一套有意识的选择标准，野生种演化成作物的初步阶段都没有意识的介入。人类在野地里，从许多变异个体中选择中意的，就创造了"驯化"的情境，在人类园圃里，个体之间相互竞争，受到选拔的个体与在野地里受天择青睐的不同。

这也就是为何达尔文的经典之作《物种起源》并不立即讨论天择，第1章讨论的是人类驯化动植物的过程，他称之为"人择"。他并没有从我们熟悉的加拉帕戈斯"达尔文雀"谈起，而是先讲农民怎么种出各种各样的醋栗！他写道："我曾看过论述园艺的作家对于园艺者的惊人技巧表示赞叹——能从如此低劣的材料里产出如此优秀的结果！不过这技术是简单的，就最后结果来说，几乎都是无意识地进行的。这不外乎把最有名的变种拿来栽培、播种，然后一直这么做下去。"那些培育农作物的人择原则，仍是我们了解天择演化的最佳模型。

第 8 章

是苹果的问题，还是印第安人的问题？

我们已见识到各地区族群如何开始驯化野生植物。古人在迈出这么重大的一步时，其实对结果一无所知，不能预见自己生活方式的改变，也不知此举竟会影响后代子孙在历史上的地位。我们再回到早先的问题：加利福尼亚、欧洲、澳大利亚温带地区、非洲近赤道地带等土地肥沃、条件优越的地方，为什么没能自行发展出农业？此外，就农业发生地而言，有的一马当先，有的则远远落在后头，为什么发展时间有这么大的差别？

有两种不同的解释：一是问题出在当地人的身上，二是问题出在当地既有的野生植物上。从一方面来说，凡是热带或温带湿度适中的地区，都可长出许多可供驯化的野生植物。若环境不是问题，问题就出在当地族群的文化上。从另一方面来说，地球上任何一个地方的人或多或少都会有实验精神，想去驯化植物。也许只有缺乏适合的野生植物这一点可以解释为何一些地区没能发展出食物生产。

我们将在下一章碰到类似的问题，如大型野生哺乳动物的驯化。动物驯化的问题较易解答，主要是动物的物种比植物少得多。全世界只有约 148 种大型陆栖食草性或杂食性哺乳动物有可能被驯化。在决定某一种哺乳动物是否适合驯化时，我们必须考虑的因素不多，只需要察看一个地区都有哪些大型哺乳动物，然后再看某些地区没能驯化哺乳动物是因为当地没有适合驯化的野生物种，还是因为当地的族群不去驯化。

植物研究则不可能用这种方式。植物物种数量极为庞大，会开花的野生植物就多达 20 万种。这些野生植物是陆地植物的主流，几乎涵盖作物的全部。植物多如繁星，无法一一详加研究，光是美国加利福尼亚一地驯化的植物都数不清了。我们再换个方式来讨论这个问题。

*　*　*

听到有这么多种会开花的野生植物，人们的第一反应可能是：地球上既然有这么多种野生植物，那么一个地方只要气候条件良好，能驯化成作物的物种就一定多得不得了。

但是，我们不得不说，绝大多数的野生植物用处不大，原因很明显：大多数是木本植物，没有可供食用的果实，也没有可食的叶子和块根。在 20 万种野生植物中，只有几千种可供人类食用，多少得到了驯化的则只有几百种。而这几百种大多不是我们的主要食物来源，怎么可能伟大到成为文明兴起之因？其实，现代世界作物年产量的 80% 是由十几种植物贡献的。这十几种

"重量级"的作物如下：谷物有小麦、玉米、稻米、大麦和高粱，豆类有黄豆，块根或块茎类为马铃薯、木薯、甘薯，糖分的来源则是甘蔗、甜菜，水果如香蕉。这些谷物厥功至伟，提供了全世界人口所需卡路里的一半。世界主要作物说来寥寥无几，几千年前都已驯化完毕。难怪世界上很多地区没有具潜力的野生植物。就连身在现代的我们，若想驯化出一种新品种的主要作物，也办不到——有用的野生植物古人早就探索遍了，他们也驯化了所有值得驯化的野生植物。

然而，我们还是无法解释清楚为何有些地区就是无法驯化野生植物。最让人百思莫解的是，有几种植物在某地被驯化了，却无法在另一个地方被驯化。若已知某种植物确实可发展成有用的作物，为什么偏偏在一些地区无法发展？

非洲就是一个典型的谜题。主要谷物高粱已在撒哈拉以南的萨赫勒地区得到驯化。在非洲南部，也有野生高粱的存在，然而那里的人却什么都没有驯化，高粱还是任其野生，直至 2 000 年前，班图农民才从赤道以北的非洲带着他们所有的作物而来。为何非洲南部的土著对高粱束手无策？

令人困惑的还有，西欧和北非没有驯化亚麻，巴尔干半岛南部也没有驯化野生单粒小麦（einkorn wheat）。到底是怎么回事？亚麻和单粒小麦同属肥沃新月地带最先出现的八大作物，或许也是所有野生植物中最容易被驯化的。肥沃新月地带的食物生产手段向外传播时，其他一些也有亚麻和单粒小麦野生种分布的地方立刻接受了驯化的亚麻和单粒小麦。那么，肥沃新月地带之外这些地区的族群为何不主动驯化出自己的作物？

肥沃新月地带最早驯化的水果中，有四种的野生种分布范围都远超出了地中海东岸（这些物种可能的最早驯化地）：野生橄榄、葡萄、无花果往西到意大利、西班牙和西北非都有分布，野生枣椰树的分布范围则包括北非全境和阿拉伯半岛。这四种显然是非常容易驯化的野生果树。我们要问：为什么肥沃新月地带以外地区的族群就是不驯化它们，只会捡现成的果实吃，等这些果树在地中海东岸驯化完成后，再接收它们？

在某些从未自行发展出食物生产手段的地区，一些近亲已在其他地方得到驯化的野生植物从未被当地人驯化，这样的例子也值得讨论。例如，油橄榄（*Olea europea*）的驯化是在地中海东岸完成的，而约有 40 种橄榄分布在非洲热带地区和南部地区、亚洲南部、澳大利亚东部等地，其中一些与油橄榄是近亲，但这些地区的人都没有驯化过橄榄。同样，欧亚大陆的人驯化了一种野生苹果和一种野生葡萄，北美还有许多品种近似的野生苹果和葡萄，有些到了现代还与源自欧亚大陆的品种杂交，以改良作物品种。那么，为什么美洲土著不去驯化这些颇有价值的苹果和葡萄？

这种例子可以说不胜枚举，但如此理解有重大错误。什么是植物驯化？不是驯化单单一种植物，不成，再回去过流动的狩猎–采集生活。本以狩猎–采集为生的印第安人必须定居下来，努力培育苹果，北美的苹果才有可能变成一种优秀的作物。但是狩猎–采集族群不会在一夜之间"改行"，扬弃传统的生活形态，心甘情愿定居于一地，照顾果园，除非驯化的动植物已相当可观，定居的农业生活形态让狩猎-采集族群足够心动，从而考虑放弃流动的生活形态。

还有一个问题，简单来说，我们如何评估一地植物群的驯化潜能？就美洲土著无法驯化北美苹果这件事来看，问题是出在印第安人身上还是苹果身上？

为了回答这个问题，我们可以比较三个在驯化表现上大异其趣的地区。其中一个就是讨论已久的肥沃新月地带——也许是全世界最早出现食物生产之处，也是现代世界主要作物的发源地、主要家畜的驯化地。另外两个地区是新几内亚和美国东部，那里的人虽驯化了当地作物，但种类很少，只有一种成为今日世界的主要作物，当地驯化而来的作物很有限，无法像肥沃新月地带的作物那样支持技术大发展和政治组织的建立。对照比较之后，我们不禁要问：肥沃新月地带的植物群和环境是否就是胜过新几内亚和美国东部的关键？

* * *

西南亚被称为肥沃新月地带的地区在早期非常重要，这是人类史上的重大事实。这个地区的高地正像一轮新月，因而得名（见图8.1）。此地可能是一连串发展最早出现的地方，包括城市、文字、帝国以及所谓的文明（不管是好是坏）。这些发展的前提是稠密的人口、可储存的盈余食物、受供养而不事农耕的手艺专家，而这种种都得仰赖食物生产，也就是作物栽培和家畜豢养。食物生产是肥沃新月地带出现的第一个重大发明。若想了解现代世界的根源，就得先从这个问题下手：为什么驯化的动植物这么厉害，能让肥沃新月地带抢得先机？

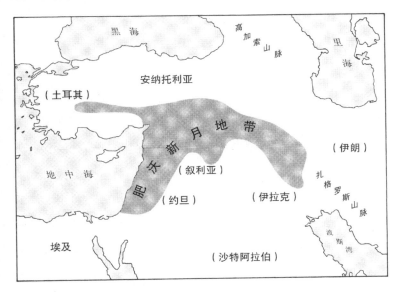

图 8.1　肥沃新月地带

注：公元前 7000 年已有食物生产业。

　　值得庆幸的是，就全世界的农业发生地而言，我们对肥沃新月地带的研究最为详尽，了解也最透彻。在肥沃新月地带及其周围驯化的作物，野生始祖大抵辨识完成；野生始祖与作物的关系已经由基因和染色体的研究确认；我们也知道始祖作物的地理分布图；我们对驯化过程中出现的变化了解得越来越多，已经到了能确定单个基因的程度；这些变化可以从前后相续的考古记录中观察到；大概的驯化时间和地点也有了答案。我不否认有其他地区可与肥沃新月地带相媲美，中国当然是个不可忽视的对手，但我们对肥沃新月地带的优势和作物发展的细节掌握得较多。

肥沃新月地带的一个优势是气候，该地区属于地中海气候，冬季温和、潮湿，夏季漫长、炎热而干燥。在这种气候条件之下，胜出的植物是那些能熬过漫长干季，雨季来临时得到滋润就能快速生长的植物。肥沃新月地带有许多植物，特别是谷物和豆类，已发展出一套适应环境的能力，造福人群：成为一年生作物，在干季时枯萎、死亡。

这些一年生植物只有短短一年可活，个头必然娇小。许多食物出产大颗种子，这些种子在干季休眠，雨季来临时则可发芽。一年生植物不会把气力浪费在不可食用的树干或多纤维的茎上（比如树或灌木）。此地很多种子大的作物，特别是一年生的谷物和豆类，都是人类的食物，占今日世界主要的 12 种作物的半数。反之，如果你住在山边，远眺窗外的景致，映入眼帘的植物只会是无法果腹的树木，这些树木也不会生产可食的大颗种子。当然，在气候潮湿的地方有些树木的确有可以食用的大颗种子，但这些种子不能熬过漫长的冬季，也不利于人类长期储存。

肥沃新月地带植物群的第二大优势，是许多作物的野生始祖繁盛且多产，遍野丛生，举目皆是，狩猎-采集者不可能视而不见。根据植物学家的实验、研究，若仿照 1 万年前的狩猎-采集者采集野生谷物的种子，每年每公顷可收获近 1 吨的种子，而且轻轻松松，每千卡的体力劳作可换取 50 千卡[①] 的食物能量。谷物成熟时，在短时间内就可收获大量粮食，多余的还可储藏起来供来日食用，肥沃新月地带的一些狩猎-采集族群在开始栽种植物之前，就已经过上了长久定居的生活。

肥沃新月地带野地里的谷物既已高产，人工栽培就省事多了，不需要改变多少。正如在上一章讨论到的，主要的变化如种子传播和发芽抑制的机制，人类开始播种培育不久后自然而然就完成了。今日的小麦、大麦和其野生始祖外观近似，我们一眼就可看出它们的关联。种子大的一年生植物驯化起来易如反掌，因此是肥沃新月地带最先或首批发展出来的作物。这种作物在其他地区也有，如中国和非洲的萨赫勒。

相对于小麦和大麦演化的神速，玉米简直不可同日而语。玉米这种新大陆首屈一指的作物，野生始祖或许是墨西哥类蜀黍（teosinte）。由于这种墨西哥类蜀黍的种子及花序和玉米差异甚大，直到今天植物学家还在激辩这种蜀黍究竟是不是玉米的始祖。此外，墨西哥类蜀黍恐怕难以引起狩猎-采集族群的兴趣：它不如野生麦子多产，种子比起后来的玉米也少得多，种子的外面还有一层不可食用的坚硬外壳。墨西哥类蜀黍要想摇身一变成为有价值的作物，不得不经过一番生殖生物学的巨变——增加种子的数量，去除种子外面那层坚如岩石的外壳。玉米始祖的穗轴本来只有一丁点儿大，后来才有人类拇指般大，这个过程到底经历了

---

① 1 千卡 ≈4.2 千焦。——编者注

几百年还是几千年？考古学家仍争论不休。比较明确的是，又过了几千年，玉米才有现代的尺寸。小麦、大麦的天生优势和墨西哥类蜀黍的明显劣势，大概就是欧亚社会和新大陆社会发展差异的要因。

肥沃新月地带的第三大优势，就是雌雄同株自花传粉的植物比例很高，这些植物偶尔也行异花传粉。然而，大多数的野生植物是雌雄同株异花传粉，或是雌雄异株——这种生殖生物学的现象给早期农民添了很多麻烦，因为他们选择一种突变的植物栽种后，其子代往往因和其他植株杂交而失去原来的特色。因此，大部分的作物来自野生植物中小部分行雌雄同株自花传粉者，或经无性生殖产生者（如用根来种植以复制亲代基因）。因此，肥沃新月地带植物群中高比例的雌雄同株自花传粉对当地农民来说，实在是一大福音。

通常自花传粉偶尔又行异花传粉的植物，则可产生新的变种供人选择，对早期农民而言，更求之不得。这种异花传粉不只出现在同种之间，相近的品种之间也有这种现象。普通小麦（bread wheat，六倍体小麦）这种在肥沃新月地带出现的变种小麦，是现代世界中最有价值的作物。

肥沃新月地带首批驯化的 8 种作物都是自花传粉的。其中，野生单粒小麦、二粒小麦和大麦这三种的蛋白质含量很高，为 8%～14%，相形之下，东亚的首要作物稻米和新大陆的玉米则蛋白质含量少，营养问题比较严重。

＊＊＊

肥沃新月地带的植物群有不少对早期农民有利的优势，那里适合驯化的植物物种比例奇高无比。然而，并非只有肥沃新月地带属于地中海气候，此气候区亦向西延伸至南欧和西北非。世界上还有其他四个地区属地中海气候：加利福尼亚、智利、澳大利亚西南部和非洲南部（图8.2）。可是，这些地区却完全不能和肥沃新月地带相提并论，没能成为食物生产的发源地，就连一点本土农业的影子也没有。欧亚大陆西部的地中海气候区究竟有何过人之处？

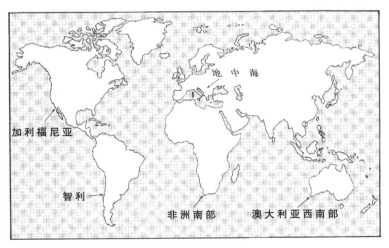

图 8.2　全球地中海气候区

分析后，我们发现欧亚大陆西部，特别是肥沃新月地带，至少有五点胜过其他地中海气候区。第一，欧亚大陆西部的地中海气候区面积最大。因此，和澳大利亚西南部、智利等面积小的地中海气候区相比，这里动植物的物种丰富得多。第二，在地中海气候区中，欧亚大陆西部的气候最为多变，每一季、每一年的差异都很大，这种气候差异有益于植物群的演化，特别是一年生植物。物种繁多，一年生植物也多，这两项因素的结合，意味着欧亚大陆西部的地中海气候区拥有最多种的一年生植物。

我们可从地理学家马克·布卢姆勒（Mark Blumler）对野草分布的研究来了解如此丰富的植物对人类的意义。全世界共有几千种野草，布卢姆勒表列了 56 种"大地精华"，也就是种子最大的作物，它们至少比一般的草籽重上 10 倍（表 8.1）。这 56 种植物大抵原产于地中海气候区或其他气候温和、干燥的环境。此类植物异常集中于肥沃新月地带或欧亚大陆西部的地中海气候区：在这 56 种重要的野生植物中，这个地带就有 32 种！特别值得一提的是，大麦、二粒小麦这两种肥沃新月地带早期最重要的作物，种子大小分别位居第 3 名和第 13 名。相形之下，智利的地中海气候区只有两种，加利福尼亚和非洲南部都只有一种，而澳大利亚西南部更是一种也没有。我们可从这个事实看出端倪，了解人类历史的发展轨迹。

表 8.1　大种子物种在各地分布情形

地区	物种数目	
西亚、欧洲、北非		33
地中海地区	32	
英格兰	1	
东亚		6

（续表）

地区	物种数目	
撒哈拉以南非洲		4
美洲		11
北美洲	4	
中美洲	5	
南美洲	2	
澳大利亚北部		2
	总计	56

注：此表引自马克·布卢姆勒的博士论文（Seed Weight and Environment in Mediterranean-type Grasslands in California and Israel, University of California, Berkeley, 1992），列出了在全世界栽种的 56 种野生种禾本科植物（不包括竹子）的种子重量，在 10 毫克至 40 多毫克，为分布在世界各地的禾本植物平均值的 10 倍。而这 56 种植物占所有禾本植物的不到 1%，但从表中可看出这些优势物种高度集中于地中海及西欧地区。

第三，肥沃新月地带的地中海气候区的海拔高度和地形多样。就海拔高度而言，从地球上海拔最低处（死海）到海拔 1.8 万英尺的高山（近德黑兰）都有。这种多样的环境意味着繁多的野生物种，这些都是始祖作物的"候选人"。与高山相邻的，有平缓的河谷低地、泛滥平原和有灌溉农业的沙漠。相形之下，澳大利亚西南部的地中海气候区、非洲南部和西欧就没有这么多彩多姿，海拔高度、生境和地形的多样性都相当有限。

肥沃新月地带的海拔高度多样，这也意味着可以交错收获：比起低地植物，高地植物较晚结籽。因此，狩猎-采集族群可稍后再前往山里采集成熟的种子。若收获季节集中，就分身乏术。

开始种植农作物后，早期农民发现丘陵的野生谷物收成较不可靠，就看老天爷下不下雨，而低洼谷地没有那么仰赖降雨，因而收成较能预期。

肥沃新月地带的第四个优势也得自生物环境的多样：除了可驯化为作物的植物资源丰富，还有许多大型野生哺乳动物可供驯化。其他地中海气候区如加利福尼亚、智利、澳大利亚西南部和非洲南部，适合驯化的大型野生哺乳动物非常罕见，甚至没有。相比之下，肥沃新月地带的人很早就驯养了山羊、绵羊、猪、牛这四种大型哺乳动物，可能比世界上任何其他地区驯养任何其他动物（狗除外）都要早。而现代世界的五大家畜中，就有肥沃新月地带最早驯化的这四种（见第9章）。这些动物的野生始祖在肥沃新月地带的集中分布区略有不同，因此是在不同的地方完成驯化的。绵羊可能在中部；山羊或在东部海拔较高处（伊朗的扎格罗斯山脉），或在西南部（黎凡特）；猪在中北部；牛则在西部，包括安纳托利亚。即使有这种分别，由于驯养地区相近，互通有无之后，也就没有地域之分了。

农业最早在肥沃新月地带发端，主要是"八大始祖作物"之功，它们是属于谷物的二粒小麦、野生单粒小麦、大麦，属于豆类的兵豆、豌豆、鹰嘴豆、苦野豌豆，属于纤维作物的亚麻。在这八种作物之中，只有亚麻和大麦的野生种分布超出了肥沃新月地带和安纳托利亚地区；有两种始祖作物的分布范围很窄，鹰嘴豆只在土耳其东南部，二粒小麦的分布范围则限于肥沃新月地带。因此，肥沃新月地带驯化当地现成的野生植物就足以发展农业，无须仰赖外地引入的作物包。有两种始祖作物无法在肥沃新月地带以外的地方被驯化，主要原因是它们只在肥沃新月地带有。

由于野生哺乳动物和植物兼具，肥沃新月地带的先民很快就拥有了一个强力而均衡的"生物包"（biological package），马上可进行集约化的粮食生产。这个生物包里有：三样谷物，是碳水化合物的主要来源；四种豆类，蛋白质含量在 20%～25%；四种家畜，同样是蛋白质来源，小麦也补充了不少蛋白质养分；亚麻则是纤维和油（亚麻籽油，亚麻籽 40% 都是油）的来源。家畜驯养和食物生产出现了几千年后，家畜不但供给人类奶、毛，能犁田，还能做运输工具。因此，肥沃新月地带早期农民的作物和家畜满足了人类基本的经济需要：碳水化合物、蛋白质、脂肪、衣物、犁地和运输。

肥沃新月地带早期食物生产的最后一项优势是，那里的狩猎-采集生活形态相形之下竞争力较弱，包括地中海西岸在内的其他地区则不然。西南亚少有大河，加上海岸线短，水产资源（如鱼虾）本就乏善可陈。此地可供猎食的大型哺乳动物（瞪羚）原本种群很大，但人口日增后便对其加以赶尽杀绝，瞪羚数量大大下降。食物生产显然优于狩猎-采集方式，因此肥沃新月地带的转型很快，不久即改采食物生产：公元前 9000 年，那里的人类社会仍完全仰赖野生食物，但到了公元前 6000 年，已出现完全依靠作物和家畜的社会。

中美洲则是一个明显的对比：只有两种可驯化的动物（火鸡

和狗），其所提供的动物性蛋白质远比牛、绵羊、山羊和猪来得少。前面也解释过，中美洲的主食玉米，很难驯化，发展可能也很缓慢。因此，中美洲驯化动植物很晚，可能公元前3500年左右（年代尚未确定）才开始。而且，早期发展出的驯化手段可能并未被流动的狩猎-采集者采用。直到公元前1500年左右，中美洲才有了定居村庄。

* * *

以上所列肥沃新月地带种种利于食物生产的优势，并没有纳入当地族群这个因素。说实在的，本人尚未听闻当地族群有何过人之处，得以拥有这么厉害的作物包。反倒是肥沃新月地带独特的气候、环境、野生植物和动物等因素结合起来，才能合理解释这种情况。

新几内亚和美国东部的食物生产包相形见绌，是否与当地族群有关？食物生产在某些地区就是发展不起来，即使有作物包，也乏善可陈。在我们转而讨论这些地区时，不得不先考虑两个相关问题：第一，狩猎-采集族群和早期农民是真的对当地野生植物的物种和用途了如指掌，还是可能忽略有潜力的始祖作物？第二，如果他们对当地的动植物知道得一清二楚，是否充分利用了这些知识来驯化最有价值的物种？若没有，是否受到什么文化因素的阻碍？

第一个问题牵涉到"民族生物学"（ethnobiology）这门学科，探讨的是人类社群对环境中动植物的了解。其研究对象主要是在今日仍保持狩猎–采集生活方式的少数社群，以及还相当依赖野生食物的农业社群。结果发现，这些人都是活生生的"自然史百科全书"，草木虫鱼鸟兽无所不知，叫得出名字的多达上千种，对于每一物种的特色、分布和用途知之甚详。然而，由于人类对驯化动植物依赖日深，这种传统知识不再为人所重视，渐渐失传，在今日超市光顾的现代人早已五谷不分，把野草当野豆更是家常便饭。

以下就是典型的例子。过去 33 年来，我在新几内亚进行田野调查时，身边不乏一些仍大量食用野生动植物的土著朋友。有一天，我和弗雷族（Foré）的友人在丛林里饱受断粮之苦，原因是另一个部落的人挡路，让我们回不到补给站。后来，一个弗雷族人扛了一大袋蘑菇回到扎营之处，大伙儿就烤起蘑菇，准备大快朵颐。但我不禁心生疑虑：万一这些蘑菇有毒，怎么办？

我耐着性子对这些土著朋友解释：我从书上得知有些蘑菇根本碰不得，就连美国的蘑菇专家也会因难以辨识而栽在毒蘑菇手里，一命呜呼，所以，虽然大家已饥肠辘辘，但是不是该三思，为了一餐赔上一条命是否值得？这时，我的土著朋友跟我翻脸了，叫我闭嘴，好好听他们说。说来说去，都是我自己的错。这么些年来，我缠着他们问东问西，考问几百种树木和鸟类的名字，怎么可以认为他们对蘑菇的知识有限？这简直是一种侮辱。只有美国人才会愚蠢到去摘有毒的蘑菇。他们不厌其烦地给我再上一课，告诉我安全可食的蘑菇有哪 29 种，用弗雷语怎么说，它们在森林中的生长地又在何处。这种呢，就叫作坦蒂（tánti），是长在树上的蘑菇，不但美味，而且保证可以入口。

　　有时我会带几个新几内亚朋友到岛上其他地方做田野调查，他们和其他新几内亚人相见，必然聊起当地的动植物，然后采集看起来具有潜力的植物带回家种植。我觉得这种经验可与我对其他传统族群的民族生物学研究做个对比。这些族群有的已有一点食物生产业，有的则是从前的狩猎-采集族群被部分同化的剩余势力。在食物生产兴起前，人类大抵以野生物种为食，因此掌握的关于野生动植物的知识特别丰富。最早的农民承袭了这样的知识——几千年来和大自然亲密生活、观察而累积下来的经验。因此，有价值的物种似乎不大可能逃过早期农民的眼睛。

　　另一个相关问题是，早期的狩猎-采集者和农民是不是善用了自己的民族生物学知识，采集并最终培育了有用的野生植物？可以验证的一个例子，来自叙利亚幼发拉底河河谷边缘的考古遗址阿布胡赖拉丘（Tell Abu Hureyra）。这个族群的活跃年代为公元前 10000—前 9000 年，或许已终年定居于村落，但还是以狩猎-采集为生，农作则是之后那个千年才开始的事。考古学家戈登·希尔曼（Gordon Hillman）、苏珊·科莱奇（Susan Colledge）和戴维·哈里斯（David Harris）从该遗址中发掘出大量已炭化的植物遗存。这些遗存或许是古人从别处采集来的野生植物，之后成堆废弃。科学家分析了超过 700 份样本，每份平均有 500 个可以辨识的种子，分属 70 种植物。结果发现，这些村民采集的植物种类相当可观（有 157 种之多），这些都是从已炭化的种子中辨识出来的，更别提其他无法辨识的植物了。

这些村民是否天真无知，看到什么种子都拿回家果腹，结果中了大多数种子的毒，最后只靠少数几种过日子？他们可没这么愚蠢。157 这个数字听来似乎是照单全收采集的结果，但当地还有许多野生植物都不在这些炭化遗存之中。这 157 种可分成三类：大多数的种子无毒，且立即可食；有些像是豆类和芥末科的植物，种子的毒性可轻易去除，依然可以食用；另外有些种子的传统用途是染料或药材。不在这 157 种里的野生植物，不是无益就是有害于人类，包括大多数的毒草。

因此，阿布胡赖拉丘的狩猎-采集者不会笨到浪费时间乱采要命的植物。相反，他们正如现代的新几内亚人，可以说是野生植物专家，而且知道如何去芜存菁。这些采集来的种子还是不知不觉促成了植物驯化的第一步。

古代族群运用民族生物学知识的另一个实例来自公元前9000 年—前 8000 年的约旦河河谷，最早的作物就是在那儿被驯化的。第一批被驯化的谷物是大麦和二粒小麦，直到 20 世纪末，这两种仍是最多产的作物。这个地区正如阿布胡赖拉丘，还有好几百种野生植物，其中的 100 多种在作物驯化前是人类常采集、食用的。为何大麦和二粒小麦得以脱颖而出成为第一批作物？这些约旦农民知道自己在做什么吗？大麦和二粒小麦确实是当地野生植物中的佼佼者吗？

有两名以色列科学家曾针对这问题进行研究。奥弗·巴尔-约瑟夫（Ofer Bar-Yosef）和莫迪凯·基思雷夫（Mordechai Kislev）察看今天在约旦河河谷生长的野生植物。略去小且难以入口的种子之后，他们找到了 23 种最美味且种子大的野生植物。不出我们所料，大麦和二粒小麦正在其中。

其他 21 种植物还称不上能与大麦和二粒小麦旗鼓相当。在这 23 种植物中，从各种条件来看，大麦、二粒小麦都是数一数二的，其他物种难以望其项背。以这 23 种植物来看，大麦属产量最多的 4 种之一，二粒小麦则是中等。大麦还具有基因和形态学的优势，在种子传播和发芽抑制方面都有快速演化的能力。二粒小麦则在别的方面具有优势，它比大麦容易采集，而且独树一帜，种子容易和壳分离。

因此，约旦河河谷的早期农民选择的是 23 种野生植物中的精英。当然，在培育之后造成的演化，如种子传播和发芽抑制机制的改变，是早期农民不能预见的结果。但是，他们一开始就看上了大麦和二粒小麦必定不是无心之举。种子的大小、口感和产量都是难以忽视的特质。

正如阿布胡赖拉丘，约旦河河谷让我们见识到早期农民如何运用对本地植物的丰富知识为自己谋福。他们对当地植物的认识，现代植物学家中没有多少人能比得上，因此，他们不可能放过有用的物种，错失驯化良机。

* * *

我们现在可以讨论新几内亚和美国东部的问题了，与肥沃新月地带相比，这两个地区显然难以自行发展食物生产体系，但在产量高的作物从外地传入后，当地农民有何反应？若说有文化等因素阻碍他们接受这些作物，我们则难以释疑。至于当地的野生植物群为何无法发展成有价值的作物，依照我们目前的理解，还是很难归咎于文化因素。这两个例子说明了历史上的一个重大事实：世界各地的原生作物产量相当不同。

新几内亚这个仅次于格陵兰岛的世界第二大岛，位于澳大利亚以北，赤道附近。虽然只是个岛屿，无法和大陆上的热带地区相比，但由于其气候条件加上千变万化的地理环境，新几内亚动植物的种类都很可观，新几内亚岛上有人类居住已超过4万年，比美洲长得多，比起解剖学意义上的现代人在西欧居住的时间也略长一些，因此，新几内亚人有足够的机会去深入了解当地的动植物，他们可曾受到启发而去发展农业？

先前提到，农业的实行涉及食物生产和狩猎-采集这两种生活形态的竞争。在新几内亚，狩猎-采集的回报并不是太多，发展食物生产还是有驱动力的，特别是新几内亚的现代猎人为猎物的短缺所苦：最大的本土陆地动物也不过是100磅重、不会飞的鸟［食火鸡（cassowary）］和50磅重的袋鼠。新几内亚海岸低地有丰富的鱼和贝类，直到今天，内陆低地还有一些靠野生的西谷椰子糊口的狩猎-采集族群。但新几内亚高地就没有狩猎-采集族群，所有现代的高地人都是农民，野生食物只是点心，而不是主要食物来源。这些高地人到森林里狩猎时，还随身携带自家菜园里种的蔬菜以充饥。尽管他们熟知当地的野生动植物，但万一野生食物断供，还是有可能活活饿死。狩猎-采集的生活在现代新几内亚的许多地区根本不可行，难怪所有的高地人和大部分低地人已成定居于一地的农民，发展出复杂的食物生产系统。传统的新几内亚农民已把广袤的森林变成农地，加了围篱、排水系统，精密耕作，以养活更稠密的人口。

考古学证据显示，新几内亚的农业起源很早，约当公元前7000年。那时，围绕着新几内亚的陆块都是狩猎–采集族群的天下，因此新几内亚的古代农业必然是自行发展出来的。虽然古代农田没有留下作物遗存这样的铁证，但有几种在欧洲殖民时期耕种的作物想必古代就有，我们现在知道，这些都是从新几内亚本地的野生始祖驯化而来的作物。当地驯化作物中最重要的就是甘蔗，也是现代世界最主要的作物，年产量是名列第二（小麦）和第三（玉米）的作物的总和。其他毫无疑问原产于新几内亚的作物有一种叫作南方蕉（*Australimusa*）的香蕉、坚果树爪哇杏仁（*Canarium indicum*）、沼泽芋以及各种可食用的根茎作物和绿色蔬菜。面包树、山药和普通芋头或许也是在新几内亚被驯化的，我们只能说"或许"，因其野生始祖不独出现在新几内亚，而是从新几内亚到东南亚都有。目前，我们无法证实这些作物是如传统之见在东南亚被驯化，还是新几内亚也独立驯化，甚至就是由新几内亚一地的人驯化的。

然而，新几内亚的生物区系有三大严重限制。第一，新几内亚没有驯化出谷物，而肥沃新月地带、萨赫勒和中国都驯化出了重要的谷物。因此，新几内亚特别依赖块根作物和木本作物；其他潮湿的热带地区（亚马孙、西非热带地区和东南亚）也有类似的现象，但那些地区的农民还是努力栽培出两种谷物（亚洲米和种子很大的薏米），新几内亚则不然，对块根作物和木本作物依赖到了极点，没能驯化出谷物。原因何在？前述全世界排行前56名种子最大的野草，没有一种生长在新几内亚——这真是个刺眼的缺点。

第二，新几内亚的动物区系中没有可驯化的大型哺乳动物。现代新几内亚驯养的动物只有猪、鸡和狗，都是在近几千年内经印度尼西亚由东南亚传来的。结果，虽然新几内亚低地人仍可从河里捕鱼，摄取蛋白质，但是无肉可食的高地农民长期仰赖芋头和甘薯，因而存在严重缺乏蛋白质的问题。例如，芋头的蛋白质含量不到1%，比白米还低，更远低于肥沃新月地带的小麦（8%~14%）和豆类（20%~25%）。

新几内亚高地的儿童肚皮无不鼓胀，这就是吃得多再加上蛋白质缺乏的后果。新几内亚的老老少少，都经常以老鼠、蜘蛛、青蛙等其他地区的人不屑一顾的小动物果腹，这正是因为他们没有大型的家畜或野生猎物可作为食物。动物性蛋白质的短缺，或许是新几内亚高地传统社会吃人肉习俗的终极因。

最后，以前新几内亚的块根作物不但蛋白质含量少，卡路里含量也不高，主要是因为在高地长不好。然而今天很多新几内亚人仍住在那儿。几个世纪前，原产于南美洲的甘薯由西班牙人引进新几内亚，或许是经由菲律宾吧。和芋头及其他也许历史更久远的新几内亚块根作物相比，甘薯更适应高地环境，长得快，而且以每公亩的产量和每小时投注的劳力而言，投资回报率也来得高。引进甘薯的结果是高地人口激增。也就是说，虽然在甘薯引进之前的几千年里新几内亚高地都有农业，但作物少，供养的人口还是有限。

简言之，新几内亚和肥沃新月地带的对比很能说明问题。新几内亚的狩猎-采集族群也和肥沃新月地带的一样，独立发展出农业。然而，由于当地缺乏可驯化的谷物、豆类和动物，高地又有蛋白质缺乏的问题，加上本地的块根作物难以在高海拔地区生长，食物生产的行当发展不起来。然而，新几内亚人对野生动植物的认识并不比今日地球上任一族群逊色，他们也能认出有价值的野生植物加以驯化，为己所用。甘薯后来遍布新几内亚高地就是很好的例子。今天新几内亚的情况说明了同样的道理，能优先获得引进的新作物和家畜（或者在文化上乐意接受新作物和家畜）的族群就可扩张版图，没有门路或意愿接受的族群自然遭到淘汰。总之，巧妇难为无米之炊。新几内亚的食物生产业无法宏图大展，和当地族群无关，问题出在当地的生物区系和环境上。

* * *

美国东部是另一个本土农业受到当地植物区系限制的例子。美国东部和新几内亚一样，人们可独立驯化当地的野生植物。但美国东部的发展比新几内亚明朗多了：早期农民栽种的作物已辨识出来，年代和作物的驯化顺序都已确认。在其他地区的作物引进以前，在美国东部河谷定居的美洲土著已利用当地作物发展出精密的粮食生产业。因此，他们已经知道如何运用得天独厚的野生植物。然而，他们到底栽种了哪几种？由此产生的作物包可以和肥沃新月地带的始祖作物包相提并论吗？

公元前 2500—前 1500 年，美国东部驯化了四种植物。就时间上来说，比肥沃新月地带小麦和大麦的驯化足足晚了 6 000 年。有一种是当地的南瓜，除可作为小型容器，种子也可食用，其他三种都是取其种子：向日葵、雏菊的近亲假苍耳（sumpweed）和菠菜的远亲藜菜（goosefoot）。

只有四样种子作物、一样容器，这个作物包实在太寒酸了。有 2 000 年之久，这些始祖作物对美国东部土著来说，只是点心，主要食物来源还是野生食物，特别是野生的哺乳动物、水鸟、鱼虾和坚果。农作物成为饮食重心，则是在其他三样种子作物［蓼草（knotweed）、五月草（maygrass）和小粒大麦（little barley）］出现之后，约是公元前 500—前 200 年的事。

这七种作物加起来还是可以得到现代营养学家的赞赏。每一种皆富含蛋白质（17% ~ 32%），强过小麦（8% ~ 14%）和玉米（9%），比起大麦和白米就更不用说了。其中向日葵和假苍耳这两种含油量高（45% ~ 47%）。特别是假苍耳，32% 的蛋白质加上 45% 的油，该是营养学家梦寐以求的组合吧。那么我们今天为什么不吃这些"梦幻食物"呢？

尽管如此有营养，美国东部作物还是有致命的缺陷。首先，藜菜、蓼草、小粒大麦和五月草的种子很小，大约只有小麦或大麦种子的十分之一。更让人不敢恭维的是，假苍耳是靠风媒传粉的豚草的近亲，而豚草就是花粉热的罪魁祸首。假苍耳就像豚草，若是丛生，也会引起花粉热。如果这么说还是不会让你打退堂鼓，仍一心想种植假苍耳的话，就挑战看看那令人退避三舍的气味吧。此外，这种植物还碰不得，一接触就会刺激皮肤。

墨西哥作物终于循着贸易路线来到美国东部时是公元元年之后的事情了。玉米是在公元200年左右引进的，但在多个世纪里都不怎么起眼，直到公元900年左右出现了能适应北美短暂夏天的新品种，玉米才升格为主角。公元1100年左右，豆类来到，墨西哥的三大作物——玉米、豆类、南瓜才算到齐。从此以后，美国东部的农业精密多了，密西西比河流域皆是人口稠密的酋邦。在某些地区，当地驯化的作物仍可不受墨西哥作物的影响，但也有难以抵挡而全部被取代的例子。1492年欧洲人开始殖民新大陆的时候，假苍耳这种作物就已经消失，没有一个欧洲人在印第安人园圃里见过假苍耳。美国东部的原生作物只有两种（向日葵和南瓜）可与其他地方驯化的作物匹敌，至今仍屹立不倒。现代的南瓜都是从好几千年前被驯化的南瓜繁衍而来的。

因此，美国东部这个实例像新几内亚一样值得玩味。乍看起来，这个地区很适合发展本土农业：土壤肥沃，降雨规律且恰到好处，气候利于农作；该地的植物区系物种繁多，包括高产的野生坚果树（橡树和山核桃树）；当地的美洲土著也以他们在那儿驯化的物种进行粮食生产，开始在村落落脚过着自给自足的生活，甚至在公元前200—公元400年发展出灿烂的文化，比如在今日俄亥俄州的霍普威尔文化（Hopewell culture）。在几千年的时间里，这里的族群都能把最有用的野生植物栽培成潜力十足的作物。

然而，霍普威尔文化的全盛期比肥沃新月地带出现村落生活迟了近 9 000 年。直到公元 900 年之后，墨西哥三大作物才促成了较大规模的人口爆发，形成所谓的密西西比文化，墨西哥北方的美洲土著因而打造出宏大的城镇和复杂的社会。这样的荣景显然来得太晚，难以抵御势如破竹的欧洲白人。单靠当地的作物，美国东部实在难以创造什么文化业绩，原因很简单：没有能和小麦和大麦相比的谷物，没有豆类，没有纤维作物，没有水果，也没有坚果树。家畜则只有狗，或许这种动物还是在美洲以外的地区驯养出来的。

显然，美洲土著对当地有潜力的主要作物并未视而不见。即使是拥有现代科技的 20 世纪育种专家，对北美的野生植物也几乎束手无策。的确，北美已驯化了山核桃和蓝莓，也使源于欧亚的水果和北美的野生远亲杂交以培育更好的品种，如苹果、李子、葡萄、黑莓和草莓。然而，单单这几项成绩影响有限，墨西哥作物在公元 900 年后传入北美后，才大幅改变当地土著的饮食习惯。

对美国东部驯化物非常在行的美洲土著，一见墨西哥三大作物就甘拜下风，大加种植，至于原来的驯化物，不是放弃，就是聊备一格。这结果显示，美洲土著并没有受到文化的制约，对外来的优良作物也抱持开放的态度。因此，和新几内亚一样，美国东部本土粮食生产的局限不是当地土著的错，完全是生物区系和环境造成的。

* * *

以上三个对照地区皆有食物生产业的发生，然成绩互见高下：肥沃新月地带登峰造极，新几内亚和美国东部则乏善可陈。肥沃新月地带野生动植物的驯养可谓轻而易举，不但驯化了许多物种，其中品种多产而优良者比比皆是，而且种类繁多。结果得以发展出精密的粮食生产业，促使人口更加稠密，进而迈入有先进技术和复杂政治组织的现代世界，同时携带可以消灭其他族群的传染病。

肥沃新月地带、新几内亚和美国东部的差异可远溯自当地可供驯养的野生动植物，而无关乎当地族群。我们可以看到，若从外地传入更有价值的作物（如甘薯传入新几内亚，墨西哥三大作物引进美国东部），当地族群就会立刻抓住机会，广为栽培，进行更密集的农作，人口随之激增。引申开来，我认为那些本土从未发展出食物生产业的地区，如加利福尼亚、澳大利亚、阿根廷潘帕斯草原和西欧等地，适合驯化的动植物要比新几内亚和美国东部更少。新几内亚和美国东部至少发展了一点粮食生产业。本章提到布卢姆勒对全世界野草种子的研究，下一章即将讨论全世界的大型哺乳动物，两种调查都表明，在食物生产业没有出现或发展有限的地区，可供驯养的家畜和谷物野生始祖也少得可怜。

由于食物生产业的兴起涉及食物生产和狩猎-采集生活形态的竞争，我们不免会想，一些地区的食物生产业发展迟缓或等于零，会不会是因为自然资源异常丰富，靠狩猎-采集即可过活，而不是因为可驯化的物种少？事实上，在大部分食物生产迟缓或是根本没有的地区，狩猎-采集的资源格外贫乏。以澳大利亚和美洲为例（欧亚大陆和非洲则不同），到了冰期结束，大型哺乳动物已告灭绝。对狩猎-采集族群来说，如有食物生产的机会，自是求之不得。在肥沃新月地带，食物生产业面临的竞争反倒更激烈些。因此，一地未能发展出或仅发展出有限的食物生产业，并不能归因于可得的猎物太多。

＊　＊　＊

为避免上述结论遭到误解，最后我们要注意不可夸大以下两点：一是人们对更优良的作物和家畜的接受程度，二是本土野生动植物的限制。这两点都不是绝对的。

先前讨论了一地族群接受外来作物的情况。大致的结论是，人们可以辨识出植物的价值，若当地有更优秀、更适合驯化的植物，他们也不会放过，不会因文化制约或禁忌而裹足不前。不过，这句话必须加上重要的限定语：这种转变不是一蹴而就的，而是经历"漫长的时光"，发生的地点更是"广大的地域"。对人类社会有所认识的人，马上可以列出一堆食古不化，排斥外来作物、家畜和发明的社会。

有人认为，每个社会对好东西都毫无条件全盘接受，我自然不能为这种明显的谬误背书。事实上，这个地表的各大洲上有成百上千互相竞争的社会，有些比较开放，很能接受新事物，有些则趋向保守。接受新的作物、家畜和技术的，就能日益精进，领袖群伦，人口数目远远超过那些不愿接受新事物的族群，接着便向后者大举入侵，甚至将之连根拔起。这种现象可以说非同小可，意义远远超过作物采借这回事，对此我们将在第13章继续讨论。

　　还有一点需要注意，那就是一地野生物种对食物生产业兴起的限制。有些地区今天没有本土农业，并不代表任何时候都不会有食物生产的生计。欧洲白人看到澳大利亚土著有如石器时代的活标本，仍过着狩猎-采集的生活，因而往往假定那些土著将永远如此。

　　若想理解这种谬误，想象一下，如果公元前3000年有位外星访客到访，由于在公元前2500年左右美国东部才有食物生产，这个早到了500年的外星人看到的自是空无一物的美国东部。他若因此下结论说，由于野生动植物的限制，美国东部将永远无法宏图大展，往后1 000年的事件就会证明他是错的。即使是在公元前9500年而非公元前8500年到肥沃新月地带一游的访客，也可能会误以为那儿是不毛之地，永不利食物生产。

　　我并不同意这种论点：加利福尼亚、澳大利亚和西欧等没有在本土发展出食物生产业的地区，没有可供驯化的本地物种，若没有引进外来的驯化物，这些地区的族群将一直过着狩猎-采集的生活。相反，我注意到：各个地区可供驯化的物种差异很大，这种差异反映在当地食物生产兴起的时间上，而今日世界还有一些肥沃地区没有发展出食物生产。

　　一般观念中最为"落后"的大陆（澳大利亚）就是个再好不过的实例。澳大利亚东南部气候湿润，应该是整个大陆上最适合发展食物生产的地区，以当地土著社群在近几千年的发展轨迹而论，我们推断那里应该会出现本土的食物生产业。那时他们已有冬天居住的村落，并且开始以渔栅、渔网和长长的水渠致力于渔业生产。假使欧洲人没有在 1788 年殖民澳大利亚而中断了那条轨迹，澳大利亚土著在这几千年内必然会改行务农，除了有鱼类养殖，还会驯化小种子的野草。

我们现在可以回答本章名提出的问题了：北美印第安人没能驯化苹果，是苹果的问题，还是印第安人的问题？

我的意思并不是苹果不可能在北美被驯化。苹果树可以说是史上最难驯化的果树之一，由于需要以复杂的嫁接法来进行繁殖，在欧亚大陆也是最后才被驯化的主要作物之一。即使是在肥沃新月地带和欧洲也得等到希腊古典时代才有大规模栽种苹果树的证据，而此时距离欧亚大陆食物生产业的滥觞已有 8 000 年。如果美洲土著发明或取得嫁接技术的节奏差不多，那么他们终有一天也能驯化苹果——推算约在公元 5500 年，也就是北美开始有驯化物（公元前 2500 年）的 8 000 年后。

欧洲白人到达美洲时，发现当地土著还没办法驯化苹果。问题不在美洲土著，也不在苹果。以苹果驯化的生物条件而论，北美的印第安农民和欧亚大陆的农民面临的没有什么不同，北美的野生苹果也和欧亚大陆的野生苹果大同小异。其实，今天各位从超市买回家，大口啃咬得不亦乐乎的苹果品种，都是欧亚苹果和北美的野生苹果杂交的结果。所以，北美土著不能驯化苹果，问题在于北美整个野生动植物的组合。这个组合的发展潜力有限，也是北美食物生产起步晚的主因。

第 9 章

斑马、不幸福的婚姻与
安娜·卡列尼娜原则

能驯化的动物都是相似的，驯化不成的动物各有各的原因。

如果你觉得这句话很眼熟，没错，只要改几个字眼就是《安娜·卡列尼娜》著名的开场白："幸福的家庭都是相似的，不幸的家庭各有各的不幸。"这部小说是列夫·托尔斯泰的巨作，托尔斯泰的意思是，婚姻要幸福必须具备许多要素：两性的吸引，在金钱、教养儿女方式、宗教、姻亲等重要问题上的共识。只要有一个遗憾，婚姻就可能触礁。

这个原则不仅适用于婚姻，也可延伸到人生的其他方面。对于成功，我们总想找一个只涉及单一因素的简单原则。然而，对大部分事物来说，要获得成功，实际上必须避免失败，只是可能造成失败的因素有许多，而且彼此互不相关。安娜·卡列尼娜原则也可解释人类驯化动物史的一个特征，我们都知道驯化动物对人类历史产生了重大的影响。许多看来适于驯化的野生动物从未成为家畜，如斑马和西貒（peccary），而人类历史上几乎所有牲口都原产于欧亚大陆。前两章我们讨论为何有多种野生植物看来适合驯化却从未被驯化，本章我们将探讨类似的动物驯化问题：上一章的苹果和印第安人可以换成斑马和非洲人。

＊　＊　＊

第4章谈到大型哺乳动物对人类社群有深远的影响。特别值得一提的是，这些动物劳苦功高——供给人类肉品、乳品、毛皮、肥料，平时拉车，战时载人冲锋陷阵，也帮忙把病菌传播给没有抵抗力的族群。

当然，家养的小型哺乳动物、鸟类和昆虫也是人类的朋友。鸟类被驯化成家禽后，可供给我们肉品、蛋和羽毛，如中国的鸡，欧亚某些地区的鸭、鹅，中美洲的火鸡，非洲的珠鸡（guinea fowl）和南美洲的疣鼻栖鸭（Muscovy duck）等。欧亚大陆和北美也把狼驯养成狗，用于打猎、放哨，也当宠物，有些社群还用以果腹。啮齿目动物和其他的小动物，驯养后也可成为桌上佳肴，如欧洲的兔子、安第斯山脉的豚鼠、西非的大老鼠和加勒比海岛屿上一种可能是啮齿目动物的乌提亚硬毛鼠等。在欧洲被驯化的雪貂可以猎兔，在北非和西南亚被驯化的家猫会捕鼠。在近两个世纪内被驯化的小型哺乳动物有狐狸、貂、可贡献毛皮的绒鼠和作为宠物的仓鼠。有些昆虫也可被驯化，举其要者如欧亚大陆的蜜蜂（取其蜂蜜）和中国的蚕（用其蚕丝）。

这些小动物不但可成盘中餐，还可做身上衣。但是，除了会拉雪橇的狗外，没有一种小动物可帮我们拖犁拉车，甚至成为战时的交通工具。就肉品来源而言，它们也比不上任何一种大型家畜。因此，本章之后的重点将放在大型哺乳动物上。

* * *

我们认为家畜很重要，令人惊讶的是，只有少数几种大型陆栖食草动物当上了家畜。（被驯化的只有陆栖动物，原因很简单，在现代的海洋世界之类的设施发展起来之前，海洋动物是很难被人养起来的。）要是我们所谓的"大型"是"100磅以上"，那么在20世纪之前只有14种大型哺乳动物合乎标准（见表9.1）。在这14种中，有9种（表9.1中次要的9种）只分布在非常有限的地区：单峰驼、双峰驼、源于同一祖先的骆马和羊驼、驴、驯鹿、水牛、牦牛、爪哇野牛和白肢野牛（gaur）。只有5种是遍布全世界的重要家畜，即牛、绵羊、山羊、猪和马。

表9.1　历史悠久的14种大型食草哺乳动物

主要的5种
1. 绵羊。野生始祖：西亚和中亚的亚洲摩弗伦羊（mouflon sheep）。现遍布全世界。
2. 山羊。野生始祖：西亚野山羊（bezoar goat）。现遍布全世界。
3. 牛。野生始祖：今已灭绝的原牛（aurochs）。以前分布于欧亚和北非，现遍布全世界。
4. 猪。野生始祖：分布于欧亚大陆和北非的野猪。现遍布全世界。猪其实是杂食性动物（肉和植物都吃），而其他13种哺乳动物完全是食草的。
5. 马。野生始祖：俄罗斯南部的野马。现已灭绝，但有一个亚种繁衍至今，即蒙古的普氏野马（Przewalski horse）。现遍布全世界。

（续表）

次要的9种
6. 单峰驼（阿拉伯骆驼）。野生始祖：原活跃于阿拉伯一带，现已绝种。现今的阿拉伯骆驼分布不出阿拉伯和北非，澳大利亚的单峰驼仍为野生。
7. 双峰驼。野生始祖：原生活于中亚，现已灭绝。今天的双峰驼分布范围仍限于中亚。
8. 骆马和羊驼。由同一祖先演化而来的不同品种。野生始祖：安第斯山脉的野生羊驼（guanaco）。大都在安第斯山脉，北美一些地区将其作为驮畜饲养。
9. 驴。野生始祖：北非的非洲野驴，以前或许在与西南亚交接之处。原为北非和欧亚大陆西部的家畜，最近在其他地区也有发现。
10. 驯鹿。野生始祖：欧亚大陆北部的驯鹿。原只是该地区的家畜，今天在阿拉斯加也有分布。
11. 水牛。野生始祖：生活在东南亚。今天主要是东南亚的家畜，但巴西也有许多，还有一些逃到澳大利亚等地成为野牛。
12. 牦牛。野生始祖：喜马拉雅山脉和青藏高原的野牦牛。至今不出该地区。
13. 爪哇野牛。野生始祖：东南亚的爪哇野牛（原牛的亲戚）。至今不出东南亚。
14. 大额牛（mithan）。野生始祖：印度和缅甸的白肢野牛（亦为原牛的亲戚）。今天的分布范围仍限于该地。

　　一眼望去，这张清单似乎遗漏了几个重要角色。非洲象呢？它们不是在迦太基将领汉尼拔的统率下越过了阿尔卑斯山吗？今天在东南亚辛勤工作的亚洲象呢？我并没有忘记这些劳苦功高的朋友。这关乎一个重要区分：大象可以被驯服，但无法被驯化。汉尼拔的非洲象和亚洲的工作象只是被驯服的野象，它们无法在人工环境中繁殖。根据定义，"家畜"是在人工环境中有选择地被驯养的动物，它们的进食、繁殖都由人类控制，以使其不同于野生始祖，能够为人类所用。

　　换言之，驯化就是把野生物种转变为对人类有用的物种。与它们的野生始祖相比，完全驯化了的物种有好几个方面的不同。这些不同是通过两种方法制造出来的：第一，人类只选有用的个体出来繁殖，并不是所有的个体都有繁殖机会；第二，物种对人择压力做出了演化反应，也就是朝着人类期盼的方向演化。如第7章所述，这些情况也适用于植物驯化。

　　因为人择的方向与野地的天择不同，所以牲畜和其野生始祖之间有些差异，比如体型大小。牛、猪和绵羊驯养之后都变小，豚鼠则变大。人类选择绵羊和羊驼的标准是它们身上的毛，毛越多越好，牛则以乳汁多的为上选，有些家畜在被驯养后大脑变小了，感觉器官也不再那么灵敏，因为再也不必担心掠食者的突袭。

　　要了解这些改变，可以比较狗的野生始祖——狼和许多狗的品种。有些狗比狼魁梧（大丹狗），有的则娇小得多（哈巴狗），有的身躯修长、四肢矫健、善于追逐（灵缇犬），有的腿短而迟钝（腊肠犬）。狗毛的形态和颜色无奇不有，有些狗甚至光溜溜的。波利尼西亚人和阿兹特克人爱吃狗肉，所以特别养殖肉质肥美的品种。一看腊肠犬和狼，若不知其关联，实在难以相信狼是狗的祖先。

＊　＊　＊

　　这14种动物的野生始祖在地球上的分布极不均匀：南美洲只有一种，亦即骆马和羊驼的祖先；北美洲、澳大利亚和撒哈拉以南非洲什么也没有。撒哈拉以南非洲没有产生过什么家畜，是最令人惊讶的事实，因为非洲主要的观光卖点，就是那里丰富多样的野生动物。相形之下，欧亚大陆可谓得天独厚，其他13种这里都有。（本书所谓的"欧亚"在好几个案例中，都包括北非。就生物地理学和许多文化角度来说，北非和欧亚大陆的关联较近，与撒哈拉以南非洲反倒较为疏远。）

当然，这13种哺乳动物并非同时出现在欧亚大陆。没有哪个地区是13种动物都有的，有的野生物种分布范围非常有限，比如牦牛只分布在青藏高原一带。不过，欧亚大陆的许多地区是同时分布着多种野生始祖的，例如西南亚就有7种。

野生始祖的分布不均就是欧亚大陆的族群得以拥有枪炮、病菌和钢铁的重要原因。然而，就野生始祖集中于欧亚大陆这个现象，我们该如何解释？

最显而易见的原因是，欧亚大陆上野生哺乳动物最多，无论这些是否都是家畜的祖先。在这儿且把"候选动物"定义为平均重量超过100磅的草食性或杂食性陆生哺乳动物（不以肉食为主）。从表9.2可看出欧亚大陆的候选动物最多，有72种，不愧是拥有最多动植物群的地区。因为欧亚大陆是世界上最大的陆块，生态环境十分多样，包括广袤的热带雨林、温带森林、沙漠、沼泽和同样辽阔的冻原。撒哈拉以南非洲的候选动物少了些，只有51种，此地的动植物群也较少，原因就在于面积较小，生态环境不若欧亚大陆多样。非洲的热带雨林面积比东南亚要小得多，纬度超过37度则无温带生境。正如第1章讨论的，美洲的候选动物数目原本可和非洲一较高低，但美洲的大型哺乳动物（包括

马匹、大多数的骆驼和其他若不灭绝当可驯养的动物）约在 1.3
万年前灭绝了。至于澳大利亚这个面积最小也最孤立的大陆，大
型的野生哺乳动物本来就不多，远逊于欧亚大陆、非洲和美洲。
澳大利亚和美洲一样，所有的大型哺乳动物皆在人类开始殖民时
宣告灭绝，唯一残存的是红袋鼠。

表 9.2　各大洲驯化动物的成绩单

	欧亚大陆	撒哈拉以南非洲	美洲	澳大利亚
候选动物数	72	51	24	1
驯化动物数	13	0	1	0
驯化成功比例	18%	0%	4%	0%

注：这里的"候选动物"是指平均体重 100 磅以上的食草性及杂食性陆生
哺乳动物。

因此，我们可以尝试解答这个问题：为何大型家畜多集中在
欧亚大陆？部分原因就是这块大陆拥有最多的候选动物，先天上
最占优势，近 4 万年来也没有动物灭绝的惨事。但我们必须注意，
表 9.2 中的数字并非可以解释一切。以候选动物驯养成功的比例
而言，欧亚大陆的确位居首位（18%），撒哈拉以南非洲则低得
出奇（51 种候选动物中没有一种成为家畜）。特别令人吃惊的是
非洲和美洲有许多物种从未驯养成功，而它们在欧亚的近亲就没
有这种问题。为什么欧亚的马儿可以被驯养，非洲的斑马偏偏不
行？为什么欧亚的猪可以变成家畜，美洲的西貒和三种非洲野猪
就不成？为什么欧亚的五种野牛（原牛、水牛、牦牛、白肢野牛

和爪哇野牛）可以做人类的朋友，非洲水牛和美洲野牛却桀骜难驯？为何亚洲摩弗伦羊（绵羊的祖先）可驯，北美的大角羊只能任其野生？

＊　＊　＊

非洲、美洲、澳大利亚这些彼此差异很大的族群，难道有什么同样的文化因素影响了他们在驯化动物方面的表现，而欧亚大陆的族群就没有这种障碍？例如，是不是非洲的大型野生哺乳动物多到让当地的狩猎-采集族群猎杀不完，因此不愿费事去驯养？

我可以斩钉截铁地告诉各位：绝非如此！有五类证据可以反驳：第一，非欧亚族群很快就接受了在欧亚大陆被驯化的动物；第二，豢养宠物是人类的天性；第三，历史久远的 14 种家畜驯化起来都很快；第四，其中一些家畜在不同的地方被驯化过多次；第五，现代进一步驯化动物的尝试只取得了有限的成功。

首先，欧亚大陆的五大家畜来到撒哈拉以南非洲地区时，都大受欢迎。非洲各族群间尽管有相当大的差异，但对这些外来家畜接受度都很高。比起狩猎-采集族群，养起了家畜的族群获得了相当大的优势，不久即取代了前者。班图族的农民更是其中的佼佼者，他们驯养了牛羊后，即从西非老家向外扩张，短时间内占领了撒哈拉以南非洲大部分原属狩猎-采集族群的地盘。虽然没有获得作物，但驯养了牛羊的科伊桑人在约 2 000 年前取代了非洲南部大片地区的狩猎-采集族群科伊桑人。驯养的马来到西非后，也改变了当地的战争形态，出现了有骑兵捍卫的王国。而马匹不能传播到西非之外的原因则是舌蝇引起的锥虫病。

同样的事件在各地不断重演。在没有可供驯化的本土野生哺乳动物的地区，有机会获得欧亚的家畜的族群，无不令人刮目相看。不管是南美洲还是北美洲的土著，都热爱从欧洲人定居地逃脱出来的马匹。19世纪，北美大平原上的印第安人已因精于骑术而闻名，他们也是捕猎野牛的高手，但不要忘了，他们一直到17世纪才有自己的马匹；纳瓦霍印第安人（Navajo Indian）从西班牙人那儿引进绵羊后，编织出美丽的羊毛毯。此前从未见过狗的塔斯马尼亚人从欧洲人那儿得到几只后，即加以大量繁殖，狗成了他们狩猎的好帮手。可见，澳大利亚、美洲和非洲的土著族群有数千种，文化各异，并没有什么普遍的文化禁忌阻碍他们驯养动物。

当然，澳大利亚、美洲和非洲的族群不会浪费资源，如果当地有可供驯化的大型野生哺乳动物，他们必定会好好训练其成为自己的左右手，进而获得优势，正如他们见识到欧亚家畜的长处后，就迫不及待纳为己有。想想那些在撒哈拉以南非洲地区与斑马和水牛为伍的族群吧。难道没有一个非洲人想到去驯化这些动物，使之成为宰制他族的利器？为什么非得等到欧亚的牛马进来？种种事实告诉我们，欧亚以外的地区缺乏大型的本土家养哺乳动物，关键在于当地本来就没有可供驯化的野生哺乳动物，而不是族群的问题。

* * *

第二类证据来自宠物。驯服野生动物，把它们当作宠物，是驯化动物的第一步。各大洲的传统人类社群都有养宠物的记录。因此，宠物的数目要比家畜更可观，有些宠物甚至匪夷所思。

例如，在我工作的新几内亚村落就有人养袋鼠、负鼠，以及鹤、鹦等禽鸟。捕来的动物大部分最后被吃了，但其中一些成了宠物。新几内亚人甚至经常捕捉食火鸡（一种似鸵鸟、不会飞翔的大型鸟类）的幼鸟，养大后烹煮成大餐——不过，食火鸡成年后极其凶猛，倒霉的村民遇上了，恐怕难逃被开膛剖肚的厄运。有些亚洲族群养老鹰作为狩猎伙伴。像这种勇猛的宠物也有反咬主人造成伤亡的例子。古埃及人、亚述人和现代的印度人也养猎豹作为打猎之用。从古埃及人的壁画也可看出，他们还养了一些有蹄的哺乳动物（这已不足为奇），如瞪羚、麋羚，还养了鹤等鸟类，令人惊奇的是长颈鹿（可能很危险），甚至还有养鬣狗的。尽管非洲象不好惹，但罗马时代已有人将之驯服，现在还有人在驯养亚洲象。或许最令人难以想象的宠物是欧洲棕熊（和美洲灰熊同种），日本的阿伊努人常把小熊抓来，养大后作为祭品。

人和动物建立关系，最终驯化动物，由前文可见，许多野生动物都进入了这种关系的第一阶段，但只有其中一些野生动物成了家畜。100多年前，英国科学家弗兰西斯·高尔顿（Francis Galton）一语道破这种分别："每一种野生动物都有可能变成家畜，然被驯化的寥寥无几。大都就差那么一点，最后还是失败了，注定永远是野生动物。"

* * *

高尔顿的意思是，早期的牧民没多久就驯化了所有适合驯化的大型哺乳动物，驯化年代可作为该观点的第三类证据。一部分物种的驯化年代有考古学证据支持，所有这些物种的驯化时间都在约公元前 8000 年至公元前 2500 年之间，也就是农牧社群开始定居生活的几千年内，也是在上一个冰期结束后。如表 9.3 的摘要，大型哺乳动物的驯化始自绵羊、山羊和猪，最后是骆驼。从公元前 2500 年起，成绩单上几乎一片空白。

表 9.3　基于最早的可信证据，各类大型哺乳动物的大致驯化年代

物种	驯化年代	驯化地点
狗	公元前 10000 年	西南亚、中国、北美
绵羊	公元前 8000 年	西南亚
山羊	公元前 8000 年	西南亚
猪	公元前 8000 年	中国、西南亚
牛	公元前 6000 年	西南亚、印度、（？）北非
马	公元前 4000 年	乌克兰
驴	公元前 4000 年	埃及
水牛	公元前 4000 年	中国？
羊驼 / 骆马	公元前 3500 年	安第斯山脉
双峰驼	公元前 2500 年	中亚
单峰驼	公元前 2500 年	阿拉伯半岛

注：目前关于驯鹿、牦牛、白肢野牛、爪哇野牛这四种大型动物的驯化年代的证据较少。这张表也仅列出到目前为止较确定的驯化年代；实际上，这些动物也有可能在更早的时候就在别的地区得到了驯化。

没错，在公元前 2500 年之后，人类还驯化了些小型哺乳动物。例如，人们直到中世纪才驯化兔子当成肉品来源，迟至20世纪老鼠才成为实验室的新宠，而仓鼠变成宠物更是20世纪30年代的事。说实在的，可供驯化的小动物成千上万，后来被人驯化不足为奇，远古的人类对此不感兴趣，因为觉得这些动物没什么用，驯化它们是白费工夫。而4 500年前，大型哺乳动物的驯化已基本完成。在那之前，世界上那148种有可能被驯化的大型动物想必已有无数人尝试过驯化了，最后驯化成功的只有那些，古人已尽全力，没有漏网之鱼。

* * *

第四类证据是，某些哺乳动物似乎特别容易被驯化，因此同一物种在不同地方被驯化过多次。对线粒体DNA的研究使长久以来的迷雾得以散去，证实背部有隆起的瘤牛和背部没有隆起的欧洲牛源于同一祖先，在数十万年前就已分化。也就是说，印度人、西南亚人和北非人分别驯化了原牛在当地的亚种。

同样，美洲族群独立把狼驯化成狗，欧亚大陆不同地区的族群可能也各自驯化了狼，比如中国和西南亚。现代家猪的驯化地有中国、欧亚大陆西部，也许还有其他地区。我们可以从这些例子看出，适合驯化的野生物种不出这几种，因此不同的人类社群会交出相同的成绩单。

* * *

现代的驯化实验失败更加证明，许多物种无法被驯化不是因为古人才智不足，而是物种本身的问题。现代欧洲人继承了历史最为久远的驯化传统，该传统始于 1 万年前的西南亚。15 世纪以来，欧洲人的足迹遍布全球，也见识到许多前所未见的野生哺乳动物。欧洲殖民者和我看到的宠爱袋鼠、负鼠的新几内亚土著一样，也驯服了许多当地的哺乳动物或将其纳为宠物。欧洲的农牧族群到了其他大洲，在驯化当地物种方面可以说一样尽心尽力。

19—20 世纪，至少有 6 种大型哺乳动物是现代育种专家和遗传学家努力的目标——大角斑羚、驼鹿、麋鹿、麝牛、斑马和美洲野牛。例如，大角斑羚这种非洲最大的羚羊，由于肉质佳、奶量多而成为多个机构的研究对象，如乌克兰的新阿斯卡尼亚动物园，以及英国、肯尼亚、津巴布韦、南非等地的机构；苏格兰阿伯丁的罗威特研究所有个实验农场专门研究驼鹿；俄罗斯的佩契罗-伊里奇国家公园则正在研究麋鹿。但是，这些机构的成果都相当有限。虽然美国超市里偶尔有野牛肉，瑞典人和俄罗斯人也利用麋鹿来拉雪橇，还骑麋鹿、喝鹿奶，但这些经济效益都相当有限，无法得到农场主人的青睐。最值得一提的则是非洲努力驯养的大角斑羚。这种羚羊抵抗力强，又能适应恶劣的气候，比起老是被非洲疾病击溃的欧亚物种要强得多，但直至目前，对这种羚羊的驯化还没有什么成绩。

也就是说，在那 14 种哺乳动物被驯化完成之后，人类已无计可施。4 500 年来，不管是土著牧人还是现代的遗传学家，都没有办法把其他大型哺乳动物变成家畜。就"驯化"定义中控制育种和食物这部分而言，今天的科学家还是游刃有余的。以圣迭戈和洛杉矶的动物园为例，为了保护濒临灭绝的加利福尼亚秃鹰，施行的育种控制要比任何物种的驯化都来得严格。每一只秃鹰都得做基因辨识，由计算机程序决定哪一只公的和哪一只母的交配，以产生最大的基因变异，达成科学家的期望——延续这个即将灭绝的物种。其他有灭绝危险的动物如大猩猩和犀牛等，也受到同样的"礼遇"。但是这样严格的育种方式无法产生具有经济效益的物种。尽管一只犀牛身上的肉重达 3 吨，动物园的努力也不见得会有什么成果。犀牛和其他大型哺乳动物仍是驯化无法跨越的障碍。

＊　＊　＊

总之，全世界有 148 种大型陆栖野生食草哺乳动物曾有希望成为家畜，但只有 14 种通过了考验。为什么其他 134 种都失败了？高尔顿所谓"注定永远是野生动物"的条件为何？

我们可以从安娜·卡列尼娜原则寻求解答。驯化的候选动物必须具备许多特质才能脱颖而出，少了任何一点都有可能功败垂成——正像婚姻。我们姑且权充斑马和人类这对（和其他）"怨偶"的"婚姻"顾问，来探讨驯化失败的问题。我们至少可以找出六点原因。

一是饮食习性。动物摄取植物或其他动物的肉，食物链之间的生物量转化效率很低，通常只有 10%。也就是说，要喂养一头 1 000 磅的牛，需要 1 万磅的玉米；而如果你想养一头 1 000 磅的食肉动物，就得喂它 1 万磅的食草动物的肉，而这 1 万磅的食草动物又需要 10 万磅的玉米来喂养。且不论食草还是食肉，还有像树袋熊这样的动物，天生偏食，农场主人恐怕觉得难以侍候。

效率如此之低，以至几乎没有食肉哺乳动物被驯化当作食物（绝非因为其肉质坚韧、淡而无味。我们不是经常吃食肉的野生鱼吗？我个人也可证明狮肉汉堡的美味）。几乎可以算是例外的是狗。人类驯化狗是用来当站岗和打猎的伙伴的，但是阿兹特克帝国、波利尼西亚和古代中国都培育出"肉狗"的品种。然而，通常是在不得已的情况下，狗肉才会变成主要肉源，例如在缺乏肉源的社群里。阿兹特克帝国没有其他哺乳动物，波利尼西亚和古代中国的家畜只有猪和狗。有大型食草哺乳动物可大快朵颐的，就不会把脑筋动到狗的身上，除非把狗肉当作偶尔为之的"珍馐美味"（如今天的东南亚）。此外，狗并不只吃肉，而是杂食性的动物。若各位天真地以为家里的爱犬是食肉族，只要看一下狗粮包装袋上的成分表，即可恍然大悟。阿兹特克人和波利尼西亚人都用蔬菜和厨余来喂他们的"肉狗"。

二是生长速度。牲畜得长得快，才值得养。因此，大猩猩和大象就出局了，虽然它们都吃素，也不挑嘴，身上的肉又多。原因是：等它们长成要 15 年的光阴，有哪个牧场主人有这个耐心？今天一些亚洲人利用大象做工，他们发现从野地抓来大象驯养比较省钱。

三是人工环境中繁殖的困难。人类不喜欢在众目睽睽之下进行性行为，有些颇有潜力的候选动物也不喜欢。猎豹是陆地上跑得最快的哺乳类动物，几千年来人类驯化猎豹的努力都失败了，就是因为它们与众不同的性心情。

我前面提过，古代的埃及人、亚述人和现代的印度人都非常珍视驯养的猎豹，它们是优秀的狩猎伴侣，比猎犬强太多了。印度曾有一位莫卧儿皇帝尤其痴迷，养了上千头猎豹。尽管王公贵族投注了大量的心血、成本，仍难以使猎豹在畜栏里繁殖，他们所有的猎豹都是从野地抓来养的。一直到 1960 年，生物学家才让我们见到第一头在动物园出生的猎豹。在野地里，一群猎豹兄弟追逐一头雌性，飞奔数日，雌猎豹似乎必须在这样粗野的追求过程中才会排卵、发情。在兽栏中，猎豹拒绝表演这样复杂的追求戏码。

安第斯山脉的野生骆马也有同样的问题。这种野生骆马的毛细柔轻巧，是兽毛中的极品。古印加帝国常把野生骆马赶到畜栏里，剪毛后再放生。现代商人不是采用印加帝国的老方法，就是以杀戮来获得毛皮。由于它们的毛制品代表财富与地位，不知有多少人试着在兽栏中繁殖这种动物，至今还没有人成功。原因是：第一，野生骆马在交配前有一道漫长而繁复的求偶仪式，兽栏情境妨碍了这种仪式；第二，凶猛的雄性竞争，使它们无法处于同一空间；第三，它们的进食地盘和休憩地盘是分开的，而且都是全年性的。

四是性情凶残。哺乳动物的体型只要足够大，几乎都能致人死亡。猪、马、骆驼和牛都杀过人。然而，有些大型动物性情特别乖戾，凶残成性。许多看起来条件良好的野兽，就是因为其性情凶残，人类才放弃了驯化。

　　灰熊就是一个明显的例子。熊肉是昂贵的美食，一头大灰熊可重达1 700磅。它们大抵食素（虽是狩猎高手），而且食谱很广，爱在人类的垃圾堆乱翻（因此让黄石国家公园和冰川国家公园的管理员大伤脑筋），生长也相当快。因此，要是它们能温良一点，不就可以被养成供应我们肉品的"肉熊"了吗？日本北海道的阿伊努人等于为我们做了一场实验，他们有养小灰熊供祭典之用的传统习俗。阿伊努人发现，小灰熊满周岁后就宰杀来吃是明智之举，不然无异于自杀。据我所知，成年的大灰熊从没有被驯服过。

　　非洲水牛是另一个例子，若不是性格乖戾，其实在是可圈可点的家畜候选动物——生长迅速，体重可达1吨，而且合群，群体中有阶层分明的组织（此一特质稍后会再讨论）。但是，非洲水牛是非洲最危险的大型哺乳动物，而且难以预测。只有疯子才会尝试驯养非洲水牛，他们的下场，要么是惨死在这可怕的动物手里，要么是不得不在水牛长得太大或太凶暴之前结束它的性命。同理，河马是重达4吨的食素动物，若不是太危险，岂不等于行走的粮仓？

　　那些家畜候选动物因为恶名昭彰而被淘汰出局，不足为奇。但有些候选动物的恶性恶习罕为人知。例如，野生马科动物（马与它们的亲戚）有8个种，由于遗传上非常接近，彼此可以交配，生出健康（但通常不育）的子代，但是它们的性情有天壤之别，有的温顺，有的极其凶恶。其中两种——马和北非驴（驴的祖先）已成为家畜。亚洲驴是北非驴的近亲，又称为中亚野驴

（onager），由于它的老家就在肥沃新月地带——西方文明和驯化动物的摇篮，对这种中亚野驴，古人必定有丰富的驯养、驯化经验。根据苏美尔人和后人的记载，中亚野驴是人类猎杀、捕捉的对象，他们还将中亚野驴与驴或马杂交。古人描述过一种似马的动物，可骑乘，也可拉车，大概就是指这种野驴。然而，所有人对它的描述，从古罗马人到现代动物园管理人，无不抱怨这种动物性情暴躁，常野性大发、胡乱咬人。因此，中亚野驴虽然在其他方面近似驴的祖先，但从来没有被驯化过。

非洲的四种斑马更糟。驯化它们的努力，已经进展到了让它们拉车的地步：在19世纪南非有人就把它们当役畜；英国也有位奇人沃尔特·罗思柴尔德（Walter Rothschild）乘坐斑马拉的马车，穿梭在伦敦的街道中。然而，这种动物成年后就变得十分危险，制服不了（许多马儿性情乖张，那是事实，但斑马和中亚野驴更恶劣，而且几乎所有的个体都同样顽劣）。斑马咬了人就不肯松口，每年它们在美国的动物园造成的伤害，比老虎造成的还多！斑马也不可能被绳套套住，即使是牛仔竞技场上的冠军，也无法将套索圈在它们头上，它们总是头一偏就躲过飞来绳圈的轨迹。

因此，要把马鞍套在斑马背上骑乘，几乎比登天还难。南非人当年兴致勃勃的搞驯化斑马的实验，落得心灰意冷。现代人驯化麋鹿和大角斑羚的实验，最后宣告失败，就是因为它们无法预期的攻击行为。

五是容易恐慌的性情。大型食草哺乳动物对危险的反应不同。

有些紧张、迅捷，而且风吹草动就能令它们拔足飞奔；有些则反应慢、神经粗，以群集避险，面临威胁时原地不动，若非必要，不会拔足飞奔。大多数的鹿与羚羊属于前者（驯鹿除外），绵羊和山羊则属于后者。

当然，容易恐慌的物种难以被关在兽栏里。一旦关进兽栏，它们很容易惊慌，不是吓死，就是在匆忙奔逃时撞上兽栏重伤而死。瞪羚就是这样。几千年来，肥沃新月地带一些地区的人经常捕猎瞪羚。因此，最先定居在那里的人，第一个尝试驯化的对象应该是瞪羚，但是从来没有一种瞪羚被驯化过。请想象一下那会是什么样的场景：一群奔逃的瞪羚盲目撞向兽栏，它们一跳可达 30 英尺高，奔跑的速度可达每小时 50 英里。

六是社群结构。几乎所有被驯化的大型哺乳动物，其野生始祖都有三种社群特色：群居；群体中有明确的层级统制结构；群体的生活范围有重合，并不占地盘、分彼此。举个例子，一个野马群有一匹公马、五六匹牝马和若干小马。牝马 A 是大老婆，牝马 B、C、D、E 都归它管；牝马 B 虽顺从 A，但 C、D、E 都得听它的，以此类推。这群野马行进的时候，成员在队伍中各有一定的位置：公马在最后方压阵，大老婆是队伍的前锋，之后是大老婆生的小马，这群小马也得长幼有序，最小的排最前面，其他的牝马和它们的小马也照次序排下来。马儿各得其所，成年个体之间因此可以相处，不必长年斗争。

有这种社群结构的动物是理想的驯化对象，因为人类只要掌控了统制结构，就控制了整个社群。被驯化的马群服从人类的领导，正如它们跟随群体中层级最高的牝马。绵羊、山羊、牛和狗的祖先（狼）的群体中都有类似的统制结构。幼崽在这样的群体中成长，对伙伴与大家相处的模式都会铭印在心。在野地里身边只有同类，但在人类豢养的环境中的幼崽也会把人类的角色铭印在心。

这样的群居动物特别适合放牧。因为它们能容忍彼此在身边活动，所以会群聚在一起。它们本能地跟随领袖，也会把人类当成领袖，因此能接受牧民或牧羊犬的指挥。由于在野地里已经习惯大伙儿挤在一起，所以它们可以被圈入栅栏。

相形之下，大多数喜欢独居、有领地意识的动物无法放牧。它们既不容忍同类，也不会将人类当作领袖，而且没有服从高层的本能。有谁见过一群猫（独居、有领地意识的野猫）跟在人类后面，或是被人"放牧"？每一个爱猫人都知道：猫不像狗那样有服从的本能。在有领地意识的哺乳动物中，人类只驯化了猫和雪貂，因为人类并不想把它们成群养大后作为食物，而是为了用它们捕猎或拿它们当宠物。

大多数有领地意识的独居动物不曾被驯化，但如果因此认为大部分群居动物可被驯化，那就错了。大部分不行，原因如下。

第一，许多群居动物的兽群是互相排斥的，地盘并不重叠。把两群这样的动物关在同一个兽栏里，其困难的程度就和把独居动物的两头雄性关在一起一样。

第二，许多群居动物平常大家相安无事，到了交配期间就开始分彼此、占地盘，打得不可开交，谁都不能容忍谁。大多数的鹿和羚羊是这样的（驯鹿又是例外）。因此，尽管非洲著名的羚羊都是群居动物，平常成群结队，壮观得很，但是无法被驯化。一般人对非洲羚羊的第一印象，是"地平线上密密麻麻的羚羊群"。事实上，公羚羊到了交配期间就割地称雄、相互排挤，激烈地竞争生殖权利。因此，羚羊不能被圈养，而绵羊、山羊或牛就可以。犀牛也有争夺地盘的习性，加上性情狂暴、生长缓慢，所以无法被驯化。

第三，许多群居动物，大多数的鹿和羚羊又包括在内，没有分明的层级统制结构，因此没有服从权威的本能（所以它们也无法将人类当成社群中的领袖，铭印在心）。有些鹿和羚羊虽然被驯服了，但还是无法像绵羊一样成群放牧。正因如此，北美洲的大角羊无法被驯化，事实上它和现代绵羊的祖先（亚洲摩弗伦羊）是同一属的物种。大角羊适合我们的需要，在很多方面都与摩弗伦羊相似，但是它有一个毛病，抵消了其他好处：不像摩弗伦羊那样温顺地服从层级统制结构。

* * *

我们再回到本章开头提出的问题。人类驯化动物的成绩，有一个最令人困惑的特征：有些物种被驯化了，可是它们的近亲却没有，似乎没什么道理。结果我们发现，除了少数几个物种有被驯化的潜力，其他的物种都被安娜·卡列尼娜原则排除了。人类与大多数动物不能维持幸福的"婚姻"，许多因素都能导致这个结果，只要碰上一个，就幸福不起来：饮食习性、成长速度、交配习性、性情、恐慌的倾向，以及社群组织的几个特征。只有少数野生哺乳动物能和人类结成伙伴，因为它们在上述几方面都满足条件。

　　欧亚大陆的族群得天独厚，拥有最多可供驯化的大型食草哺乳动物。三方面的基本条件造就了这个结果：生物地理、历史和生物学。第一，欧亚大陆面积最大，生态最为多样，可供驯化的候选物种多。第二，澳大利亚和美洲的大型哺乳类动物在更新世末期遭遇了大灭绝，几乎所有候选动物都灭绝了。这可能是因为人类较晚进入澳大利亚和美洲，那里的动物不幸突然与狩猎技术高明的现代智人相遇，才遭到灭绝。第三，更新世结束后各大洲幸存的大型哺乳动物中，欧亚大陆的动物适合驯化的比例较高。研究那些从未被驯化的候选动物，比如非洲的大型群居哺乳动物，我们会发现每种都有特别的理由而无法被驯化。因此，托尔斯泰想必会赞同圣马太的慧见："被召的多，选上的少。"

第 10 章

大陆轴线——历史的伏笔

请看下面的世界地图（图10.1），比较一下各大洲的形状和走向，你将发现一个明显的差异。美洲南北长（9 000英里），东西窄（最宽处为3 000英里），中间的巴拿马地峡更是只有40英里。由此可见，美洲的大陆轴线是南北向。非洲也是，只是没那么明显。相形之下，欧亚大陆则为东西向。各大洲的大陆轴线走向对人类历史有什么影响呢？

本章将告诉各位，大陆轴线影响深远，甚至是人世悲剧的源头。大陆轴线的走向关乎作物和牲畜传播的速度，也间接影响到文字、轮子等发明的传播。美洲土著、非洲人和欧亚人近500年来经验的迥异，正是这个基本的地理特点造成的。

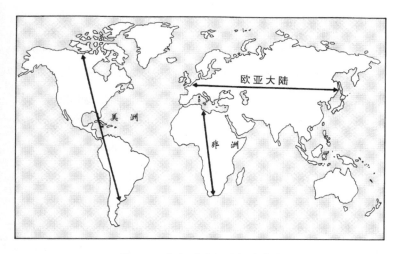

图 10.1　各大洲的大陆轴线走向

* * *

　　要了解地理差异和枪炮、病菌与钢铁的关系，必须从食物生产的传播下手。正如我们在第 5 章看到的，全世界能自行发展食物生产业的地区至多 9 个，也可能只有 5 个。在史前时代，农业发源地虽屈指可数，但有许多地区因引进外地的作物、牲畜和知识而发展出食物生产的生计，甚至连外地的农牧族群都前来入驻。

　　食物生产手段传播的主要路径有：从西南亚到欧洲、埃及、北非、埃塞俄比亚、中亚和印度河流域，从萨赫勒和西非到东非和南非，从中国到东南亚热带地区、菲律宾、印度尼西亚、韩国和日本，从中美洲到北美洲。此外，食物生产的发源地不仅向外传布，也因外地的作物、牲畜和技术的输入而更加丰富。

有些地区的条件更适合食物生产的发轫，就食物生产传播的速度而言，各地区也有快慢之分。在史前时代，有些地区生态条件不错，附近也有从事食物生产的族群，但自身偏偏毫无发展。最匪夷所思的是，美国西南部的农牧业居然影响不到旁边的加利福尼亚，新几内亚和印度尼西亚传播不到近在咫尺的澳大利亚，南非纳塔尔省的农业也没能传到开普地区。即使是史前时代食物生产手段有所传播的地区，传播的速度和时间也有很大的差别。食物生产手段沿东西轴线传播最快，如从西南亚向西到欧洲和埃及、向东到印度河流域（平均每年约 0.7 英里），从菲律宾往东至波利尼西亚（每年 3.2 英里）；沿南北轴线传播最慢，每年不到 0.5 英里，如从墨西哥北上至美国西南；也有每年不及 0.3 英里的例子，如墨西哥的玉米和豌豆一直到公元 900 年才成为美国东部作物。还有更慢的呢，每年只有 0.2 英里，如秘鲁的骆马北上到厄瓜多尔。如果墨西哥玉米不是到公元前 3500 年才被驯化，而是更早的话，这个差异会更大。我的估算比某些考古学家还保守。大多数考古学家认为驯化的时间在公元前 3500 年之前（至今还有很多学者这么认为）。

若想看出传播阻力大小，可从作物和牲畜是否完整传入一地入手。例如，西南亚的始祖作物和牲畜的确西传至欧洲、东传至印度河流域，但在前哥伦布时代安第斯山脉驯养的动物（骆马／羊驼和豚鼠）没能传到中美洲。这一点该如何解释？毕竟，中美洲已有从事农业的稠密人口和复杂的社会，安第斯山脉驯养的动物（如果他们能得到的话）理应是食物、运力和羊毛的重要来源。中美洲只有狗，其他本土哺乳动物一应缺乏，无法满足这些需求。有些南美作物如木薯、甘薯和花生则成功传入中美洲。到底是什么阻碍了骆马和豚鼠的前进？为什么作物就可畅行无阻？

地理对传播难度的影响，可以从学者称为占先驯化的现象看出来。大多数后来发展成农作物的野生植物，在各地的基因会有所不同，因为不同地区的野生种群会累积不同的遗传突变。同样，从野生植物到农作物的转变，理论上可以通过不同的新突变和不同的选择过程引发，产生的作物大同小异。因此，我们可以研究在史前时代广泛分布的作物，看各个变种的突变是不是相同。这么做是为了找出该作物是只在一地驯化，还是在多地分别独立驯化。

如果我们对新大陆的主要作物进行基因分析，将发现很多作物都有两种或两种以上的野生变种。这表示该作物曾至少在两地被独立驯化，有些作物变种已具地方特色。因此，植物学家推断利马豆（*Phaseolus lunatus*）、菜豆（*Phaseolus vulgaris*）和辣椒（*Capsicum annuum/chinense*）至少在两地（中美洲和南美洲）分别被驯化；西葫芦（*Cucurbita pepo*）和种子作物藜菜也分别被驯化过至少两次（中美洲和美国东部）。相形之下，大多数西南亚的古老作物只有一个品种，现代所有的种类都源于同一个驯化品种。

如果同一种作物分别在几个地区被独立驯化，而不是只在一个地区被驯化过一次，意味着什么？我们已知植物的驯化牵涉到野生植物的改良，比如种子变大、苦味变淡等，以更有益于人类。

因此，如果已经有了高产的作物，最早的农民当坐享其成，该不会大费周章从头再来吧？一些作物只被驯化过一次，这方面的证据说明，某种野生植物一旦被驯化，驯化后的作物快速传播到其他地区，同一种野生植物就没有再次被驯化的必要了。然而，若我们发现同一种野生植物在好几个地区被驯化，就可以推断该作物传播的速度很慢，才会使得其他地区的同种植物有被驯化的机会。西南亚的野生植物已被证明是单次驯化，而美洲的则是多次驯化。由此，我们可得出一个结论：西南亚作物的传播的确比美洲的容易。

　　某一作物的快速传播，可能会让该作物在其他地方的野生始祖，以及与该始祖物种有亲缘关系的野生植物，都失去再次被驯化的机会。如果你家的豌豆品种已相当优异，何必从豌豆的野生始祖开始驯化？也没有必要去驯化和野生豌豆相近的物种吧。西南亚所有的始祖作物都打败了所有近亲，进而传播到整个欧亚大陆西部。相形之下，新大陆就没有这么一枝独秀的局面，而是群雄并起，在中美洲和南美洲有多种类似的作物。例如，今日世界95%的棉花都属于陆地棉（*Gossypium hirsutum*），这是史前时代在中美洲被驯化的。然而，史前时代的南美洲农民种植的，则是与之相近的海岛棉（*Gossypium barbadense*）。显然，中美洲的棉花在史前时代难以到达南美洲，因此不能阻止另一种棉花在南美洲得到驯化（反过来也一样）。辣椒、南瓜、苋属植物和藜科植物都在中美洲和南美洲分别被驯化，因为没有哪个品种的传播速度快到能阻止其他地方的驯化。

我们可以从种种现象归纳出相同的结论：食物生产从西南亚向外传播的速度比美洲快，可能也比撒哈拉以南非洲地区快。现象包括：食物生产完全无法传播到某些生态条件不错的地区；传播速度快慢有别，传播带有选择性；最早被驯化的作物，有的占了先机，让同一或相近的野生种没有再次被驯化的机会，有的则没有。接下来，我们要问：为何美洲和非洲的农业传播比欧亚大陆来得困难？

＊　＊　＊

要回答这个问题，我们先来看看食物生产是如何从西南亚（肥沃新月地带）快速传播出去的。略早于公元前8000年，食物生产手段发展出来之后，立即向东、西传播至欧亚大陆西部的其他地区和北非等地，越传越远。图10.2是根据遗传学家丹尼尔·祖海利（Daniel Zohary）和植物学家玛丽亚·霍普夫（Maria Hopf）的地图重新绘制的，从图中可以看出这股传播浪潮如何席卷希腊、塞浦路斯，并在公元前6500年到达南亚次大陆、公元前6000年到达埃及、公元前5400年到达欧洲中部、公元前5200年进入西班牙南部，最后在公元前3500年到了英国。在这些地区，启动食物生产业的都是来自肥沃新月地带的同一批作物和家畜。此外，肥沃新月地带的作物和家畜也深入非洲，南至埃塞俄比亚（不过时间尚未能确定）。不过，埃塞俄比亚也有些本土作物，我们还不知道启动当地食物生产的是这些作物，还是来自肥沃新月地带的作物。

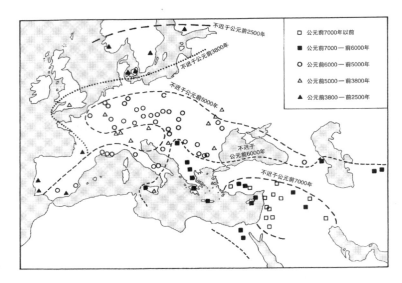

图 10.2　肥沃新月地带的农业在欧亚大陆西部的传播

注：上图的标记是考古遗址位置，表示该遗址出土的遗物中，有源自肥沃新月地带的作物证据。遗址的绝对年代是以碳 14 测年法测定的。□标记代表公元前 7000 年以前的肥沃新月地带遗址。从这张图可看出，离肥沃新月地带越远的遗址，所测定出的年代越新。这张图是根据祖海利和霍普夫的著作《旧大陆的植物驯化》(*Domestication of Plants in the Old Worlds*) 中的图 20 修正年代后制作而成的。

　　当然，肥沃新月地带的作物和家畜，并不是每一样都传到了上述外围地区，例如埃及就太暖和，不适合野生单粒小麦在此落地生根。作物和家畜传到的时间也可能一前一后，如绵羊就比谷物早到西南欧。有些外围地区也驯化当地的野生植物，如西欧的罂粟（或许埃及的西瓜也是）。然而，我们可以确定，外围地区大多数的食物生产业是因肥沃新月地带驯化物的刺激而生。紧跟在农业传播之后的则是另一批发明：轮子、文字、冶金、挤奶、果树、啤酒和其他酒类的酿制。

然而，为什么同一个作物包得以启动整个欧亚大陆西部的食物生产业？是不是许多地区的野地都刚好有这么一组植物和肥沃新月地带的作物一样有价值，那些地方的人也独立驯化了那些植物？并非如此。首先，肥沃新月地带的始祖作物，许多在西南亚之外都没有分布。例如，在八大始祖作物中，在埃及有分布的只有野生大麦一种。埃及的尼罗河河谷不是不毛之地，环境其实近似于肥沃新月地带的底格里斯河与幼发拉底河河谷。因此，在肥沃新月地带欣欣向荣的作物包，到了尼罗河河谷也成长苗壮，进而触发了埃及文明。而给埃及带来荣景的作物，原本在埃及是没有分布的。建造人面狮身像和金字塔的人吃的是从肥沃新月地带引进的作物，不是埃及当地土生土长的植物。

其次，即使西南亚以外的地区也有这些作物的野生始祖，我们还是可以确定欧洲和印度的作物基本是从西南亚而来，而不是在当地被驯化的。如野生亚麻往西传到英国和阿尔及利亚，往东传到里海，而野生大麦更往东，远至青藏高原。然而，对肥沃新月地带大多数的始祖作物而言，今日世界培育出来的变种只有一种染色体的排列相同——符合人类期望的突变。例如，所有种植的豌豆都有一种相同的隐性基因，豌豆成熟后豆荚不会爆裂把豆仁喷出，而这一点恰好违背野生豌豆的生存之道。

显然，肥沃新月地带大多数的始祖作物在当地完成驯化后，从未在外地再次被驯化。若有过多次驯化，必然会造成染色体的变异或不同的突变。这就是我们前面谈到的"占先驯化"的典型例子。肥沃新月地带的作物和家畜迅速传播开来，所传到的地方就没有必要自己再去驯化野生物种了。

不管是在肥沃新月地带还是在其他地区，大多数始祖作物的祖先都有适合驯化的野生亲戚。例如豌豆属（*Pisum*）有两个野生种，豌豆（*Pisum sativum*）被驯化后成了现代菜园里的豌豆，而褐花豌豆（*Pisum fulvum*）从未被驯化。然而，野生的褐花豌豆，不管是新鲜的还是晒干的，味道都不错，而且遍野皆是。小麦、大麦、兵豆、鹰嘴豆、豌豆和亚麻除了驯化的品种，还有许多野生亲戚。有些豌豆和大麦的野生亲戚也有在其他地方单独被驯化的例子，比如在美洲和中国，都是离肥沃新月地带很远的地方。但是，在欧亚大陆西部，在所有具有潜力的野生种中，独独驯化了一种。也许是因为有一种传播得特别快，因而人们只吃这一种，不再采集其他野生种。正如先前提到的，在这种占先驯化之下，对手根本就没有机会。

* * *

为什么肥沃新月地带作物的传播如此神速？部分原因就在于欧亚大陆的东西向大陆轴线，也就是本章开头谈到的情况。位于同一纬度的东西两地，每一天的长度和季节变化相同，也有着类似的疾病，温度和降雨也差不多，生境和生物群落区（biomes）也大同小异。例如，葡萄牙、伊朗北部和日本纬度大致相同，葡萄牙和伊朗、伊朗和日本之间的距离都在 4 000 英里左右，但三地气候差不多；哪怕只是往南走 1 000 英里，气候的差异就大了。

各大洲上的热带雨林都在南北纬 10 度之间，而地中海气候的灌木丛生境（如加利福尼亚的荆棘丛和欧洲沿岸的灌木丛）则分布在北纬 30 ~ 40 度。

　　但植物的发芽、生长和抵抗疾病的能力与当地气候息息相关。昼夜长短、温度和降雨等现象都会影响种子发芽、幼苗生长和植物成熟之后开花结果的情况。天择塑造了每一种植物的基因密码，植物皆在一定的气候条件下演化。不同纬度的气候差异甚大，例如赤道终年白天的长度都一样，但在温带地区，昼夜长短就会因逼近冬至或夏至而有明显的变化。植物生长季（也就是温度和白天适中的月份）在高纬度地区短，越近赤道地区则越长。

　　若是植物基因密码与种植的地区纬度不合可真是大不幸。想想看吧，若有个加拿大农民异想天开去种植墨西哥玉米，后果会如何？这种玉米基因设定在 3 月发芽，届时这棵可怜的植物将发现自己居然被埋在 10 英尺厚的深雪中，就算这棵植物的基因改变，到 6 月末才发芽，到了其他季节也未必顺遂。这棵植物的基因将告诉它慢慢成长，还有 5 个月的时间才成熟，别急。在气候温和的墨西哥当然没问题，但到加拿大就大不妙了，5 个月后刚好碰上秋霜，恐怕它来不及长出成熟的穗轴，就难逃冻死的厄运。再说，虽然有抵御南方疾病的本事，但是它对北方气候区的疾病毫无招架之力。这些特质导致低纬度的植物难以适应高纬度的环境，反之亦然。因此，肥沃新月地带大多数的作物在法国和日本长得不错，而到赤道地区就完了。

　　动物也是，必须去适应某一个纬度的气候。人类就是一个典型，南方人无法忍受北方寒冷的冬天、短暂的白天和北方特有的病菌；也有人受不了热带的炎热和疾病。近几个世纪，来自北欧的殖民者偏好同样凉爽的北美、澳大利亚和南非，若到赤道附近的肯尼亚和新几内亚则往凉快的高地跑。欧洲白人到了热带低地就很凄惨，根本抵挡不了一波波疟疾之类热带疾病的侵袭。热带族群对这些疾病则已有抵抗力，习以为常了。

这也就是肥沃新月地带的驯化物快速向东西传播的部分原因：这些驯化物早就适应传入区的气候了。例如，农业在公元前5400年左右从匈牙利平原一进入中欧，从波兰到荷兰的农业发展几乎就同时启动。到了公元元年，来自肥沃新月地带的谷物已传播到8 000英里以外的地区，从爱尔兰的大西洋沿岸到日本的太平洋沿岸都有。欧亚大陆的东西向距离是最远的陆地距离。

就这样，欧亚大陆的东西向大陆轴线使肥沃新月地带的作物快速在整个温带纬度传播开来，从爱尔兰到印度河流域一气呵成，也丰富了东亚自行发展出来的农业。反过来，欧亚大陆上在与肥沃新月地带同纬度的其他地区先驯化的作物，哪怕驯化地相隔很远，也有办法传回肥沃新月地带。今天，种子可以搭便车，利用船只或飞机等交通工具周游全球，我们的三餐来自世界各地，还觉得这很平常。以美国快餐店供应的餐饮而言，有鸡肉（最先在中国驯养）、马铃薯（来自安第斯山脉）、玉米（源于墨西哥），调味料有黑胡椒（来自印度），还有咖啡（源于埃塞俄比亚）。早在2 000年前，罗马人就吃上了来自外地的食物，只有燕麦和罂粟是意大利的本土作物。罗马人的主食是来自肥沃新月地带的始祖作物包，加上来自高加索的楄椊，在中亚驯化的小米和莳萝，从印度来的小黄瓜、芝麻和柑橘，以及源自中国的鸡肉、米、杏、桃和粟。虽然罗马的苹果是欧亚大陆西部土生土长的，但还是得仰赖在中国发展后传播过来的嫁接技术。

　　欧亚大陆有最大面积的同纬度陆地，就农作物的传播而言也是最为神速的实例，不过，还有其他值得一提的例子。传播速度可与肥沃新月地带的作物及家畜包相提并论的，就是中国南方的亚热带作物及家畜包，这些作物和家畜向东传播，到了东南亚热带地区、菲律宾、印度尼西亚和新几内亚，沿途还加入了新的作物和动物。在 1 600 年内，这个包括作物（香蕉、芋头和山药）和家畜（鸡、猪、狗）的组合，又向东传播了 5 000 英里，深入太平洋热带地区，传入波利尼西亚。另一个类似的例子是非洲萨赫勒地区作物的东西向传播，但古生物学家还不知详情为何。

* * *

　　欧亚大陆东西传播之易与非洲南北传播之难形成鲜明的对比。肥沃新月地带大多数的始祖作物用不了多久就到了埃及，然后一直往南，到了埃塞俄比亚凉爽的高地后就此打住。南非的地中海气候应该是很理想的，但在埃塞俄比亚和南非之间有一道无法超越的障碍——宽 2 000 英里的热带地区。在撒哈拉以南非洲的启动农业的，则是对萨赫勒地区和西非热带地区本土野生植物（比如高粱和非洲山药）的驯化，这些作物比较适应温暖的气候、夏季降雨和低纬度地区较为固定的昼长。

同样，肥沃新月地带的家畜往南传播到非洲，也受到气候和疾病的阻挡，舌蝇引起的锥虫病尤为劲敌。马匹从未越过赤道北方的西非王国。2 000 年前，牛、绵羊和山羊到塞伦盖蒂平原的北缘就打住了，但那里还是发展出了新的经济形态和新品种的家畜。在公元元年和公元 200 年间，牛、绵羊和山羊终于抵达南非——距离牲畜最初在肥沃新月地带被驯化已经过了差不多8 000 年。非洲热带作物往南传播也有自己的困难，就在肥沃新月地带的牲畜来到后不久，班图族的黑人农民也引进了作物，但由于地中海气候区的阻挡，这些作物从未越过鱼河这道界线。

近 2 000 年来南非历史的发展轨迹，我们已经很熟悉了。南非土著的科伊桑人［或称霍屯督人（Hottentot）或布须曼人（Bushman）］已有牲畜，但未能发展出农业。非洲农民浩浩荡荡来到鱼河东北面，取代了当地的科伊桑人，幸好鱼河阻挡了这些农民南进的脚步。直到欧洲白人在 1652 年经海路带着肥沃新月地带的作物包到来后，农业才在南非的地中海气候区兴盛起来。本土族群与欧洲白人之间的冲突造成了现代南非的悲剧：欧洲的病菌和枪炮血洗科伊桑部落，欧洲白人和非洲黑人的战火绵延百年，接着是又一个世纪的种族压迫，今天，不同的族群还在旧日科伊桑人的土地上寻求建立起共存的新模式。

* * *

另一个对比是欧亚大陆与美洲。中美洲和南美洲之间，以墨西哥高地和厄瓜多尔的距离而言，只有 1 200 英里，差不多与巴尔干半岛和美索不达米亚的距离相当。对大多数美索不达米亚的作物和牲畜而言，巴尔干半岛是个相当理想的环境，这个农业包在肥沃新月地带形成不到 2 000 年，就已在巴尔干半岛落地生根了。而且由于占先驯化，巴尔干半岛上的类似物种并没有再次得到驯化。墨西哥高地和安第斯山脉也该算是门当户对，适合彼此的作物和家畜前来发展。有几项作物，特别是墨西哥玉米，已在前哥伦布时代传播到其他地区。

但是，其他作物和家畜无法在中美洲和南美洲之间交流。凉爽的墨西哥高地相当适合骆马、豚鼠、马铃薯等在安第斯山脉被驯化的动植物生存下来。但是，安第斯山脉特产要北向传播，第一个碰上的障碍就是中美洲的炎热低地。因此，骆马在安第斯山脉驯养了 5 000 年后，奥尔梅克（Olmecs）、玛雅、阿兹特克和其他墨西哥土著族群仍然没有驮畜，只有狗，也没有什么家畜可供食用。

反过来，墨西哥畜养的火鸡和美国东部种植的向日葵应该也可以在安第斯山脉生长，但火鸡和向日葵要南下，立刻就会遭遇到热带气候的考验。两地距离只有短短的 700 英里，但墨西哥的玉米、南瓜和豌豆在完成驯化后要等上好几千年才能到达美国西南部，而墨西哥的辣椒和藜科植物在史前时代从未到过那里。玉米在墨西哥完成驯化了几千年后，还是没能北上到较为寒冷、生长季较短的北美东部。公元元年和公元 200 年间的某个时刻，玉米终于出现在美国东部，但在那里还只是一种次要作物。一直到公元 900 年左右，能适应北部气候、耐寒的玉米品种长成后，玉米才成为北美农业的主角，北美因此出现灿烂的密西西比文化，但这只是昙花一现，哥伦布带着欧洲的病菌登陆后，灿烂的文化立刻凋零。

还记得肥沃新月地带的大多数作物只被驯化过一次吧，近代基因研究已经证实了这一点。这些作物占先驯化并迅速传播，其他类似品种因而没有被驯化的机会。相形之下，许多在美洲广为传播的作物却有许多相似的品种，在中美洲、南美洲和美国东部甚至出现过同一物种驯化而来的变种。苋属植物、豌豆、藜科植物、辣椒、棉花、南瓜和烟草在各地的相似品种有好几个，四季豆、利马豆、辣椒、西葫芦也是。这些多次驯化的结果，体现出在美洲南北大陆轴线的影响下作物传播之慢。

非洲和美洲这两大陆块不利于农作传播，正因其大陆轴线为南北向。在世界其他地区，南北向的传播也很慢，但不若非洲、美洲显著。巴基斯坦的印度河流域和南印度之间的交互传播，以及中国南方的作物传向马来半岛，都极其缓慢。印度尼西亚的热带作物在史前时代更是到不了澳大利亚西南部（那里直到现代才成为农地），新几内亚作物往澳大利亚东南部传播的情况也是如此。这两个在赤道以南 2 000 多英里处的区域能成为澳大利亚的谷仓，全靠欧洲白人。他们乘风破浪，从欧洲带来耐寒和生长季短的作物。

* * *

我一再强调纬度，因为一瞥某地在地图上的纬度，就可得知此地的气候、动植物的生长环境和农业传播的难易。然而，纬度并非决定一切，位于同一纬度毗连的两个地方，未必有相同的气候形态（虽然白昼的长度完全一样）。地形和生态障碍对某些大洲的影响特别显著，因此造成局部传播的困难。

例如，美国东南和西南虽在同一纬度，但作物的传播非常缓慢，而且只有一部分能够传播，原因在于得克萨斯和北美大平原的南部过于干旱，不利农作。欧亚大陆也有类似的例子：肥沃新月地带的作物可以畅通无阻地向西传播到大西洋、向东传播到印度河流域，但要再往东走就碰到障碍了，原已适应冬天降雨的作物到了夏天降雨的地区实在无法适应。到了印度东北的恒河平原，生长季必须延后，作物的种类和农业技术也都大不相同。再往东，中国的温带地区和欧亚大陆西部的气候虽然类似，但在中亚沙漠、青藏高原和喜马拉雅山脉的阻隔下，自成一区。因此中国虽和肥沃新月地带在同一纬度，但是自行发展出了食物生产业，种植出全然不同的作物。中国和欧亚大陆西部之间的障碍在公元前倒数第二个千年还是有所突破，西亚的小麦、大麦和马匹终于传入中国。

同理，南北相距 2 000 英里形成的阻力也有大小之分。不管是肥沃新月地带的食物生产南下到埃塞俄比亚，还是班图的食物生产从非洲大湖区南移至纳塔尔省，都不成问题，因为经过的地区降雨的差异不大，适合农业发展。然而，食物生产从印度尼西亚往南到澳大利亚西南的传播，就难于上青天。从墨西哥北上到美国西南和东南，经过的距离更短，但因沙漠从中作梗，更不利于农业的传播。中美洲墨西哥以南极度狭隘（特别是在巴拿马一带）和危地马拉南部缺乏高原，正如纬度变化一样，是墨西哥高原和安第斯山脉之间交互传播的阻力。

各大洲的大陆轴线走向影响所及，不只是食物生产的传播，还包括其他技术和发明的传布。例如，公元前3000年左右，轮子在西南亚一带发明之后，立即向东、向西传播，不出几百年，已传遍整个欧亚大陆。在史前时代的墨西哥独立发明的轮子，却怎么也无法滚到南方的安第斯山脉。字母书写原则的传播也是一样，公元前1500年在肥沃新月地带西部发明之后，在约1 000年内向西传至迦太基，向东传至南亚次大陆，但在史前时代即大放异彩的中美洲文字系统历经2 000年都未能传布至安第斯山脉。

当然，轮子和文字系统不像作物，与纬度、昼长的关系没那么直接。这些发明都是食物生产系统及受其影响的产物，可以说是间接受到纬度影响：最早的轮子是牛车的一部分（牛车就是用来载运农产品的）；最早的文字是贵族的专利（贵族仰赖农民供养）。在有着复杂的经济和社会体制的农业社群中，文字主要的功用是宣传忠君思想、编列存货目录和官方记录。总之，作物、牲畜和技术交流频繁，其他方面的交流也会活络。

美国的爱国歌曲《美丽的美利坚》赞叹两大洋间的天地——无垠的蓝天和琥珀色泽的麦浪。其实，地理现实恰恰相反。美洲和非洲，好比五十步和百步，同样受到地理环境的限制：麦作不是一波又一波地从大西洋推到太平洋、从加拿大到巴塔哥尼亚或从埃及到南非，只有在欧亚大陆的天空下，麦田才是绵延不断的，美洲不是。与美洲和撒哈拉以南非洲地区相较，欧亚大陆上农业的传播实在是神速，文字、冶金、技术和帝国的传布也随之更为快速。

　　在此列举这些差异，并非表示美洲的麦田不够壮丽，我的主旨也不在于凸显欧亚农民的卓越。这些反映的是欧亚大陆轴线和美洲、非洲的不同，而大陆轴线的走向早为人类历史的命运埋下了伏笔。

插图 1　新几内亚北部沿海低地（锡亚岛）的妇女和儿童。

插图 2　帕朗（Paran），一名新几内亚高地的弗雷族人。插图 2～5 中是
　　　　我在新几内亚的四位朋友，谨以此书献给他们。

插图 3　埃萨（Esa），一名新几内亚高地的弗雷族人。

插图 4　卡里尼卡（Kariniga），一名新几内亚南部低地的土达辉族人。

插图 5　沙瓦卡里（Sauakari），一名来自新几内亚北部沿海的低地人。

插图 6　一名新几内亚岛高地居民。

插图 7　一名平图皮族（澳大利亚中部）的澳大利亚男性原住民。

插图 8　阿纳姆地（澳大利亚北部）的澳大利亚原住民。

插图 9　一名塔斯马尼亚女性原住民，她是欧洲人登岛前出生的最后一批幸存者之一。

插图 10　一名来自西伯利亚的通古斯女性。

插图 11　一名日本人：在庆祝自己 59 岁生日的明仁天皇。

插图 12　一名正在收割稻子的日本女性。插图 12 和插图 13 中是说南
　　　　岛语的人。

插图 13　一名波利尼西亚妇女，来自拉帕岛，这里位于爪哇岛以东 7 000 英里的太平洋热带地区。

插图 14 一名采集竹笋的中国女孩。

插图 15　一名北美原住民：大平原波尼部落的斑点马首领。

插图 16　另一名北美原住民：美国西南部的纳瓦霍族妇女。

第三部分

从食物到枪炮、病菌与钢铁

第 11 章

牲畜的致命礼物

到现在为止，我们追溯了食物生产在几个中心兴起的过程，也见到作物传播到其他地区的速度快慢有别。还记得亚力的问题吧——这个世界的权力和财富分配为何如此不均？追根究底，我们发现答案就是地理条件的差异。然而，和地理条件相关的食物生产不是近因，而是远因。假如农民和猎人一对一赤身搏斗，农民未必会赢。

说到农业为何有此力量，一个重要原因在于农业大大增加了人口密度。肉搏的话，十个农民当然要比一个猎人强。此外，从另一个角度来看，农民和猎人都不是赤手空拳：农民的鼻息会呼出可怕的病菌，背后还有优势武器、先进技术和有文字的中央政治体制——这些都是征战的利器。以下四章将探讨食物生产这个远因如何引向病菌、文字、技术和政治体制等近因。

一位医师朋友跟我提起过一个让人毕生难忘的病例，正好说明牲畜、作物与病菌之间的关联。当他还是个新手医师时，一天碰到了一对为怪病苦恼不已的夫妇。这对夫妇彼此难以沟通，和我的朋友也有沟通的困难。那位先生会说的英语根本没有几句。总之，这个瘦小胆怯的男人不知染上了何种微生物而引发了肺炎。充当翻译的是他那美丽的太太。她为了丈夫的病忧心忡忡，陌生的医院环境也让她颇为紧张。我的朋友在医院忙了整整一星期，已疲惫不堪，还是尽力去猜想这种怪病的成因。可能是累坏了，他一时忘了为病人保密的职业道德，居然要那位太太去问自己的丈夫，他的感染是否和性接触有关。

那位先生面红耳赤，原本瘦小的身子缩得更小了，恨不得消失在床单下，结结巴巴地吐出几句小声得几乎让人听不到的话。他太太突然发出愤怒的尖叫，逼近他躺下的身躯。还没等人反应过来，她已经拿起一个金属瓶往她丈夫的脑袋敲下去，随即夺门而出。我这位医师朋友费了一番工夫才使她丈夫清醒过来，更困难的任务是从他那口蹩脚英语中拼凑出他太太勃然大怒的原因。答案终于慢慢揭晓：他坦承最近一次到家里的农场工作时，和那里的母羊发生了几回性行为。或许，这就是他得了怪病的原因。

这个故事听来荒诞不经，似乎不可能有什么了不起的意义。其实不然。它触及了一个非常重要的研究题材：源自动物的人类疾病。我们对绵羊的感情很少会像这位病人一样用性欲表达。大多数人对猫、狗等的情感是对宠物的喜爱。人类社会偏爱绵羊等牲口，人类豢养的牲畜数目就是证据。数字会说话。根据最近一次澳大利亚的人口普查，澳大利亚的人口数目是 17 085 400，但他们养了 161 600 000 头绵羊。

有些成人会被宠物传染疾病，儿童更容易被传染，通常没什么大碍，但有时会演化成重疾。近代史上的人类杀手有天花、流感、肺结核、疟疾、瘟疫、麻疹和霍乱等——这些传染病都是由动物的疾病演化而来的。奇怪的是，引起人类传染病的微生物，现在几乎只在人类社群中流行。对人类来说，疾病一直是最可怕的杀手，也是塑造历史的关键角色。第二次世界大战之前，在战乱中蔓延的微生物比枪炮刀剑更恐怖，夺走的生命更多。所有的军事史只知歌颂伟大的将领，而忽略一个让人泄气的事实：在过去的战争中，并非有杰出的将领和卓越的武器就可所向无敌；事实上，胜利者常常是那些把可怕的病菌散播到敌人阵营的人。

病菌在历史上的角色，最可怕的一个例子，就是欧洲人对美洲的征服。1492 年哥伦布发现新大陆，西班牙人的征服大业从此开始。西班牙征服者固然手段毒辣，杀人无算，但是他们带来的病菌，杀死的美洲土著数量更惊人。为什么欧洲与美洲之间恶毒病菌的交流会这么不对等？为什么美洲土著身上的病菌没能消灭西班牙入侵者，并传播到欧洲，一举消灭 95% 的欧洲人口？在欧亚大陆发源的病菌不单在美洲猖狂，还在许多其他地区肆虐。在非洲、亚洲的热带地区，欧洲拓殖者没有像西班牙征服者一样势如破竹，反而难以跨越当地的病菌壁垒。为什么？

如此看来，源于动物的人类疾病是人类历史普遍模式的成因之一，也牵涉到今天人类健康的一些焦点问题。（想想艾滋病吧。这种具有暴发性的传染病，就是非洲野猴身上的病毒演化的结果。）本章将先探讨什么是"疾病"，为什么有些微生物演化的目的在于

"使我们生病"，而其他大多数的生物却不会对人类造成这种影响。还有，为什么我们最熟悉的传染病会成为流行病，如目前的艾滋病和中世纪的黑死病（腺鼠疫）。然后，我们将研究为什么微生物的始祖从动物宿主转进人体后，就不再离开人类社群。最后，我们来看看对源于动物的人类传染病的研究是否可以有所启发，帮助我们解释欧洲人和美洲土著的病菌传播为何如此不对等。

* * *

自然，我们往往只从人类的视角看待疾病：如何杀死那些微生物以自保？别管这些微生物的动机，先赶尽杀绝再说！知己知彼，百战百胜，医学尤其如此。

因此，暂时把人类的偏见放下，从微生物的观点来看疾病吧。毕竟，微生物和人类一样是物竞天择的产物。微生物以各种奇怪的方式使我们生病，如生殖器溃烂或腹泻。这么做在演化上有什么优点？为什么微生物演化必须置人于死地？微生物杀害宿主，自己也没有活路，这种同归于尽的做法，又有什么好处？

基本上，微生物的演化和其他物种没什么两样。演化选择繁殖效率最高的个体，再帮它们传布到适合生存的地方。对微生物而言，传播的定义可用数字来表示，也就是从头一个得病的病人开始算起，总共感染了多少人。数字多寡端赖每一个病人能再传染给多少人而定，以及微生物是否可以迅速从一个受害者侵入下一个。

微生物在人类社群之间传播，以及从动物传播到人类社群，演化方式各有不同。传播能力越强的病菌，产生的后代越多，在天择上越有利。很多"症状"代表的意义，其实就是我们的身体或行为被诡诈的微生物改变了，使我们不得不被病菌利用。

就病菌的传播而言，最不费力的方式，就是一动不动地等着被送到下一个宿主体内。静静地待在一个宿主身上，被下一个宿主吃进肚子，正是这个策略的运用。例如，沙门氏菌的感染是因吃了被污染的鸡蛋或肉类，旋毛虫则随着未煮熟的猪肉进入人体作怪，而日本人和美国人有时会得的异尖线虫病，就是生鱼片造成的，寄生虫从鱼肉进入人体。但在新几内亚高地流行的库鲁病（和中枢神经病变有关，症状为运动失调、震颤和发音障碍等），则是由吃人肉造成的。食人族的母亲剖开病死者的脑壳，还没下锅，一旁的小孩已迫不及待地把手指伸进人脑，在吸吮手指的同时，也吸入致命的病毒。

有些微生物则没有那么被动，它们会利用昆虫唾液搭便车。昆虫咬了上一个宿主后，微生物就在其唾液中伺机而动，等着跳到下一个宿主身上。蚊子、跳蚤、虱子、舌蝇等都可让微生物搭便车，以传播疟疾、鼠疫、伤寒和嗜睡症。微生物最下流的手段，就是利用母体的子宫垂直感染，使胎儿一出生就受到感染，梅毒、风疹和艾滋病的病毒都会这种伎俩。

还有些病菌可以说是掌控一切的阴谋者。它们借着修改宿主的构造或行为来加快传播速度。从人类的观点看，像梅毒这种生殖器溃烂的性病真是奇耻大辱。但以微生物的角度来看，请原来的宿主帮忙移入新宿主的体腔，有什么不好？天花也是一种接触传染，皮肤上的疮疤会直接将微生物传播出去。这种传染途径也可以极其迂回，例如美国白人为了消灭顽强抵抗的美洲土著，就送给他们天花患者盖过的毛毯。

流感、感冒和百日咳的微生物则更凶猛，使受害者在咳嗽或打喷嚏的刹那喷出一大群微生物，奔向新宿主。又如造成严重腹泻的霍乱弧菌，会进入水源造成更多感染。造成流行性出血热的病毒则是利用鼠尿传播。就改变宿主行为而言，狂犬病病毒的功力最高强，不但潜藏在狗的唾液中，而且使狗疯狂咬人，造成更多受害者。以虫子而论，钩虫和血吸虫最为卖力，在前一个宿主的粪便中孵化，在水中或从土壤钻入下一个宿主的皮肤。

因此，从人类观点来看，生殖器溃烂、腹泻和咳嗽都是"病症"，但从病菌的角度看则不同，这是应对传播需要的演化策略。这也就是病菌"使人生病"的原因。但病菌为何演化出与宿主同归于尽的策略？

从病毒的观点来看，这个结果纯属意外，是积极传播的副产品（人类该因此觉得舒坦多了吧）。霍乱患者若得不到治疗，狂泻几天后，就一命呜呼了。但在病患还活着时，霍乱弧菌则大量进入水源，企图感染下一个受害者。因此，即使第一个宿主死亡，只要平均每个感染者能再感染一个以上的人，霍乱弧菌就能一直传播下去。

* * *

我们刚才冷静客观地剖析了病菌的利益，现在就以人类自身的好处作为出发点吧：人活着就是希望长寿、健康，最好杀光那些该死的病菌。一旦遭受感染，最普遍的反应就是发烧。我们同样把发烧当作"病症"，也就是没作用却必然会发生的情况。但体温调节追根究底也受到基因控制，不是无缘无故发生的。有些微生物对温度比我们的身体更敏感，体温升高事实上是为了把病菌"烤死"。

我们身体的另一种反应就是动员免疫系统。白细胞等努力作战、歼灭外来的微生物。在抵御那些微生物的同时，身体也渐渐产生抗体，痊愈后就比较不会再度感染。过去的经验告诉我们：对于流感和感冒等疾病，我们的抵抗力有限，病愈后还是免不了再遭受感染；然而，其他疾病如麻疹、腮腺炎、风疹、百日咳和现已绝迹的天花等，由于抗体的作用，一次感染，终生免疫。这就是预防接种的原则：以注射死亡或效力减退的菌株来使抗体生成，而免除真正的疾病之苦。

但有些微生物狡猾得很，不只侵入我们的免疫系统，还会改变分子结构（也就是所谓的"抗原"），让抗体认不出来。病毒持续演化，进行品种改良，每每以不同的抗原卷土重来，这就是两年前我们得过流感后，今年仍然无法幸免的原因。疟疾和嗜睡症有快速改变抗原的能耐，因此更加狡猾。最狡诈的就是艾滋病病毒，这种病毒就算是待在同一个病人身上，也有可能演化出新的病原，以全面征服整个免疫系统。

人类防御体系的改变却慢得不得了，只能借由天择来一代代改变。对绝大部分疾病而言，都有一部分人在基因上天生具有较强的抵抗力。在传染病暴发时，这部分人比没有这种基因的人更容易存活下来，繁衍子孙。最后，代代相传的结果是，大多数人可以抵抗某一种病原的攻击了。

你或许又会想，造物者这种安排真令人欣慰。这种演化的目的，不在于淘汰那些没有抵抗基因的，而在于增进人类社群对抗病原的能力。有些人群获得了这种基因保护（但也有代价），例如镰状细胞、泰伊-萨克斯二氏病和囊性纤维化等基因，多出现在非洲黑人、阿什肯纳兹犹太人和北欧人中，帮助他们对抗疟疾、肺结核和细菌性腹泻。

简言之，人类和大多数物种的交互，比较像我们和蜂鸟的关系。蜂鸟不会让我们生病，我们也不会把疾病传给蜂鸟。不管是人类还是蜂鸟，都不需要演化出防御机制来对付彼此。我们能和平共处，是因蜂鸟不需要靠我们才能生育下一代。它们展翅飞翔，四处觅食，它们的食物不是我们的身体，而是花蜜和昆虫。

然而，微生物演化的结果则是以我们的身体作为营养来源，而在宿主死亡或产生抵抗力时，却没有翅膀可以飞离，继续寻找下一个目标。因此，有些病菌演化出传播的伎俩，以找到更多的潜在宿主。我们身上出现的"疾病症状"很多都是这种伎俩的发挥。人类也演化出一套应变的方法。人类和病菌就此困在了越发激烈的演化竞争中，谁都无法脱身。溃败的一方宣告死亡，唯一的裁判就是天择。那么，这种竞争到底是闪电战还是游击战？

* * *

假定一地有某种传染病，本来感染的人有若干，接着，我们观察经过一段时间之后的感染人数为多少。结果可能因疾病的种类不同而有很大的差异。某些疾病，如疟疾或钩虫病，在疫区内每年、每个月都有新病例。所谓的流行病会在一段时间自然消弭，不久后又来势汹汹，为害多人，然后又消沉无踪。

在这些流行病中，大多数美国人受过流感之害，有些年份更是受害深重（对流感病毒而言，则是可喜可贺的好年头）。霍乱则很久才发威一次，1991 年在秘鲁的流行是 20 世纪以来霍乱在新大陆的首次流行。今天，流感和霍乱都罕见到可以登上头条新闻，但在现代医学兴起之前，流行病要可怕得多。人类史上最恐怖的流行病是流感，在第一次世界大战结束时夺走了 2 100 万人的性命。1346—1352 年暴发的黑死病造成欧洲四分之一人口死亡，在某些城市，死亡比例更高达全城的 70%。19 世纪 80 年代初，加拿大太平洋铁路在萨斯喀彻温兴建时，当地的美洲土著因几乎不曾接触白人和从白人社群而来的病菌，每年因肺结核而死的比例高达 9%。

成为流行病的传染性疾病有几个特征：第一，传播速度惊人，在短时间内就能攻占整个社群；第二，以"急症"的面貌出现，很快就可置人于死地，但若大难不死，则没多久就可康复；第三，痊愈的幸运者则能产生抗体，之后很长一段时间不再复发，也许终其一生不会再受到感染；第四，这些疾病往往只在人类社群中发展，致病的微生物无法在土壤或其他动物身上存活。这四个特征会勾起许多美国人的回忆，让他们想起儿时见到的急性流行病，如麻疹、风疹、腮腺炎、百日咳和天花。

有了这四个特征的传染性疾病会变成流行病，其原因不难理解。简言之，致病微生物快速传播，加上病症急速发展，会让某个地区的人口很快被感染，结果有的人去世，有的人康复并获得免疫力。由于这些微生物只能在活体内存活，随着人的死亡或康复，致病微生物自然绝迹，除非下一代受到感染，或是有被感染者自外地而来，引发新的流行。

最典型的例子就是大西洋北部法罗群岛麻疹流行的过程。1781 年，麻疹大举入侵这个孤立的群岛，不久就在群岛上绝迹了，直到 1846 年，一名感染了麻疹病毒的木匠从丹麦随船而来。短短三个月内，这个群岛上的 7 782 名居民几乎都染上了麻疹，之后，有的死亡，有的康复，麻疹再度绝迹。研究显示，麻疹更有可能在人口总数小于 50 万的社群中自然绝迹。在人口众多的地区，麻疹较可能从一处传播到另一处，持续流行，当最初流行地的婴儿出生数多到某个程度时，麻疹就可能卷土重来。

法罗群岛麻疹流行的模式，也适用于其他常见的急性传染病。人口数量是微生物生存发展的一大关键，人口越稠密，越有利于它们的发展。因此，像麻疹这种疾病就是所谓的群聚疾病。

* * *

显然，群聚疾病无法在人口少的狩猎–采集游群和行刀耕火种的农民之间流行。亚马孙印第安人和太平洋岛民悲惨的现代经历证实，只要有一个外来族群带来了传染病，小部落就可能因为没有人有相应的抗体而惨遭灭族。例如，1902 年，有人登陆加拿大北极圈内与世隔绝的南安普敦岛，这艘名叫"行动号"的捕鲸船上有个船员感染了痢疾，结果岛上 56 个赛得缪特（Sadlermiut）因纽特人死了 51 个。此外，若成年人感染了麻疹等"儿童传染病"，病情将比儿童更加严重，若发生在一个小族群，则所有成年人都无法幸免。（美国人现在罕有人在成年后得麻疹，是因为在小时候就已得过，或者已接受过疫苗接种。）此传染病消弭了整个小族群的人口后，就宣告绝迹。小族群的人口数量少，因此无法抵御外来的流行病，也无法演化出可传染给外来族群的疾病。

这并不代表所有的传染病都不会兴起于人口数量少的群体中。他们也会受到感染，但只限于特定的几种疾病。有些造成感染的微生物也能在动物或土壤中存活，因而不仅不会绝迹，还会一再使人感染。例如源于非洲猴的黄热病，不但使非洲农村的居民得病，也漂洋过海到新大陆，感染那里的猴子和人。

还有一些在人口数量少的群体中产生的传染病是慢性病，比如麻风病和雅司病。这些疾病夺去病人的生命，通常要花很长一段时间，得病的人全身上下都是致病微生物，小型族群很容易受其感染。例如，20 世纪 60 年代我曾在新几内亚的卡里穆伊巴辛做研究。那个地区相当孤立，人口只有几千，感染麻风病的比例却是全世界最高的，高达 40%！此外，小型族群也有可能染上一些不会致命的传染病，由于在这世上还没有人有抗体，所以人类会一再地受到感染，如钩虫等寄生虫造成的病症。

这些发生在小型且孤立的人类社群中的疾病，必定是最古老的人类疾病。在人类演化初期的数百万年间，人类社群规模很小且零星分布，这些疾病随着人类一起演化至今。人类的野生亲戚（非洲类人猿）会得类似的病。相形之下，群聚疾病只有在大而密集的人类社群才发展得起来。发展始于约1万年前农业的滥觞，几千年前城市兴起后，群聚疾病的发展加速了。事实上，年代可考的传染病都是比较晚近才出现的，比如公元前1600年左右出现的天花（由埃及木乃伊身上的痘痕推论）、公元前400年的腮腺炎、公元前200年的麻风病、公元1840年的脊髓灰质炎和公元1959年的艾滋病。

＊　＊　＊

为什么农业的兴起会触发群聚传染病的演化？其中一个原因是，比起狩猎-采集的生活形态，农业能养活十倍甚至百倍以上的人口。第二个原因是，狩猎-采集部落经常搬迁营地，留下富含微生物和幼虫的粪便。但采用定居形态的农民生活圈不出自己的污水排放区，等于为微生物提供了一条侵入人体和水源的快捷途径。

有些农业社群收集人类的粪便和尿液当肥料，使细菌和寄生虫更容易找到感染的对象。农田灌溉和养鱼的池塘对携带血吸虫的蛇和水蛭而言，简直是天堂。因此，农民的生活周遭是粪便，所储藏的粮食也会吸引携带病菌的啮齿动物前来。非洲农民在森林中开辟的空地也成为疟蚊繁殖的乐园。

如果农业的滥觞是微生物兴旺之因，城市的兴起则使微生物更加繁盛。城市人口稠密加上环境污浊，对微生物的繁衍再好不过了。直到20世纪初，欧洲的城市人口才趋于稳定；在那之前，城市由于群聚疾病而不断有人死亡，不足的人口就由乡村的健康农民补足。对微生物而言，另一个荣景是世界贸易路线的发展。在罗马时代就有欧洲、亚洲、北非的各路人马汇聚的贸易路线，成为微生物远征五湖四海的最佳途径。公元165年和180年之间，人称"安东尼瘟疫"的天花来到罗马，因此丧生的罗马市民达好几百万人。

另一起类似事件是首次出现在欧洲的腺鼠疫（公元542年至543年），人称"查士丁尼瘟疫"。但瘟疫直到公元1346年才在全欧洲肆虐，也就是黑死病。当时，欧洲与中国的陆路贸易形成一条便捷的通路，加上欧亚大陆的大陆轴线便于东西传播，带有病菌的跳蚤隐藏在动物毛皮中，源源不断地从瘟疫蔓延的中亚来到欧洲。以今天的美国而言，由于利用航空运输的美国人激增，加上移民日多，美国成为不折不扣的"微生物大熔炉"，远方国度的病菌轻而易举就可来到新大陆。例如，1991年，阿根廷航空公司在秘鲁的利马搭载了好几十个染上霍乱的乘客，不消一天，这些人已经飞越3 000英里，来到我住的洛杉矶了。

* * *

因此，人口庞大和集中到某个程度，群聚疾病就会在人类社群之间传播。到了这个历史阶段，群聚疾病已走不出人群。但是，这个结论也有吊诡之处：这样的疾病从前根本不可能存在，必然是演化出来的新疾病。那么，这些新的疾病究竟是哪里来的？

最近，基于对致病微生物的分子研究，又有新的证据出炉了。人类为何有许多独特的疾病？分子生物学家告诉我们，这笔账大都可算在那些微生物的近亲头上。这些就是群聚传染病的媒介，它们也寄生在我们豢养的牲畜和宠物身上！传染病要在动物界传播开来，同样需要数量庞大和密集这两项条件，而且它们不会随便挑上一种动物：理想的目标是数量庞大的群居动物。因此，像牛和猪这种人类社群大规模饲养的动物，身上早有一大群等着登陆人体的微生物了。

例如，造成牛瘟的病毒近似麻疹病毒，但这种可怕的传染病只在牛和许多野生的反刍动物之间流传，不会传给人类。反过来，麻疹也不会传染给牛。造成麻疹和牛瘟的两种病毒很相似，说明牛瘟病毒可能经由牛传给人类后，在人类身上发生演化，成为麻疹病毒。农民的生活离不开动物，连睡觉的地方都相当接近，对它们的粪便、尿液、呼吸、疮疤和血液已习以为常。这种亲密关系始自 9 000 年前人类社群开始驯养它们的那一刻。9 000 年，应该足以让牛瘟病毒演化，更上一层楼到人类社群求发展了吧。除了牛瘟，表 11.1 还列出了几项常见的传染病。这些疾病的源头就是动物。

表 11.1　动物朋友带给我们的致命礼物

人类疾病	携带最接近的病原体的动物
麻疹	牛（牛瘟）
肺结核	牛
天花	牛（牛痘）或携带类似病毒的其他牲畜
流感	猪、鸭
百日咳	猪、狗
恶性疟	鸟（鸡、鸭？）

* * *

依我们和动物这般亲密的程度，它们身上的微生物不知有多少已经大举入侵到我们身上。这些侵略者经过天择的筛选后，只有少数成为人类疾病。我们就以目前的疾病来追踪一下病菌从感染动物演化到感染人类社群的四阶段。

代表第一阶段的是数十种宠物或牲畜直接传染给我们的疾病，如猫给我们的猫抓病、狗给我们的钩端螺旋体病、鸡和鹦鹉给我们的鹦鹉热，以及牛送给我们的布鲁菌病。野生动物也会把疾病传染给我们，如猎人在剥野兔皮毛时可能被传染兔热病。就人类病原体的演化史而言，这些微生物还在发展初期，无法在人群间传播，能从动物传播到人类已经很了不起，所以相应的疾病也不常见。

到了第二阶段，源于动物的病原体已可在人类社群之间传播，成为流行病。之后，此类流行病可能会由于几种原因而消亡，比如现代医学的疗效，或是个人都得过病了，不是有免疫力就是已经死亡。1959 年在非洲东部出现的不知名热病就属于这种。这种病后来被命名为阿尼昂尼昂病，病毒或许来自猴子，然后由蚊子的叮咬传播开来，当时被感染的非洲人有好几百万，因为病人可以很快痊愈，产生免疫力，所以这种病不久就绝迹了。和美国人比较有切身关系的例子，则是一种新型的钩端螺旋体病，1942 年夏于美国境内暴发，后来被命名为胫前皮疹热，但很快就消失了。

新几内亚库鲁病的绝迹则是由于其他原因。这是一种在食人族间流传的病毒，作用很慢，一旦染上则终生无法痊愈。新几内亚弗雷族的 2 万条人命都葬送在这种病毒的手里。1959 年左右澳大利亚政府接管此地，终止食人肉的行为，也中断了库鲁病的传播链。医学史上多的是现代人从未听闻过的传染病。这些惊悚骇人的恶疾来去无踪。欧洲中古世纪结束不久，有一种恐怖的"英国汗热病"（流行于 1485—1552 年），18—19 世纪的法国也出现"皮卡第汗症"。这两种以及类似的流行病早在现代医学出现之前就已消亡，已无法靠现代医学辨识哪种微生物是罪魁祸首了。

第三阶段的代表是曾以动物为宿主，后转入人体的病原体，并没有（或者说尚未）绝迹，仍在人类社群耀武扬威，杀人无数。1969 年在尼日利亚出现的拉沙热可能是源于啮齿动物的恶疾，传染性极强，当时，尼日利亚的医院只要出现一个病例，就立刻宣布关闭。我们还不清楚这种疾病未来将如何发展。至于莱姆病的底细，我们就比较清楚了，这是由螺旋体引发的疾病，通过鼠和鹿身上携带的蜱虫的叮咬传播。这种病症的处女秀虽然很晚，直到 1962 年才现身于美国，但一出现即蔓延到全美各地。而艾滋病的未来呢？根据文献，这种源于猴子的病毒，大约在 1959 年正式升级成人类病毒，现在更已在人类社群安身立命了。

病原体演化的最后阶段就是在人类社群生根，成为人类专属的传染病。过去，不知有多少病原体企图从动物转进人体，但大都失败了，只有少数成功。

这几个阶段中，到底发生了什么？纯属动物的疾病如何转变成人类专属的疾病？媒介的改变是一大关键：比如，一种微生物本来以某种节肢动物为媒介来到新宿主的身上，但有可能不得不利用新的节肢动物来传播。例如，引起斑疹伤寒的微生物最初只在老鼠之间通过鼠蚤传播，也会传到人的身上，后来，引起斑疹伤寒的微生物发现人类身上的虱子更好用，传播效率更高。而到了现在，很少有美国人身上还有虱子，那些微生物又得想新的办法：新的"爪牙"是北美东部的鼯鼠（flying squirrel），它们会窝藏在阁楼，然后把斑疹伤寒传给人类。

总之，疾病代表着进行中的演化，也代表着微生物的适应能力。由于天择，微生物不得不适应新的宿主和媒介。若拿人体和牛的躯体相比，可以发现两者的免疫系统、虱子、粪便和化学作用都不相同。微生物来到新的环境，要存活下去、继续繁殖，必然得想出新的法子。一些病例让医师和兽医有办法观察微生物的求生之道。

　　最为人所知的案例要算是黏液瘤病对澳大利亚兔子的冲击。黏液瘤病毒原是巴西野兔的本土病毒，后来转移宿主侵袭另一品种的兔子，也就是欧洲家兔时，则引发了致命的流行病。这种凶残的病毒反倒帮了人类一个大忙。原来，19世纪有人未经深思熟虑就把欧洲兔引进澳大利亚，造成澳大利亚"兔满为患"，到了1950年，人们终于想出"以毒攻毒"之法，企图用这种病毒来解决兔灾。头一次效果奇佳，染病的兔子死亡率高达99.8%，牧场主人不禁额手称庆。但好景不长，第二年死亡率则降为90%，最后更创下25%的新低。因此，要把这种兔子赶尽杀绝，想必是不可能了。问题出在黏液瘤病毒的诡诈。这种病毒演化完全是为了自己，不是为了人类，更不是为了兔子。演变到后来，杀死的兔子数目越来越少，染病的兔子有更长的存活时间，毒性降低的病毒的下一代就得以传播给更多兔子，更加繁盛，不像上一代，虽然毒性高强，但是一下子就和兔子同归于尽了。

　　再举一个发生在人类社群的类似例子——梅毒。它的演化史令人啧啧称奇。一提起梅毒，我们不禁联想到生殖器溃烂和病情进展的缓慢，在没有得到治疗的情况下，这种病也能拖很久，得过很多年才会要了宿主的性命。但梅毒当初可不是这样，1495年，梅毒首次在欧洲出现且登记有案，病人从头部到膝盖都是脓疱，脸上的皮肉一块块脱落，不出几个月就一命呜呼。到了1546年，梅毒的症状已和今天所差无几。显然，就和前述的黏液瘤病毒很像，梅毒螺旋体不那么快置人于死地，就是为了繁衍下一代，以便对更多人下手。

＊＊＊

致命微生物在人类历史上的地位，从欧洲人征服新大陆的史实来看，再清楚不过了。因欧亚大陆病菌而死的美洲土著，比战死沙场的多得多。这些凶残的病菌取走了大多数印第安士兵和将领的性命，使他们的军力彻底瓦解，更让幸存者心有余悸。例如，1519 年，科尔特斯率领 600 名西班牙随从登陆墨西哥海岸，企图征服有数百万人的阿兹特克帝国。科尔特斯到了首都特诺奇蒂特兰，不久就被逐出城外，"仅"折损了三分之二的兵力，但他又企图杀到海岸，以展现西班牙的武力优势，笑傲那些天真无知的印第安人。然而，科尔特斯再次发动攻击时，印第安人已经学乖了，在每一条巷道严阵以待，准备拼个你死我活。西班牙人凭什么本事获胜？答案就是天花。1520 年，有个奴隶在古巴感染了天花后来到墨西哥。结果这场流行病杀死了半个阿兹特克帝国的人，连皇帝奎特拉瓦克也难逃一劫。这种神秘的疾病专挑印第安人而放过了所有的西班牙人，劫后余生者因而信心全无。墨西哥人口本有 2 000 万，到了 1618 年陡降至 160 万。

皮萨罗在 1531 年登陆秘鲁时一样走运，他只带了 168 个人就征服了几百万人的印加帝国。天花早他一步在 1526 年左右来到秘鲁，带走了不少印加帝国的子民，连皇帝卡帕克和他指定的继承人都魂归西天。正如第 3 章所述，在群龙无首的情况下，卡帕克的两个儿子阿塔瓦尔帕和瓦斯卡尔因而陷入内战。这反倒让皮萨罗成为得利的渔翁。

说到 1492 年新大陆人口众多的人类社群，今天的美国人能想起来的可能不外乎阿兹特克帝国和印加帝国。我们忘了北美洲的密西西比河河谷还有人口稠密的印第安人社群，那里是今日美国的农业重心，当年有如此发展也不足为奇。白人不用一兵一卒就将此地化为鬼城，关键就是来自欧亚大陆的病菌。欧洲远征军首度踏上美国东南的土地是在 1540 年，领队的就是皮萨罗的手下埃尔南多·德·索托。有一天，他经过一个在两年前已成废墟的印第安城镇，镇上所有人都因流行病而死。西班牙人一踏上新大陆，就把传染病送给了印第安人，病原体随即往内陆前进，脚步比西班牙人快多了。

德·索托还是在密西西比河沿岸的低地看到了几个人口稠密的印第安城镇。这次远征结束多年后，欧洲人才又来到密西西比河河谷，而那时来自欧亚大陆的病菌早已落地生根，四处扩散。直到 17 世纪末，欧洲人才再次出现在密西西比河下游，这回是法国的殖民者。那些繁华的印第安城镇早就从密西西比河河谷消失了，空留一座座土墩。最近我们才发现，其实，那些印第安社群在前哥伦布时代一直相当活跃，灭族惨案发生在 1492 年和欧洲人有计划地在密西西比河河谷发展之间——这应该也是病菌的杰作。

小时候，大人告诉我们，北美洲本来只有 100 万左右的印第安人。这是为白人的殖民强辩，表示这个大洲在白人来到时几乎是一片荒芜。然而，考古学证据显示：当时应该有 2 000 万的印第安人。可见，哥伦布登陆后，削减的印第安人口高达 95%。关于这一点，第一批踏上美洲的欧洲远征军也做了翔实的记录，可供佐证。

　　印第安人从未接触过旧大陆的致命病菌，因此无从产生抵抗力或基因变化。天花、麻疹、流感和斑疹伤寒等，都是逞凶斗狠的头号杀手。如果嫌不够，白喉、疟疾、腮腺炎、百日咳、鼠疫、肺结核和黄热病还等着呢。很多白人都见识过致命病菌蹂躏人类的本事。例如19世纪北美大草原上有一支曼丹印第安人（Mandan Indian），他们是文化发达的印第安部落。1837年，有艘从圣路易斯沿密苏里河开来的汽船带来了天花病毒。不出几个星期，本有2 000人的曼丹人一下子变成了不到40人。

＊　＊　＊

　　十几种来自旧大陆的恶性传染病在新大陆站稳了脚跟，却没有一种致命病菌是从美洲传到欧洲的。唯一的例外可能是梅毒，但梅毒的起源仍存在争议。群聚疾病不是在人口数量庞大且稠密的地区更容易发展吗？为什么会有这种严重失衡的现象？如果最近估算出来的前哥伦布时代的人口才是正确的，那么新大陆人口的稠密度其实不下于欧亚大陆。墨西哥的特诺奇蒂特兰就是当时数一数二的大城市。为什么特诺奇蒂特兰没有致命的病菌可以送给自己送上门来的西班牙人？

　　会有这种结果，可能是因为新大陆的人口发展要比旧大陆来得晚。另一个原因是当时美洲人口最为稠密的三个中心（安第斯山脉、中美洲和密西西比河河谷）从未联结成繁忙的贸易网络，而在罗马时代串连起来的欧洲、北非、印度和中国，成了微生物繁衍的天堂。然而，这几个因素仍无法解释为何新大陆没有发展出致命的群聚流行病（根据文献报告，有人在秘鲁印第安人的千年木乃伊身上发现了肺结核菌的 DNA，但这种辨识程序并不能判断其到底是人类肺结核还是在野生动物间颇为流行的近亲病原体牛型结核菌）。

为什么致命群聚流行病不能在美洲兴起？这个问题其实可以用另一个简单的问题来回答：这些病菌是从什么微生物演化来的？欧亚大陆的群聚传染病是从牲口身上来的。欧亚大陆可豢养的牲畜不少，但在美洲被驯化的只有 5 种：墨西哥和美国西南部的火鸡、骆马（或羊驼），安第斯山脉的豚鼠，南美热带地区的疣鼻栖鸭和遍布于全美洲的狗。

话说回来，新大陆驯化动物之少反映出一个事实：野生物种贫乏。在上个冰期，约 1.3 万年前，80% 的美洲大型哺乳动物已经灭绝，剩下可供驯化的动物寥寥无几，根本不可能和群聚疾病的来源如牛、猪等相提并论。疣鼻栖鸭和火鸡都没有群居的生活习惯，也不是像小绵羊般可让人搂搂抱抱的宠物。豚鼠则可能是恰加斯病（或称南美洲锥虫病）或利什曼病的祸源，但未有定论。安第斯山脉的骆马（或羊驼）乍看之下和欧亚大陆的牲畜最为类似，但让人不得不惊讶的是，人类疾病中没有一种源于这种动物。有四个地方可看出为什么它们不利于人类病原体的发展：第一，它们不像绵羊或山羊那样被大量饲养；第二，由于骆马从未翻山越岭到安第斯山脉以北的地区，总数和欧亚大陆的牲口相比只有九牛之一毛；第三，人们不喝骆马的奶，因而不会被藏于骆马奶的病菌感染；第四，骆马不是在家里豢养的动物，和人类的关系没有那么亲密。反观新几内亚高地，那里的女人还会以自己的奶喂小猪，而猪、牛也常常和农民住在一个屋檐下。

* * *

源于动物的疾病有远超过新旧大陆冲突本身的重大历史意义。欧亚病菌是使世界许多土著灭族的厉害角色，遭到毒手的包括太平洋岛民、澳大利亚土著和南非的科伊桑人（霍屯督人和布须曼人）。根据统计，因未曾接触过欧亚病菌而丧生的死亡率在50% 和 100% 之间。例如，伊斯帕尼奥拉岛在 1492 年哥伦布发现这个新大陆时，约有 800 万人，到了 1535 年，这 800 万人全成了白骨，无一幸存。斐济的麻疹是一个酋长在 1875 年从澳大利亚带回来的"纪念品"，导致斐济一下子失去了四分之一的人口（而在那之前，斐济人口已因 1791 年欧洲人到来后引发的流行病而大大削减）。在夏威夷，1779 年，随库克船长前来的是梅毒、淋病、肺结核和流感；在 1804 年之后登场的是斑疹伤寒和几种来头较小的传染病，但也使原本 50 万人口（1779 年）的夏威夷只剩下了 8.4 万人（1853 年）；祸不单行的是，在 1853 年又暴发天花，取走了 1 万条人命。这种实例不胜枚举。

然而，病菌并非一面倒地向着欧洲人，做专属他们的爪牙。新大陆虽没有发展出本土的传染病来对付欧洲人，但亚洲热带地区、非洲、印度尼西亚和新几内亚确实有准备对付欧洲人的致命病菌：旧大陆热带地区的疟疾、东南亚热带地区的霍乱和非洲地区的黄热病，都是赫赫有名的热带杀手、欧洲殖民的障碍。这也可解释为何欧洲人瓜分新几内亚和非洲大部分地区，要比欧洲人攻占美洲几乎晚了近 400 年。此外，一旦疟疾和黄热病随着欧洲汽船登陆新大陆，不但使美洲人感染，也在新大陆的热带地区形成殖民的阻碍。法国人开凿巴拿马运河的计划就因疟疾和黄热病而流产，最终修成运河的美国人也差点遭遇同样的挫败。

铭记这些史实，有助于我们重新看待病菌的作用和亚力问题的关联。没错，欧洲人在武器、技术和政治组织方面占尽优势，胜过他们的手下败将，也就是大多数的有色族群，但单凭这些优势无法解释为何欧洲白人从一开始便能以寡击众，大败为数众多的美洲土著，并在其他地区造成族群更替。少了病菌这个亲密战友（欧亚族群和驯化牲畜长久以来朝朝暮暮相处的结果），欧洲人恐怕难以称心如意地主宰其他大洲。

第 12 章

蓝本和借来的字母

19 世纪的作家常把历史当作从野蛮进化到文明的过程。这种转变的里程碑荦荦大者有农业、冶金、复杂的技术、中央集权政府和文字。在传统观念中，以上几项最受地理条件限制的就是文字：在伊斯兰世界和欧洲殖民者向外扩张以前，很多地区都没有文字，如澳大利亚、太平洋岛屿和非洲近赤道地带，新大陆当然也是，唯一的例外是中美洲的一小片地区。结果，以文明自诩的族群总把文字当作自己有别于蛮夷之人的最鲜明特征。

知识带给我们力量。由于文字可以更精确、更大量、更详细地传递知识，现代社会的力量正是来自文字，我们因而得以汲取遥远时空的知识。当然，也有尝试不用文字来治理国家的族群（如大名鼎鼎的印加帝国）。此外，"文明人"不一定能打败"野蛮人"，罗马人碰上匈人时就学到了教训。不过，近代以来有文字和无文字群体相遇的结果，最为典型的还是欧洲人对美洲、西伯利亚、澳大利亚的征服。

文字和武器、微生物、中央集权的政治组织一道，成为现代征服战争的利器。国王和商人都利用文字发号施令，组织舰队向海外扩张。舰队航行依循的地图和航海指示都是以前的探险家留下来的。早期航海探险记载中的金银财宝和良田沃土让后人心生向往，跃跃欲试，这些记载让后代探险家得知外地的景况，以便未雨绸缪。帝国的统治、管辖也靠文字。在还没有发展出文字的社会里，人们用别的方式来传递类似的信息，但文字还是比较简便、详细、精确，而且更容易打动人心。

然而，为什么只有一些族群发展出了文字？比方说，为什么传统的狩猎-采集族群没能发展出自己的文字，也不采借别人的文字？在岛屿帝国中，为何米诺斯文明所在的克里特岛有文字，波利尼西亚的汤加就没有？文字究竟在人类历史上分别发明过几次，是在什么情况下发生的，用途何在？此外，在那些有文字的族群中，为什么有些很早就发展出了文字？还有，今天日本和北欧识字率都相当高，伊拉克尚有很多文盲，但是，为什么伊拉克发展出文字反倒还比日本和北欧早近4 000年？

文字从起源地向外传播，涉及几个重要的问题。例如，为什么肥沃新月地带的文字传到了埃塞俄比亚和阿拉伯半岛，而墨西哥的文字却没有传到安第斯山脉？此外，文字系统的传播方式，是一地照搬另一地的文字，还是受到其他地区文字的启发，自己发明了文字？有了适合一种语言的文字系统，如何发明出适合另一种语言的文字系统？其实，人类文化的其他方面也面临类似的问题，如技术、宗教和食物生产。但是，对关于文字起源和传播的种种问题感兴趣的历史学家占了一个优势：这些问题都有文字记录可按图索骥，进而找到确切的答案。我们追本溯源，研究文字发展的过程，不仅因为文字本身很重要，也因为可借此洞悉整部文化史。

＊＊＊

建立文字系统的基本策略有三种，其区别在于一个文字符号所指涉的语言单元的大小：可能是一个单音、一个音节或一个完整的词。每个单位都有一个代表符号。今天大多数人使用的是字母文字，理想状态下一个符号（称为"字母"）对应语言中的一个基本音（音素）。而实际上，大部分语言只有二三十个字母，但音素不止这个数目。例如，英语只有 26 个字母，音素却有差不多 40 个。因此，大多数以字母组合的文字，包括英文在内，不得不用同一个字母来代表几个不同的音素，或用几个字母组合起来代表某些音素，例如英文中的 sh 和 th（但在俄文和希腊文各有单一的字母对应）。

第二种策略就是利用语标，也就是用一个文字符号来代表一个完整的词。汉字和日语中的汉字里就有很多这样的符号。在字母文字系统得以风行以前，运用语标的文字系统更为常见，如埃及和玛雅文化的象形文字、苏美尔人的楔形文字。

第三种策略，大多数的读者可能比较陌生，那就是用一个符号来代表一个音节。这种音节文字其实就是用一个符号来代表一个辅音加一个元音产生的音节，然后用各种方法来用此类符号表示其他类型的音节。音节文字在古代很常见，如迈锡尼希腊文中的线形文字 B。今天，依旧有人使用音节文字，最重要的就是日本人的假名。

以上，我名之为"策略"，而不说是"文字系统"，有我的用意。没有一种文字是只用一种策略的，例如，汉字并不全是由语标构成的，英文也不只是字母文字。英文和其他字母文字系统都用到不少抽象的语标，例如数字、$、% 等不代表语音的单位。前述采用音节策略的线形文字 B 也有很多语标，而采用语标的埃及文字系统里也包括了不少音节符号，而且几乎每个辅音都有一个字母与之对应。

* * *

从零开始创造一种文字系统必定比从他处借用或改造要来得困难。创造文字系统的人必须先拟定基本原则。这些我们认为理所当然的原则，在创造之初可不简单，例如得先想办法把一连串的声音分解成几个语音单元（如字、音节或音素），还要能辨识相同的声音或语音单元，而不受其他变量的影响，如音量大小、语调高低、语速、加强语气、语群或个人发音的习惯，然后设计出代表语音的符号。

在没有办法依样画葫芦的情况下，最初创造文字系统的人还是解决了这些问题。这项任务极其艰巨，要无中生有更是难上加难，因而成功的实例可谓凤毛麟角。自己发明文字的族群，没有争议的包括略早于公元前 3000 年美索不达米亚的苏美尔人，以及公元前 600 年的墨西哥印第安人（图 12.1）；公元前 3000 年的埃及和公元前 1300 年的中国可能也已独立创造出文字。至于其他族群的文字，多半是借用或改造自其他文字，或者受到现成的文字系统的启发而发展出自己的文字。

图 12.1　文中提到的文字系统的发源地

注：中国和埃及的文字是原创，还是受到在其他地区出现的文字刺激发展出来的，还是个疑问，故标上问号。"其他"指的既不是字母文字，也不是音节文字，而是或许在更早期文字的影响下所发展出来的。

目前我们所能找到资料最丰富的最古老的文字就是苏美尔人的楔形文字（图 12.2）。在这种文字成形之前的几千年里，肥沃

图 12.2　源于苏美尔人的巴比伦楔形文字

新月地带一些村庄里的农民用不同形状的泥块记账，比如记录绵羊和谷物的数量。在公元前 3000 年前的几百年里，记账技术、格式和符号的发展迅速催生出第一个文字系统。技术的一大突破是对泥板的利用，有了泥板，写字就容易多了。起先，人们用尖

头的工具在上面刻画，后来发现芦苇做的尖笔画的记号更加整齐美观。至于格式的发展，由于有其必要，有些已慢慢发展成一般的准则，比如，书写需要有行列组织（苏美尔人的楔形文字和现代欧洲文字就是一行行水平排列的文字），行文的方向必须一定（如由左至右），而且是由上至下而非由下至上逐行阅读。

而最关键的一个变化，是解决了几乎所有文字系统都会面临的问题：如何设计出一个约定俗成的符号系统，不仅可以代表观念和与发音无关的字词，还能代表实际交谈中的语音？解决这个问题的方法，我们可从苏美尔人在幼发拉底河畔的遗址乌鲁克城（今巴格达东南约 200 英里处）出土的几千片泥板中略知一二。苏美尔人最早创造出来的文字符号都是可以辨识出指代对象的图形（如鱼和鸟）。自然，这类图像符号主要是数字和代表可见事物的名词，用这些符号只能简单记账，不能表示语法要素。渐渐地，符号变得越来越抽象，特别是在书写工具换成了芦苇尖笔以后。几个旧的符号组合起来就成了新的符号，以代表新的意义，例如，代表"头"的符号加上代表"面包"的符号，就成了代表"吃"的符号。

最早的苏美尔文字里还有不代表语音的语标。语标并不一定以苏美尔语中的具体发音为基础，而是可以有多种发音方式，而代表的意义还是同一个——就好像如"4"这个数字在不同语言中的发音不同（英语是 four，俄语是 chetwíre，芬兰语是 neljä，印度尼西亚语是 empat），但意思都一样。或许文字发展史上最关键的一步，就是苏美尔人采用了代表语音的符号。碰到无法用图像描绘的抽象名词时，他们就用同音且可以画出来的名词来代表。例如，"弓"易画，"生命"却难以描绘，但在苏美尔人的语言中，两者的发音相同，都是 ti，所以他们就用"弓"的图像来代表"生命"。然而，在看到"弓"这个符号时，我们如何断定是"弓"还是"生命"？为了避免混淆不清，苏美尔人在前面加上一个不发音的符号（限定符）来指示名词的类别。语言学家将这一突破命名为"画谜原则"——今天的双关语也是基于这一原则产生的。

苏美尔人在灵光乍现之下想到了这个语音原则，就可以处理抽象名词以外的问题了，比如写出带有语法尾缀的音节或字母。以英文为例，要画出 -tion 这个常见的音节，一开始可能不大容易，但我们可利用同音的动词 shun（闪避），用描绘闪避的图形来代表 -tion。由语音来表达的符号也用于"拼出"较长的词，一串图形连在一起，每个图形代表一个音节。例如，英文中的 believe（相信），就可拆成 be+lieve，再用同音词 bee（蜜蜂）和 leaf（树叶）的图画来表示。有了语音符号后，还可以用同一个图形符号来代表一组相关的词［如 tooth（牙齿）、speech（话语）、speaker（说话的人）］，不过为了消除歧义，还必须加上可以通过发音来理解的符号（比如，从 tooth、speech、speaker 的音节发音中挑出 two、each、peak，分别用代表"二""每个""尖端"的符号来表示）。

因此，苏美尔文字是一个复杂的组合，包括了语标（代表一整个词或名字）、语音符号（以拼出音节、字母、加入语法元素或词的一部分）和限定符（不发音，只用来消除歧义）这三种符号。然而，苏美尔人的语音符号没能发展成一套完整的音节文字和字母文字，有些音节没有对应的文字符号，有些符号则有多种发音方式，而且同一符号还可能有不同的意思，可以表示一个词、一个音节或一个字母。

除了苏美尔人，在人类史上还有一个独立创造文字的族群，那就是中美洲的印第安社群，此地可能是墨西哥南部。一般认为中美洲的文字和旧大陆的文字没有关联，因为没有证据显示新大陆在前斯堪的纳维亚时代能和有文字的旧大陆接触。此外，中美洲的文字形式和旧大陆的文字完全不同。目前已知的中美洲文字有十几种，似乎彼此都有关联（如数字和历法的记载），但大部分还没有完全被破译。现存的中美洲文字手稿中，历史最为久远的是来自公元前 600 年墨西哥南方的萨波特克地区，我们了解最多的则是玛雅低地的文字，据推断，其最早的书写年代为公元 292 年。

尽管玛雅文字是独立创造出来的，而且有特定的符号形式，其基本组成原则还是类似于苏美尔文字和受苏美尔文字启发而发展出来的欧亚大陆西部的文字。玛雅文字和苏美尔文字一样，使用语标和语音符号。用语标来代表抽象的词通常基于画谜原则，也就是用一个发音类似、意义不同但比较容易画出来的词代替画不出来的词。此外，玛雅文字的音节符号就像日本的假名和迈锡尼希腊语中的线形文字 B，大都是一个辅音加上一个元音（如 ta、te、ti、to、tu）。像早期的闪语字母一样，玛雅文字的音节符号，源自以该音节开头的物体的图像（比如，玛雅文字的音节符号 ne

看起来像条尾巴，而尾巴在玛雅文里就是 neh）。

中美洲和古欧亚西方文字的平行发展证实人类普遍都有创造力。虽然苏美尔人和中美洲的语言没有特别的关联，但都有往文字发展的特质。苏美尔人在公元前 3000 年之前解决文字系统的问题后，在地球另一端的中美洲印第安人也在公元前 600 年之前想出了解决之道。

＊　＊　＊

我们且把埃及、中国和复活节岛的文字当作例外，稍后再来探讨。其他地区的文字系统似乎都源于苏美尔文字或中美洲早期的文字，或修改后拿来使用，或得到启发而发展出自己的一套。为什么从无到有的文字这么稀罕？如前所述，创造文字系统极难。还有个原因是，苏美尔人和中美洲的印第安人已专美于前。

我们知道苏美尔文字的发展至少要花几百年时间，或许几千年也说不定。文字发展的先决条件是：这个人类社群必须认为文字有用，而且能供养造字专家。除了苏美尔人和最早的墨西哥人，有这种条件的地区是古印度、克里特岛和埃塞俄比亚，那里的人为什么没有创造出自己的文字？因为苏美尔人和最早的墨西哥人造字成功后，造字的细节和原则很快就传播出去了，其他地区的人得以省去几百年或几千年的时间做造字实验，何乐而不为？

文字的传播方法有两种，这两种方法也适用于技术和思想的传播。有人发明出了一套东西并投入使用，如果这东西对你来说可能也有用，那么在知道其他人已经探索出行得通的模式的情况下，你会怎么来设计一套类似的东西呢？

　　发明的传播方式有很多。一个极端是"蓝本复制"，将蓝本照单全收或略加修改后拿来运用；另一个极端是"理念传播"，学到基本概念后自己再来研发细节。你最先只是知道可行，后来自己也想试试，你自己得出的解决方案可能和最早那位发明者的一样，也可能不一样。

　　以现代的事件为例，史学家仍在争论，苏联的原子弹是依照一个"蓝本"复制出来的，还是由于"理念"的启发？苏联是不是派间谍从美国窃取机密才制造出原子弹的？还是美国在广岛投下原子弹让苏联的科学家知道研发原子弹可行，于是研发出自己的原子弹，和美国先前的努力几乎不相干？类似的问题也出现在车轮、金字塔和火药的发展史上，以下将讨论"蓝本复制"和"理念传播"对文字传布的帮助。

＊＊＊

　　今天的语言学家在为没有文字的语言设计文字系统时，采用的是蓝本复制的方法。这种"定做"的系统大抵是修改现成的字母或音节。例如，精通语言学的传教士就修改罗马字母，以供上百种新几内亚和美洲土著的语言书写之需；土耳其文也是1928年官方的语言学家以罗马字母为蓝本造出的；俄罗斯许多部族的语言所用的字母也是自西里尔字母修改而来。

　　在遥远的古代，人类是怎么采用蓝本来设计文字的？我们可从几个例子中略窥一二。例如，今天仍在俄罗斯通行的西里尔字母，是公元 9 世纪由希腊传教士圣西里尔（Saint Cyril）基于希腊文和希伯来文的字母发明的。日耳曼语族（包括英文）中保留下来最古老的文本，则是用乌斐拉主教（Bishop Ulfilas）创造出来的哥特字母写成的；这位活跃于公元 4 世纪的传教士在今天的保加利亚一带与西哥特人住在一起。乌斐拉就和圣西里尔一样，把几种文字的字母拼凑在了一起：借了 20 个左右的希腊字母、5 个罗马字母，还有 2 个可能是如尼字母，也有可能是乌斐拉自己发明的。然而，就史上有名的文字而言，造字的人多半已不可考。但是，我们还是可以比对最近出土的古代文字和现存的文字，从文字的形式推断出哪个是"蓝本"。因此，我们可确定迈锡尼希腊文中的线形文字 B 是公元前 1400 年之前自克里特岛线形文字 A 采借的。

　　一种语言的文字系统被当作蓝本，用于建立另一种语言的文字系统，这样的事发生了几百次，每次都会产生一些问题，因为世界上没有任何两种语言的发音完全相同。如果文字借出方的语言里有些语音是借用方没有的，借用方可能就会干脆弃用代表那些语音的字母或符号。例如，芬兰语中没有其他许多欧洲语言里用 b、c、f、g、w、x、z 等字母代表的语音，于是从罗马字母借用字母时，芬兰文就弃用了这些字母。反过来的问题也很常见：文字借出方的字母不够用，借用方语言中的一些语音没有对应字母可用。解决方式有好几种：第一，用两个或两个以上的字母来代表这个音（如英文中的 th 代表的音在希腊文和如尼文中只用一个字母）；第二，在现成的字母上加上小小的符号（如西班牙文中带有腭化符号的 ñ、德文中带有变音符的 ö，波兰和土耳其文上也有不少这种像在字母上跳跃的小符号）；第三，给已有的字母加上原本没有的用法（如现代捷克文用罗马字母的 c 来表达捷克语中的 ts 音）；第四，干脆发明新字母（如中古英语中的 j、u 和 w）。

罗马字母本身也是一系列蓝本复制活动的最终产物。在人类历史上，字母可能只被发明了一次：是由说闪米特语言者发明的，地点在从现代的叙利亚到西奈半岛这个地区，时间在公元前第二个千年。之后出现的数百种字母（有的已成为历史，有的仍在使用）都源于古闪米特语言字母。有些是理念传播的结果，如爱尔兰的欧甘字母，但大多数是用蓝本复制加修改的办法产生的。

字母的演化可溯源至埃及象形文字，整组文字有 24 个符号，每一个符号代表一个辅音。以我们的观点来看，下一步的发展应该是舍去语标、限定符和表示两个或三个元音组合的符号，但埃及人并未这么做，还是继续用它们的辅音字母。不过，大致从公元前 1700 年开始，熟悉埃及象形文字的说闪米特语言者开始尝试如此改进。

使字母文字系统有别于其他文字系统有三项重要创新，只使用表示单个辅音的符号只是第一项。第二项是把字母按固定顺序排好，起好记的名字，让使用者可以记得住。英文字母的名称大多是没有意义的单音节（如 a、bee、cee、dee），但闪米特语言字母名称都是有意义的，而且是常见的物品（'aleph 就是牛，beth 就是房子，gimel 就是骆驼，daleth 就是门，等等）。这些闪米特语言词语和闪米特语言辅音用"截头表音"的方式联系到一起：字母的名称就是以该字母开头的表示物品的词（'a、b、g、d 等）。此外，闪米特语言字母最早的形式往往正是那些物品的图像，因此闪米特语言字母的形状、名称和顺序都很容易记。虽然已过去超过 3 000 年，但很多现代字母，包括英文字母，还是依照这个最先的顺序排列，只是略有调整［希腊文连字句原本的名称都保留了下来：α（alpha）、β（beta）、γ（gamma）、δ（delta）等］。读者应该已经注意到各文字间字母的些微差异：闪米特语言字母和希腊字母中的 g，到了罗马字母和英文字母中却变成了 c，罗马人则造了一个新的 g，放在罗马字母表现在的位置上。

第三项，也是最后一项创新，就是元音字母的出现，这样现代字母才算完备。闪米特语言字母造出后不久，已有人尝试在字母上加上很小的字母来表示特定的元音，或是在辅音字母上加点、线、钩等。最早运用和辅音字母同类的字母来有系统地表示元音的，是公元前 8 世纪的希腊人。希腊文中的 5 个元音字母 α、ε、η、ι、o "吸收"自腓尼基字母中希腊语里因没有相应的辅音而用不到的字母。

字母的演化路线有几条。一条是以最早的闪米特语言字母为蓝本进行复制和修改，发展出早期的阿拉伯字母，乃至现代的埃塞俄比亚字母。另一条更重要的发展路线，是从阿拉姆字母（波斯帝国官方文献所用的文字）发展成现代阿拉伯语、希伯来语、印度语和东南亚语言的字母（图 12.3）。对欧美的读者而言，最熟悉的路线是公元前 8 世纪早期从腓尼基字母到希腊字母这条路线，同一个世纪，这类字母传到了伊特鲁里亚（意大利中部古国），又过了一个世纪到达罗马，罗马字母经过些微的修改后，就成了本书英文版的印刷字母。字母具有准确和简洁的优点，因此风行于世，现代世界大多数地区采用这种文字。

图 12.3　17 世纪早期印度拉贾斯坦或古吉拉特派的作品

注：上面的文字就和现代大部分的印度文字一样，源自古代的婆罗米文。这种古印度文字，或许是公元前 7 世纪在阿拉姆字母的影响下发展出来的。但印度人没有复制整套文字系统，只借用了字母原则，自行设计了字母形式、顺序和元音。

* * *

就文字的传播而言，最便捷的方式就是有个蓝本可以仿照、修改，但不一定这么理想。蓝本可能会被隐藏起来，再说，蓝本落到对文字一无所知的人手里也没有用。人们可能听闻远方发明了文字，但对具体的细节一无所知，或许只有个基本概念：有人成功了，有文字可以使用了。不过，这样的信息很可能给许多人带来了灵感，让他们在理念的启发下，也去设法实现同样的目标。

在文字史上有个令人惊叹的实例：1820 年左右在美国阿肯色州由切罗基印第安人发展出的音节字母。造出这套字母的奇才叫塞阔雅（Sequoyah）。一开始，塞阔雅注意到白人在纸上做记号，有了这些记号做成的记录，再怎么长的话语都可以重复说出，一字不差。然而，这些记号究竟是怎么发挥作用的，对他来说仍是个谜。那时，他就和他的族人（1820 年之前的切罗基人）一样，目不识丁，只会说切罗基语，不会说英语，也看不懂英文字母。塞阔雅是个铁匠，由于顾客欠账，他不得不想出一个办法来记录账款。他先画出每一个顾客的脸，再以大小圆圈和长短线条代表顾客欠他的数目。

1810 年左右，塞阔雅决心再接再厉，为切罗基语设计出一套文字。他还是先画图，后来觉得太复杂了，而且老是画不好，就放弃了。接下来，他开始为每一个词设计一个符号，造了几千个符号还是不够，因此又不满意。

最后，塞阔雅终于茅塞顿开，想到词语不过是一系列语音（正是今天我们所谓的音节）的组合，于是他转向音节，一开始设计出 200 个音节符号，慢慢地又缩减成 85 个，大多是一个辅音和一个元音的组合（图 12.4）。

图 12.4 塞阔雅为切罗基语发明的音节符号

学校老师给了塞阔雅一本英文拼字书，塞阔雅就以这本书为模板不断练习抄写字母。这些英文字母就成了他造字的符号来源。他的切罗基音节字母中有二十几个取自英文字母。因为塞阔雅不懂英文字母的意义，只是借用这字母的形体，所以这些字母在塞阔雅的文字系统中有完全不同的意义。例如，他用英文字母 D、R、b、h 来代表切罗基音节中的 a、e、si、ni，用"4"这个数字符号来表示 se 这个音节。此外，他也将英文字母改造一番来用，表示 yu、sa、na 等音节，还自己新发明了一些符号，表示 ho、li、nu 等音节。塞阔雅设计的音节字母很实用，和切罗基的语音配合得天衣无缝，又易懂易学，语言学家见了，无不赞赏。没过多久，切罗基人的识字率就达到100%，没有文盲，还拥有印刷术，可以印行书报。

切罗基文字就是理念传播的极佳例证。塞阔雅有纸有笔，知道文字系统的理念，知道要用不同的符号，还知道几十个符号的样子，仅此而已。他既看不懂英文，也不会写，不可能从周遭现成的文字系统知道造字的细节或原则。他身处陌生的文字环境，看不懂任何字母，更不知克里特人在3 500年前就有音节文字了——就是在这种情况下，他独立创造出了一个音节文字系统。

* * *

由塞阔雅的例子，我们可以想象古代的许多文字系统是如何因理念传播而产生的。朝鲜的谚文就是李朝第四代国王世宗大王在公元1446年制定的，显然是受到中国方块字的形状和蒙古文（或藏传佛教经文）音节原则的启发。然而，这套拼音文字字母的书写形式则是世宗大王独创的，还有一些原则也是他发明的，例如把几个字母合成一个方块字（图12.5），用形状有关联的字母来表示有关联的元音或辅音，用不同形状的辅音字母表示发音时嘴唇和舌头的位置，等等。欧甘字母（公元4世纪爱尔兰和部分不列颠凯尔特地区使用的文字）也是利用类似的字母原则，采借的是现有的欧洲字母，也涉及了一些形状独特的字母，可能是基于手势创造出来的。

산 유화

산에는 꽃피네
꽃이 피네
갈 봄 여름 없이
꽃이 피네

산에
산에
피는 꽃은
저만치 혼자서 피어있네

산에서 우는 작은 새요
꽃이 좋아
산에서
사노라네

산에는 꽃지네
꽃이 지네
갈 봄 여름 없이
꽃이 지네

김 소 월

12.5 朝鲜诗人金素月的《山有花》

注：该诗使用的是训民正音的文字系统。每一个方块都是一个音节，而每一方块又是由好几个字母组成的。

可以肯定的是，朝鲜的谚文和欧甘字母都是理念传播的产物，而不是单独发明出来的。原因在于这两个社会和其他有文字的社会有密切的接触，这两种文字系统受了哪些外来文字的启发也很明确。相形之下，苏美尔人的楔形文字和最早的美索不达米亚文字系统则是独立的发明，因为周遭还没有文字，没有什么可以启发他们。在文字起源方面，尚存争议的是复活节岛、中国和埃及。

太平洋复活节岛上的波利尼西亚人也拥有独一无二的文字，但目前保存下来的例证最早的只到 1851 年，而欧洲人踏上这片土地则是在 1722 年。也许，在欧洲人登陆之前，复活节岛已独立发展出文字，但没有留下证据。如果有一分事实说一分话的话，我们可以推论复活节岛的文字也是在欧洲的刺激下产生的：1770 年岛民从西班牙征服者手中接获合并公告后，受到了启发。

至于汉字的出现，最早可考的时间是在公元前 1300 年左右，或许还有更早的也说不定。汉字有着独特的符号和组合原则，所以大多数学者认为这是一种独立发明的文字。就邻近地区的文字而言，在早期中国城市中心以西 4 000 英里的苏美尔人在公元前 3000 年之前发明了文字；2 600 英里以西的印度河流域在公元前 2200 年也有了文字，但在印度河流域和早期中国城市中心之间的区域在早期并没有发展出文字。因此，没有证据表明中国最早的文字是在其他文字系统的启发之下产生的。

一般认为，古文字中最有名的埃及象形文字也是独立发明的结果。但和中国文字相比，埃及象形文字更有可能是理念传播的产物。大约在公元前 3000 年，象形文字突然出现，且出现时形态已很完善（图 12.6）。埃及就在苏美尔以西 800 英里处，而且埃及人和苏美尔人有贸易往来。为何找不到象形文字逐步发展的证据？这一点让我大感不解。特别是埃及气候干燥，文字在更早期的发展经过应该很容易保存下来。在象形文字出现的几个世纪前，同样干燥的苏美尔不是保留了许多楔形文字早期发展的证据吗？同样令人心生疑惑的是，在苏美尔楔形文字和埃及象形文字之后，于伊朗（原始埃兰文字）、克里特岛（克里特图像文字）和土耳其（赫梯文字）看似独立创造出来的文字——虽然无一采借埃及人或苏美尔人使用的符号，但这几个地方的人不可能对邻邦文字一无所知吧，更何况彼此还有贸易往来。

　　这几个在地中海和近东的社群，没有文字也好端端地过了几百万年，就在几个世纪内，居然同时想到发明文字，这真是个莫大的巧合。我认为这可能就是理念传播的结果，就像塞阔雅发明

图 12.6　埃及象形文字：悼安提尼（Entiu-ny）公主的纸草文献

音节文字一样。埃及人和其他族群很可能是从苏美尔人那儿得到了造字的灵感，学得概念后，再加上自己发明的原则，设计出了特别的文字形体。

* * *

我们再回到本章开头提出的问题：为什么文字发明后，只传播到几个社群，没能广为流传到更多的地区？从早期文字的局限性、用途和使用文字的人这几个层面下手，应该是合适的起点。

早期的文字或是不完整，或是不明确，或是复杂，有的三种问题都有。例如，用最古老的苏美尔楔形文字是写不出一般的文章的，只能用来速记，其词汇只包括名称、数字、测量单位、需计数的物体和几个形容词。就好比现在有个美国法院的书记员，虽然想表达"我们命令约翰上缴他欠政府的 27 头肥羊"的意思，但由于缺乏必要的词语和语法结构，只能写成"约翰 27 头肥羊"。后来的楔形文字可以用来写文章了，但得使用夹杂着好几百个语标、声符和不发音限定符的复杂系统。迈锡尼希腊文中的线形文字 B 至少要简单一些，其基础是 90 个左右的符号加上语标的音节文字。然有一利必有一弊，线形文字 B 简化的结果就是不明确，如词尾的辅音完全省略，同一个符号代表好几个类似的辅音（如 l、r 不分，p、b、ph 不分，g、k、kh 不分）。日本人也有这个问题，很多人在说英语时分不清 l 和 r。想想看吧，若在英语里这几个类似的字母都无法分辨，会造成何种混乱！那样的话，说唱

（rap）、大腿（lap）、实验室（lab）、大笑（laugh）这些词都分不清了。

另一个局限性是，那些古老的文字根本没有几个人会。文字的知识是少数人的专利，文字是为宫廷或庙宇服务的。以迈锡尼希腊文中的线形文字 B 为例，只有少数的高官有读写能力。由现存史料上的字迹来判断，克诺索斯和派罗斯宫殿中的线形文字 B 文献分别出自 75 人和 40 人之手。

这些简略、笨拙又不明确的古代文字，使用者很有限，用途也很有限。若有人想通过文字去了解公元前 3000 年苏美尔人的想法，必定大失所望。最早的苏美尔文字只是朝廷和庙宇官员账册，极其索然无味。从乌鲁克城发掘出的最早的 "苏美尔档案"，90% 的泥板内容都是神职人员记载采买货物、工人配给或农产品分配等事项。直到后来，从语标进步到音标后，苏美尔人才能写一些宣传、神话之类的文章。

然而，迈锡尼希腊文从未到达宣传和神话这个阶段。克诺索斯宫殿遗址中出土的泥板有三分之一都是会计记录，记载绵羊和羊毛的数目。派罗斯宫殿遗址中出土的文字中记载亚麻的文字比例奇高。线形文字 B 本来就不精确，因此只适合在宫廷使用，无法普及，还好上下文和用词都有限制，解读起来并不难。我们找不到用这种最早的希腊文创作文学的证据。《伊利亚特》和《奥德赛》都由目不识丁的吟游诗人所作，听众也都是文盲，直到几百年后希腊字母发展出来后，才形诸文字。

同样存在局限性的还有古埃及、中美洲和中国的文字。古埃及的象形文字是宗教和政治的宣传工具，也是公文的书写媒介。玛雅文字同样用于宣传，也记录国王的生辰、登基和丰功伟业，以及祭司的天象观察。现存最古老的中国文字是殷商的甲骨文，主要用于朝廷大事的占卜。

今天的我们不禁要问：古老的文字为何这么不明确，导致用途大受限制，会用的也只有少数人？但有此一问，就足以体现古代人和现代人对文字普及看法间的鸿沟。早期文字的用途有限是有意为之，人们刻意不去发展更清晰的文字系统。苏美尔人的国王和祭司都希望文字只掌握在少数官员手中，由他们来记录课征的绵羊的数目，而不是给大众用来作诗或当作图谋不轨的工具。正如人类学家克劳德·列维-斯特劳斯（Claude Lévi-Strauss）所言，古代文字的主要目的就是"为奴役他人提供便利"。文字为庶民所用是很久以后的事，那时文字系统才变得简单，更利于表情达意。

例如，迈锡尼希腊文明于公元前 1200 年左右倾圮后，线形文字 B 也被埋在历史的灰烬之中，希腊又回到没有文字的时代。文字终于在公元前 8 世纪重返希腊时，这种新的希腊文的使用者和用法都与以前的线形文字 B 大异其趣。这种文字不再是夹杂语标、歧义很多的音节文字，而是采借自腓尼基字音字母，再加上希腊人自行创造的元音而成的文字。以往的线形文字 B 只用来记录绵羊之类的数量，只有少数人能读懂，而且只供官方使用，后来的字母文字则开始成为诗歌和玩笑的载体，人们在自己家中也可以读了。例如，保存下来的早期希腊字母书写的证据，是公元前 740 年左右的一个雅典酒罐，上面刻着一行宣布舞蹈比赛开始的诗句："这个酒罐将属于舞姿最曼妙的人。"还有一个酒杯上面刻着三行扬抑抑格六音步诗："我是涅斯托尔的酒杯，快饮一口，你已到阿佛洛狄忒的掌心。"现存的古伊特鲁里亚和罗马字母，也有铭印在酒杯和酒罐上的例子。直到后来，公众或官方才开始用此类字母来通信。这种传播顺序与较早的语标文字和音节字母恰好相反。

＊ ＊ ＊

看到早期文字用途和使用者的局限性，就知道文字为何在人类演化这条路上姗姗来迟。所有可能独立发明文字系统（如苏美尔、墨西哥、中国和埃及）和早期采借这些文字的地区（如克里特岛、伊朗、土耳其、印度河流域和玛雅）的共同特点是：社会阶层分明，有复杂的中央集权政治制度，这和食物生产必然有关，我们将在后文再行讨论。早期的文字满足政府组织的需要（记录和倡导忠君的思想），使用者也是全职的官员，由专事食物生产的农民供养。狩猎–采集社群就没有发展出文字，因为他们没有需要文字的政治组织，也没有社会或农业机制来生产多余的食物供养文字专家。

由此可知，食物生产，以及采用食物生产后几千年间社会的演变，对文字系统的演化至关重要，也对导致人类流行病的微生物的演化至关重要。文字只在肥沃新月地带、墨西哥，或许还有中国独立发明出来，这几个地区正是食物生产的发源地。文字发明后，即借由贸易、征战或宗教向外传播到其他经济和政治结构相当的社群。

　　食物生产是文字演化或早期采借的必要条件，但还不是充分条件。我在本章开头曾提到有些政治组织复杂，也进行食物生产的社群，在现代以前从未发展出自己的文字系统，也没有采借其他地区的文字。在我们这些现代人眼里，文字是复杂社会必不可少的标记，但有些文明社群就是没有文字，例如在 1520 年称霸南美的印加帝国、汤加的原始海洋帝国、18 世纪末崛起的夏威夷王国、非洲近赤道地带的王国和酋邦、伊斯兰教传入前的撒哈拉以南非洲，以及北美密西西比河一带最大的土著社群。这些例子往往令人一头雾水：这些社群明明有发展文字的条件，为何甘于停留在没有文字的史前时代？

　　在此，我们必须提醒自己：绝大多数有文字的社群，其文字或是采借自邻国，或是受到启发而发展出自己的文字，而不是自己独立发明出文字。上述没有文字的社群在食物生产方面起步晚，远远落后于苏美尔、墨西哥和中国。若假以时日，这些没有文字的社群也会拥有自己的文字系统。若是他们和苏美尔、墨西哥或中国比邻，可能早就像印度和玛雅等大多数的社群那样，采借到了文字或得到文字的启发，但这些地区离最初的文字中心都太远了，直到现代才知文字是何物。

　　就地理隔绝而言，最明显的例子莫过于夏威夷和汤加，两者离有文字的社群至少有 4 000 英里，而且被大洋阻隔。但距离并非一定代表隔绝，安第斯山脉和密西西比河口与有文字的墨西哥分别相距 1 200 英里和 700 英里，西非王国与有文字的北非相距 1 500 英里，但这还比不上字母从地中海东岸的老家到爱尔兰、埃塞俄比亚和东南亚的路程。飞鸟可轻易穿过千山万水，人类却受到水陆生态环境的限制：有文字的北非和没有文字的西非之间，隔着杳无人烟的撒哈拉沙漠；墨西哥南部的城市和密西西比河河谷的酋邦中间也是一片荒漠。因此，墨西哥南部和安第斯山脉的联络得靠海路，或是狭窄、林木丛生、未有城市发展的达连地峡。因此，安第斯山脉、西非和密西西比河河谷难以与有文字的社群接触。

　　这并不是说那些没有文字的社群就全然与世隔绝。西非还是得到了从肥沃新月地带经撒哈拉沙漠远道而来的家畜，后来更在伊斯兰教的影响下采借了阿拉伯文字系统。作物也从墨西哥南下至安第斯山脉，当然也从墨西哥北上至密西西比河河谷，不过速度更慢一些。我们在第 10 章看到美洲和非洲的南北轴线和生态障碍如何减缓了作物的传播速度。文字也不能自外，和人类其他发明一样，受到地理和生态条件的左右。

第 13 章

发明为需求之母

　　1908 年 7 月 3 日，考古学家在克里特岛上斐斯托斯的米诺斯宫殿中，遇到了人类技术史上最令人惊讶的东西。那玩意儿乍看之下并不起眼，不过是一个黏土烘烤成的圆盘，直径 6.5 英寸，又小又扁，上面也没有彩绘。仔细再看看，才发现这圆盘的两面都有文字记号，所有记号的下缘都端正地紧贴着基线。那基线在圆盘上盘旋，由圆盘边缘顺时针向圆盘中心卷进去，共盘了五卷。那些记号中，邻近的三五个似构成一个单位，与其他单位以垂直线隔开。圆盘两面共有 241 个记号，制作者必然花了一番心思经营有限的空间：那些记号似乎一个不多、一个不少，空间也没有浪费（见图 13.1）。

　　那圆盘出土以来，一直是个谜，研究文字历史的学者百思不得其解。圆盘上有 45 种不同的记号，似乎代表的是音节，而不是字母。但我们仍不了解它们的意思，而且它们的"长相"和所有已知的文字都不相同。在圆盘出土的 89 年间，再没有出土过类似的东西，我们也没有发现过类似的记号。因此，我们甚至不知道当年它究竟是"进口货"还是当地的"土产"。

图 13.1　斐斯托斯圆盘双面中的一面

技术史学家对斐斯托斯圆盘更感到困惑。考古学家估计那圆盘是公元前 1700 年的东西，因此可能是世上现存最早的一份"印刷"文件。圆盘上的记号，并不像克里特岛上比较晚期的线形文字 A、线形文字 B 那样用手写，而是以"阳文印"压印在黏土上再烘制的。制作这圆盘的人至少有 45 个那样的印模。制作那些印模必然花费了极大的工夫，而且必定不是只为了这一件圆盘。不管使用印模的人是谁，他一定有许多东西要写，因此使用印模就可以写得又快又工整。那些记号每个都复杂得很，不容易写得工整。

斐斯托斯圆盘是印刷技术的先声，只不过后来的印刷是把刻好的印模沾上墨印到纸上，而不是不沾墨就印到黏土上。但是印刷的尝试过了 2 500 年才在中国发生，3 100 年后才在中世纪欧洲发生。这圆盘蕴含的早熟技术，为什么克里特岛或地中海世界没有广泛采用呢？为什么这项印刷技术于公元前 1700 年在克里特岛发明，而不是在美索不达米亚、墨西哥或其他古代文字起源地？为什么要花上几千年时间才能想出沾墨压纸的主意？那不就是印刷机吗？因此那个圆盘对历史学家构成了莫大的威胁：要是世上的发明都像那个圆盘一样难以捉摸，那么技术史不就注定了是一堆断烂朝报，永难发现通则？

表现在武器与运输工具上的技术，是族群扩张与征服的凭借。历史最基本的模式就是族群的扩张与征服，因此技术是创造历史普遍模式的主要因素。但为什么发明火器、越洋船只与钢铁器具的是欧亚大陆的族群，而不是美洲土著或生活在撒哈拉以南非洲地区的族群？各大洲之间技术发展的差距，还表现在其他重要的技术进展上，从印刷机到玻璃和蒸汽机，无不是欧亚族群的业绩。为什么？为什么新几内亚和澳大利亚土著到了 1800 年还在使用石器？事实上，世界上蕴藏量最丰富的铜矿与铁矿，分别在新几内亚和澳大利亚。同样的石器，欧亚大陆的族群和大部分非洲族群在几千年前就放弃了。从那些事实看来，许多门外汉相信欧亚族群精于发明、智力高超，倒不算是完全没有理由。

如果各大洲的族群间并没有那样的神经生物学差异，那么各大洲技术发展的差距该如何解释呢？有人主张英雄史观。根据这种看法，人类技术的创新、发展主要靠少数天才人物的灵感，比如约翰·谷登堡、詹姆斯·瓦特、托马斯·爱迪生、莱特兄弟。可是他们都是欧洲人或美洲的欧洲裔移民。阿基米德也是，其他的古代稀有天才都是。那样的天才也会出生在塔斯马尼亚或纳米比亚吗？少数几个发明家凑巧出生在同一片大陆上，于是决定了技术史的发展，是这样的吗？

另一种观点是，技术发展与个人的发明天才关系不大，整个社会对于发明创新的态度才是关键。有些社会根本无可救药，保守、内向、仇视变迁。许多西方人尝试帮助第三世界的民众，却败兴而返，他们的印象就是那样。那些人每个头脑都灵光得很，问题似乎出在他们的社会。不然的话，你怎么能够解释澳大利亚东北部的土著为什么不采借弓箭？与他们贸易往来的托雷斯海峡岛民，不就使用弓箭吗？我们可以假定某个大洲上的所有社会都对新事物不感兴趣吗？这样才能解释各大洲之间技术发展的差距吗？本章终于要仔细讨论本书的一个中心问题了：各大洲技术演进的速度为何差别如此之大？

* * *

让我们从"需求为发明之母"这句老生常谈说起吧。一般认为，要是社会中有一种普遍的需求不能满足，或者是某项技术不如人意，人人盼望改善，就会产生发明。有发明天赋的人察觉到社会的需求，受到经济（金钱）或社会文化（声誉）因素的驱策，就会着手发明创新。有些发明家最后成功设计出优越的产品，取代不如人意的技术。要是新发明符合社会的价值观，与其他技术也能兼容，这个社会就会采纳那个新发明。

说起来，符合"需求为发明之母"这个常见观点的发明，还真不少。1942 年，第二次世界大战正在进行，美国政府展开"曼哈顿计划"，目标就是发明制造原子弹的技术，并且要赶在纳粹造出原子弹之前完成。那个计划在三年内就成功了，共花了 20 亿美元（约相当于现在的 200 亿美元）。其他的例子还有：1794 年伊莱·惠特尼发明轧棉机，从棉花中分离出棉籽，就是因为在美国南方那是非常耗费人力的工作；1769 年瓦特改良蒸汽机，是为了把水从英国的煤矿中抽出来。

这些熟悉的例子误导了我们，让我们以为其他的主要发明也是响应需求的产物。事实上许多甚至是大部分发明是好奇心的产物。发明家动手动脚、修葺补缀，做出巧夺天工的玩意儿，往往是福至心灵、妙手偶得，事前哪里有什么目标、蓝图？一旦发明了一件事物，发明家必须做的就是为它找个事做。只有在新发明"工作"了一段时间后，消费者才会觉得他们"需要"那件发明。还有一些新发明，在经过一段时间后发明的初衷被忘记了，因为消费者为它们找到了新的用途。事后才找出用途的发明并不罕见，现代史上许多重大的技术突破都属这一类，例如飞机、汽车、内燃机、电灯泡，以及留声机和晶体管，读者知道了有没有大吃一惊呢？所以，往往发明才是需求之母，常见的观点把两者的关系弄反了。

爱迪生发明的留声机是个好例子。爱迪生是现代史上最伟大的发明家，留声机是他最有创意的发明。1877 年爱迪生制作出第一台留声机。他发表了一篇文章，宣扬这个新发明的十大用途，例如记录垂死之人的遗嘱，为盲胞录下有声书，报时，教学童拼字。"复制音乐"在他的单子中并未占有什么显著地位。几年后爱迪生还跟助理说，他的留声机并没有商业价值。又过了几年，爱迪生改变了主意，开始生产留声机出售——作为办公室中的留言机。其他有商业头脑的人想出点子，将爱迪生的留声机当作点唱机用，只要投币就可以播放流行音乐，爱迪生认为那对他的机器是种侮辱，因为办公室事务机才是比较"正经"的机器。差不多 20 年后，爱迪生才不情不愿地同意：他的留声机最主要的用途就是录放音乐。

机动车是另一个对我们而言用途明显的发明。不过，它不是发明来应付任何需求的。1866 年，德国人尼古拉斯·奥托建造了第一部内燃机，那时马匹作为人类陆上交通工具已有近 6 000 年，蒸汽动力的火车才出现几十年，重要性逐渐增加。当时的马匹供应并没有什么危机，大众对铁路运输也没有什么不满。

奥托的内燃机动力不强，很笨重，高达 7 英尺，不像是能比得上马匹的样子。直到 1885 年，内燃机的设计才得到了改进，另一位德国发明家戈特弗里德·戴姆勒将其装在一辆自行车上，那就是世界上第一辆摩托车；他等到 1896 年才造出了第一辆卡车。

1905 年，机动车仍是有钱人的玩具，昂贵且靠不住。大家对马匹、火车仍然非常满意，直到第一次世界大战，军方才意识到需要采购卡车。战后，卡车制造业者与陆军展开密集游说，终于让大众觉得他们需要机动车，于是在工业国家中卡车逐渐取代了马车。这场变革，即使在美国最大的城市，也花了 50 年才完成。

由于新发明的早期原型多半表现不佳，很难看出什么用途，发明家往往必须孤单地坚持很久，以改善他们的发明。最初的照相机、打字机和电视机，都与奥托那 7 英尺高的内燃机一样不合用。因此发明家本人难以预测自己的原型是否必然有用，而确定有用后，才可能继续投资改进。美国政府每年发出 7 万件专利凭证，只有少数能达到商业生产的阶段。一些重大发明找到了用途，而无数的发明根本找不到用途。此外，一些发明在一开始就做得能满足发明的目的，后来又因为发现新用途而变得更有价值。瓦特的蒸汽机原本是为了从矿坑中抽水设计的，后来却用来推动轧棉机，连火车与船都用上了。

* * *

可见，常见的观点事实上颠倒了发明与需求的关系，也夸大了稀有天才人物（如瓦特和爱迪生）的重要性。而"关于发明的英雄史观"，又受到专利法的推波助澜，因为专利申请人必须证明他们的发明是新奇的玩意儿。从专利法律师的观点来看，"理想的"发明，就是全无先例的新玩意，就像成年的雅典娜从父亲宙斯的前额出生一样。

　　事实上，即使是那些看起来毫无疑义的著名现代发明，往往也有不为人知的"前身"，让人无法理直气壮地说"X 发明了 Y"。举个例子好了，课本上都说"瓦特在 1769 年发明了蒸汽机"，据说是水烧开后他看见茶壶嘴有蒸汽冒出，由此顿悟到利用蒸汽的点子。这个故事实在太妙了，可惜却是迷思。实际上，瓦特的点子是在他修理一台蒸汽机的时候产生的。是的，那时蒸汽机已经发明了 57 年，发明人是英国人托马斯·纽科门。瓦特修理机器的时候，那种蒸汽机在英格兰已经生产了 100 多台。而纽科门的蒸汽机，则是从托马斯·萨弗里的蒸汽机改良来的。萨弗里的蒸汽机在 1698 年取得专利，可他的灵感源自法国人德尼·帕潘的蒸汽机设计图（约在 1680 年）。帕潘的设计图也不是独见创获的产物，他的点子源自荷兰科学家克里斯蒂安·惠更斯和其他人。追溯蒸汽机的"前身"，目的不在于否定瓦特的成就，他的新设计的确改进了纽科门蒸汽机（加上了独立的蒸汽冷凝器和双作用缸），就像纽科门也改进了萨弗里的蒸汽机一样。

　　对于所有的现代发明，只要有完整的文献可考，都能发现类似的发展历程。通常大家承认的发明家，都在前人既有的基础上改进，而前人在同样动机的驱使下，已经完成了设计，制作出原型，甚至生产出受欢迎的产品（比如纽科门的蒸汽机）。爱迪生在 1879 年 10 月 21 日发明了白炽灯泡，是大家都知道的著名故事。其实在 1841—1878 年，别的发明家已经发明了白炽灯泡，还取得了专利。爱迪生所做的是改进他人的发明。同样，莱特兄弟的载人动力飞机也是在前人的基础上发展成功的：奥托·利林塔尔（Otto Lilienthal）发明了载人的滑翔机，塞缪尔·兰利（Samuel Langley）发明了无人动力飞机。1844 年，塞缪尔·莫斯发明了电报机。但是在他之前，约瑟夫·亨利（Joseph Henry）、威廉·库克（William Cook）、查尔斯·惠特斯通（Charles Wheatstone）都已经发明过电报机。惠特尼的轧棉机是为了短纤维陆地棉设计的，可是他不必无中生有，因为应对海岛棉（长纤维）的轧棉机，已经发明了几千年。

我们并不是要否定瓦特、爱迪生、莱特兄弟、莫斯以及惠特尼的成就，他们或者大幅改进了既有的发明，增加了发明的销路，或者因他们的改进，产品才有了商业价值。最后世人接受的新发明，它们的样子也许是那位公认的发明家决定的。我们要讨论的问题是：世界史的基本模式，会不会因某些天才没有在某时某地出生而发生有意义的变化？答案很明显：历史上从来没有那样的人物。所有世人熟悉的著名发明家，都既有先驱，也后继有人。他们让人记得，关键在于，在社会有能力利用他们的产品的时候，他们做出了适当的贡献。我们会谈到，斐斯托斯圆盘上的字模工艺如此完善，但是社会没有能力大规模地利用这项发明，这真是发明家的悲哀。

* * *

前面我举出的都是现代技术的例子，因为它们的历史都很清楚。我的两个主要结论是：第一，技术的发展是累积式的，而不是英雄凭空创造的；第二，技术发明了之后，才产生用途的问题，而不是先有需求，再有发明。这两个结论也适用于没有详细记录的古代发明史。例如，窗户玻璃是在罗马时代发明的（约公元元年），它的前身包括公元前 4000 年左右出现的带釉面的物品、公元前 2500 年在埃及与美索不达米亚出现的独立玻璃物品、公元前 1500 年的玻璃容器。冰期的狩猎-采集族群即使注意到灶底灰烬中沙与石灰石的渣滓，又怎能预见那是发展出窗户玻璃的第一步？在那漫长的过程中，需要多少福至心灵的发现，才能累积成或许有用的玩意？

那些最早的带釉面的物品，我们不知道是怎样发展出来的。不过观察现在技术"原始"的族群，例如新几内亚人，我们可以推论出史前发明的方法。我与新几内亚人一起工作过，我曾提到他们对生活环境中的几百种动植物都非常了解，哪些有食用、药用价值或其他用途，他们清楚得很。他们对周遭几十种岩石也有同样详尽的认识，对于各种岩石的颜色、质地，以及敲击、分解后的产物有什么性质与用途，他们都很熟悉。他们的知识来自观察与尝试。而"发明"的过程，只要与我合作的新几内亚人到远离他们家园的地方工作，就会发生在我眼前。他们在森林中不断捡拾不熟悉的东西在手中把玩，偶尔发现有用的东西，就带回家。同样的过程也发生在我们离开营地之后，当地居民会到我们放弃的营地，翻捡我们留下的东西。他们拿着我们丢下的东西，试着找出它们的用途。丢弃的锡罐比较容易，拿回家可以当作容器。其他东西有时会有完全不同的用途。谁会想到黄色的 2 号铅笔可以当作装饰品？插在耳洞中或者横插在鼻子上（穿过鼻中隔）试试嘛！一片破玻璃可以当作刀片吗？锋利的话有何不可！

古人利用的原料都来自大自然，像是石头、木头、骨头、皮毛、纤维、黏土、沙、石灰石与矿石，它们的形状、大小、性质各式各样。在那些物质中，人们逐渐学会将特殊类型的石头、木头、骨头加工，制造成工具；以特殊的黏土制造陶器与砖头；将沙、石灰石与其他尘土混合，制造玻璃；先利用软质的纯金属（如金与铜），再发现从矿石中提炼金属的方法，最后发明硬金属（青铜和铁）的加工法。

火药与汽油的发展过程，是从试错中学习的好例子。能够燃烧的自然物必然会让人注意到，要是一段含有树脂的木材在营火中爆炸了，哪会不引人注意？大约公元前 2000 年，美索不达米亚的人发现：加热沥青岩可以提炼石油。大量的石油就是这么开采的。古希腊人发现石油、沥青、树脂、硫黄、生石灰混合起来后，可以当作燃烧弹，弹射弩、弓箭、火弹或船只都能将燃烧弹送入敌人阵营。中世纪，伊斯兰世界的炼金术士发展出制造酒精、香水的蒸馏技术，同样的技能可用于从石油中分离出不同的产品，有的更容易燃烧，可以制造更大的火势。用手榴弹、火箭、鱼雷射出那些易燃的石油分馏物，是伊斯兰军队击退十字军的主要法宝。那时中国人已经观察到硫黄、木炭、硝石以一定的比例混合，点燃后会发生爆炸，那就是火药。公元 1100 年的一本阿拉伯化学书里记载了 7 种火药配方；公元 1280 年的另一本书中记录了 70 种配方，各有各的用途，例如其中一种用来发射火箭，一种用在火炮上。

中世纪以后，石油分馏技术继续发展，19世纪的化学家发现，分馏物的中间那一层可以用来点灯。化学家将最容易挥发的石油分馏物（汽油）丢弃，当它是废物，直到发明了内燃机，才发现汽油是理想的内燃机燃料。汽油是现代文明的燃料，今天谁还记得汽油也是一个必须寻找用途的发明呢？

* * *

发明家找到一项新技术的用途后，下一步就是说服社会采用这项技术。仅仅比较大、比较快、比较强而有力，并不能保证新发明被社会接受。无数这样的新发明不是没人理睬，就是在长期的抵制之后才得到社会认可。著名的例子包括：1971年美国国会否决了发展超音速客机的法案，世人不断抵制有效率的打字键盘设计，英国也曾长期抵制电灯照明。究竟哪些条件或特质能让新发明受到社会的欢迎呢？

让我们先讨论同一个社会对不同发明的不同态度。影响社会对新技术的接受程度的，至少有四个因素。

第一个也是最明显的因素是，比起既有的技术，新技术有较高的经济利益。轮子在现代工业社会中非常有用，但是在其他类型的社会中未必如此。古代墨西哥土著发明了带轮轴的轮车，却拿来当玩具，而不是运输工具。我们也许会觉得难以置信，可是稍微动脑筋想一想，就会发现古代的墨西哥人没有家畜拉轮车，因此轮车比挑夫好不了多少。

　　第二个因素是社会价值与声望，这个因素足以凌驾经济利益。今天有几百万人愿意花费两倍的价钱购买标有名设计师名字的牛仔裤，那些牛仔裤不见得比一般的牛仔裤更耐穿，只不过名设计师标识的社会价值超过多付的价钱就是了。同样，日本人仍在使用难学、难写的汉字，而不全面使用日文拼音假名，就是因为汉字已经承载了沉重的社会威望，割舍不得。

　　第三个因素是与既得利益的兼容程度。目前英语世界中的打字键盘是 QWERTY 键盘〔以上排左数前 6 个字母命名），读者可知道这种键盘是怎么设计出来的？说来你可能不信，那个键盘在 1873 年就是为了故意让人"使用不方便"而设计的。设计师在键盘中暗藏了许多玄机，强迫打字员将速度放慢，例如将最常用的字母键打散并集中在左边，使惯用右手的人必须以左手使用那些常用键。键盘上那些降低生产力的笨拙特征，是针对 1873 年的打字机制造技术设计的，那时要是快速敲击相邻的键，那两个键就会粘在一起，回不了原位，下一次敲击时就打不出字了，也难怪打字机制造商必须设法使打字员放慢打字速度。后来打字机制造技术改进了，克服了快打时键与键会粘在一起的问题，不必再担心打字员的快打神功了，于是有人提议改良键盘字母的安排。1932 年实验过一种以提升打字效率为着眼点的键盘设计，发现使用新键盘打字速度可以加快一倍，而省下的精力达 95%。但是那时 QWERTY 键盘在人类社会中已经营造出坚实的生态区位。熟练的打字员、教打字的人、打字机与计算机的销售员、制造商，成千上万人的既得利益，60 多年来一次又一次地封杀了高效率键盘的生路。

虽然 QWERTY 键盘的故事听来可能好笑，但许多类似的案例涉及的是更沉重的经济后果。以晶体管来说吧，晶体管是美国人发明的，也在美国拿到了专利，为什么美国的产业界没有好好利用这个发明，反而是日本生产的消费性晶体管产品独占了世界市场，甚至还影响到美日贸易平衡，造成美国的贸易赤字？因为日本索尼公司向美国的西部电气公司买下了生产晶体管产品的权利，那时美国的消费性电子工业仍在生产真空管产品，他们不想生产晶体管产品，免得自家产品彼此竞争。为什么英国城市直到20 世纪 20 年代末还在使用煤气街灯，不肯改用电灯呢？因为市政府已经在煤气街灯上做了大量投资，所以他们设下了重重关卡牵制电力公司，让煤气公司维持竞争优势。

最后一个要考虑的因素是：新技术的优势是否容易看到？1340 年，欧洲大部分地区还没有出现火器，阿拉伯人把火炮带到西班牙，并在塔里法之役中用火炮攻击西班牙人，英国的德比公爵与索尔兹伯里公爵正巧在场，目睹了火炮的威力。于是火炮6 年后派上用场，大败法军，那就是克雷西之役。

＊　＊　＊

轮子（有用）、有设计师名字的牛仔裤（有名）、QWERTY键盘（既得利益），这些例子说明同一个社会可能为了不同的理由而接受或排斥一个新事物。同一项发明在不同社会中也有不同的遭遇。许多人抱怨第三世界的社会不容易接纳新鲜事物，西方工业化社会才懂得趋新骛奇。而工业化世界之内，也有些地区比较时髦，有些地区比较保守。这样的差异，若以洲为分野，或许可以解释技术在某一洲发展得较快，在另一洲发展得较慢的事实。譬如，要是澳大利亚所有的土著社会都一致抗拒变迁，不管为了什么理由，那么他们一直停滞在石器时代，而其他各洲已用上金属工具，那就很好解释了。不同的社会为什么对新事物有不同的态度？

技术史学家至少列出了 14 项因素来解释不同社会的态度。其中之一是预期寿命。发明家需要岁月的熬炼，累积经验；发展技术有赖长期投资心力，耐心、信心都不可或缺。现代医学增进了预期寿命，因此也许是近来发明步调加速的原因。

接下来的 5 个因素则与经济或社会组织有关。第一，古时候廉价劳工易找，因此创新发明的动力不强，而在高薪与缺乏劳力的地方，非得创造解决问题的技术不可。例如，美国移民政策改变，使得加利福尼亚农场农忙季节不再能依赖墨西哥的廉价劳工，那么农场最好种植适于机器收割的农作物。适于机器采收的西红柿就是这么培育出来的。第二，在现代西方世界，专利法和其他知识产权法保障了发明家的权利，而发明家如果生活在缺乏这种保障的地方，就可能因此打消发明创新的念头。第三，现代工业社会提供了广泛的技术训练机会，中世纪的伊斯兰世界也一样，但是现代非洲的扎伊尔则没有这样的机会。第四，现代资本主义的运作，使投资于技术发展的人有得到回报的机会，古罗马的经济则没有这种机制。第五，美国社会浓厚的个人主义，使成功的创新者为自己而活，为自己赚钱，而新几内亚社会强固的大家族纽带，使赚了钱的人必须供养任何慕名而来的亲戚。

另有 4 个因素涉及思想意识，而非经济与组织。第一，冒险行为是创新过程中不可或缺的元素，有些社会鼓励冒险，有些则不鼓励。第二，欧洲社会在文艺复兴之后，以科学观点为独有的特色，欧洲在现代技术发展史上的地位便是源自这一特色。第三，容忍多元观点与所谓异端的社会，较能孕育创新；故步自封的社会倾向于扼杀创新。第四，宗教与技术创新的关系并不固定。一些宗教据说与技术创新特别兼容，一些宗教可能特别不兼容。

上面举的 10 个假说都说得过去，但是它们与地理似乎没有必然关系。要是专利权、资本主义、某一宗教的确能促进技术发展，那么为什么中世纪之后的欧洲具备这些要素，而现代的中国或印度就不具备呢？

至少，那 10 个因素所指出的影响技术的方向是清楚的。剩下的 4 个可能因素（战争、中央政府、气候、资源）影响技术的方向则并不一贯：有时促进技术，有时妨碍技术。第一，通观历史，战争经常是技术创新的主导因素。例如第二次世界大战中对原子武器的巨额投资，以及第一次世界大战中对飞机、卡车的投资，都开创了新的技术领域。但是，战争往往也能对技术发展造成巨大的打击。第二，强有力的中央政府在 19 世纪末的德国和日本促成了技术发展，在 16 世纪后的中国则阻滞了技术进步。第三，许多北欧人相信，在气候严峻的地方，仰赖技术才能生存，所以严峻的气候是技术创新的诱因，而和暖的气候使人没有冻馁之虞，只要坐享其成，所以生活在热带的人不必创新。相反的意见却是这么说的：严酷的环境使人忙于求生，和暖的气候使人有闲创新。第四，环境资源丰富对技术创新的影响是正面的还是负面的？学者仍在争论。丰富的资源也许会激发利用资源的发明，例如水车技术是在多雨、多河的北欧发展出来的，但是为何没有在雨量更丰沛的新几内亚发展出来？英国在煤业技术上领先西欧诸国，有人说那是因为不列颠群岛上的森林已被大规模破坏，才不得不发展煤业。为什么砍伐森林在中国没有带来同样的发展？

不同的社会对技术有不同的接受模式，上述讨论并未穷尽所有学者提出的理由。最糟糕的是，所有这些都是近因，根本没有触及远因（使近因得以发生的终极因素）。技术无疑是推动历史的强大力量，可是我们似乎捉摸不透主宰技术发展的因素，那么我们有什么希望能了解历史的路径呢？不过，我们已经观察到，影响技术创新过程的独立因素形形色色，这个事实让我们理解起历史的普遍模式是更容易，而不是更困难了。下面就是我的论证。

* * *

就本书讨论的主题而言，我们想知道的是：前面提到的种种因素在不同的大洲有没有系统性的差异，继而导致了各大洲在技术发展方面的差异？大多数外行人和许多历史学者认为答案是肯定的，有的人明确表示，有的只是默默在心里认同。许多人相信澳大利亚土著受思想意识的束缚，无法在技术创新上有所表现。

大家假定澳大利亚土著是保守的，沉溺于想象的神话世界中，对现实世界视而不见，得过且过。一位著名的非洲历史学家认为，非洲人的特质是追求内在精神的满足，缺乏欧洲人向外驰求的扩张驱力。

　　但是，上述主张不过是无根据的猜想，并不符合现实。从来没有人做过系统的比较研究，证明两个大洲上社会经济条件相似的社会存在一致而系统的思想意识差异。通常我们听到的都是循环论证：有技术的差异，因此推断他们有思想意识的差异。

　　实际上，我在新几内亚经常观察到的情况是，不同土著社会的观念差异很大。与工业化的欧美的情况一样，在仍维持传统的新几内亚，有的社会故步自封，抗拒新的生活形态，也有的社会趋新骛奇，主动选择新的生活方式。因此，西方的技术输入后，敢创新求变的社会就能利用西方技术，击败比较保守的邻居。

　　举例来说，欧洲人在 20 世纪 30 年代第一次进入新几内亚东部高地时，"发现"了几十个从未接触过西方人的石器时代部落。其中，钦布（Chimbu）部落非常积极地采纳西方技术，他们看见白人拓垦者种植咖啡，于是也种植咖啡当作经济作物。1964 年，我遇见一个 50 岁的钦布人，他不识字，穿着传统的草裙，在使用石器的部落中成长。他种咖啡发了财，我遇见他的时候，他刚花了 10 万美元现款买下一座锯木场，又买了卡车队来运送咖啡与木材。相比之下，他们的邻居达力比（Daribi）部落（我已经和他们合作 8 年了）就非常保守，对西方技术不感兴趣。当第一架直升机降临达力比村子的时候，他们看了一眼飞机，就继续做手边的事了。换成是钦布人，一定会上前讨价还价，看得花多少钱才能租用那架直升机。结果，钦布人逐渐扩张地盘，占领了达力比人的土地，种植经济作物，最后达力比人成了钦布人的工人。

其他各大洲也都有这样的现象，有的土著社会特别愿意接受外来的新奇事物与技术，并成功结合新事物与传统事物。在尼日利亚，伊博人（Ibo）和新几内亚的钦布人一样，是勇于尝试的企业家。今天美洲人口最多的土著族群是纳瓦霍人，欧洲人刚到美洲时，他们不过是几百个部落中的一个。但是，纳瓦霍人是特别有韧性的族群，也乐于接受新事物。他们将西方人的染料与传统的纺织结合，还制作银器，当牧场工人，现在又能开卡车，但他们仍住在传统的村子里。

澳大利亚土著社会也不例外，有保守的，也有进取的。塔斯马尼亚人是保守的代表，他们继续使用欧洲人几万年前就已经弃用的石器，那些石器即使在澳大利亚大陆上都不怎么流行了。进取的代表则是澳大利亚东南部的一些捕鱼族群，他们发展出复杂的技术来经营捕鱼事业，包括开凿运河、建造鱼梁、设置陷阱。

可见，同一个大洲上的社会，在发展与接纳发明方面，也各有各的模式。同一个社会在历史的不同阶段也不同。现在中东的社会相对来说比较保守，并未居于技术发展的前锋，但是在中世纪，那个地区的社会是技术领先、欢迎创新的。中世纪中东社会的识字率比同时期的欧洲社会高得多；他们吸收了古希腊文明的遗产，许多古希腊典籍我们之所以现在还能读到，全是因为它们有阿拉伯文译本。他们发明或者改良了风车、利用潮汐推动的磨盘、三角测量术以及三角帆；他们改进了冶金术、机械工程、炼金术（化学工程）与灌溉方法；他们从中国采借了造纸术、火药，又将它们传入欧洲。在中世纪，技术流动的主要方向是从伊斯兰世界到欧洲，而不像今天是反过来。技术流动的主要方向，大约到了 16 世纪才开始逆转。

中国的创新在历史上也有明显的起伏。中国在技术方面的成就与创新的活力，直到 1450 年左右仍独步全世界，不但领先欧洲，比中世纪的伊斯兰世界也更为先进。中国人的业绩说来一长串，有运河控制闸门、铸铁、深钻技术、马具、火药、风筝、磁铁罗盘、活字、纸、瓷器、印刷术（斐斯托斯圆盘除外）、船尾舵、独轮车等。然后，创新就停滞了，我们会在收场白中推测可能的理由。现在我们认为西欧与源自西欧的美国社会，在现代世界是技术创新的领导中心。但是直到中世纪晚期，西欧的技术仍比旧大陆所有其他文明地区落后得多。

总之，并没有哪个洲是所有社会都保守或所有社会都进取创新的。任何一个大洲，在任何一个时刻，都既有保守的社会，也有创新的社会。即使是同一地区，对创新的态度与立场也会随时间的变迁而变化。

仔细考虑之后就会发现，如果一个社会的创造力是由许多独立因素决定的，那么有这样的结果正是理所当然的。如果不能细致了解所有这些因素，我们就很难判断创新的走向。因此，社会学家一直在辩论，为什么欧洲、伊斯兰世界和中国接受新事物的能力发生了变化，为什么钦布人、伊博人、纳瓦霍人比他们的邻居更能接受新技术。如果你感兴趣的是历史的普遍模式，那么哪一个具体的理由才是答案其实并不重要。影响创新的可能因素越多，历史学家的工作反而越简单，因为社会间的创新差异可以当成随机变量来处理。也就是说，一个地区只要面积够大（例如一整个洲），必然有一定比例的当地社会可能出现创新。

＊ ＊ ＊

创新是打哪儿来的呢？除了过去有过几个和外界完全隔绝的社会，绝大部分社会中大部分新的技术不是当地发明的，而是从其他社会采借来的。当地发明与采借两者的相对重要性主要取决于两个因素：发明特定技术的难易程度，以及该社会与其他社会的接近程度。

一些发明是在摆弄自然原材料的过程中产生的。这样的发明有可能独立发展许多次，分别在不同的地点、不同的时代。植物驯化就是一个例子，在世界上至少独立发源过 9 次，对此我们已详细讨论过。制陶是另一个例子，人们大概是观察到黏土受热或晒干后的变化，由此获得了灵感，而世界上许多地方都有黏土这种自然物质。大约 1.4 万年前日本就有陶器了，肥沃新月地带与中国是在大约 1 万年前，亚马孙河流域、非洲的萨赫勒地区、美国东南部、墨西哥则稍晚一些。

说到高难度的发明，文字是个好例子，创造文字的点子是不可能靠观察自然物得来的。我们在第 12 章讨论过，文字只被独立发明过几次而已，而字母可能在世界史上只被发明过一次。其他高难度的发明，包括水轮、转磨、齿轮、罗盘、风车、暗箱，在旧大陆只被发明了一次或两次，在新大陆则从来没有被发明过。

那样的复杂发明通常会被采借来，因为传播的速度比本地人自行发明快多了。一个清楚的例子就是轮子。轮子在大约公元前 3400 年出现在黑海附近，接着在几个世纪内传遍了欧亚各地。旧大陆那些早期的轮子都一个样：以三片木板拼成的实心圆，而不是我们熟悉的有轮圈和辐条的轮子。美洲土著社会只有一种轮子（墨西哥的陶器上有轮子图案），是用一片木板做的，可见是美洲独立发明了轮子——其他的证据也表明，古时候新大陆与旧大陆的文明并无接触。

人类过了 700 万年没有轮子的岁月，然后短短几百年间，旧大陆各地出现了一模一样的轮子，这是巧合吗？没有人会相信。实情应该是：因为轮子很有用，所以一定会很快地向东西两个方向传播，最后旧大陆各地都有了轮子。还有一些复杂技术，也是从其在西亚的发源地迅速向东、向西传播的，例如门锁、滑轮、转磨、风车——当然，还有字母。新大陆也有类似的例子，例如冶金术从安第斯山脉北传，通过巴拿马地峡进入中美洲。

一项用途广泛的发明问世后，通常会以两种方式散布到其他社会。一种方式是，其他社会的人看见或听说了这项发明，觉得有用，就采用了。另一种方式是，没有该项发明的社会处于明显的不利地位，而拥有那项发明的社会，有时能控制其他社会。发现自己处于不利地位，当然得采取行动。滑膛枪在新西兰毛利部落间的传播，就是一个简单的例子。大约在 1818 年，毛利部落的纳普希族人（Ngapuhi）从欧洲人手里得到了滑膛枪。之后的15 年内，新西兰岛上"滑膛枪之战"就没停过，岛上没有滑膛枪的部落，不是引进了滑膛枪，就是被其他拥有滑膛枪的部落吞并了。到 1833 年，岛上还存在的部落都有了滑膛枪。

　　一个社会从发明了新技术的社会采借该技术，这样的事可能在各种各样的环境中发生，包括和平时期的贸易往来（例如1954 年日本从美国买到了半导体技术）、间谍活动（如 552 年，蚕茧由东南亚偷运到中东）、移民（如 1685 年，法国 20 万名胡格诺派教徒遭到驱逐，而将玻璃和服装业输往欧洲各地），还有战争。中国的造纸术就是经由战争传入伊斯兰世界的，那是世界文明史上的大事。751 年，中国军队与阿拉伯军队战于中亚的怛罗斯河，阿拉伯人在俘虏中发现了造纸工人，于是将他们带到撒马尔罕，设立工厂，生产纸张。

　　在第 12 章我们已经讨论过，文化传播有两种方式：一种是提供"蓝本"供人复制，另一种是通过笼统的理念来激发创造灵感。第 12 章讨论的是文字的传播，但同样的原则也可以套用在技术传播上。上一段讲的都是蓝本传播的例子，而欧洲发展出瓷器技术，就是理念传播的例子。欧洲人从中国人那里得到了瓷器的理念，自行研发了很长的时间，才发明了瓷器技术。瓷器质地细致、表面晶莹，大约在 7 世纪于中国发明。14 世纪，中国瓷器由丝绸之路传到欧洲，欧洲人惊艳不已，但是不明白制造方法，有许多欧洲人尝试制作瓷器，都失败了。到 1707 年，德国炼金术士约翰·伯特格尔（Johann Böttger）终于发现了瓷器的秘密。他长期实验各种烧制程序，并调制各种矿物和黏土的配方，才有那个成就，德国有名的迈森瓷器业于是兴起。法国、英国后来也有人多少独立地进行了制作瓷器的实验，由此产生了塞弗尔、韦奇伍德、斯波德瓷器。欧洲的制陶家必须重新发明瓷器技术，但是他们研发的动机源自中国制作的精美瓷器，要是没有中国的榜样，他们会发心钻研吗？

＊　＊　＊

各个社会从别处采借技术的机会因所处的地理位置而并不相同。近代史上最孤零零的族群就是塔斯马尼亚岛的岛民了。塔斯马尼亚岛距澳大利亚 100 英里，岛民没有航海工具。其实澳大利亚本身也是非常孤立的大陆。塔斯马尼亚岛岛民在 1 万年的时间里没有与任何社会接触过，他们只有自己发明的东西，没有采借过任何技术。新几内亚、澳大利亚与亚洲大陆之间隔着印度尼西亚，所以亚洲的发明传到新几内亚、澳大利亚的只有些许。最能从技术传播得益的社会，是位于各大洲要冲之地的社会。技术在这些社会发展得很快，因为这些社会里的人不仅有自己的发明，还能接触到其他社会的发明。例如，中世纪的伊斯兰世界居于欧亚大陆的中间点，既能输入中国、印度的发明，又能承袭古希腊的学问。

传播对于社会的发展非常重要，地理位置又决定了接触外界的机会。下面几个例子正体现了这个道理，这些社会竟然放弃了很有用的新技术。我们通常认为有用的技术一旦问世，就会流传下去，直到有更新、更好的技术替代为止。实际上，技术不仅要有取得的途径，取得之后还得善加维护，才能流传久远。维护之道并无定法，许多难以预测的因素都会影响社会维护既有技术的能力。每个社会都有社会运动与流行热潮，很多时候，没有经济价值的玩意靠炒作翻了天，有价值的东西却被弃如敝屣。现在全世界社会基本都有联系，很难想象流行热潮会离谱到让人全面弃绝重要的技术。即使某个社会这么干了，那项技术也不会立即消失，因为总有邻近的社会清明在躬，继续维持那项技术。所以流行退烧之后，原来的狂热分子还有机会把那项技术捡起来（除非该社会因丢弃重要技术而被邻居征服）。但是，在孤绝的社会中，流行热潮就不那么容易退烧了。

日本人当年放弃枪械就是有名的例子。火器是在 1543 年传入日本的。当年两名葡萄牙冒险家带着火绳枪，搭乘中国货船抵达日本。日本人觉得这种新武器很了不起，于是开始自行制造，还改良了枪械技术。到了 1600 年，日本的枪支无论数量还是质量，都是世界第一。

但是，日本也有一些因素在酝酿着抵制火器。日本的武士阶层人口众多，武士刀既是阶层的象征，又是艺术品，更是宰制下层的利器。日本的传统战争主要由武士公开对决定胜负。在两军之间，双方武士出列，先发表仪式性的演说，再以武士刀展露高超的武艺，输赢毫无侥幸。这样的行为模式，要是碰上了手持长枪的粗鄙农民，武士必死无疑。此外，火枪是外国人发明的，因此逐渐受人鄙视（1600 年之后，这是外国事物在日本最常遭遇的命运）。武士阶级控制的政府于是开始限制枪支生产，只有几个城市开放。然后，政府设计了执照制度，生产枪支必须获得政府的执照，接着又规定，为政府生产枪支的厂商才能取得执照。最后，政府减少订购枪支的订单。于是全日本几乎找不到一支还管用的枪了。

当年欧洲也有几位君主鄙视枪支，管制枪支在国内的流通。但是欧洲的抵制措施从来没有发展到日本那么极端的地步，因为任何一个执意不玩枪的国家，都有可能被玩枪的邻国给灭掉。日本是个人口众多的孤悬岛国，所以在放弃了强大的火力之后，并未遭遇那样的命运。1853 年，美国舰队在马修·佩里的指挥下闯入日本海域，以舰炮粉碎了日本以孤立自保的迷梦，日本人这才恢复枪械生产。

日本人放弃火枪，中国人放弃远洋航行船只（还有机械钟、水力纺织机），都是著名的技术逆转事例，在与外界隔绝或半隔绝的社会中最容易发生。其他的技术逆转事例发生在史前时代。最极端的例子是塔斯马尼亚岛岛民，他们连骨器与渔捞都放弃了，成了现代世界中技术最简单的社会。托雷斯海峡中的岛民放弃了独木舟，加瓦岛的岛民一度放弃了独木舟，后来又恢复使用。波利尼西亚各地的岛民都放弃了陶器。大部分波利尼西亚人和许多美拉尼西亚人都不再使用弓箭作战。北极附近的因纽特人放弃了弓箭与皮艇，多尔塞特因纽特人放弃了弓箭、弓钻，还有狗。

　　这些例子乍听之下奇怪得很，却将传播与地理在技术史上的角色表现得非常清楚。要不是传播，我们拥有的技术会更少，丢失的技术会更多。

＊　＊　＊

　　技术会催生新的技术，因此一件发明的传播很可能比发明本身重要得多。技术的历史就是自体催化的过程：在这个过程中，速度不断飞跃，每一时刻的变化都带来下一时刻的变化。工业革命之后的技术爆炸让我们惊讶不已，但是中世纪的技术进步比起青铜时代，也可用爆炸来描述，而旧石器时代晚期的技术与青铜时代的技术也不可同日而语。

　　技术往往会自我催化，原因之一在于，对先前比较简单的问题有很好的掌握后，才能进一步发展技术。例如，石器时代的农民不会直接去开采铁矿炼铁——那必须有高温的熔炉才成。人类利用自然露头的软质纯金属矿（铜与金）至少有几千年了，因为那些金属不需高温熔炼，用锤子锤打就成了。人类也花了几千年以简单的炉灶烧陶，然后炼铜，制作铜合金（如青铜），炼铜不需要炼铁那么高的温度。肥沃新月地带和中国，都是在累积了约 2 000 年制作青铜器的经验后，才普遍用上铁器。欧洲人发现美洲时，美洲土著刚开始制作青铜器，还没有到制作铁器的地步，他们没有机会走完自己独立发展出来的技术道路。

　　自我催化的另一个主要原因，是新技术、新材料出现后，将它们组合可产生更新的技术。举例来说，为什么谷登堡在 1455

年印制了《圣经》之后，印刷业就在中世纪的欧洲以爆炸性的速度传布开来？而那位无名印工在公元前1700年印制了斐斯托斯圆盘之后，却什么也没触发？部分原因在于，中世纪欧洲的印刷业者能够将6种新技术组合在一起，而这些新技术大部分是斐斯托斯圆盘的制作人闻所未闻的——纸张、活字模、冶金术、印刷机、油墨与文字。谷登堡发展出金属铸字字模，以解决活字印刷最大的问题——字号不一。他能成功，是因为当时冶金学已有许多进展：钢可用来做冲压器，青铜或黄铜合金可用来做字模（后来被钢取代），铅可用来做铸模，锡锌铅合金可用来做活字模。谷登堡印刷机的前身是螺旋压榨机，原来用于榨酒或榨橄榄油。他使用的油墨，是在通用的墨水中加入油改良而成的。至于以字母拼写的文字，已有3000年的发展史，中世纪的欧洲继承了这一笔遗产，使活字印刷成为比较经济的书籍制作方式，因为只要铸造几十个字模就成了，中文的话，至少需要几千个常用字模才够印书。

在这六个方面，制作斐斯托斯圆盘的人都没有什么先进的技术可以凭借，而谷登堡掌握了那些重要的技术，将它们组合起来，印刷系统就问世了。斐斯托斯圆盘是黏土制作的，这种书写介质体积大，又比纸张重。公元前1700年的克里特岛，无论冶金术、墨水、印刷器具，都比1455年的德国原始得多，斐斯托斯圆盘的作者必须用手压印，而谷登堡用金属架子将活字锁定后，再上墨、印刷。圆盘上的文字是音节文字，符号比较多、比较复杂，谷登堡用的罗马字母就简单多了。于是，比起谷登堡的印刷技术，斐斯托斯圆盘的技术实在太过笨拙，比起手写也高明不到哪里去。除了上述技术缺陷，斐斯托斯圆盘制作时，只有宫廷或庙宇中的少数文士懂得书写，因此这样精美的产品需求量一定不高，难以吸引人投资生产。中世纪的欧洲则不然，考虑到印刷品潜在的市场需求，许多人都资助谷登堡发展活字印刷术。

* * *

250万年前，人类有了第一批石器；1996年，我买了一台新出厂的激光打印机，换掉了家里那台1992年出厂的过时激光打印机，打印出本书的书稿。人类的技术就是这样发展的。发展的速度刚开始的确很慢，几十万年过去了，石器上都看不出什么名堂，其他材质的工具又没有留下证据。而到了今天，技术的进步已经快得惊人，每天报纸上都有报道。

在这么长的逐步加速发展期间，有两个飞跃式发展特别值得一提。第一个发生在10万—5万年前，也许源自遗传变化，那就是解剖学意义上的现代人出现了。现代人的语言或认知能力（或两者）可能是这个形态变化的结果。这个飞跃产生了骨器、有专门用途的石器和复合工具。第二个飞跃源自定居生活。世界各地的社会并不是同时经历这一飞跃发展的，有的早在1.3万年前就已经开始了，有的至今还原地踏步。大体而言，以食物生产为生计的社会才会定居，因为若要生产食物，人就必须住在离作物、果园近的地方，还得储存余粮。

　　定居生活是人类技术史的关键，因为定居生活让人可以累积不易携带的财产。流动的狩猎-采集者只能发展可以携带的技术。要是你经常跑来跑去，又没有车或可以负重的牲口，你的财产充其量不过是子女、武器，还有其他一些必需品，而且体积不能大，得方便携带。在搬迁营地的时候，可不能被陶器或印刷机牵绊住了。由于有这些实际的困难，某些技术即使很早出现，也会长时间停滞不动。例如，根据已有证据，陶器的前身最早是大约 2.7 万年前黏土烧制的人形，出土于现在捷克所在的地区，这个年代比最早的烧制陶容器（1.4 万年前在日本）要早多了。在捷克同一地区，还发现了最早的编织证据，也是在同一时段。在这部分证据出土前，已知最古老的编篮是在约 1.3 万年前出现的，而已知最古老的织布出现在约 9 000 年前。虽然这些技术出现的时间都比过去我们认为的要早，但陶器与编织是在人类定居后才发展起来的。不定居的人，如何能将陶器与织布机带在身边呢？

　　食物生产不仅让人类可以定居并累积财产，在技术发展史上也居关键地位，原因与前面谈的不同。在人类演化史上，食物生产让经济上有所分工的社会成为可能——不事耕作的专家，由劳苦终日的农民供养。不过，本书第二部分谈过，各大洲的食物生产兴起的时间不同。此外，本章也讨论过，某一社会的技术，无论是发源还是维持，都不仅依赖当地的发明，也有赖于其他社会的传播。因此，没有什么地理、生态障碍阻挠传播（包括内部传播和向外传播）的大洲，技术发展得特别快。最后，各大洲上，每个社会都代表一个发明或采借新技术的新机会，因为社会之间由于各式各样的原因会有很大的差异。在其他条件相同的情况下，面积大、人口多的地区，会有比较迅速的技术发展，因为面积大，能容纳的社会就多，人口多，发明家也多。

现在让我们总结一下前面谈过的三个因素——食物生产出现的年代、传播的障碍、人口数量，看它们怎样带来了各大洲在技术发展上的差异。欧亚大陆（包括北非）是世界上最大的陆块，相互竞争的社会也最多。那里有两个最早的食物生产中心，即肥沃新月地带与中国。欧亚大陆的主轴线是东西向的，因此许多发明可以从欧亚大陆上的一个点迅速传播到同一纬度、气候相似的另一个点。欧亚大陆的沿南北向次轴线的宽度，与美洲最窄处的巴拿马地峡形成了鲜明的对比。切割美洲、非洲主要轴线的地理或生态障碍，并未出现在欧亚大陆。欧亚大陆上，妨碍技术流通的地理与生态障碍较少。由于以上列举出的因素，自更新世晚期开始加速的技术发展，在欧亚大陆出现得最早，因此欧亚大陆上累积了最多的技术。

南美洲与北美洲通常都当作不同的大洲来讨论，但是南北美洲连接在一起几百万年了，也有类似的历史问题，我们可以把南北美洲合在一起与欧亚大陆做比较。美洲是世界上第二大的陆块，比欧亚大陆小很多。不过美洲的地理与生态十分破碎：巴拿马地峡宽不过 40 英里，等于将美洲从地理上切割成两半。地峡上的达连雨林，以及墨西哥北部的沙漠，都将美洲从生态上进一步分割。墨西哥的沙漠将中美洲的文明社会和北美洲隔开；地峡上的雨林，则是将中美洲和南美洲文明发达的社会隔开了。此外，美洲的主轴线是南北向，技术传播不得不接受不同纬度（气候）的考验。举例来说，公元前3000年以前，中美洲的社会就发明了轮子，南美洲安第斯山脉中部则驯养了骆马，可是，过了5 000年，美洲唯一的负重牲畜还是没能跟美洲仅有的轮子碰上头。事实上，玛雅社会与南美洲安第斯山脉印加帝国的北缘，相距不过1 200英里，远不及都会利用轮子与马匹的法国和中国的距离（相距6 000英里）。我认为，这些因素足以解释美洲为何在技术发展上落后于欧亚大陆。

撒哈拉以南非洲是第三大的陆块，比美洲小得多。在人类历史的大部分时间里，对欧亚大陆的人而言，非洲比美洲易于接近，但撒哈拉沙漠至今仍是主要的生态屏障，将北非、欧亚大陆与非洲其他地区隔开了。非洲南北向的主轴线更让技术难以传播，欧亚大陆与撒哈拉以南非洲之间，以及撒哈拉以南非洲各地区之间都难有交流。撒哈拉以南非洲的各地区间也难以交流，以下是一个例子：陶器与冶铁术大约在进入欧洲的同时，也传到了撒哈拉以南非洲的萨赫勒地区（赤道以北），然而直到公元元年陶器才传到非洲的南端，而欧洲人乘船来到南非地区时，冶铁术还未传到非洲南端。

最后谈澳大利亚。澳大利亚是几大陆块中最小的，那里大部分地区的雨量很小，土地产值很低，因此考虑到土地所能养活的人口，澳大利亚就显得更小了。澳大利亚也是最孤绝的陆块。此外，澳大利亚土著从未独自发展出食物生产手段。种种因素加起来的结果是，大洋洲在现代开始之前，是唯一没有金属器具的大洲。

　　表 13.1 将这些因素用数字表达，比较各大洲的面积与现代人口。1 万年以前，也就是在食物生产兴起的前夕，各大洲的人口有多少我们仍不清楚，但是就排序而言，应当与这张表没有什么差异，因为今天农业产值高的地区，在 1 万年前也会是肥美的地方，对狩猎-采集族群而言是最佳的觅食地点。各大洲之间的人口差距最为显眼。欧亚大陆（包括北非）的人口约是美洲的 6 倍、非洲的 8 倍、大洋洲的 230 倍。人口越多，发明家越多，相互竞争的社会也越多。光是这张表，已足以说明枪炮、钢铁在欧亚大陆上发源的主因。

表 13.1　各大洲的人口

大洲	1990 年人口	面积（平方英里）
欧亚和北非	4 120 000 000	24 200 000
（欧亚）	（4 000 000 000）	（21 500 000）
（北非）	（120 000 000）	（2 700 000）
南北美洲	736 000 000	16 400 000
撒哈拉以南非洲	535 000 000	9 100 000
大洋洲	18 000 000	3 000 000

　　各大洲在面积、人口方面的差异，各洲对内对外联络的便利，食物生产兴起的时间，都对技术的起源与发展造成了影响，所有这些影响，都因技术的自体催化特性而更加扩张了。欧亚大陆在起步上就领先，到 1492 年，起步时的领先已造成了巨大的差异。欧亚大陆独特的地理条件是推波助澜的主力，而不是欧亚族群的

智力。我认识的新几内亚人里，就有智力堪比爱迪生的天才。只不过，他们没有用聪明才智来发明留声机，而是致力于解决和所处环境相关的技术问题：如何在没有外来物品的情况下在新几内亚的丛林中生存？

第 14 章

从人人平等到盗贼统治

1979 年，我和几位传教士朋友搭机飞越新几内亚一个偏远盆地，那里布满沼泽。我注意到几间相隔甚远的茅舍。飞行员对我说，就在下面这一大片泥地里，不久前一群印度尼西亚鳄鱼猎人碰上了一群新几内亚游牧民。由于是不期之遇，双方一开始都很惊恐，最后印度尼西亚猎人开枪射杀了几个新几内亚人。

我的传教士朋友猜测，这些游牧民属于从未和外界接触过的法玉族（Fayu）。外界透过吓坏了的奇里奇里（Kirikiri）族人的描述，才知道他们的存在。奇里奇里族和法玉族是邻居，过去也过着游牧生活。现在奇里奇里族人已经接纳了传教士的帮助，和文明世界有了联系。外人和新几内亚的族群初次接触总是有危险的，印度尼西亚猎人的遭遇更不是个好兆头，不过我的朋友道格还是坐直升机飞进了法玉族人的地盘，想和他们建立友好的关系。道格老兄安全归来，却吓坏了。他的"法玉族传奇"值得一谈。

原来法玉人平常以家庭为单位生活，各个家庭散居在沼泽中，一年聚会个一两次，商量交换新娘的事。道格正巧碰上了这么一场盛会，几十个法玉人聚在一起。在我们看来，几十个人的聚会只不过是普普通通的小型集会，但对法玉人而言，这种聚会是少见的，而且是个危机四伏的场合。杀人者会突然遇上死者的亲属，比如这样的情况：一个法玉人认出了杀父仇人，于是他提起斧头就向仇人砍去，但被同伴压制在地；他的仇人不甘示弱也抢起斧头，但也被朋友按住。这两个人都被压在地上，不断咆哮，直到精疲力竭没有干架的力气后，同伴才释放他们。两伙人则不时对骂，愤怒和沮丧得身体发颤，用斧头猛敲地面泄愤。在几天的聚会中，紧张的情绪未尝稍歇。这位道格老兄只能祈祷自己别被卷入。

法玉人过着狩猎-采集生活，大约有 400 人，分属四个宗族，地盘有几百平方英里。根据他们自己的说法，他们本来有 2 000 多人，因为自相残杀才花果飘零。那里没有在我们看来天经地义的政治或社会机制来和平解决严重的争端。后来，由于道格的造访，一群法玉人邀请了一对传教士夫妇和他们一起生活。这对勇敢的夫妇已经在那里生活了 12 年，逐渐说服法玉人放弃暴力。就这样，法玉族被带入了现代世界，将来怎样还未可知。

许多新几内亚族群和亚马孙印第安人都是从前与外界没有接触，由传教士带领着进入现代社会的。在传教士之后到来的，是教师、医师、官员和军人。历史上，政府和宗教的势力范围多有重叠，无论那个势力范围是以和平手段（如法玉族的情况）还是武力拿下的。使用武力的例子，往往是政府先用兵，宗教再来辩护。虽然游牧族群和部落有时能击退有组织的政府与宗教，但过去 1.3 万年的历史趋势是：游牧族群和部落输了。

上一个冰期结束时，世界上大多数人口生活在类似法玉族的社会中，没有哪个族群生活在复杂程度更高的社会里。到了公元 1500 年，全世界的土地上，有国界标记、由官僚治理、受法律规范的还不到 20%。而今天，地球上除了南极洲，所有的土地都由国家划分治理。最早建立集权政府和有组织的宗教的社会，其子孙因而抢了先机，主宰了现代世界。政府和宗教是人类历史普遍模式的四组近因之一，另外三组是病菌、文字和技术。政府和宗教到底怎么起源的？

* * *

法玉游群和现代国家，代表人类社会形式的两个极端，两者之间有许多不同程度的中间类型。现代美国社会和法玉社会的不同，在于美国有职业警力、城市、金钱、贫富差距，以及其他的政治、经济和社会制度。那些制度是同时出现的，还是有先后之别？为了寻找这个问题的答案，我们可以利用三种不同的方法：第一，比较组织程度不同的现代社会；第二，研究考古证据与史料，观察过去的社会；第三，观察一个社会中的制度如何变迁。

文化人类学家为了描述人类社会的多样性，往往将人类社会分为不同的类型，有的划分多达 6 种。为演化或发展过程划分阶段，不管怎么划分都不会完美，无论划分对象是音乐风格、人生阶段还是人类社会。首先，由于每一阶段都是前一阶段发展出来的，阶段与阶段之间的分野必然是武断的。（例如，19 岁该算是青少年还是成人？）其次，发展顺序并不是不变的，因此被列入同一阶段的不可能都是同质的。（今天勃拉姆斯和李斯特都被列为浪漫主义作曲家，要是他们地下有知，必然起身抗议。）然而，武断的阶段划分，能帮助我们讨论复杂多样的音乐与人类社会，只要我们谨记它们的局限性就好。下面，我们就利用一个简单的分类系统（游群、部落、酋邦和国家）——来了解人类社会（见表 14.1）。

游群是最小的社会，成员通常有 5 ~ 80 人，相比之间几乎都有血缘或姻亲关系。游群其实就是一个大家族，或是几个有关系的家族的联合。今天，仍然过着自治生活的游群，几乎只能在新几内亚和亚马孙河流域等外界不易接触的地方遇上。不过在近现代，有其他许多游群社会是新近才被国家编入管理范围，或被同化、消灭的，例如非洲的俾格米人（Pygmies）、南非桑人（所谓的布须曼人）、澳大利亚土著、因纽特人，以及在美洲资源贫乏地区（如南美洲南端的火地岛或北美洲北方针叶林区）的印第安人。所有那些现代游群都过着或曾过着狩猎-采集生活。至少在 4 万年以前，所有的人都过着狩猎-采集生活，直到 1.1 万年前，大多数人还过着这种生活。

表 14.1　社群的种类

	游群	部落	酋邦	国家
成员				
人数	数十人	数百人	数千人	5 万人以上
生活形态	游牧	定居（1 个村落）	定居（1 个或 1 个以上村落）	定居（许多村落）
成员间关系的基础	亲族	基于亲族的宗族	阶级和居住地	阶级和居住地
种族和语言	1 种	1 种	1 种	1 种或多种
政府				
决策及领导	"人人平等"	"人人平等或大人物领导"	集权、世袭	集权
官僚体系	无	无	没有官僚体系，或官僚体系只有一两个层级	多层级的官僚体系
武力和信息的垄断	无	无	有	有
冲突解决方式	非正式	非正式	集中解决	法律、法官
聚落等级的最高层	无	无	无→最重要的村庄	首都
宗教				
是否为盗贼统治正名	否	否	是	是→否
经济				
食物生产	无	无→有	有→集约化	集约化
劳动分工	无	无	无→有	有
交换	互惠	互惠	再分配（"贡物"）	再分配（"税收"）
土地控制	游群	宗族	酋长	不一定
社会				
分层	无	无	有，根据亲属关系	有，不根据亲属关系
奴隶	无	无	小规模	大规模

（续表）

	游群	部落	酋邦	国家
精英拥有奢侈品	无	无	有	有
公共建筑	无	无	无→有	有
固定的文字	无	无	无	经常有

注：箭头表示该属性随社会的复杂程度而变。

　　游群社会缺乏我们视为理所当然的那些制度。人们没有固定的居所，土地由全体成员共享，并没有小团体或个人划分地盘。游群社会没有持续性的经济分工，只有年龄和性别之分：只要四肢健全就得自行觅食。他们没有法律、警察、条约等解决内外争端的正式制度。游群组织常被描述为"人人平等"：没有上层阶级、下层阶级这样的社会分层，没有制度化或世袭的领袖，也没有垄断信息、决策的制度。然而，"人人平等"并不代表所有成员都有同样的威望，或人人参与决策。"人人平等"指的是：游群中并无正式领袖，谁更有魅力、力气更大、更聪明、战斗技能更强，谁就是领袖。

　　我个人的游群经验来自新几内亚沼泽低地湖原，也就是法玉人的居住范围。我在那儿碰到了几个大家庭，主要由几个大人和家中老小组成，溪畔搭建的临时小屋就是他们遮风避雨的家，在陆上徒步行走，在水中则划独木舟。今日世界和新几内亚绝大多数的族群都采取群体定居的生活形态，为何湖原上的族群仍过着流浪的生涯？答案是，这个地区资源匮乏，无法养活一大群在一起生活的人（直到传教士引进作物后才有了转机），当地也没有可以发展农业的植物。游群的主要食物来源就是淀粉含量丰富的西谷椰子。这些游群之所以居无定所，是因为砍伐完一地成熟的西谷椰子后，就得另觅目标。因为疾病的侵袭（特别是疟疾），游群的人口无法增长，一直很稀少，由于沼泽区缺乏原料，甚至连制作石器的石头都得用以物易物的方式换来，食物的来源也不多。其他到近代还有游群活动的地方情况也类似，可凭当地技术水平加以利用的资源很有限。

我们的动物近亲——大猩猩、黑猩猩和非洲的倭黑猩猩也过着游群生活。本来所有的人类也是如此，直到获得食物的技术进步后，资源丰富之处才开始出现定居形态的族群。游群这个政治、经济、社会组织，可以说是数百万年人类演化的遗产，超越这个阶段则是近几万年的事。

* * *

游群的下一个阶段是部落，主要的区别在于部落人口较多（一般有几百人而非只有几十个）且定居于一地。不过，也有随季节迁徙放牧的部落或酋邦。

部落组织的代表是新几内亚的高地人。在殖民政府进驻之前，他们的政治单元是一个村落或几个关系密切的村落。从政治角度定义的"部落"，要比语言学家或文化人类学家定义的部落（语言与文化相同的群体）来得小。例如，1964 年起，我在新几内亚一支名为弗雷的高地人间进行田野调查。以语言或文化的标准来看，弗雷人约有 1.2 万，说两种互通的方言，分布在 65 个村落里，每个村落约有数百人。但这些说弗雷语的族群并非政治上统一的实体，每个小村子和邻村都关系复杂，有时争战，有时结盟，令人眼花缭乱。

在新几内亚、美拉尼西亚和亚马孙河流域还有一些部落，现在已归民族国家管辖，但直到比较晚近的时候还是独立的，我们可从考古学证据推测出，过去应该也有同样的部落组织，但没有发掘出酋邦的遗址标记。证据显示，部落组织在约 1.3 万年前的肥沃新月地带出现，之后在其他地方也陆续建立。定居生活的先决条件不是食物生产，就是资源丰富的环境，这样的环境使狩猎-采集族群得以在小区域内过自给自足的生活。这就是定居以及部落的生活形态当时开始在肥沃新月地带流行的原因，那时，由于气候的变化和技术的进步，肥沃新月地带的野生谷物长得特别茂盛。

除了部落定居、游群流动，部落人口多、游群人口少外，部落还是不止一个亲族（也就是所谓的宗族）的集合，宗族之间经常通婚。土地则属于某一个宗族，而不是部落成员全体所有。部落人口仍然不多，大家彼此认识，也知道各自的关系。

就其他形式的人类团体而言，"数百人"似乎已是个上限，超过这个数目，这个团体的人就不可能互相熟稔。以我们的社会形态为例，如果一个学校只有几百个学童，那么校长应该叫得出每个人的名字，要是有上千个学童就不可能了。为何人类的政治组织会从部落演进到由数百人组成的酋邦？一个解释是群体变大之后，陌生人之间的争端就更难解决了。部落成员之间的冲突较易消弭，原因在于几乎人人都是亲戚。由于部落是个关系亲密的小团体，不需要警察、法律等大团体用以解决争端的制度。若有争吵，双方的亲友会施加压力，避免两人大打出手或刀戈相向。在新几内亚传统社会中，两个互不相识的新几内亚人如果在外村相遇，就会花很长时间来聊自己的亲戚，试图找出彼此间的关系，如果两人有关系，就能多一个不去互相残杀的理由了。

游群和部落间有种种差异，但还是有共通点的：部落也有非正式的"人人平等"的政治制度。信息和决策都是共有而不是专断的。我曾旁听新几内亚高地人的会议。所有的成年人都出席，一律坐在地上，大家轮流发言，没有高高在上的主席来控制或引导发言，不过，许多高地族群都有自己的大人物，也就是部落里最有影响力的人，但这不是一个正式的职衔，而且没有什么实权，不能自作主张，对外交秘密一无所知，至多只是参与公共决策。大人物能有这个地位，完全是靠自己的贡献，这个尊荣无法代代相传。

部落"人人平等"的另一个特质是没有家世和阶级的高低之分。传统部落或游群的成员对其他许多成员都有责任和义务，没有人因为特别努力而大富大贵。因此，外人很难从外表判断谁是村落里的大人物，因这人的房屋、衣饰和众人完全相同，若大家一丝不挂，他也就赤身裸体。

部落就像游群，没有官员、警方，也不知赋税是何物。他们经济形态的基础是个人和家庭之间平等互惠的交换，而非中央当权者纳贡后再重新分配。部落也没有什么经济分工：没有全职的手艺专家，每一个四肢健全的成年人（包括大人物）都得耕种、狩猎或采集。记得有一次我经过所罗门岛上的一座花园，看到远方有个正在挖土的人频频向我挥手。看清楚后，我惊讶万分，原来那是我的朋友法勒多（Faletau）——所罗门群岛上最负盛名的木刻家、才华横溢的艺术家。但他还是得亲自下田，种自己的甘薯。部落没有经济专家，也没有奴隶，大家都自食其力，没有利用他人劳力的必要。

从巴赫到舒伯特的古典时期作曲家，往前接续了巴洛克时期，往后开启了浪漫主义时期；部落也是一样，介于游群和酋邦之间，部落中人口稀少者接近游群，人口众多者近似酋邦。特别是在部落筵席上帮大家分配猪肉的大人物，这个角色已经接近征收、分配食物和物品的酋长了。这样的食物和物品在酋邦中就是贡物。我们还可以从公共建筑的有无来区分酋邦和部落，但新几内亚的大型村落里也有专做祭祀用的屋子（称为 haus tamburan，在塞皮克河河畔），可谓酋邦庙宇的前身。

* * *

虽然今天仍有几个游群和部落残存在无人可管的边陲地带或穷乡僻壤，不知国家的存在，但完全独立的酋邦早在 20 世纪初便从世间消失，正因酋邦安身立命的所在往往是国家觊觎之地。然而，直至公元 1492 年，美国东部还是酋邦的天下，酋邦也广泛存在于中美洲、南美洲、撒哈拉以南非洲那些尚未被国家纳入管辖的富庶之地，以及波利尼西亚全境。考古学证据显示，酋邦约于公元前 5500 年兴起于肥沃新月地带，于公元前 1000 年左右出现在中美洲和安第斯山脉。酋邦有很多特征和现代欧美国家大异其趣，与游群和部落也有很大的差异。

酋邦的人口数量远超过部落，人数在几千到几万之间。酋邦人口众多，内部冲突的问题便比较严重，因为酋邦里的大部分人彼此间都没有血缘或姻亲关系，也不认识。酋邦在 7 500 年前兴起后，人类开始学习面对陌生人的第一课：如何面对经常遇见的陌生人，不互相残杀？

要解决这个问题，一种办法是让某个人（首领或酋长）垄断使用武力的权利。和部落里有实无名的大人物相比，酋长可谓名副其实，是众人认可的头衔，而且是世袭的。部落集会没有主席，人人平起平坐，酋长则是永远的权威中心，负责所有的重大决策，而且垄断一切重要信息（比如邻邦酋长私底下威胁要干什么，或诸神应允了什么样的收成）。不像部落里那些与众人没什么分别的大人物，酋长有醒目的标记，比如在西南太平洋的伦内尔岛上，酋长就是背后挂着一面大扇子的人。平民遇见酋长必须行礼，如在夏威夷则须拜倒。酋长的命令由一两个层级的官僚来传达，这些官僚多半是地位比较低的酋长。然而，和国家的官僚相比，酋邦的官僚分工没那么细。夏威夷的酋邦的官僚从征粮、灌溉到徭役都得负责，而一个国家的税收、水务和征兵则分别由不同的官僚掌管。

酋邦地盘小、人口多，需要相当多的食物，所需的食物大多靠生产，在少数资源特别丰富的地区，靠狩猎-采集也未尝不可。

例如，美国西北太平洋岸的印第安人夸扣特尔（Kwakiutl）、努特卡（Nootka）和特林吉特（Tlingit）等族，虽上有酋长，但还是住在没有农业也没有家畜的村落里，他们能够如此，是因为附近的河流和海洋里的鲑鱼和大比目鱼成群结队。平民生产的余粮供养酋长家庭、官僚和手艺专家（专司制作独木舟、斧头、痰盂等物品，或负责捕鸟或刺青）。

奢侈品或与远方贸易得来的珍奇之物专归酋长，如夏威夷酋长那由数万根鸟羽、几代人的努力才织出的羽毛斗篷就是一个例子（自然，织斗篷的是平民）。这种奢侈品的集中可以帮助考古学家识别出酋邦——某些坟墓（墓主是酋长）中的陪葬品皆是珍贵的宝物，让人眼界大开，有些坟墓（墓主是平民）则乏善可陈。但若是更早的游群或部落，人人不但生而平等，死后的待遇也差不多，没有特别豪华的坟墓。古代某些复杂的酋邦公共建筑（如庙宇）相当精美，有别于村落的粗枝大叶；此外，人们的住处也分高低贵贱，酋长的住所自然最大而豪华，器具也比别处多。

酋邦就像部落，几个家族、几代人住在同一个地方。然而在部落中，各个家族都是平等的，在酋邦则不然，酋长家族最为尊贵，拥有世袭特权。酋邦的社会阶层已相当复杂，不但有平民和酋长之分，就酋长而言，又分成8个阶层，只能和同一阶层的家族通婚。此外，酋长需要仆人和手艺专家来为其效劳，因此酋邦和部落的另一个差别是有许多工作要用奴隶来完成，这些奴隶一般是突袭的战利品。

酋邦在经济上最突出的特点是，除了交换，还有重新分配的经济形态。游群和部落全仰赖互惠交换，甲送给乙一份礼物，则期待乙在不久的将来也以同等价值的礼物回报。我们这些现代国家的子民通常只在生日或节庆时互相馈赠，生活所需的物品大抵根据供需法则买卖得来。酋邦中仍有互惠交换的做法，市场也没有出现，但酋邦发展出了一套新系统，可以称之为"再分配经济"。举个简单的例子：收获时节，酋邦里的每个农民都把小麦献给酋长，酋长或是大摆宴席请所有人吃饭，或是将粮食储存起来，分批发给大家，以待下一次收成。若从平民那里收取的粮食、物品大都归酋长家族和手艺专家使用、储藏，那么这些东西就不会用于再分配，而是成了贡品，这就是在酋邦中出现的税收的前身。酋长向平民索要物品还不够，还要他们的劳力，平民为公共工程建设出力，而这些工程既可能对平民自己有利（如灌溉系统就对大家都好），也可能只有酋长拿到好处（如豪华的陵墓）。

以上所说，似乎所有的酋邦都是一个模子刻出来的。其实不然，酋邦之间也有很大的差异。大的酋邦，酋长强势，酋长层级的划分细，酋长和平民之间的差距大，酋长获得的贡品多，官僚体系层次多，公共建筑更加壮丽。小的酋邦，比如波利尼西亚小岛上的一些社群，更接近由"大人物"带领的部落，只不过他们的酋长是世袭的。酋长的茅屋和平民没有两样，没有官僚，也没有公共工程，食物、货品大都由酋长重新分配给大家，土地则为整个社群所有。在夏威夷、塔希提和汤加这种大的岛屿上，放眼望去，穿着打扮最为华丽、尊贵的就是酋长，有专司公共建设的徭役，贡品大抵归酋长所有，土地也归酋长所有。

* * *

至此，有一点相当明显：酋邦的阶级、贵贱之分带来了两难的局面。从好的方面来看，酋邦得以征召众人之力，创造更多福祉，但也有坏的一面，等于是上层阶级光明正大地抢劫平民的财物，因此有"盗贼政治"之说。虽然有的统治阶级强调自己动机高尚，但高尚和自私常常分不清，私欲也有可能冠冕堂皇。盗贼和政治家有时只有一线之隔，这个区分主要是看贡品、税收用于统治者自身和平民的比例。例如，扎伊尔的蒙博托总统很腐败，因为他几乎把国家所有的财物（相当于好几十亿美元）归为己有，再吐出一点骨头重新分配给民众（那时在扎伊尔一般人都无法打电话）。而乔治·华盛顿在我们眼里，则是伟大的政治家，因为他把税收用在人人称道的公共建设上，而非中饱私囊。然而，他生于美国的豪门，本就不愁吃穿，美国的贫富差距要比新几内亚的村落大得多。

对任何有阶级之分的社会，酋邦也好，国家也好，我们要问：为什么平民要忍受统治者对他们的强取豪夺？为何要双手奉上自己辛苦耕耘的成果？从柏拉图到马克思的政治理论家都讨论过这个问题，今天的选民也有这个疑问。没有民意基础的盗贼统治有可能会被推翻，取而代之的要么是曾受压迫的平民，要么是向公众许诺会把更多收入拿出来做公共服务而不是中饱私囊，但在获得民众支持上台后还是有可能变成盗贼的人。夏威夷历史上一次次的叛乱就是如此，带头起义反对酋长压迫的往往是酋长的弟弟，他们承诺上台后会少压迫人民一点。这些发生在从前夏威夷的事听来滑稽，但如果想到现代世界里许多类似争斗带来的悲剧，我们可能就笑不出来了。

那么，如果统治者既想要锦衣玉食，又希望得到普通百姓的支持，他们该怎么做呢？以下四者就是统治者祭出的法宝。

第一，解除平民的武装，武装掌权者。在今日高科技武器时代，这一点比较容易，因为这类武器只能由兵工厂生产，掌权者很容易加以控制。古代的矛头或棍棒则是平民在家也能制作的武器，统治者就难以制止。

第二，多分点贡品给平民，皆大欢喜，自然不会怨声载道。这对夏威夷的酋长和今天美国的政治家都适用。

第三，使用垄断的武力来保障人民的幸福，包括维持公共秩序并制止暴力。这是权力集中的社会相对于权力分散的社会的一大优点，但往往被人忽视。以前的人类学家常把游群或部落所在的地方描绘成和平、没有暴力的理想国，只因为他们经过三年的观察，发现由 25 个人组成的游群在那段时间里没有发生过谋杀。那是自然：这个游群只有十来个大人和十来个孩童，平常的原因造成的死亡就够多了，要是每三年再有一个大人杀死另一个大人，这个游群还能存续下去吗？如果进行一些长期的调查，我们就会发现，游群和部落中死亡的头号原因就是谋杀。有一次我造访新几内亚的伊佑人（Iyau）时，刚好碰到一个女人类学家在访问伊佑妇女，调查她们的生活史。一问到丈夫姓氏，总是一把辛酸泪，老公横死，再嫁的对象又死于非命："我的第一任丈夫被来袭的伊洛匹人（Elopi）杀害，第二任丈夫则被想要我的男人砍死。我就跟这个男的一起生活。后来，第二任丈夫的兄弟前来寻仇，杀了我的第三任丈夫。"这种遭遇在所谓"性情平和"的部落族群中可谓司空见惯。因此，在部落越来越大时，人们会倾向于接受中央统治，以换得保护。

第四，统治者寻求公众支持的另一个厉害做法，就是利用意识形态或宗教给人民洗脑，让他们服从自己的统治。游群和部落当然也有超自然信仰，但不会用其来为中央集权张目，为搜括找名正言顺的理由，同时在没有亲属关系的众人之间维持和平。超自然信仰有了前述功效，经过制度化之后，就成了我们所说的宗教。夏威夷的酋长和其他地方的酋长没什么两样，都称自己是天神下凡或是可上达天听，与神沟通，因此是平民与天神的媒介，可呼风唤雨，能否国泰民安、年年丰收，都仰赖他的本领。

酋邦的意识形态就是制度化宗教的前身，以巩固酋长的权威。酋长身兼政治领导人和宗教领袖，还可能有一小群帮酋长助阵的祭司，这些人也就形成了盗贼政治。这就是酋邦能搜括这么多财物来建造庙宇或其他公共工程的原因。而这些公共设施又成为宣扬宗教之地或酋长权力的标记。

除了为统治者张目，宗教对中央集权的社会还有两点好处。第一，共同的宗教或意识形态有助于化解陌生人之间的纷争，让民众相信"四海之内皆兄弟"，不至于互相残杀。第二，宗教赋予民众牺牲奉献的动机，让他们摒弃自私自利的念头。褒扬为国捐躯的少数士兵，使得人人奋起，为"大我"向外攻城略地，或保乡卫土。

* * *

我们今天最为熟悉的政治、经济和社会结构是国家。这种统治方式几乎主宰了全世界，唯一的例外是南极。所有现代国家的上层阶级都是识文断字的精英，许多早期的国家也是；许多现代国家的大多数民众也都识字。消失的国家往往留下许多考古可见的印记，如庙宇的遗迹、大小不同的至少四种聚落，以及散布在数万平方英里内的陶器。我们由这些证据得知，国家约在公元前3700年兴起于美索不达米亚，在公元前300年左右出现在中美洲，在距今2 000多年前于安第斯山脉、中国和东南亚生根，于1 000多年前在西非茁壮。到了现代，更不断有从酋邦蜕变成国家之例。因此，我们对过去国家的了解，远比对过去的酋邦、部落和游群的了解多。

原始国家就是超大型酋邦再更上一层楼。游群扩大成部落，部落又坐大成酋邦。酋邦的人口少则几千，多达数万，但现代国家的人口很少不超过百万，中国更是破了10亿。超大型酋邦酋长的住所进而成为国家的首都。首都外人口集中的地方就成为城市。酋邦就没有城市。城市的标志有公共建筑、统治者的宫殿、国库（贡品和税收）等，也是非食物生产者的集中地。

早期国家的世袭领袖拥有相当于国王的头衔，有点像大酋长，垄断信息、决策和权力。即使是在今天的民主国家里，重要机密也只有少数几个人知道而已，而这少数人就是政府和决策的主导人。例如，1962年古巴导弹危机发生时，是否要发动核战争，全看肯尼迪总统和他指派的国家安全委员会十人小组，接着肯尼迪又把做出最终决策的范围限定在四人小组里：他自己，加上三名内阁成员。

国家和酋邦相比，中央的控制范围更大，经济的再分配（贡品改名为税收）的范围也更广。而且，国家的经济专业化程度更高，到了今天，连农民都无法自给自足，很多物品还得仰赖其他行业。因此，国家的政府一旦崩溃，对社会就会造成巨大的冲击，后果难以设想，一如公元407—411年在不列颠，罗马军队、行政官和铸币厂全数撤退后的情景。即使是最早的美索不达米亚国家，中央对经济也有主控权。美索不达米亚的食物生产者主要有四类，即种植谷物的农民、牧民、渔民和种植果蔬者，他们把收获贡献给国家，国家再供给他们自身不生产的东西，如生活必需的粮食、物品和工具等。例如，国家为种植谷物的农民提供种子和可以帮忙耕作的家畜，从牧羊人那儿取得羊毛后再和远方国家进行交易，换取金属等重要原料，也为建造灌溉系统的劳工提供食物，而灌溉系统正是农民所需要的。

与酋邦相比，许多甚至大多数早期国家都更大规模地使用了奴隶。这不是因为酋长们比较善良，肯放俘虏回他们的老家，而是因为国家的经济专门化程度高，生产量和公共工程量都大，更需要奴隶。除此之外，国家经常进行大规模的战争，能俘虏更多的奴隶。

酋邦的行政层级只有一两个，国家的行政组织就复杂得多了，只要看看政府的行政组织体系表就能明白。除了从上到下有不同等级的官僚，水平的分工也不少。夏威夷酋邦的官员无所不管，国家的政府则分成许多部门，各司其职，如掌管水务、税收、兵役等，每一部门内部也有等级划分。哪怕是小国家，行政组织也比大酋邦来得复杂。例如，西非的马拉迪虽是个小国，但中央行政职务有 130 种以上。

国家内部的冲突解决越来越依赖司法和警察系统。由于多数国家的统治阶层都是识字的精英（印加帝国除外），法律通常是以书面形式记录的。文字系统的发展和早期国家在美索不达米亚和中美洲的兴起时机相当。相形之下，早期酋邦完全没有文字。

早期国家有国教和形制标准的庙宇。当时许多国王都被神格化，地位崇高无比。例如，阿兹特克帝国和印加帝国的皇帝出巡时都坐轿子；印加皇帝出巡时，专门有仆人走在轿子前面清扫路面；日语在称呼天皇时，也用独一无二的代名词。古时的国家，宗教领袖不是祭司就是国王本人。美索不达米亚的庙宇不仅是宗教中枢，也是经济、文字和工艺技术的中心。

由上述特征看，从部落到酋邦的这条发展路线，到了国家这一步已登峰造极。不过，国家在一些新的发展方向上也不同于酋邦。最根本的差异就在于国家是围绕政治和领土的界线组织的，而不像游群、部落和原始的酋邦那样主要围绕亲属关系。而且，游群和部落成员的族群和语言总是相同，酋邦通常也一样，但国家，特别是吞并或征服其他国家的所谓帝国，往往是多族群、多语言的。国家官僚的选拔不像酋邦，都是酋长近亲，而是选贤与能，看重专业、训练与能力各方面的表现。后期的国家，包括我们今天所看到的国家，其领导人很少是世袭产生的，许多国家就连形式上的世袭阶级都完全摒弃了。

* * *

这 1.3 万年来的人类社会大趋势，就是更大、更复杂的单元取代较小、较简单的单元。当然，这只是长期的大趋势，分分合合的变化不断发生。我们从新闻得知，大的政治单元（比如苏联、南斯拉夫、捷克斯洛伐克）也可能分化为小的单元，2 000 多年前亚历山大的马其顿帝国不正是如此？而且，大而复杂的单元并不总是能取胜，也有俯首称臣的例子，如罗马帝国被"蛮族"占领，蒙古酋邦也一度在中国的土地上统治。但是，人类社会的长期走向还是趋于大而复杂，以国家形态为主流。

显然，在面对比较简单的政治体时，国家的优势主要体现于先进的武器、技术和众多的人口。但国家和酋邦还有两个相同的潜在优势：第一，决策的权力集中，可集中调动军队和资源；第二，利用官方宗教和爱国情操使军人愿意为国捐躯。

这种情操是如此深植于现代国家人民的心中，加上学校、教会和政府的宣传，以至我们忘了先前的人类历史并非如此。每个国家都有教人民勇于献身的一套，如英国的"为了吾王吾国"和西班牙的"为了伟大的上帝和西班牙"等。16 世纪阿兹特克帝国的战士也受到类似的感召："在沙场上，没有什么比得上光荣的死亡。把美丽的鲜血奉献给赐予我们生命的天神维齐洛波齐特利（Huitzilopochtli）：我遥望他的身影，内心满是渴望。"

这种思维和感情是游群和部落无法想象的。新几内亚朋友叙述给我听的部落战争，完全没有"忠君爱国"这码子事，也没有"马革裹尸"的壮烈。他们对敌人的突击通常是利用埋伏或以优势兵力进攻，令人措手不及，尽可能避免己方伤亡。这种心态使得部落战争大受限制。和国家发动的战争相比，部落战争简直是小儿科。此外，以国家或宗教的名义发动战争的狂热者之所以是特别危险的对手，不是因为他们自己愿意赴死，而是因为他们愿意用一小部分自己人的牺牲来换取与自己信仰不同的敌人的灭亡。这种狂热带来了许多征服，但这不过是近 6 000 年的事，在酋邦和国家出现以前，还没有人知道如何运用这种意识形态。

* * *

非中央集权、基于亲族关系的小型社会，是怎么演化成中央集权且成员间不一定关系密切的大型社会的？研究了从游群到国家的各种阶段后，现在我们来探讨社会转型背后的力量。

历史上的不同时刻，许多国家独立兴起了——或有文化人类学家形容这种国家为"原始"，也就是说，这些国家兴起时，周围并没有任何既存的国家。除了大洋洲和北美洲，各大洲都至少有过一次原始国家的发源。史前时代，在美索不达米亚、中国北部、尼罗河和印度河流域、中美洲安第斯山脉、西非等地已有国家出现。近 300 年来，在马达加斯加、夏威夷、塔希提与非洲许多地区的首邦，在和欧洲的国家接触后，自己也发展为国家。上述地区，以及北美的东南部和西北太平洋地区、亚马孙河流域、波利尼西亚和撒哈拉以南非洲，则出现了更多的原始酋邦。这些复杂社会的起源构成了一个丰富的资料库，让我们可以了解它们的发展过程。

关于国家起源的问题有许多说法，其中最简单的一个是，根本不认为国家的起源是个"问题"。亚里士多德就主张，国家就是人类社会的自然状态，无须解释。他会犯这种错误是可以理解的，因为他有机会看到的社会，也就是公元前 4 世纪的希腊社会，都是国家。然而，我们已经知道，直到公元 1492 年，世界上还有许多地区是酋邦、部落甚至游群的地盘。国家究竟是怎么形成的？这个问题的确需要解释一下。

第二种说法是大家最熟悉的，也就是法国哲学家卢梭提出的社会契约论：众人衡量自己的利益后，达成共识，认为国家带来的福祉超过其他较为简单的社会形态，因此自愿选择国家。这是一个理性的决定。但是，我们仔细观察并考察历史记录便会发现，根本没有哪个国家是在那种超然的氛围中通过众人的理性远见建立的。小的政治单元才不会自愿放弃主权与大的政治单元合并，只在被征服或受外力胁迫时才不得不如此。

第三种说法现在还有不少历史学家和经济学家认同，那就是国家的出现和大型灌溉系统息息相关，其根据是，在美索不达米亚、中国北部和墨西哥等地，国家出现的时候，大型灌溉系统也的确动工了。该理论也主张，建立和维护复杂的大型灌溉系统或水利工程，非得有中央集权的官僚组织不可。于是，该理论就把可观察到的时间上的大略相关性转化成了假定的因果关联。根据这种假定，当初美索不达米亚、中国北部和墨西哥等地的居民，预见到了大型灌溉系统的好处（虽然方圆数千里内甚至世界上都没有这种系统让他们可以见识），于是这些有远见的人决定团结起来，放弃效率有限的小酋邦，组成可以兴建大型灌溉系统的国家。

这种"水利理论"和上面社会契约论犯的错误大同小异，也就是只专注于复杂社会演化到最后的阶段，跳过了大型灌溉系统成形之前，从游群、部落到酋邦的几千年发展。如果仔细考察历史和考古年代，我们会发现证据并不支持灌溉是国家形成的驱动力这一说法。在美索不达米亚、中国北部、墨西哥、马达加斯加等地，国家兴起之前已有小型的水利系统。大型水利系统的修建和国家兴起并不是同时发生的，而是国家在先，大型水利系统则是日后的事。在中美洲的玛雅地区和安第斯山脉，大多数国家使用的仍然是小型的灌溉系统，靠当地居民自己兴建、维护。即使在拥有复杂水利系统的地区，水利系统的出现也只是国家形成后的间接结果。我们还是需要去为国家的出现寻找其他原因。

我认为较为合理的解释是一地人口的数量，这是社会复杂程度最重要的预测变量。人口越多，社会越复杂，这种关联比灌溉与国家形成之间的那种相关性更站得住脚。前面提过，游群一般只有几十个人，部落有几百人，酋邦人数从数千到数万不等，国家则大多在5万人以上。各种社会形态之间，依人口多寡而有复杂和简单之分，在每一种社群形态内，还有更细的分别，例如同样是酋邦，人口越多者，越倾向于中央集权，社会分层越多，结构越复杂。

由上述关联可见，一地的人口数量、人口密度或人口压力很可能与复杂社会的形成有什么关系。但是，这些关联没有告诉我们人口变量在导向复杂社会的因果链条中具体起什么作用。为了探究这个因果链，我们先来回忆一下庞大而稠密的人口是怎么出现的。然后，我们来探讨为什么大型的简单社会无法存续下去。有了这些背景知识后，我们最后再来讨论简单社会是如何随着人口增长而变成复杂社会的。

* * *

我们已经知道，人口数量或人口密度增加，关键的条件在于食物生产或者狩猎-采集的收获量特别可观。狩猎-采集社会若生产力高，也能成为酋邦，但没有一个能达到国家的水平，因为所有的国家都是靠食物生产来养活百姓的。这种考虑，加上刚才讨论的人口规模和社会复杂程度的关联，就产生了一个先有鸡还是先有蛋的问题：食物生产、人口规模和社会的复杂程度，哪个是因，哪个是果？是集约化的食物生产引发了人口增长，进而推动了复杂社会的形成，还是说，人口规模扩大和复杂社会形成才是原因，集约化的食物生产是结果？

这种非此即彼的问法没有问到点子上。其实，由于自体催化的作用，集约化的食物生产和复杂社群是互相促成的。也就是说，人口增长使社会日益复杂（我们之后会讨论其作用机制），而社会的复杂化又会助长集约化的食物生产，继而促进人口增长。权力集中的复杂社会有能力兴建公共工程（包括灌溉系统），组织远距离贸易（包括进口金属以制造更多农具），协调不同群体的经济分工（比如，向牧民提供农民种的谷物，向农民提供牧民养的牲畜用于犁地）。从古至今，集权社会的这些能力都促进了集约化的食物生产和人口增长。

此外，食物生产至少从三方面塑造了复杂社会的特征。第一，食物生产可以季节性地为复杂社会提供劳力。谷物都收割、贮藏之后，中央政府就可调用空闲的农民，让他们修造彰显国力的公共建筑（如埃及的金字塔），为农田水利工程效劳（如夏威夷灌溉系统或鱼塘）以喂饱更多人，或者去攻城略地，以壮大政治体。

第二，食物生产带来的盈余食物使经济专业化和社会分层成为可能。盈余的食物可以供养复杂社会中各个阶层的人：领导人、官僚等统治阶级，文士、技匠等不事食物生产的专家，被征去投身公共工程而暂时不下田的农民。

第三，食物生产使人们可以过上定居的生活，或者说，定居生活是食物生产所必需的。定居下来之后，社会才能累积财物，发展精密的技术和工艺，兴建公共工程。对复杂社会而言定居至关重要，正因如此，传教士和政府首度碰上新几内亚或亚马孙地区从未和外人接触的部落或游群时，都想做两件事：一是"安抚"这些人，劝说他们不要去杀传教士和官员，也不要自相残杀；二是引导这些流动不定的人在村落定居，这样传教士和官员才能找到他们，给他们提供药品，帮他们建学校，给他们信仰，控制他们。

＊　＊　＊

可见，能促进人口增长的食物生产，也能以不同的方式使复杂社会的一些特征成为可能。但是，食物生产和庞大人口并不必然导向复杂社会。我们观察到，游群或部落的组织方式应付不了数十万人组成的社会，所有现存的大型社会都有复杂的集权组织，这种现象该怎么解释呢？至少有四点显而易见的原因。

第一，陌生人间冲突的问题。人口越多，这个问题就越棘手。以一个 20 人组成的游群为例，每两个人形成一种对应关系，则有 190 种（20×19÷2），但若是一个 2 000 人的游群，就会有 1 999 000 种组合。每种组合都是一个不定时炸弹，随时都有可能爆发谋杀事件。在血债血偿的恶性循环下，整个社会动荡不安，充满血腥与暴力。

在游群中，人与人之间的关系非常密切，若两人发生争执，则双方亲友都会出面干涉。在部落里，大家的联系也还算紧密，至少叫得出每一个人的名字，在争吵时，双方亲友也会出来仲裁，避免冲突扩大，危害到自己。但如果人数多达"好几百"，超过了一个临界点，陌生的两人组合就会越来越多。两个陌生人发生冲突时，很少会有双方亲友都在场做和事佬的情况；旁观者大都是其中一方的亲友，因偏袒自己人，冲突就会愈演愈烈。光是这个因素，就足以说明为什么由几千人组成的社会，就非得有集权组织来垄断武力、解决冲突不可。

第二，人口规模越大，众人共同决策的难度就越高。在新几内亚的一些村落，决策仍由全体成年人一起做出，因为村子小，消息和信息很容易流通，且在开会时，人人都有表达意见的机会，也可听完每一个人的意见。如果团体太大，这就难以办到了。即使是在麦克风和扩音器极其普遍的今天，也无法让几千人都好好地表达完自己的想法。因此，大型社会必定有结构，而且有个统御一切的中心，决策才能有效率。

　　第三点原因和经济有关。任何社会的成员之间都会互通有无。一些重要的物品，可能今天得到的多一些，明天拿到的少一些，人人才具不同，这个人的这样东西有盈余，那样东西有缺乏，那个人则反过来，都是常有的事。小型社会中，重要物品的交换可以在个人和家庭之间进行，双方互惠即可，毕竟可以配成对的成员不多。但是，社会一大，人一多，互通有无的效率就低很多，这跟在大社会里很难去一对一对地解决人际冲突是一个道理。大社会需要在互惠交换之外还有再分配的经济体系，如此一来个人多余的物品可直接交给中央，再由中央分配给匮乏的人。

　　最后一点和人口密度有关。基于食物生产的大型社会不但人口数量多，而且人口有集中的现象。一大片土地上可能有多个由几十个猎人组成的游群，各有各的地盘，大部分资源都可以从自己游群的地盘获得，其他的必需品则可以趁游群休战的间歇，通过与邻近游群交易得来。随着人口密度的增加，几十个人所能占据的地盘就会缩小，越来越多的生活必需品得从地盘之外获得。比方说，以下这样的事是不可能发生的：把 1.6 万平方英里的地和 1 600 万人（差不多是荷兰的面积和人口）分成 80 万份，每份是 13 英亩地和 20 个人，这 20 个人组成自治的游群，在这 13

英亩的地盘上自给自足，偶尔趁着游群休战走到和其他游群地盘交界的地方，交换一些物品，商讨嫁娶。由于空间的限制，人口稠密的地区必须有复杂的大型社会。

从冲突解决、决策、经济和空间等方面来考虑，大型社会的权力必须集中。权力集中有利也有弊，信息、决策和财物的分配操控在少数人之手，便容易造成偏私，这些人会为自己和自家亲属谋利——这已是今日世界大家司空见惯的事。在早期社会发展的过程中，握有权力者便成为上层阶级，宰制其他阶级，也许他们正来自那些原本与其他家族平等但后来变得比其他家族"更平等"的家族。

* * *

大型社会是复杂的盗贼统治组织，无法以游群组织的形式运作，原因我们已经讨论过了。但是还有一个问题我们尚未讨论：简单的小型社会怎样演化或合并成复杂的大型社会？兼并、集权的冲突解决机制、决策机制、经济再分配机制、剥削型的宗教，这些都不是人们签了卢梭式的社会契约后自动发展出来的。社会为什么会合并呢？

要回答这个问题，需要懂得一点演化逻辑。我在前面提到过，被归为同一类型的社会并不是同质的，因为人群和人群之间本来就有很大的差异。举例来说，游群与部落之中，有些大人物必然会比其他大人物更有魅力、更有权力、更有政治手腕。比较大的部落中，常会出现强势的大人物，因此集权程度也会比较高，那些部落要是与集权程度低的部落竞争，会更为有利。部落中解决冲突的机制若与法玉人的一样糟，那个部落就很容易分裂成互相竞争的游群；酋邦若无善政，就很容易分裂成小的酋邦或部落。一个社会若能有效解决成员间的冲突，有健全的决策机制，有和谐的经济再分配手段，就能发展出比较好的技术，维持对外征战的军事实力，夺取更大、更有生产力的土地，逐一击溃小的社会。

因此，同一类型的社会相互竞争，若条件允许，可能会产生复杂程度较高的社会。部落间的征战造成兼并，最后形成的社会，其大小可能接近国家；国家间的兼并会产生帝国。大型的政治单元要是（这个"要是"很重要）能解决社会规模变大之后产生的问题，在与小型的政治单元竞争时一般就能占上风。大型政治单元面临的问题有：政治领袖必然要面对的权力挑战、平民对盗贼统治的憎恨，以及经济整合带来的种种困难。

考古资料与史料中都有小型政治单元合并为大型政治单元的案例。卢梭说什么小型社会的成员以自由意志决定组成大型社会，以保障所有人的福祉，其实这全是神话。小型社会的领袖和大型社会的领袖一样，都珍惜自己的独立与权位。合并通常以两种途径达成：在外力威胁下同意合并，被征服吞并。两类例子在历史上都有很多。

受外力威胁而同意合并，最好的例子就是美国东南部的切罗基印第安邦联。切罗基人原本分作三四十个独立的酋邦，每个酋邦是 400 人左右的村子。越来越多的白人拓殖者进入这一地区后，与土著发生了冲突。白人受到切罗基人抢劫或攻击后，由于无法分辨当地土著间的差别，实行报复时往往黑白不分，或者火力扫荡，或者切断贸易渠道。18 世纪，切罗基各酋邦逐渐被迫形成一个邦联。起先，比较大的酋邦选择了一位盟主，名叫莫依拓（Moytoy），那是 1730 年，到了 1741 年，莫依拓的儿子继承了这个位子。这些领袖的首要任务，就是惩罚攻击白人的切罗基人，以及与白人政府交涉。到了 1758 年，切罗基人以各村子里的决策议会为模型，决定各酋邦的政治决策在每年举行一次的议会中协商，地点在埃科塔村，于是这个地点就成为邦联的"首都"。最后，切罗基人也有了文字（见第 12 章），也制定了成文宪法。

　　所以，切罗基邦联不是以战争打造的，而是原来独立的小型社会受到强大的外力威胁才决定合并的。美国当年也是在几乎相同的情况下形成的。最初的北美十三州（其中之一的佐治亚州正是切罗基邦联的推手）在英国军事的威胁下同意成立邦联。当初各州也非常珍惜自己的独立地位，而各州间的第一份协议书——邦联条款（1781 年）根本行不通，因为每一州保留的自主权力太大了。直到后来大家面临更大的威胁，引发了 1786 年著名的谢斯起义，以及无法解决的债务问题，各州才捐弃本位主义，在 1787 年通过了现行的美国联邦宪法。19 世纪德意志诸邦放弃主权，成立统一帝国，也是个艰辛的过程。1870 年法国宣战的威胁，最后让各小邦放弃了大部分主权，移交德意志帝国中央政府（1871 年）；在这之前，统一的努力失败了三次：1848 年的法兰克福议会、1850 年的德意志邦联、1866 年的北德意志邦联。

　　另一种形成复杂社会的模式是征服。非洲东南部的祖鲁国是个好例子，我们有详细的史料可以覆案。白人到达那个地区的时候，当地只有几十个小酋邦，不相统属。到了 18 世纪晚期，人口压力增加了，酋邦间的斗争趋于紧张。其中一位酋长成功地在酋邦间建构了一个集权的权力架构，他就是丁吉斯瓦约（Dingiswayo）。他在 1807 年左右杀了对手，夺得了姆泰特瓦酋邦的酋长之位。丁吉斯瓦约设计了一个优越的集权军事组织，他从各村落征召年轻人，然后以年龄而非村落为原则编成小队。他也发展出优越的集权政治组织，在征服其他酋邦之后，不再杀戮酋长，而是从原来酋长的家族中扶植一位能与他合作的人。他还发展出了一套集权的冲突解决系统，扩大司法仲裁范围。就这样，丁吉斯瓦约征服并兼并了 30 个其他的祖鲁酋邦，祖鲁国的雏形慢慢浮现了。他的后继者扩充了他设计的司法系统、警察制度以及仪式，祖鲁国逐渐茁壮。

　　类似祖鲁国的例子不胜枚举。18—19 世纪，欧洲人在世界各地殖民，观察到许多从酋邦形成国家的例子，例如波利尼西亚的夏威夷国、塔希提国，马达加斯加的默里纳国，非洲南部的莱索托、斯威士国，西非的阿散蒂国，乌干达的安科莱国、布干达国。美洲的阿兹特克帝国、印加帝国是在 15 世纪通过征战建立的，那时欧洲人还未踏上美洲，但是早期的西班牙殖民者保存了美洲土著的口传历史，所以我们能够研究美洲土著国家的形成过程。罗马帝国的形成、马其顿帝国在亚历山大领导下的扩张，都有当时的人留下的详细记录，可供考察。

所有这些例子都说明，战争的威胁或战争是促使社会合并的主要因素。但是，战争是人类历史的常态，即使游群间也不例外，为什么战争只在最近的 1.3 万年才促成社会的合并？我们已经知道复杂社会的形成与人口压力有关，所以现在我们应该寻绎人口压力与战争结果之间的关联。为什么战争往往在人口密集的地方促成社会合并，而在人口稀少的地方则少有这种功效？答案是：落败的一方遭受的命运与人口密度有关，有三种可能的结局。

在人口密度非常低的地方，例如狩猎–采集族群生活的地方，落败一方的幸存者只要躲得远远的就成了。新几内亚与亚马孙河流域的不定居游群间发生战争后，往往就会出现这种情况。

在人口密度不太低的地方，例如生产食物的部落居住的地方，没有空旷的大片土地可供退避，而不事集约化食物生产的部落社会用不着奴工，也无法生产太多的剩余食物当作贡品。因此胜利者无法利用战败部落的幸存者，最多抢了女人回去，而落败一方的男性会遭到杀害，土地会被强占。

酋邦与国家占据的地区，人口密度非常高，战败者无处可逃，战胜者有两种利用他们的方式，不必杀掉他们。第一，因为经济专门化在酋邦与国家中已经出现了，所以战败者可以充当奴隶，《圣经》时代就有很多这样的例子。第二，许多这样的社会已经发展出集约化的食物生产系统，能生产出足够的食物用于纳贡，因此胜利者没必要杀掉落败者，而是可以剥夺他们的政治自治权，要求他们定期纳贡，兼并他们的土地。历史上的国家或帝国，建国初期的战争结果往往就是这样。例如，当年西班牙征服者想要从墨西哥的土著族群那里索取贡物，因此他们仔细研究了帝国的贡赋记录。结果发现，帝国每年收到 7 000 吨玉米、4 000 吨菜豆、4 000 吨籽粒苋（grain amaranth）、200 万件棉斗篷，以及巨量的可可豆、战服、盾牌、羽毛头饰和琥珀。

由此可见，食物生产及社会间的竞争与兼并，都是终极因，征服的各种近因（病菌、文字、技术、集权政治组织）都是从终极因发展出来的，其间的因果链在细节上各不相同，但是全部涉及密集的人口与定居的生活形态。由于那些终极因在各大洲上有不同的发展模式，故而各大洲上的征服近因也有不同的发展。前面举出的近因通常都有发展的关联，但那些关联并不是必然的。举例来说，印加帝国并无文字，阿兹特克帝国有文字，但没有病菌。每一个征服近因对历史的影响可能都是独立的，丁吉斯瓦约的祖鲁国是个例子。在祖鲁酋邦中，姆泰特瓦酋邦威震群雄，击败其他酋邦，并不依靠技术、文字或病菌，而是靠丁吉斯瓦约的政治头脑与手腕。祖鲁国凭着政治组织与意识形态上的优势，控制了非洲的一部分达一个世纪之久。

插图 17　一名来自热带南美洲北部的奥亚纳族男性。插图 17~20 中是
　　　　南美洲原住民。

插图 18　一名来自热带南美洲北部的雅诺马马族女孩。

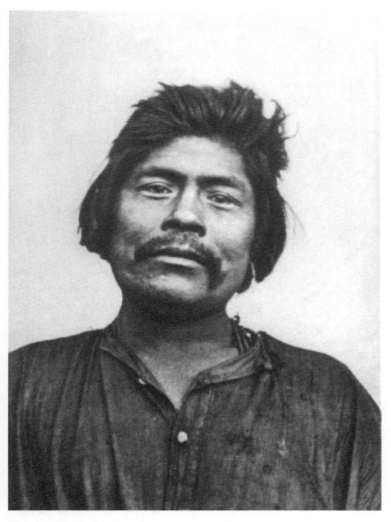

插图 19　一名来自南美洲最南端火地岛的男性。

插图 20　一名来自秘鲁的克丘亚族男性。

插图 21　一名来自西欧（西班牙）的男性。插图 21～24 中的是说印欧
　　　　语系的人，来自亚欧大陆西半部。

插图 22　另一名西欧人：法国前总统戴高乐。

插图 23（上） 两名斯堪的纳维亚女性（瑞典女演员英格丽·褒曼及其女儿）。

插图 23（下） 一名亚美尼亚男性，来自西亚。

插图 24　阿富汗士兵，来自中亚。

插图 25 一名来自非洲南部博茨瓦纳卡拉哈里沙漠的科伊桑族女性。

插图 26　一名来自非洲南部博茨瓦纳卡拉哈里沙漠的科伊桑族男性。

插图 27 一名来自赤道非洲伊图里森林的俾格米族女孩。

插图 28 几名来自赤道非洲伊图里森林的俾格米族人。

插图 29　说尼罗-撒哈拉语系的东非人：一名苏丹努尔族男性。

插图 30　说阿非罗-亚细亚语系的东非人：埃塞俄比亚的海勒·格布雷
塞拉西，曾在 1996 年奥运会中夺得男子 10 000 米跑冠军，击
败了肯尼亚名将保罗·特加特。

插图 31　说尼日尔-刚果语系非班图语的东非人：一名苏丹赞德族女性。

插图 32　说尼日尔-刚果语系班图语的东非人：南非前总统纳尔逊·曼
　　　　　德拉。

第四部分

环游世界

第 15 章

亚力的族人

有一年夏天，我和太太玛丽一起到澳大利亚度假。我们想去看看那些保存良好的土著岩画，那是一处沙漠的遗址，位于梅宁迪（Menindee）附近。动身以前，我就知道澳大利亚的沙漠又干又热，尤其是在夏天，不过我已经在加利福尼亚的沙漠里、新几内亚的草原上工作过很长时间，那些地方也是又干又热，所以我自认为可以应付，没把澳大利亚沙漠放在眼里。我们两人随身带了大量的水，就在中午出发了。

我们从护林站出发，沿着上山的路走，万里无云，四野开阔，毫无荫蔽。干热的空气让我想起芬兰浴。到达有岩画的崖壁时，我们的水已经喝完了，也提不起欣赏艺术的兴致，于是继续上山，缓和而规律地呼吸。这时我注意到一只鸟，肯定是画眉，但是比已知的任何一种画眉都大得多。我恍然大悟，原来我热昏头了，产生了幻觉——这还是生平头一遭。于是我们决定立刻折返。

我们不再说话，只顾着走路，专心聆听自己的呼吸声，数着路标前进，反复计算路程，估计着回到护林站的时间。我的嘴巴和舌头干得不得了，玛丽的脸红通通的。最后我们终于踏进了有空调的护林站，立刻瘫坐在饮水器旁的椅子上，咕噜咕噜地喝光了饮水器里的半桶水，还不够，又要了一瓶。我精疲力竭地坐在那里，泄了气，脑海里翻来覆去的，就是在岩壁作画的土著：他们终其一生在沙漠里生活，没有空调，还得找食物、找水。

梅宁迪让澳大利亚白人想起的，是一个更为悲惨的沙漠故事。大约在一个世纪以前，两个白人——爱尔兰警察罗伯特·伯克和英国天文学家威廉·威尔斯——从梅宁迪北进，想要纵穿澳大利亚。这是欧洲人第一个纵穿澳大利亚的探险计划。他们带了六头骆驼出发，背负的粮食足够维持三个月，但是最后仍没逃出沙漠的手掌心。在梅宁迪北部的沙漠里，他们粮食已尽，幸好三次遇上住在沙漠中的土著，土著以鱼、蕨类植物做的饼，还有烤肥鼠待客，他们才继续活命。但是，后来伯克愚蠢地开枪打了一名土著，所有土著立刻四散逃走了。虽然他们的火力强大，却没猎到什么吃的，最后被饥饿击倒了。一个月后，他俩死在干热的沙漠里。

我太太和我在梅宁迪的经验，加上伯克、威尔斯的故事，让我对澳大利亚土著在当地繁衍生息的困难有切身感受。在各大洲中，澳大利亚独具一格。不错，欧亚大陆、非洲、南北美洲各有不同，可是一与澳大利亚相比，它们之间的差异就不足道了。澳大利亚最干燥，最小，最平坦，土地最贫瘠，气候最无常，生物最贫乏，也是欧洲人占领的最后一片大陆。欧洲人到这里之前，在这块大地上繁衍生息的是最特殊的一种人类社会，人口也最稀薄。

因此，任何解释洲际社会差异的理论，都必须接受澳大利亚的检验。这里有最独特的自然环境，也有最独特的人文社会。自然的因，种出人文的果？果真如此，自然因如何种出人文果？为了了解各大洲人类历史的差异，本书第二、第三部分已经总结出一些教训。现在我们环游世界检验那些教训，以澳大利亚做第一站，似乎是符合逻辑的选择。

* * *

世人一想起澳大利亚土著社会，第一个浮上心头的印象，就是他们落后、原始。各大洲中，澳大利亚土著社会是唯一的蛮荒世界，万古如长夜，文明从未现身。其他地方所有的人类社会都进入现代了，只有澳大利亚土著仍陷在石器时代的沼泽中，没有农业，没有畜牧业，没有金属，没有弓箭，没有结实的屋宇，没有定居的村落，没有文字，没有酋邦，国家就更不用说了。澳大利亚土著过着狩猎-采集的生活，以游群为基本社会单元，过着流动或半流动的生活，住的是临时搭建的简陋小屋，仍使用石器。在过去 1.3 万年的历史里，文化积累比任何其他洲都少。当年有个法国探险家说："澳大利亚土著是世界上最悲惨的族群，是最接近野兽的人类。"他的看法代表了欧洲人向来对澳大利亚土著的看法，至今未变。

不过，在 4 万年前的世界里，澳大利亚土著可是占了许多先机。已知的磨制石器，以在澳大利亚发现的为最早；有柄的石器（例如石斧绑在木柄上）、船只，也是在澳大利亚发现的最早。已知最早的岩画有些也出现在澳大利亚。解剖学意义上的现代人可能是先在澳大利亚定居，后来再拓殖欧洲西部的。有那么多领先之处，到头来为什么是欧洲人征服了澳大利亚，而不是澳大利亚人征服了欧洲呢？

这个问题里还套着另一个问题，在更新世的冰期里，陆地上的冰盖冻住了大量的水，海平面因此下降，目前分隔澳大利亚、新几内亚的阿拉弗拉海（Arafura Sea），当年就干涸了，成为动物可以通行的低地。大约在 1.2 万年到 8 000 年之间，大地回暖，冰山消融，海平面上升，淹没了低地，澳大利亚、新几内亚从此分隔（见图 15.1）。

这两个陆块原本连成一体，但其上发展出来的人类社会却截然不同。新几内亚的土著，和我刚才对澳大利亚土著的描述，几乎每一方面都相反。大多数新几内亚土著（比如亚力的族人）是农人或养猪人家。他们在村子里定居，以部落为政治单元，而不是游群；所有人都使用弓箭，许多人用陶器；住房比较坚实，船只比较适于航海，使用的容器数量、种类都比较多。由于新几内亚人能生产食物，而不是靠狩猎-采集，所以人口密度比较高：新几内亚的面积只有澳大利亚的十分之一，人口却是澳大利亚的好几倍。

为什么当年"分家"后，分到较大地块的澳大利亚人毫无寸进，而家当较小的新几内亚人却能发展超越？两地之间的托雷斯

图 15.1　从东南亚到澳大利亚、新几内亚

注：实线是现在的海岸线，虚线是海平面比现在低的更新世海岸线，亦即亚洲及澳大利亚大陆架的海岸线。当时的新几内亚与澳大利亚相连，而加里曼丹岛、爪哇岛、苏门答腊岛及台湾岛则是亚洲大陆的一部分。

海峡宽不过 90 英里，为什么新几内亚人的先进发明没有传入澳大利亚？从文化人类学的角度来观察，澳大利亚与新几内亚的距离比那 90 英里还窄，因为托雷斯海峡中有几个岛屿，上面住了和新几内亚人没什么差别的农民，同样会用弓箭，许多文化特质也一样。托雷斯海峡中最大的岛屿，距澳大利亚不过 10 英里。海峡中的岛民和双方都有贸易往来。既然双方只隔着 10 英里宽的平静水面，又有独木舟常相往来，为什么还能维持两个不同的文化世界？

与澳大利亚土著比较起来，新几内亚土著的文化业绩显得比较先进。但是大多数其他的现代族群，认为新几内亚土著也"落后得很"。欧洲人 19 世纪末开始殖民新几内亚。在那以前，岛上居民没有文字，仍依赖石器，根本没有国家，只有酋邦的雏形罢了。既然新几内亚土著超越了澳大利亚土著，为什么他们不能从此进一步发展、日新月异？同一时期的许多其他大陆块上的族群，都发展出高度文明的社会了。因此亚力的族人和他们的澳大利亚表亲，带给我们的是谜中之谜，真教人伤脑筋。

现在的澳大利亚白人，对于澳大利亚土著的"落后"，有个简单的答案：澳大利亚土著是天生输家。澳大利亚土著的面部结构和肤色迥异于欧洲人，因此 19 世纪末有些欧洲学者相信他们是猿与人之间的"缺环"。还有别的解释吗？到澳大利亚殖民的白种英国人，在几十年之内就创造了一个使用文字、生产食物、工业化的民主社会，而在那里繁衍生息了 4 万年的土著，仍过着没有文字的狩猎–采集生活。这不是事实吗？更让人难以释怀的是，澳大利亚的矿藏如铁、铝、铜、锌、锡、铅，都是世界上最丰富的，为什么澳大利亚土著不会利用，而是一直生活在石器时代中？

这仿佛一个完美的对照试验，目的在找出人类社会演化的秘密：大洲是同一个，只有人不一样。那么，澳大利亚土著社会和澳大利亚白人社会之间的差异，必然是组成社会的人决定的。这个充满种族偏见的结论，逻辑上似乎无懈可击。然而，笔者会让读者明白，这个论证是错的。

* * *

为了检验这个论证的逻辑，我们第一步要讨论的是这些族群的起源。4万年前，已经有人在澳大利亚和新几内亚定居，那时它们仍是一块大陆，并未分离。只要看一眼地图，就能知道当时的人是从东南亚来的，他们经过印度尼西亚，逐岛推进，登陆"大澳大利亚"。现代的遗传学研究可以证实这个推论：现代澳大利亚人、新几内亚人和亚洲人有亲缘关系，现在菲律宾、马来半岛以及安达曼群岛都还有一些族群，他们和澳大利亚、新几内亚土著有相似的体质特征。

这些人登陆大澳大利亚之后，很快分布到各地，包括大陆边缘那些不适合人居之处。化石与石器证明他们4万年前在澳大利亚西南角留下了足迹；3.5万年前，有人到了澳大利亚东南角以及塔斯马尼亚——这里是距离他们可能登陆的地点（澳大利亚西岸或新几内亚）最远的地区；3万年前，有人来到寒冷的新几内亚高地。前述地区，从澳大利亚西岸（可能的最早登陆地点）都可以徒步到达。但是，3.5万年前要想定居在新几内亚东北的俾斯麦群岛、所罗门群岛，则有几十英里海路要走。从这些年代看来，当年第一批登上大澳大利亚陆块的人，花了1万年（距今4万年前到3万年前）才全面占领了那里；他们实际上花的时间可能短得多，因为那些年代彼此的差异，都在放射性碳定年法的实验误差范围内。

人类在更新世登上大澳大利亚陆块的时候，亚洲大陆的范围比现在更大，往东包括了今天的加里曼丹岛、爪哇岛、巴厘岛，所以当年亚洲与大澳大利亚的距离，比今天东南亚南缘到新几内亚、澳大利亚，近了将近1 000英里。不过，从加里曼丹岛或巴厘岛到更新世的大澳大利亚，当年仍需要渡过8个宽约50英里的海峡。4万年前渡过那些海峡的工具可能是竹筏——算不上什么先进的技术，但还是过得去的航海工具，中国南部沿海至今还在使用。当年航海或穿越海峡必然是十分困难的壮举，因为4万年前人类登陆了大澳大利亚之后，再也没有证据显示还有人类继续进入那块大陆繁衍生息。根据考古证据，直到数千年前，才有新移民进入那个地区，例如在新几内亚出现了源自亚洲的家猪，在澳大利亚有亚洲输入的狗。

因此，虽然最早在澳大利亚与新几内亚建立人类社会的是亚洲来的人，但这两地的社会是在与亚洲社会隔绝的情况下发展的。隔绝的结果反映在那里的语言上。经过了几万年的隔绝之后，无论是现在澳大利亚土著使用的语言，还是现代新几内亚的主要语族（所谓的巴布亚诸语言），与现代亚洲的任何语言都看不出有什么关系。

隔离也反映在基因与体质上。族群遗传学调查发现，澳大利亚土著与新几内亚高地人，和现代亚洲人比较接近，与其他各大洲的人比较疏远，但是即使接近，也算不上亲密。体质人类学调查发现，澳大利亚和新几内亚土著与东南亚大部分人群迥异，从照片可以看得很清楚。大澳大利亚的移民和他们留在亚洲家园的表亲，不通音问达几万年，各自发展出分歧性状，再自然不过了。不过可能更重要的原因是，当初来到大澳大利亚的那些东南亚人的老家，后来被从中国扩张出来的其他亚洲人占据，当地的人群构成已经变了。

澳大利亚土著与新几内亚高地人在基因、体质和语言上也分化了。例如澳大利亚土著的血型中，缺了 ABO 血型中的 B 型和 MNS 血型中的 S 型，而新几内亚和其他地区的族群一样，两种血型都有。大多数新几内亚高地人的头发是紧密的小卷发，澳大利亚土著则是直发或波浪卷。澳大利亚土著与新几内亚高地人的语言也没有什么关联，只有一些共有的词汇，是由托雷斯海峡中的岛民在交易过程中向双方传播的。

澳大利亚土著与新几内亚高地人的种种差异，反映出他们长期生活在迥然不同的环境里，彼此隔绝。1 万年前，阿拉弗拉海水面上升，隔离了澳大利亚与新几内亚，两地的基因交流只剩下唯一的渠道，就是托雷斯海峡中的小岛。两地居民为了适应当地环境，而走上了不同的社会、文化发展路径。尽管新几内亚南部海岸的红树林、草原，与澳大利亚北岸的生态非常相似，但两地其他的生境几乎都不同。

举些例子来说吧。新几内亚贴近赤道，澳大利亚则有大片土地位于温带，最南处接近南纬40度。新几内亚多山，高达16 500英尺的峰顶有冰帽覆盖，境内地形极为崎岖；澳大利亚比较低平，94%的地区海拔在2 000英尺以下。新几内亚极为潮湿，澳大利亚干燥。新几内亚大部分地带的年降雨量都超过100英寸，高地的大片地区更是超过200英寸；澳大利亚大部分地区的年降雨量则不超过20英寸。新几内亚属于赤道气候，没有显著的季节变化，年年如此；澳大利亚的气候随季节变化，而且年年不同，是各大洲中气候最变幻莫测的。因此，新几内亚有许多常流河，澳大利亚基本只有东部有河流终年不断奔流，境内最大的河流系统（墨累-达令河）在旱季时也会干涸达数月之久。新几内亚雨林密布，澳大利亚则多是沙漠，以及开阔、干燥的林地。

新几内亚全境覆盖着新生的肥沃土壤，原因有几个：新几内亚位于环太平洋火山带上，火山活动在地表注入丰富的矿物质；冰川反复前进、退缩，侵蚀高地；高山激流在低地堆积大量的淤泥。而澳大利亚在各洲中，是一块最古老、最荒凉、最贫瘠的土地，因为澳大利亚没有什么火山活动，也没有高山、冰河。尽管新几内亚的面积只有澳大利亚的十分之一，但它的哺乳动物和鸟类物种的数量与澳大利亚的相当，因为新几内亚位置接近赤道，雨量丰沛，地势高，土壤肥。种种环境上的差异影响了两地的文化发展，使两地的文化走上不同的道路。

＊＊＊

　　大澳大利亚大陆上最早、最集约化的粮食生产活动，以及最稠密的人口，出现在新几内亚的高地河谷中，海拔在 4 000～9 000 英尺之间。考古学家在那里发现了 9 000 年前的排水沟渠，到了 6 000 年前已出现发达的排水系统，还发展出了梯田（在旱季中保持土壤湿度的设计）。当年的沟渠系统，与今天高地上用来排水的沟渠相似，可以将湿地改良成耕地。孢粉分析的结果显示，距今至少 5 000 年前，高地河谷中发生过大规模的伐木活动，可能是为了开垦农地。

　　今天，新几内亚高地的农作物，有新近从美洲引进的甘薯，加上芋头、香蕉、山药、甘蔗、可供食用的草本茎，还有好几种叶菜。因为芋头、香蕉、山药是东南亚当地有的物种，而东南亚自古是驯化植物的中心，所以过去大家认为新几内亚高地的农作物，除了美洲的甘薯外，都是从亚洲引进的。不过我们已经有可靠的证据显示，甘蔗的野生种以及当地的叶菜类、茎菜类，都是新几内亚种，当地的几种香蕉也是驯化自新几内亚的野生种，而非来自亚洲，芋头和某些山药也是如此。要是新几内亚的高地农业果真由亚洲传入，我们应该能在当地农作物中发现货真价实的亚洲品种，但是未曾发现过。因此学者的结论是：新几内亚的高地农业，是从当地野生植物的资源发展出来的。

　　因此，新几内亚在历史上和肥沃新月地带、中国等地并立，都是独立发展出植物驯化手段的中心。虽然那里的考古遗址中并没有发现 6 000 年以前的食物遗留、遗迹，但那不应令人惊讶。

现在新几内亚高地上的农作物品种，都不容易留下考古学上可见的遗存，而如果那里最早的农作物也属于这一类，当然就无法在遗址中现身了；而且，当年的沟渠系统，和今天芋头田的排水系统非常相似。

从欧洲人最早的记录来判断，新几内亚高地食物生产中可以确定的"外来元素"，应该是鸡、猪、甘薯。鸡与猪是在东南亚驯化的，大约3 600年前由南岛语族带到新几内亚和大洋洲（猪到达新几内亚的时间可能稍早一点）。南岛语族源自中国南方，我们会在第17章讨论。甘薯原产于南美，可能是西班牙人带到菲律宾，再从那儿传进新几内亚的，不过是最近几百年的事。甘薯传进新几内亚后，就取代了原来的芋头成为主食，因为甘薯的生长期短、产量高，比较不挑剔土壤环境。

农业在新几内亚高地发展起来，必然带来人口的扩张。因为新几内亚原有的大型哺乳动物（有袋类）灭绝了之后，高地上的资源只够人口稀少的狩猎-采集族群生活。甘薯在现代史上扮演过同样的角色，在新几内亚带动了新的人口增长。20世纪30年代欧洲人第一次飞越新几内亚上空时，他们看到了与荷兰非常相似的景象，惊讶不已。宽阔的河谷中，森林全都被砍伐了，村落四布，河谷平原上阡陌纵横，排水道交错。新几内亚高地上还在使用石器的农民，其人口密度着实惊人。

新几内亚的低海拔地带地势陡峭，云雾缭绕，疟疾肆虐，又有苦旱之虞，因此农业只在海拔4 000英尺以上的高地发展。新几内亚高地像是一座矗立在空中的孤岛，四周环绕着云海，稠密的农业人口在岛上生生不息。低地上的人，多住在海岸、河边的村子，以捕食海产为生。那些距离水边较远的旱地居民以烧垦法务农，种些香蕉、山药，再以狩猎-采集为辅。低海拔的湿地，居民仍过着狩猎-采集的生活，以野生西谷椰子富含淀粉的茎髓当主食。他们采集西谷椰子，以收获的热量来计算，产值比起耕种多了3倍。新几内亚湿地提供了一个明白的例子：在狩猎-采集产值比较高的环境中，农业没有竞争力，居民会维持狩猎-采集的生活方式。

在低地里以西谷椰子为食的狩猎-采集族群，仍生活在不定居的游群中。他们提供了一个样板，让我们得以想象新几内亚最早居民当初的社会组织。我们在第13~14章已经讨论过，发展出复杂的技术，以及复杂的社会、政治组织的，是农民和渔民。新几内亚的农民和渔民定居在村落中，组成部落社会，部落中往往有做决策的首领。有的村落里还有专供举行仪式的大屋子，装饰得极为用心。这些村落还制造出精致的艺术品，他们的木雕人像与面具已成世界各大博物馆争相收藏的对象。

* * *

大澳大利亚大陆上，无论是先进的技术、社会与政治组织，还是艺术，都出现在新几内亚。不过，从美国或欧洲城市居民的观点来看，新几内亚仍然显得原始，而非先进。为什么新几内亚土著还在使用石器？为什么那里没有发展出金属工具，没有文字，也没有形成酋邦或国家？事实上，新几内亚土著受到了好几重生物和地理因素的束缚。

第一，新几内亚高地上发展出来食物生产农业，却没有生产出多少蛋白质（见第 8 章）。当地的主食都是蛋白质含量低的根茎类作物，而驯化的动物只有猪与鸡，无法提供足够的蛋白质。此外，猪与鸡不能提供什么畜力，既不能拉车也不能牵犁，高地上的农民只好亲力亲为，躬耕糊口。由于没有足够的人口，致命的传染病菌也演化不出来，日后对付入侵的欧洲人时，就少了有效的生物武器。

新几内亚人口规模扩大的第二个限制，就是高地上耕地面积有限。那里只有几个宽阔的河谷足以支持稠密的人口。第三个限制，是新几内亚适于集约农耕的土地仅限于中海拔地带，就是海拔 4 000～9 000 英尺的地带。海拔 9 000 英尺以上根本无法务农，而海拔 1 000～4 000 英尺的山腰农地有限。低地上只有零星的烧垦农田。因此，在新几内亚从来没有发展出"垂直分工"的经济体系。在安第斯山脉、阿尔卑斯山脉、喜马拉雅山脉，都发展出了那样的经济体系——各个海拔高度上的社群，发展出独特的产业，然后互相交换，共荣共存。那样的交换体系能增加人口密度，因为所有人都能获得比较均衡的饮食，同时也能促进地区经济、政治的整合。

因此，传统新几内亚的人口从未超过 100 万。欧洲殖民政府引进西方医学、禁止部落战争之后，人口才开始增长。在世界九大农业发源地中（见第 5 章），新几内亚的人口最少。凭这区区100 万人，其文化的创造力当然无法和中国、肥沃新月地带、安第斯山区、中美洲等地的数千万人比肩。新几内亚人在技术、书写系统、政治体系上，都没有可观的成绩，实在是非战之罪。

新几内亚的人口不只稀少，还被崎岖的地形给切割成许多小群体：低地上布满湿地，高地上交错着陡峭的山壁和狭窄的河谷，高地和低地都有浓密的雨林盘踞。我在新几内亚做生物学调查的时候，请当地土著当田野助理，每天要是能行进 3 英里，就谢天谢地了。这还是走在前人踩出来的路径上呢！在过去，新几内亚高地上的人，一生中的足迹大概不出方圆 10 英里。

新几内亚的地形特色，加上岛上游群、村落之间不断的战争，足以解释传统新几内亚世界中语言、文化、政治的"破碎"风貌。新几内亚是世界上语言密度最高的地区：全世界 6 000 种语言中的 1 000 种挤在这比美国得克萨斯州大不了多少的岛上。而且那 1 000 种语言中，可以区分出几十个语系，以及一些单独的语言，这些语言彼此间的歧异程度，几乎跟英语与汉语的差异一样大。几乎一半以上的新几内亚语言只有不到 500 个使用者。即使是最大的语族语言群（每种的使用者不超过 10 万人），也在政治上分裂成上百个村落，彼此斗争激烈——和说不同语言的人斗争，就更不用说了。在那个破碎世界中，每个社群都小得可怜，产生不了政治领袖与手工艺专家，发展冶金术与书写系统都更免谈了。

新几内亚被人口稀少且彼此分裂的现实妨碍了其发展，另一个限制新几内亚发展的因素是地理的隔绝，外界的技术、观念因而难以输入。新几内亚隔海与三个邻居相望，直到最近几千年之前，无论技术还是农业，它们都比新几内亚（尤其是高地）还落后。例如当时的澳大利亚土著仍过着狩猎-采集的生活，没有什么可供新几内亚人采借的。新几内亚的第二组邻居是东北海面上的俾斯麦群岛、所罗门群岛，它们的面积比新几内亚小多了。新几内亚的最后一组邻居，就是印度尼西亚东部的岛屿了。可是那里也是个文化落后的地区，长久以来都由狩猎-采集族群占据。人类4万年前定居新几内亚之后，大概从来没有从印度尼西亚输入过什么值得一提的文化产品。直到公元前1600年，南岛语族开始扩张，情况才有所改观。

这些发源于亚洲的农民将家畜、家禽、农业和技术带到了印度尼西亚，他们的农业和技术至少与新几内亚的一样复杂。南岛语族的航海技术则更有效地联系起了亚洲和新几内亚。南岛语族占据了新几内亚西面、北面、东面的各岛屿，甚至登陆了新几内亚的北部和东南海岸。南岛语族带到新几内亚的，有陶器、家鸡，甚至还可能有狗、猪（根据早期的考古学调查报告，新几内亚高地上发现过公元前4000年的猪骨，可是尚待进一步证实）。至少在最近1 000年中，新几内亚与爪哇、中国等技术比较先进的社会有贸易往来。新几内亚输出极乐鸟的羽毛和香料，换取东南亚生产的货物，其中还包括一些奢侈品，例如越南东山的铜鼓、中国的瓷器。

要是有足够的时间，南岛语族的扩张一定能对新几内亚产生更大的影响。新几内亚的西部迟早会并入印度尼西亚东部的苏丹国，金属器具也可能会从印度尼西亚东部传入新几内亚。但是历史有自己的轨迹，半点不由人。公元1511年，葡萄牙人到达摩鹿加群岛，截断了由印度尼西亚开出的新几内亚发展列车。不久之后，欧洲人登陆新几内亚，他们发现的是：使用石器的土著，分裂成无数游群或独立村落，彼此无情、凶猛地斗争。

* * *

大澳大利亚上，新几内亚这一部分发展出了农业，又养殖了动物，可是面积较大的澳大利亚部分，却什么都没有发展出来。在冰期中，澳大利亚那片土地上有更多的大型有袋哺乳动物，包括双门齿兽（类似牛、犀牛的有袋类）、巨型袋鼠、巨型袋熊。但是，人类定居澳大利亚之后，发生了动物灭绝潮，大型有袋类动物绝大部分都消失了（或者被消灭了），因此澳大利亚当地就没有可供驯养的哺乳动物了。和新几内亚一样。澳大利亚土著驯养的唯一动物是狗，不过它们是外来的，公元前 1500 年从亚洲而来，大概是随着南岛语族漂洋过海散布到澳大利亚的。那些狗登陆澳大利亚后就成了澳大利亚野狗（dingo）的祖先。澳大利亚土著驯养了狗之后，狗就成了伴侣、守护犬，甚至"肉毯"，当地人用"五条狗的夜晚"表示"极为寒冷的夜晚"。不过，澳大利亚土著并不把狗当作食物（波利尼西亚人会食狗），也不以狗作为打猎的帮手（新几内亚土著有猎犬）。

澳大利亚土著也没有发展出农业。澳大利亚这块陆地，不仅是各大洲中最干旱的，也是最贫瘠的。澳大利亚还有一个极为独特的特征，那就是这块大陆上的气候，基本上不受季节周期调控，而是受南半球的厄尔尼诺现象支配。厄尔尼诺现象不以年度为循环周期，也无规则的周期，不定时地出现长期干旱，又不定时地大雨滂沱、洪流横行，在澳大利亚是常态。即使在今天，引进源自欧亚大陆的农作物品种，再以卡车、铁路运销农产品，生产粮食在澳大利亚仍然是个高风险行业。年头好的时候，牧群生养众多，但是气候一旦转坏，就只能眼睁睁地看着它们死于干渴。澳大利亚土著当年若是发展农牧，一定也会遇到同样的问题。在年头好的时候累积的人口，到了干旱年份土地只能供养少数人时，不免要面临缩减。

澳大利亚可供驯化的野生植物也少得可怜，不适合发展食物生产。即使现代欧洲的植物遗传学家也帮不上什么忙，澳大利亚野生植物中栽培出的作物，只有澳大利亚坚果。我们那张野生谷物清单上（见第8章）列出了56种拥有最大种子的草本植物，其中澳大利亚的野生种只有两种，而且那两种植物的种子，以重量而言（13毫克），几乎是排在最末（清单上最重的达40毫克）。笔者并不是说澳大利亚根本没有可供驯化的植物，也不是说澳大利亚土著绝对无法独立发展出农业。新几内亚南部有的栽培作物，如芋头、山药、竹芋，在澳大利亚北部也有野生种，而且也是澳大利亚土著采集的对象。下面我们会讨论到，澳大利亚土著在澳大利亚气候最宜人的地区，的确已经走上农业的道路，假以时日，可能会发展出成熟的农业。但是，在澳大利亚发展生产食物的生计，必然要面对我们讨论过的限制因素：缺乏可供驯化的野生动物，可供驯化的野生植物非常少，气候不佳，土地贫瘠。

不定居，采用狩猎-采集的生活方式，减少对住所和财产的投入，是澳大利亚土著发展出来的适应策略。一旦一地的生态情况恶化，他们就迁居到情况尚可忍受的地区。他们没有什么主食，因为只依赖少数几种食物资源是不明智的，所以他们发展出了分散风险的经济体系——增加野生食物的多样性，因为不会所有的食物资源都同时"歉收"。他们维持小规模的人口，避免丰年和荒年的人口波动，丰年固然逍遥，荒年也不至于困窘。

澳大利亚土著发展出的食物生产方式是"火耕"。那是澳大利亚土著改造、经营土地的方法，他们用不必"耕种"土地的方式，来提升土地上可食用植物与动物的产量。他们的做法是每隔一段时间，就在地上放一把火，这样可以达到几个目的：火把一些动物驱赶出来，他们可以把动物杀来吃掉；火清除了地面的丛林，开辟了方便人类活动的空间；那样的开阔空间也是袋鼠的理想生境，而袋鼠是澳大利亚土著的美味；火促进了当地某些植物的生长，例如某些草本植物是袋鼠的食物，某些蕨类植物的地下根是土著的食物。

我们往往认为澳大利亚土著是沙漠族群，但是大部分族群并不住在沙漠里。他们的人口分布随着降雨量而变化，因为降雨量支配了陆地上动植物资源的生长；海、河、湖边水产食物的丰寡也决定了他们人口规模的大小。他们人口最密集的地方，是在澳大利亚最潮湿的地带，那里土地的产量也最高：东南部的墨累-达令河流域、东海岸、北海岸以及西南角。今天的欧洲移民也集中在那些地区。欧洲拓垦者来到澳大利亚后，屠杀了当地土著，占领了他们的土地，再将剩下的人驱赶到沙漠中，所以我们才会有澳大利亚土著是沙漠族群的印象。只有原来就生活在艰困地区的土著，才能逃过人散族灭、社群崩溃的命运。

在过去 5 000 年中，澳大利亚那些土地高产的地带，有些地区的传统食物采集手段有密集施行的迹象，人口也有逐渐增长的趋势。在东部，调理食物的技术有进一步的发展。那里出产丰富的西谷椰子，其种子虽然富含淀粉，可是有剧毒，所以土著发展出过滤与发酵的技术，以除去毒性。东南部先前没有开发过的高地，夏季也成为土著经常出没的地方，到那儿采集食物的土著，不仅以西谷椰子种子、山药果腹，还会食用随季节迁移生境的布冈夜蛾（bogong moth，它们会群聚在一起休眠，数量惊人），它们烤着吃的味道像栗子。另一种密集的食物采集活动，是在墨累–达令河流域出现的淡水鳗鱼业。墨累–达令河流域的沼泽，水位随季节雨量而升降。土著会修筑长达 1.5 英里的复杂水道系统，将各个沼泽连起来，让鳗鱼能在各沼泽之间游动。土著也修筑了同样复杂的鱼梁、陷阱（位于水道尽头），以及装在水堰石墙的开口上的渔网，捕捉鳗鱼。沼泽中还有针对不同水位设置的陷阱。建筑那样的"渔场"必然要动员大量人力，可是完工后所能供养的人口也不少。19 世纪的欧洲人，还见过鳗鱼场附近有十几座石屋组成的村落。考古学家发现有的村落很大，由 146 座石屋组成，估计至少在采集季节里有几百人在此居住。

澳大利亚东部、北部还有另一个发展，就是采集野生小米，那种小米和中国北方地区很早就成为人们主食的稷为同一属。澳大利亚土著用石刀收割带有种子的草茎，然后打谷取得种子（小米），装在皮袋或木盘里，最后磨碎了食用。整个程序必须借助好几种不同的工具才能完成，例如石刀、磨石，它们和肥沃新月地带的居民为采集其他野生禾属植物的种子而独立发明的工具相似。澳大利亚土著所有的采集食物方法中，收割小米也许是最有可能发展成农业的。

过去这 5 000 年中，随着密集的食物采集活动而发展出了新的工具类型。小型石刀和箭头石器使石器制作更为省料，过去的大件石器逐渐淘汰。有磨制锋刃的石斧一开始只在澳大利亚局部地区有，后来逐渐流行开来。过去 1 000 年中，还出现了贝壳制作的鱼钩。

* * *

为什么澳大利亚土著没有发展出金属工具、文字和具有复杂政治结构的社会？主要的原因是，澳大利亚土著一直维持着狩猎–采集的生活方式，而我们在第 12 ~ 14 章已经讨论过，只有在人口众多、经济专门化、从事食物生产的社会中，才会发展出那样的社会。此外，澳大利亚干旱、贫瘠、气候无常，那里狩猎–采集群体的人口无法增长，始终只有几十万人。与古代中国或中美洲的上千万之众比较起来，澳大利亚这块大陆上注定不会出现许多发明家，而愿意实验创新的社会，数目也不够。这块大陆上的几十万人，也没有组成紧密互动的社会，那里的社群像是散布在沙漠海洋中的几个岛屿上，彼此间的距离限制了往来。即使在比较潮湿、肥沃的东部，从东北昆士兰省的热带雨林，到东南维多利亚省的温带雨林，也有 1 900 英里之遥，这个地理和生态距离，堪比洛杉矶与阿拉斯加之间的距离，因此，这里的社会之间也很难交换资源。

澳大利亚局部地区或整块大陆上的一些技术倒退的事例，可能和区域间的隔绝、人口中心的人口数量有限都有关系。例如，回旋镖是澳大利亚典型的武器，但是在澳大利亚东北部的约克角半岛上，居民已经放弃使用它。欧洲人登陆后，发现西南部的土著不吃贝类。在 5 000 年前的遗址中出土的小型尖头石器，其用途始终不明：虽然最简单的解释是，那是矛头和鱼钩，不过它们与世界上其他地区用在弓箭上的箭头和倒钩看起来也非常像。如果当初那些尖头石器真的是用在弓箭上的话，那么新几内亚土著使用弓箭、澳大利亚土著没有弓箭的谜团，就更复杂了：也许过去澳大利亚土著也使用弓箭，但是后来不知怎么就不用了。以上的例子让我们想起，日本人曾放弃了枪支，大多数波利尼西亚岛屿上也没有弓箭、陶器，其他一些与世隔绝的社会也丧失了祖传的技术（见第 13 章）。

澳大利亚地区丧失本有的技术的一个极端例子，发生在距澳大利亚东南海岸 130 英里的塔斯马尼亚岛上。在更新世海平面低的时期，澳大利亚与塔斯马尼亚岛之间的巴斯海峡是可以通行的干地，那时居住在岛上的人，无疑与分布在大澳大利亚其他地区的人同出一源。1 万年前海平面上升，巴斯海峡形成之后，两地的人就不再互通音讯，因为大家都没有穿越海峡的航海工具与技艺。塔斯马尼亚岛上的 4 000 名狩猎-采集者从此与世隔绝。那种隔绝的生活，我们只有通过科幻小说才能想象。

公元 1642 年，塔斯马尼亚人终于与外界恢复接触——他们与欧洲人碰面了。那时的塔斯马尼亚人，大概是现代世界中物质文化最原始的族群。他们与澳大利亚土著一样，维持狩猎-采集的生活方式，没有金属工具。但是，他们也没有澳大利亚大陆上流行的许多技术与工具，例如带倒钩的矛、骨器、回旋镖、磨制石器、有柄石器、鱼钩、渔网、叉矛、陷阱，他们还没有捕鱼、食鱼的习惯，以及缝衣技术、生火技术。那些技术中，也许有一些是两地隔绝之后才传到澳大利亚大陆或被大陆上的土著发明的，显然，塔斯马尼亚因为人口过少，而无法独立发展出这些技术。但是，许多在两地还能往来时塔斯马尼亚人就已掌握的技术，后来却在文化孤立中丢失了。例如，根据考古证据，捕鱼技术，以及骨锥、骨针等骨器，在塔斯马尼亚大约是在公元前 1500 年消失的。还有三个小岛［弗林德斯岛（Flinders Island）、康加鲁岛（Kangaroo Island）、金岛（King Island）］，也是在 1 万年前由于海平面上升而和澳大利亚或塔斯马尼亚隔开，当初岛上有 200～400 人，最后全都灭绝了。

塔斯马尼亚和其他三个岛的岛民命运，等于以极端的形式演示了人类历史的一个通则。几百人的小社群在隔绝的情况下，不可能生生不息；4 000 人的社群倒可以存续 1 万年以上，可是由于明显的文化缺失和注定失败的发明环境，最后呈现在世人眼前的，是单一且落后的物质文化。澳大利亚大陆上有 30 万人，比起塔斯马尼亚好多了，可是在世界各大洲之中，仍然是人口最少、与外界接触最少的。我们在澳大利亚大陆上观察到的技术退化、失传的事例，以及塔斯马尼亚岛民的例子，让人不由得怀疑：澳大利亚土著的文化业绩有限，部分原因可能是人口数量较少，各社群又互相隔离，以至于传统的维持与发展两者俱疲。塔斯马尼亚是个极端的例子，同样的因素对澳大利亚土著的影响当然小得多。循着这个思路推导下去，地球上最大的陆块（欧亚大陆）与较小的陆块（非洲、北美洲、南美洲）在技术成就上之所以有差别，同样的因素或许也发挥了作用。

* * *

为什么先进的技术没有从印度尼西亚或新几内亚传到澳大利亚呢？它们都离澳大利亚不远，不是吗？我们须知印度尼西亚位于澳大利亚的西北方，与澳大利亚隔海相望，生态环境也大不相同。而且直到几千年以前，印度尼西亚在文化和技术方面都没有太多发展。并无证据表明4万年前人类到达澳大利亚之后，有过从印度尼西亚输入的新技术或其他文化产物，这种情况持续到公元前1500年，澳大利亚野狗开始在澳大利亚出现时。

澳大利亚野狗是在南岛语族从中国南方扩张到印度尼西亚的高潮期间到达澳大利亚的。南岛语族成功地占据了印度尼西亚各岛屿，包括帝汶与塔宁巴尔这两个距离澳大利亚最近的岛。它们与现代澳大利亚的距离分别是275英里和205英里。南岛语族漂洋过海已不下几千英里，绝不会把那几百英里的海路放在眼里，即使我们没有澳大利亚野狗当证据，也不该怀疑他们曾经多次接近澳大利亚大陆。在有历史记录的时期，澳大利亚西北部每一年都有来自印度尼西亚苏拉威西岛［Sulawesi，旧称西里伯斯岛（Celebes）］的风帆独木舟造访，直到 1907 年澳大利亚政府才禁止这类接触。根据考古证据，这类接触在公元 1000 年左右已经出现了，甚至还可能更早。那些人到此地的目的是采海参，然后从望加锡（Macassar）输往中国（海参对中国人而言，既是壮阳药，也是珍贵汤料）。

不用说，望加锡人的造访在澳大利亚西北部留下了遗产。他们在岸上扎营的地点种下了罗望子树（tamarind tree），也和澳大利亚土著女子留下了后代。他们带来布匹、金属工具、陶器以及玻璃，与澳大利亚土著交易，不过澳大利亚土著从来没有学会制作上述物品的方法。澳大利亚土著从望加锡人那里学会的，是几个外来词、一些仪式、制作独木舟并利用风帆航海的技术，还有抽烟斗。

但是，所有那些遗产都没有改变澳大利亚土著社会的基本特征。对于望加锡人的造访，我们更应该注意的是那些没有发生的事。首先，望加锡人并没有在澳大利亚定居，显然是因为澳大利亚西北部的气候太过干燥，望加锡人的农业无法发展。要是他们遇见的是澳大利亚东北部的雨林与草原，望加锡人是有可能定居下来的。可是目前没有证据显示他们曾到过澳大利亚东北部。登陆澳大利亚的望加锡人每次都是一小群，停留的时间也短，根本没有深入内陆，只有居住在一小段海岸上的澳大利亚土著和他们有接触的机会。那些少数的澳大利亚土著对望加锡人的文化与技术，也只能了解一小部分，无缘得见望加锡社会的全貌——包括稻田、猪、村落、作坊。因为澳大利亚土著仍以狩猎-采集为生计，所以他们从望加锡人那里只采借了一些与他们生活形态相配的物品与习俗。风帆独木舟、烟斗，可以接受；炼铁炉、猪，就免了。

更让人惊讶的，可能是澳大利亚土著也拒绝了新几内亚的影响。说澳大利亚土语，没有猪、没有陶器、没有弓箭的澳大利亚土著，和说新几内亚语，有猪、有陶器、有弓箭的新几内亚土著，只隔着一衣带水的托雷斯海峡。更离奇的是，这托雷斯海峡并不是开阔的水面，而是点缀着一些岛屿，其中最大的岛［穆拉啦戈岛（Muralug Island），即威尔士王子岛］距离澳大利亚海岸不过10英里。海峡中岛屿上的居民沟通了新几内亚和澳大利亚，与双方都有贸易往来。许多澳大利亚土著女人嫁给岛民，她们在岛上是见过耕田与弓箭的。那么，为什么那些新几内亚文化特征没有传入澳大利亚？

我们之所以会对托雷斯海峡竟是文化障碍感到惊讶，是因为我们自己错误的想象：我们误以为海峡中距澳大利亚海岸10英里的岛上，负载着新几内亚社会的完整缩影，既有集约化农业，又有养猪业。事实并非如此。澳大利亚约克角地区的土著从来没有见过新几内亚岛上的土著。我们须知海峡中有一系列的岛屿连接新几内亚和澳大利亚，贸易接触是逐岛进行的——从最接近新几内亚的岛，再到海峡中段的马布亚格岛（Mabuiag Island），再到巴杜岛（Badu Island），再到威尔士王子岛，再到约克角。

因此，新几内亚社会的形象在这一岛链上逐渐模糊，越接近澳大利亚就越模糊。在那些岛上，猪不是没有，就是很少。在新几内亚岛南边托雷斯海峡沿岸的低地上，居民根本就不搞高地那种密集农业。他们以烧垦法耕作，大量依赖海产资源，狩猎、采集仍是重要生计。而且就连烧垦耕作的重要性，也在沿岛链的传播中湮灭了。那座最靠近澳大利亚的岛——威尔士王子岛，十分干旱，不适合农作，居民不多，主要靠海产、野山药、红树林中的果子为食。

由此可见，澳大利亚与新几内亚的交流，很像小孩子玩的传话游戏：几个孩子坐成一个圆圈，从第一个孩子开始，小声把话传下去，最后一个孩子说出来的话往往和一开始传的话毫无关联。同样，新几内亚与澳大利亚间的文化交流，沿托雷斯海峡诸岛逐步传递，最后双方收到的是严重失真的信息。此外，我们也不应将威尔士王子岛岛民和约克角澳大利亚土著的关系，想象成未曾中断的爱的飨宴，以为澳大利亚土著对岛民师父充满孺慕之情，渴望学习一切事物。而实际上，他们之间的关系，除了做生意，就是为猎人头与抢女人打仗。

尽管新几内亚文化在澳大利亚土著眼中因为距离和战争而失真了，但新几内亚的一些文化元素的确在澳大利亚产生了影响。通婚使新几内亚的一些体质特征融入澳大利亚约克角半岛人的基因，例如卷发。那里的四种语言有一些在澳大利亚很不寻常的音素，也许是受新几内亚土语的影响。最重要的是新几内亚土著用贝壳制造的鱼钩，那种鱼钩传入了澳大利亚大陆；还有边架艇独木舟，在约克角半岛很流行。来自新几内亚的鼓、仪式面具、葬仪杖与烟斗，约克角的土著都采借了。但是，他们没有采借农业，部分原因是他们在威尔士王子岛上所见的并不是新几内亚农业真正的样子。他们也没有养猪，因为那条岛链上就没有几头猪。就算他们引进猪，大概也养不活，因为他们没有农业。他们也没有采借弓箭，而是继续使用传统的矛与抛矛器。

澳大利亚面积很大，新几内亚的面积也不小。但是，这两个陆块的接触，只能通过托雷斯海峡中的岛链，而新几内亚文化经过那条岛链的传播，已经面目模糊，接触到仅剩的一点新几内亚文化的澳大利亚土著，又只有约克角的几个小社群。那几小群人不管出于什么理由而做的决定，左右了澳大利亚广大地区的族群接触到新几内亚文化的机会。例如，他们决定继续使用老祖宗的长矛，就阻绝了其他人接触新几内亚弓箭的机会。结果，除了贝壳制鱼钩外，新几内亚文化的其他特征根本没有机会深入澳大利亚。要是生活在凉爽的新几内亚高地上的几十万农民，与生活在凉爽的澳大利亚东南高地上的居民有密切的接触，新几内亚的高地农业就有可能传入澳大利亚了。可惜，新几内亚高地与澳大利亚高地相距 2 000 英里，中间又是生态完全不同的地带，就算想要逐步推进农业，都不可能。新几内亚高地对澳大利亚土著而言遥不可及，他们想观察并学习农业几乎没有可能。

简言之，澳大利亚土著同使用石器的新几内亚农民和使用铁器的印度尼西亚农民做生意，自己却长期维持不定居的狩猎-采集生活，使用的也是石器。乍看之下，似乎是澳大利亚土著顽固不化，但进一步考察之后，澳大利亚土著的故事只不过反映出：地理在文化与技术传播过程中无所不在的影响力。

＊　＊　＊

最后我们要考察的，是新几内亚与澳大利亚这两地的石器时代社会与欧洲铁器时代社会的接触。公元 1526 年，一位葡萄牙航海家"发现"了新几内亚，荷兰在公元 1828 年宣布拥有新几内亚西半部的主权，英国与德国在公元 1884 年瓜分了东半部。最早的一批欧洲人只在海岸地带定居，他们花了很长的时间才深入内陆；而到了 1960 年，欧洲人已在那里建立了政府，统治全岛。

是欧洲人到新几内亚殖民，而不是新几内亚人到欧洲殖民，这样的历史结局并不意外。毕竟建造越洋船只，利用罗盘航行四海的，是欧洲人。他们有书写系统、印刷术，可以印刷地图、描述报告，以及管理文件，方便他们治理新几内亚。他们发展出了政治制度，可以组织船只、军队和管理机构。他们有枪炮，可以对付用弓箭、棍棒反抗的新几内亚土著。不过，欧洲殖民者的人数一直不多，今天新几内亚的人口仍以土著为主。而澳大利亚、美洲、南非的情况完全不同，在那些地方，欧洲移民占人口中的多数，他们生生不息，在大片地区取代了当地的土著。为什么新几内亚没有发生那样的事？

一个主要的因素，就是疟疾与其他热带传染病，其中没有任何一种是必须在稠密人口中才能横行的急性传染病（见第 11 章）。

19 世纪 80 年代之前，那些疾病阻滞了欧洲人拓垦、定居新几内亚低地的行动。当年最具雄心的拓垦低地计划，是法国雷伊侯爵在 1880 年左右拟订的。他开垦的是新几内亚附近的新爱尔兰岛，结果 1 000 个殖民者 3 年内就死了 930 人。即使今天有现代医学做后盾，我的许多白人朋友在新几内亚还是因为疟疾、肝炎和其他疾病而被迫离开。我本人因为在新几内亚工作而中的"健康大奖"，包括一年的疟疾病史和一年的痢疾病史。

　　好，欧洲人被新几内亚低地的病菌撂倒了，那为什么新几内亚土著没被欧亚病菌撂倒呢？有些新几内亚土著的确受到感染，但是整体而言，欧亚病菌没有在新几内亚土著中造成大规模传染，也没有杀死多少人，和那些病菌在美洲、澳大利亚展现的威力难以比拟。部分原因是新几内亚土著幸运得很，欧洲人直到 19 世纪 80 年代才在岛上建立永久据点，那时已有许多重要的公共卫生发现，使得欧洲人带来的一些传染病受到了控制，例如天花。此外，随着南岛语族的扩张，在 3 500 年的时间里，不断有印度尼西亚来的移民与商人登上新几内亚。由于源自亚洲大陆的传染病已在印度尼西亚生根，新几内亚土著长期接触印度尼西亚人，暴露在那些传染病的威胁之下，逐渐产生了抵抗力。因此比起澳大利亚土著，新几内亚土著面对欧洲人带来的传染病时，抵抗力大得多了。

　　超过一定的海拔高度，疟蚊就无法生存，所以只有在新几内亚高地，欧洲人才不会遭遇严重的健康威胁。但是新几内亚高地已经由人口密集的土著占据，欧洲人到了 20 世纪 30 年代才能深入。那时澳大利亚与荷兰的殖民政府都已放弃了传统政策，不再以大规模杀戮、驱赶土著的方式强夺土地，建立白人定居点了。

欧洲拓垦者最后必须克服的障碍，是欧洲的农作物、牲口和生存方法不适应新几内亚的土地与气候。虽然从美洲引进的作物，如南瓜、玉米、甘薯，都在那儿小规模种植，茶与咖啡也在高地上栽种成功，但欧洲的粮食作物如小麦、大麦、豌豆，却从来没能立足。从欧洲引进的牛、羊，数量也不多，因为它们和欧洲人一样，也饱受热带疾病的侵扰。因此，新几内亚的食物生产行当，仍以传统作物和传统方法为主，毕竟那都是在当地发展了几千年的经验结晶。

由于疾病、地形、生计等种种问题，欧洲人决定离开新几内亚岛东半部，现在，那里是巴布亚新几内亚独立国。那里的政府与人民都是由新几内亚人组成的，不过他们以英语为官方语言，使用英文书写系统，政府制度参考英国的民主制，以海外制造的武器保卫国家。新几内亚西半部又是另外一个故事了。1963年，印度尼西亚从荷兰手中接收了新几内亚西半部的主权，此地成为印度尼西亚的伊里安查亚省，由印度尼西亚人享有、治理。乡间的居民仍以新几内亚土著为主，城市中则住满了印度尼西亚人。那是印度尼西亚政府鼓励移民的政策带来的结果。印度尼西亚人和新几内亚人一样，都长期暴露在疟疾及其他热带疾病的威胁下，因此不像欧洲人那么脆弱。印度尼西亚人在新几内亚的生计也没有太大困难，因为印度尼西亚的农业也包括香蕉、甘薯和其他新几内亚人当作主食的作物。伊里安查亚省经历的变化，早在 3 500 年前就开始了，现在印度尼西亚政府所做的，不过是运用国家体制所能动用的资源，继续推动南岛语族的扩张。印度尼西亚人是现代的南岛语族。

* * *

基于同样的原因，历史的结局是：欧洲人殖民澳大利亚，决定了澳大利亚土著的命运。澳大利亚土著的命运和新几内亚土著的大不相同。今天的澳大利亚，是由 2 000 万"非土著"的澳大利亚人享有与控制。大部分澳大利亚人是欧洲裔，自 1973 年澳大利亚政府放弃"白澳政策"后，亚洲裔移民逐渐增加。澳大利亚土著人口衰减了 80%（从欧洲人初临时的 30 万人，到 1921 年的最低点 6 万人）。现在澳大利亚土著处于澳大利亚社会的最底层，是最弱势的族群，有许多人或靠教会的接济维生，或住在政府的保留区中，或为白人照顾牲口。为什么他们的命运和新几内亚土著差那么多呢？

基本原因在于澳大利亚有部分地区适合欧洲人居住，他们的食物生产方式也适用，再加上欧洲移民的枪炮、病菌与钢铁消灭了挡路的澳大利亚土著。我在前面强调过澳大利亚的气候与土壤带给移民的困扰，不过那里最高产的区域却适合欧洲的农业。澳大利亚温带的农业，以欧亚大陆的温带主要作物占大宗：小麦（澳大利亚的主要作物）、大麦、燕麦、苹果、葡萄，加上来自非洲的高粱、棉花，以及来自南美的甘薯。澳大利亚东北部（昆士兰省）的热带地区不是肥沃新月地带作物的理想气候区，欧洲农民引进了源自新几内亚的甘蔗，东南亚热带地区的香蕉、柑橘，以及源自南美洲热带地区的花生。至于牲口，源自欧亚大陆的绵羊将不适于耕作的旱地变成了生产食物的场所；源自欧亚大陆的牛，则在较湿润的土地上，增进土地生产力，并满足人类的口腹之欲。

在澳大利亚，必须引进在世界其他气候相近地区驯化的作物、家畜，才能发展出生产食物的行当。要不是有越洋运输工具，那些作物、牲畜也到不了澳大利亚。澳大利亚与新几内亚不同，大部分地区并没有足以阻滞欧洲人深入的严重传染病。只有澳大利亚北部才有疟疾和其他热带传染病，让 19 世纪的欧洲人难以靠近，不过现代医药已经使欧洲人在那个地方定居下来。

当然，澳大利亚土著是欧洲人拓垦的障碍，因为澳大利亚最肥美的农田、牧场，也是澳大利亚狩猎-采集族群最钟爱的家园，那里的土著人口最稠密。欧洲移民减少土著人口的办法有两个。第一个办法就是射杀。18 世纪末和 19 世纪的欧洲移民比较肆无忌惮，20 世纪 30 年代进入新几内亚高地的欧洲人，就比较不敢（也不愿意）明目张胆地开枪。澳大利亚最后一场大屠杀发生在 1928 年，爱丽斯泉共有 31 名土著死于非命。第二个办法就是借助欧洲人带来的病菌，澳大利亚土著此前从未暴露在那些病菌的威胁之下，因此毫无抵抗力。欧洲人到达悉尼（1788 年）后，一年之内就到处可见死于传染病的土著的尸体。主要的杀手包括天花、流感、麻疹、伤寒、斑疹伤寒、水痘、百日咳、肺结核、梅毒。

于是，几乎所有在适于欧洲人开垦的土地上的土著社会，都被消灭了。只有那些生活在对欧洲人无用土地上的土著社会，才相对完整地存续了下去。欧洲人只花了1个世纪，就将土著花了4万年创造出来的传统摧毁了。

　　　　　　　　　　* * *

现在，我们可以回答我在本章开头提出的问题了。到澳大利亚殖民的白种英国人，在几十年内创造了一个使用文字、生产粮食、工业化的民主社会，而在那里繁衍生息了4万年的土著，仍过着没有文字的狩猎-采集生活。要是我们不假定澳大利亚土著是劣等族群的话，怎么能够解释那个事实呢？英国人和澳大利亚土著在澳大利亚的业绩，不正是人类社会演化的对照实验，迫使我们得出简单的种族主义的结论？

这个问题很容易回答。白种英国人并没有在澳大利亚创造出使用文字、生产食物、工业化的民主政体。他们只不过是引进了在别处发展出来的要素：牲口、农作物（不包括澳大利亚坚果）、冶金知识、蒸汽机、枪炮、字母、政治制度，还有病菌。所有这些都是过去1万年里在欧亚环境中发展完成的成品。1788年登陆悉尼的欧洲人继承了那些要素，不是因为他们有伟大的天赋，而是因为地理巧合，正巧出生在可以接触到那些要素的地理环境中。要不是他们继承了欧亚大陆上发展出的技术，就不可能学会在澳大利亚与新几内亚生存的手段。伯克与威尔斯聪明到能读书写字，却无法在沙漠中生存，而澳大利亚土著已在那里生活了几万年。

　　在澳大利亚创造了社会的人，是澳大利亚土著。没错，他们创造的社会没有文字，没有生产食物的技能，也没有工业民主体制。可是，他们的社会是从澳大利亚环境的特色中生长出来的。

第 16 章

中国——东亚之光

笔者住在加利福尼亚。围绕移民、平权法案、多语制、种族多样性等制定引人争议的政策，加利福尼亚都是先驱；而现在，加利福尼亚也一马当先，反对当年那些政策。我儿子在洛杉矶的公立学校就读，只要走近教室向里头瞥一眼，议会里大人的抽象辩论立刻就变得有血有肉，那些孩子的脸是最好的说明。在洛杉矶公立学校系统中就读的学生，在家里说的语言加起来超过80种，在家说英语的白人小孩反成了"少数"。我儿子的所有玩伴，都是父母或祖父母中至少有一人不在美国出生。我儿子也不例外，他的祖父母中有3个不在美国出生。但是，移民只不过是在恢复美洲这块土地上的族群多样性，美洲在好几千年的时间里都是族群混杂的。在欧洲人登陆之前，美洲有几百个土著部落、几百种语言，统一的政府在这里出现，不过是最近几百年的事。

在这些方面，美国是一个"正常"的国家。世界上人口最多的六大国，有五个都是"民族大熔炉"，它们都在近代才完成政治上的统一，涵纳的国民包括许多说不同语言的族裔。俄罗斯就是个例子，那里最早是以莫斯科为中心的斯拉夫小国，公元1582年开始扩张以前，疆界从未超越乌拉尔山；从那时起到19世纪的这段时间里，俄罗斯吸纳了众多非斯拉夫族群，这些族群许多仍保持原有的语言与文化身份。美国的历史，就是这片土地上的人成为美国人的历史。俄罗斯的历史也一样，就是现在住在俄罗斯土地上的人变成俄罗斯人的历史。印度、印度尼西亚、巴西都是最近才创造出来的政治实体（就印度而言，"重新创造"也许是更恰当的说法），这几个国家境内，分别有大约850种、670种、210种语言。

许多国家都是在近代成为民族大熔炉的，而中国这个世界上人口最多的国家，是个例外。今天广土众民的中国，无论是政治、文化、语言，都具有整体性，尽管专家也许有别的看法，但至少一般人的感觉是那样的。政治上，在公元前221年统一后，中国始终是个中央集权的国家。自文字在这片土地上出现之后，中国数千年来一直维持单一的书写系统，而现代欧洲却用着好几十种互有差别的字母系统。中国的12亿人口中，有超过8亿人说普通话，这大概是世界上作为母语最多的语言。另外有约3亿人说7种方言，这些方言彼此间的关系及与普通话之间的关系，有点像西班牙语和意大利语的关系。因此，中国不仅不是个"民族大熔炉"，连"中国是怎么变成中国人的中国的？"这样的问题听来都觉得荒谬。中国早就是中国人的了，有史以来就是如此。

中国一直维持统一国家的面貌，使我们习以为常，认为理所当然，忘了这是多么令人惊讶的事。其实我们不该期望中国能维持那么长久的统一风貌，理由之一是遗传学方面的证据。虽然体质人类学向来把中国人粗略归入蒙古人种，但类目中蕴含的歧异成分，大于瑞典人、意大利人、爱尔兰人之间的差异。特别是中国北方与南方的人群在遗传上、体质上都颇不相同：华北人与尼泊尔人更接近，华南人与越南人、菲律宾人比较接近。华南人与华北人的体质特征有明显的不同，我的中国朋友通常只要一眼就可以认出：华北人个子较高、体型较大、皮肤较白、鼻子较高、眼睛较小（那是由于内眦赘皮的关系）。

华北、华南还有环境与气候的差异。华北较干燥、寒冷；华南潮湿、炎热。这两个不同环境中的遗传差异，显示南北族群各有各的遗传历史，没有太大的交流。那么，中国人语言与文化的一致与一贯是怎么维持的？

中国的语言现象也是个令人困惑的问题。世上其他地区，只要不是最近才开始有人开发居住的，都呈现众声喧哗的语言现象。例如上一章讨论的新几内亚，就有上千种语言，其中包括几十个语族，彼此的差异比中国八大主要语言的差异大多了，而它的面积不足中国的十分之一，人类到此定居也不过才4万年。大约8 000—6 000年前，说印欧语言的族群定居西欧，今天那里有约40种语言流通，包括英语、芬兰语、俄语等差异很大的语言，它们有的是早期语言分化的产物，有的是后来由外来族群带进来的。然而，化石证据显示，中国所在的地区早在50万年前就有人类定居。在那么悠久的历史中，中国地区必然也有过众声喧哗的日子，那些成千上万的语言都去哪儿了？

由这些难解的事实，我们可以推想，中国和其他广土众民的国家一样，也曾经是个"复杂"地区，只不过很早就"统一"了。而"中国化"的过程，第一步是在一大片地区上的古代民族熔炉中搞大一统，然后再进入东南亚热带地区，并对韩国、日本，甚至对印度产生强大的影响力。因此，中国的历史，是东亚史的枢纽。本章就是中国成为中国的故事。

* * *

我们可以从一张中国语言地图（图 16.1）开始。对我们这种认为中国具有整体性的人来说，这张地图教人大开眼界。原来在中国地区，除了普通话和 7 种汉语方言（以下本书将以"汉语"指称）各有 1 100 万至 8 亿个使用者之外，还有 130 多种少数民族语言，其中有许多只有几千个使用者。整体来说，各语言的地理分布有很大的差异。

地理分布范围最大的汉语（汉藏语系中的一个主要语族），从华北到华南的分布是连续的。从中国东北到南方的北部湾，汉语通行无阻，放眼都是讲汉语的人。其他三个语族的分布则比较零散，仿佛汉语大海中的一个个小岛。

其中分布最零散的是苗瑶语族，有约 600 万使用者，使用着不同语支的语言，包括用颜色命名的红苗、白苗、黑苗、青苗等苗族群体，以及瑶族。从中国南方到泰国，50 万平方英里的土地上，苗瑶语族的使用者分散在几十个小"飞地"里，周围是使用其他语言的人。当年由越南逃出的难民中，有超过 10 万名说苗语的人移民美国，现在美国称该群体为"苗裔"（Hmong）。

另一个分布比较零散的语言群属于南亚语系。南亚语系中说越南语、高棉语的人最多，分布也最广。东起越南、西至印度北部、南达马来半岛的地理范围内，住着 6 000 万使用南亚语系语言的人。中国地区还有第四个语族是壮侗语族（该语族也包括泰语、老挝语）。这个语族有 5 000 万使用者，分布在从中国南方到中南半岛，西至缅甸（见图 16.1）。

不消说，零散分布在亚洲各处的说苗瑶语的族群，不是搭直升机降落至目前他们生活的飞地的。我们可以推测，当初他们生活的土地几乎是连成一大片，只是后来说其他语言的族群侵入了他们的地盘，或是让说苗瑶语的人放弃了自己的母语，才造成了今天语言飞地的局面。事实上，对于过去 2 500 年语言分布地图的变迁过程，我们有相当完整的记录。现代使用泰语、老挝语、缅甸语的族群的祖先，都是在历史时期从华南及邻近地区南迁到目前的居所的，他们逐步"淹没"了先前住在那里的移民的后代。当初，说汉语的族群卖力征服他们视为原始落后的其他族群，中国周朝的历史（公元前 11 世纪到公元前 3 世纪），就有许多汉语族群征服、吸纳中国地区大部分非汉语族群的记录。

我们可以用几种不同的推理方法来重建几千年前的东亚语言地图。第一，我们可以从最近几千年内已知的语言扩张事件，倒推更早的情况。第二，某一语言和有亲缘关系的语族若连续分布在一大片土地上，则表示其完成扩张还不太久，没有太多时间分

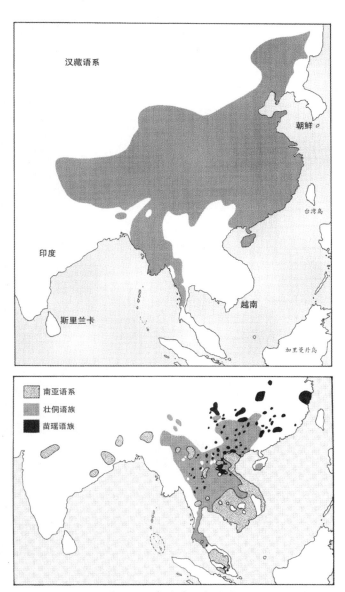

图 16.1 中国的四大语族

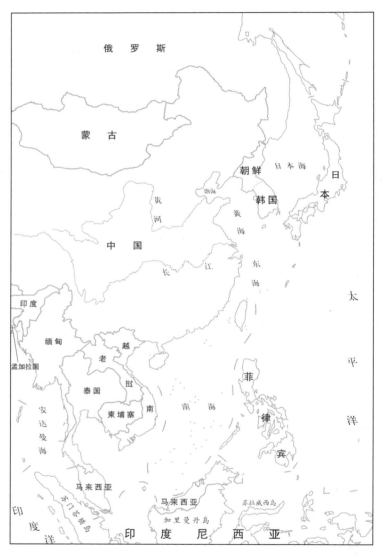

图 16.2　东亚和东南亚的现代政治面貌

注：请参照图 16.1 的语族分布图。

化成许多种语言。最后，我们可以反过来推理，在现代，那些语言高度多样化，但所有语言都属于同一语族的地区，可能位于该语族早期的传播中心附近。

运用这三种推理方法回拨语言时钟，我们的结论是：华北原本由说汉语的族群和其他汉藏语族占据；华南分布着使用苗瑶语族、南亚语系、壮侗语族的群体；华北的汉藏语族南向扩张，驱赶或同化了说其他语言的群体。而另一场更为激烈的语言剧变，则横扫从华南到东南亚热带地区的区域，包括今天泰国、缅甸、老挝、柬埔寨、越南所在的地区和马来半岛。不管当年在那儿的土著说什么语言，那些语言全都消失了，因为那些地方的现代语言似乎都是在比较晚近的时候从外部输入的，主要来自华南，还有少数来自印度尼西亚。鉴于苗瑶语族的语言存续至今，我们可以猜测，当年华南还有除苗瑶语族、南亚语系、壮侗语族语言之外的语族，只是没能存续下去。下一章讨论南岛语系（菲律宾人和波利尼西亚人的语言属于这个语系），我们会提到：南岛语系可能是原先在中国大陆有分布而后来消失的语系之一，我们还能知道这些语言，是因为使用它们的群体散布到南太平洋诸岛上，存续至今。

东亚发生的这些语言更替，让我们想起欧洲语言（尤其是英语、西班牙语）进入美洲的过程。欧洲人"发现新大陆"之前，美洲有上千种土著语言。历史显示，英语取代了美国的印第安土著语言，并不是因为印第安人觉得英语悦耳。语言替代的过程，涉及战争、谋杀、传染病，移民直接或间接地杀死土著，迫使残存的土著不得不采用新出现的优势语言——英语。这种语言更替现象的近因，是欧洲移民的技术和政治组织比美洲人强，而追根究底，关键在于食物生产在欧洲出现得比较早。英语在澳大利亚取代了澳大利亚土著的语言，班图语在非洲近赤道地带取代了俾格米人和科伊桑人原本的语言，基本上都是同样的过程。

那么，东亚的语言大变动是由哪些因素造成的？使用汉藏语系语言的群体从华北扩张到华南，使用南亚语系和华南原有的其他语族语言的群体向南扩张到东南亚热带地区，凭借的是什么？要回答这个问题，我们必须爬梳考古资料，着眼于技术、政治和农业方面的证据，看看是不是某些东亚族群着了先鞭，主宰了历史。

* * *

考古证据显示，与世界其他地区一样，东亚的人类历史，大部分时间的主角都是狩猎-采集者，他们使用的石器未经打磨，也没有陶器。历史的新页似乎在中国展开。考古遗址中出现谷物遗迹、畜养动物的骨骸、陶器、打磨过的（新石器时代）石器，年代大约在公元前 7 500 年，距离肥沃新月地带新石器和食物生产的发端不过 1 000 年。但是，中国更早的考古记录并不完整，我们无法判断中国和肥沃新月地带的食物生产是同时出现还是略有先后。不过我们至少可以说，中国是世界上最早启动食物生产的地区之一。

事实上，中国地区可能有两个甚至更多独立发展出食物生产的中心。我已经提过华北华南的生态差异，华北干冷，华南湿热。在同一纬度，东部沿海低地和西部内陆高地，也各有生态特色。因此，各地有不同的原生植物，换言之，各地居民发展农业的资源不同。这里最早的农作物是在华北发现的，那是两种抗旱力强的粟米，而华南的稻米则说明，华北与华南可能各有一个驯化植物的中心。

除了最早的农作物，遗址还出土了家养猪、狗、鸡的遗骸。其他人工养殖的动植物，在后来的遗址中也逐渐出现。动物中以水牛最重要（可以犁田），还有蚕、鸭、鹅。后来的中国作物中，大家熟悉的有大豆、麻、橘、茶、杏、桃、梨。此外，由于欧亚大陆的主轴线是东西向的，农牧品种在中国古代即已向西传播，西亚品种也可以东传，在东亚成为重要的生活资源。西亚传入的动植物，对古代中国经济特别重要的有小麦、大麦、牛、马，重要性略低一些的有绵羊、山羊。

中国和其他地区一样，从食物生产生计中逐渐发展出其他的"文明"要素（那些要素我们已经在第 11～14 章讨论过了）。中国精美绝伦的青铜工艺，大约在公元前 3000 年到公元前 2000 年之间萌芽；发展出世界上最早的铸铁工艺，约在公元前 500 年。在那之后的 1 500 年里，中国是世界上最重要的技术发明输出国（见第 13 章），输出包括纸、罗盘、独轮车、火药。有城墙保护的城市在公元前 3000 年到公元前 2000 年之间兴起，墓葬形制的朴素与堂皇与殉葬物的简陋与丰厚，也是社会阶层分化的证据。还有其他证据显示，在当时阶层分化的社会，统治者能够动员民力，修筑高大的城墙（防御工事）、宏伟的宫殿，以及沟通南北的大运河（世界上最长的运河，超过 1 000 英里）。现存的文字证据年代在公元前 2000 年到公元前 1000 年之间，但文字很可能在更早之前就有了。因此，关于城市、国家在中国兴起的知识，除了考古证据外，还有中国最早朝代的文字史料作为依据。根据文字史料，中国的历史可以追溯到夏朝，大约在公元前 2000 年建立。

至于食物生产最凶恶的副产品——传染病，我们无法确定旧大陆的主要传染病是在什么地方发源的。不过，欧洲罗马时期和中世纪的史料清楚记载，黑死病（腺鼠疫）和天花是从东方传来的，因此病菌有可能源自东亚。流感（源自猪流感病毒）更有可能是从中国发源的，因为中国很早就驯养了猪，而且自古猪肉就是重要的餐食肉。

中国幅员辽阔、生态复杂，各地出现了许多地域性文化，各不相属。这在考古证据上表现得很清楚，尤其是陶器和其他工艺品，不同地方的各有特色。大约到了公元前 4000 年到公元前 3000 年之间，各个地域文化开始向外扩张，相互接触、交流、竞争、融合。各地采撷自当地生态资源发展出的粮食品种，也通过传播丰富了中国地区的食物生产业。同时，这一相互作用圈也丰富了中国的文化和技术。各地酋邦相互竞争，也为中央集权制的大型国家的形成铺路（第 14 章）。

中国的南北差异对作物的传播有所阻碍，但并没有像在美洲和非洲那样成为屏障，一来中国的南北距离较短，二来中国南北之间并无难以逾越的地理屏障，不像非洲与墨西哥北部有大漠阻绝，中美洲地峡构成南北美洲的交通瓶颈。中国横贯东西的河流，像华北的黄河、华南的长江，还让沿海地区与内陆的作物、技术的流通方便了许多。同时，中国的东西横轴绵长、东西坡度缓和，最终在两条大河之间构筑运河的计划得以实现，方便了南北向的交流。中国地区很早就完成了文化和政治的统一，所有这些地理因素都起了相当大的作用。与欧洲对照起来，这一点就更明白了。欧洲的面积与中国相当，可是地势起伏，又无河流贯通，文化、政治上的割裂至今无法弥合。

中国地区的文化交流，由南传到北的例子有稻作、炼铁，但由北往南的传播是主要趋势，文字是最明显的例子。中国与欧亚大陆西部的文明中心不同，那里发明了好多种早期书写系统，例如苏美尔人的楔形文字、埃及的象形文字、赫梯文字、米诺斯文字、闪米特字母等，而中国只发展出一种有充分证据的文字，在华北完成发展后，流传各地，所向披靡，所有其他的书写系统（假如有的话）都失去了发展的机会。今天的汉语文字，就是从那一套古文字演进而来。原是华北社会重要文化特征，后来输入华南的，还有青铜工艺、汉藏语系语言、国家体制。中国最早的王朝，夏商周三代，大约在公元前 2000 年到公元前 1000 年之间，都兴起于华北。

公元前第一个千年流传下来的文献显示，当时的华夏民族已经有文化优越感，认为非华夏民族是"蛮夷"，甚至华北的中国人也瞧不起华南族群，认为他们也是"蛮夷"。例如："中国戎夷，五方之民，皆有其性也，不可推移。东方曰夷，被发文身，有不火食者矣。南方曰蛮，雕题交趾，有不火食者矣。西方曰戎，被发衣皮，有不粒食者矣。北方曰狄，衣羽毛穴居，有不粒食者矣。"（《礼记·王制》）

渊源于华北周朝的国家体制，在公元前第一个千年中传播到华南。公元前221年秦统一全国，奠定了政治中国的规模。中国的文化统一也在同一期间内加速进行。以文字为基础的"文明"中国魅力无限，"夷狄"不是被同化，就是积极效仿。当然，这个文化统一过程也有残暴的面向，例如秦始皇下焚书令，"非秦记皆烧之"，给我们了解中国早期的历史与文献造成了很大的困难。华北的汉藏语系语言散播全中国，苗瑶等语族的语言只有零散的分布，那些严厉措施想必发挥了作用。

在东亚，中国在食物生产、技术、文字和国家体制等方面都着了先鞭，因此中国的创新对邻近地区的发展有非常重要的贡献。例如，在公元前第四个千年以前，东南亚热带地区的人仍过着狩猎-采集生活，使用以砾石、石片制作的工具。考古学家称这种文化为和平（Hoabinhian）文化，当初是以越南和平遗址命名的。后来，来自中国南方的农作物、新石器技术、村庄生活方式、陶器传入东南亚热带地区，也许随之而来的还有华南的语族。在历史时期，向缅甸、老挝、泰国的南向扩张，完成了东南亚热带地区的"华化"。现在那些国家的国民，是当年那些华南人亲属的后裔。

中国散发出的影响力，有如轧路机，所到之处皆受影响，先前安居在那里的族群没有留下太多痕迹。只有三个孑遗的狩猎-采集族群还能让我们遥想当年：马来半岛上的尼格利陀塞芒人（Semang Negritos）、安达曼岛人、斯里兰卡的尼格利陀维达人（Veddoid Negritos）。这些族群让我们想到，也许东南亚热带地区原先的居民是黑皮肤、卷发的族群，与现代新几内亚的居民比较像，而不像浅肤色、直发的中国南方人和现代东南亚热带地区的居民。东南亚存续至今的这些尼格利陀族群，可能是当年拓殖新几内亚的族群的后代。塞芒人仍过着狩猎-采集生活，与附近的农耕族群交易，但是他们已经改说邻居使用的南岛语系语言了——类似的例子还有菲律宾的尼格利陀人及非洲的俾格米人，他们也是狩猎-采集者，但接受了农耕贸易伙伴的语言。只有在遥远的安达曼群岛上，岛民说的语言才与华南的语族毫无渊源，当初可能有几百种东南亚土著语言，绝大多数已经消亡，安达曼岛人所用的语言可能是保留下来的一种。

朝鲜和日本也深受中国的影响，不过两地与中国都有地理区隔，因此保留了自己的语言，以及体质、遗传上的特质，而不像东南亚热带地区。朝鲜和日本在公元前第二个千年从中国习得了稻作农艺，在公元前第一个千年习得了青铜工艺，公元后第一个千年中国的文字传播至朝鲜和日本。源自西亚的小麦、大麦，也是从中国输入的。

不过，请读者不要因为以上叙述而产生错误的印象，以为东亚文化发展的唯一源头是中国，朝鲜、日本、东南亚热带地区的人没有发明能力。人类历史上最早的一批陶器，就有一部分是古代日本人制作的，他们是狩猎-采集者，但早在食物生产手段输入之前就已定居在村庄里，靠日本丰富的海产资源生活。日本、朝鲜、东南亚热带地区的居民可能独立驯化过一些作物，其中有些作物可能还是他们最早驯化的。

　　但是，中国的角色还是举足轻重。举例来说，中国文化的声望在日本、朝鲜一直很高，虽然源自中国的书写系统在表达日文语言上有种种不便，但日本并不打算放弃汉字，朝鲜也是在比较晚近的时候，才用谚文系统替代了较为复杂的汉字。20 世纪汉字仍在通行，生动体现了近 1 万年前中国动植物驯化的深远影响。东亚第一批农民取得的成就，使中国成为中国人的中国，使从泰国（第 17 章会谈到）到复活节岛的族群成了他们的远亲。

第 17 章

开往波利尼西亚的快船

　　一次，在印度尼西亚伊里安查亚省（后更名为巴布亚省）的首府查亚普拉（Jayapura），我和三位印度尼西亚朋友来到一家店里。那个场景对我来说，正是太平洋岛屿历史的一个缩影。我的朋友们名字分别叫艾哈迈德（Achmad）、维沃（Wiwor）、沙瓦卡里（Sauakari），那家店的老板是华人，叫平华（Ping Wah）。在我们这帮人中，艾哈迈德是头儿，因为他和我主持一个生态调查，这一调查由政府委办。我们雇了当地人维沃和沙瓦卡里当助理。但是艾哈迈德从来没有到过新几内亚，对当地的高山丛林毫无概念，因此在采办装备的时候就闹了笑话。

　　我们走进店里的时候，老板平华正在看一份中文报纸。一开始平华看见的是维沃和沙瓦卡里，他没在意，继续看报。等到艾哈迈德一出现，他立刻把报纸藏到柜台下面。艾哈迈德拿起了一把斧头，维沃、沙瓦卡里就笑了起来，因为他把斧头拿反了。维沃、沙瓦卡里教他正确的握法，让艾哈迈德试试趁不趁手。然后艾哈迈德、沙瓦卡里看向维沃光着的脚，他的脚趾分得很开，因为他从来没有穿过鞋子。沙瓦卡里挑了双鞋头最宽的鞋子给维沃试穿，但还是窄得穿不进去，这一幕让艾哈迈德、沙瓦卡里、平华笑不可仰。艾哈迈德挑了一把塑料梳子，梳了梳他那粗黑的直发。他注意到维沃浓密的卷发，就把梳子交给维沃试试。哪知梳子被维沃的卷发卡住了，根本梳不动，维沃一用力拽，梳齿就折断了。每个人都笑了，维沃也在笑。然后维沃提醒艾哈迈德买米，因为山上的村子里没有米卖，那里只有甘薯，艾哈迈德肯定吃不惯，大家又笑了。

笑声中，我察觉到紧张的暗流。艾哈迈德是爪哇人，平华是华人，维沃是新几内亚高地人，沙瓦卡里是新几内亚北岸的低地人。爪哇人控制了印度尼西亚的政府，印度尼西亚在 20 世纪 60 年代兼并了新几内亚岛的西半部，并用机枪、炮弹击溃了反抗的土著。艾哈迈德后来决定自己留在城里，由我带着维沃、沙瓦卡里上山调查。他向我解释：新几内亚土著一旦发现他身边没有军队保护，就会杀了他，因为从他粗黑的直发就可以认出他的身份。

平华把报纸藏了起来，因为当地禁止输入中文出版物。印度尼西亚各地的商人多是华人移民。爪哇人控制政府，华人掌控经济，1965 至 1967 年之间爆发了一系列排华事件，1966 年的那一次，就有众多华人死于暴乱。维沃和沙瓦卡里都是新几内亚土著，都憎恨印度尼西亚的高压统治，但是他们所在的族群之间也不对付。高地人嘲笑低地人吃的是软趴趴的西米，低地人叫高地人是"原始的大头人"，以此讥讽高地人浓密的卷发和他们夜郎自大的心态。我和他们两人在山上林子里扎营住下，才不过几天，他们差点就要用斧头打架了。

　　这4个人之间的紧张暗流，是印度尼西亚政治的主调，这个国家就人口数量而言，是世界第四大国。这几层紧张的关系可以上溯到几千年前。西方人一谈到大规模的海外人口流动，就会想到哥伦布发现美洲之后的欧洲海外移民，以及之后各地非欧洲族群被欧洲人取代的事件。事实上在更早时候的史前时代，就有非欧洲族群大规模迁移、取代其他非欧洲族群的事例。维沃、艾哈迈德、沙瓦卡里分别代表三波史前从亚洲大陆进占太平洋诸岛的迁移潮。维沃出身的高地族群，大概源自4万年前由亚洲迁入新几内亚的族群；艾哈迈德的祖先源自中国南方沿海地区，他们4 000年前登陆爪哇岛，将原先住在那里的族群（和维沃的祖先有亲缘关系）同化或消灭了；沙瓦卡里的祖先约在3 600年前到达新几内亚，他们来自中国南方沿海地区，那时，平华的祖先仍住在那里。

　　将艾哈迈德和沙瓦卡里的祖先分别带到爪哇岛和新几内亚岛的，是"南岛语族扩张"，这次迁徙是过去6 000年中规模最大的人口流动。其中一批迁徙者成为今天的波利尼西亚人，他们深入南太平洋各角落，占据了几乎所有适合人居住的岛屿，是新石器时代最伟大的航海族群。现在，以南岛语系语言为母语的族群的分布范围超过半个地球，从马达加斯加岛到复活节岛，都有这样的族群。本书讨论冰期结束后的人口迁徙，南岛语族扩张占中心地位，非得圆满解释不可。为什么是源出中国的南岛族群扩张到了爪哇岛和印度尼西亚其他地区，取代了当地原住民，而不是反过来，印度尼西亚的族群拓殖到中国并取代当地人呢？南岛语族占据印度尼西亚之后，为什么不能进一步扩张到新几内亚沿海低地之外的地区，为什么没能取代维沃的高地人祖先？源自中国的族群的后代又是怎么变成波利尼西亚人的？

* * *

今天爪哇岛上的人，印度尼西亚大部分其他岛屿（除了最东端的几个之外）的居民，以及菲律宾群岛上的族群，相似性很高。无论外形、遗传，都与华南人相似，与东南亚族群（尤其是马来半岛人）更像。他们的语言也很同质：菲律宾群岛和印度尼西亚的中部、西部群岛，虽有 374 种语言，但语言间有很强的亲缘关系，都属于南岛语系中马来-波利尼西亚语族的西部支系。南岛语系的语言在亚洲大陆的马来半岛，越南、柬埔寨的小片区域，印度尼西亚群岛西端的苏门答腊岛、加里曼丹岛都有分布，但在亚洲大陆的其他地区就没有分布了（见图 17.1）。英语中还有一些来自南岛语系的外来词，比如意为"禁忌"的 taboo 和意为"文身"的 tattoo（来自一种波利尼西亚语），意为"偏僻地带"的 boondocks（源自菲律宾的塔加洛语），以及意为"狂人"的 amok、意为"蜡染"的 batik 和意为"猩猩"的 orangutan（源自马来语）。

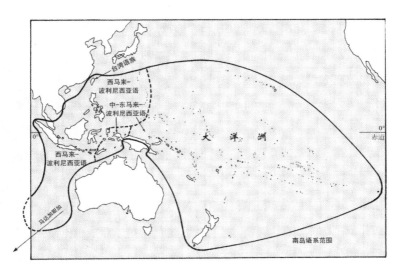

图 17.1　南岛语系分布范围

注：南岛语系包含四个语族，其中有三个都在台湾岛，只有一个向外传播（马来–波利尼西亚语族）。马来–波利尼西亚语族又可分成西马来–波利尼西亚语和中–东马来–波利尼西亚语两个族群。后者又一分为四，一个往东至大洋洲，三个向西至哈马黑拉岛，邻近的东印度尼西亚岛和新几内亚的最西端。

　　印度尼西亚人和菲律宾人的遗传、语言如此相似，就像中国地区的语言同质一样，乍看之下很令人惊讶。人类演化史上著名的爪哇人（直立人）的发现，证明在 100 万年的时间里，至少在印度尼西亚西部一直有人类活动。这么长的时间，足够演化出高度的遗传、语言歧异，以及适应热带气候的黑皮肤（其他热带地区的土著肤色都是黑的）。然而，印度尼西亚人、菲律宾人的肤色却很浅。

　　印度尼西亚人、菲律宾人与东南亚热带地区和华南的居民，除了肤色、遗传相似外，其他的体质特征也很相像。这一点同样令人惊讶。只要看一眼地图，就知道 4 万年前抵达新几内亚、澳大利亚的人，必然是以印度尼西亚为跳板的。因此我们可能会天真地以为，现代印度尼西亚人和新几内亚、澳大利亚的土著有比较密切的关系。事实不然，菲律宾、印度尼西亚西部，只有一些和新几内亚、澳大利亚土著相似的族群，特别是菲律宾山区中的尼格利陀人。在前一章我提到过三个长相与新几内亚土著相像的孑遗族群，他们的祖先可能是东南亚热带地区的土著；菲律宾的尼格利陀人也可能是孑遗族群，他们的祖先和维沃所在族群的祖先属于同一个群体，只是后来维沃的祖先到了新几内亚。不过就连菲律宾的尼格利陀人现在说的也是南岛语系的语言，和附近其他菲律宾族群一样，可见，他们可能像马来半岛上的塞芒人、非洲的俾格米人一样，遗忘了祖先的语言。

综合这些事实来看，东南亚热带地区或中国南方的南岛语族，在比较晚近的时候才散布到菲律宾、印度尼西亚，取代了当地土著，消灭了他们的语言，只留下菲律宾尼格利陀人。而且那必然发生在离现在比较近的时期，不然新来的族群就会有时间发展出适应热带环境的体质特征，语言、遗传的歧异也会大增。菲律宾、印度尼西亚的语言比中国多得多了，但只是数量多，而不是本质上有许多不同的语言。在菲律宾和印度尼西亚，有许多相似的语言，只反映了"当地从未形成统一的政治体制"的事实。中国很早就实现了大一统，所以是个语言单纯的国度。

那么南岛语族的扩张，究竟是沿着哪条路径发展的呢？语言分布的详细数据提供了宝贵的线索。南岛语系有 959 种语言，可以分为四个语族，其中之一独大，这就是马来–波利尼西亚语族，它包括了 945 种语言，几乎整个南岛语系的范围都有该语族分布。欧洲使用印欧语系的人群到了近代才开始向海外扩张，在那之前，南岛语系是世界上分布范围最广的语系。以上两个事实，意味着马来–波利尼西亚语族很晚才从南岛语系中分化出来，而且在短时间内就散布至很大的地理范围中，产生了许多地域语言，这些语言因为还没有时间发展出更大的歧异，所以仍有紧密的亲缘关系。至于哪里才是南岛语系的故乡，另外三个语族的地理分布可以提供比较可靠的线索。南岛语系这几个语族间的差异，比马来–波利尼西亚语族内部各语言的差异大多了。

我们发现那三个语族的分布大致重叠，整体范围比马来–波利尼西亚语族小得多，根本不成比例。只有在距中国大陆 90 英里的台湾岛，还有南岛语族使用它们。来自中国大陆的族群是过去 1 000 年中大批定居下来的，在那之前，南岛语族是岛上的主要居民。1945 年后，尤其是 1949 年中国共产党打败中国国民党后，又有一批大陆人迁至台湾岛，现在台湾岛的南岛语族只占台湾岛人口的 2%。前述四个南岛语系的语族中，有三个集中在台湾岛，说明南岛语系的语言可能已在台湾岛说了几千年，因此有最充分的时间进行分化。南岛语系中分布范围从马达加斯加到复活节岛的其他语言，都有可能源自从台湾岛扩张出去的族群。

* * *

现在我们来讨论考古证据。虽然在古代遗址中不会找到语言的化石，但遗址中出土的遗骸与文化遗迹能透露人群与文化的流动，而那些都和语言有关。南岛语族现在居住的地方，和世界上其他地区一样，最早只有狩猎-采集这一种生活方式，没有陶器、磨制石器、家畜、家禽与农作物。（马达加斯加岛以及美拉尼西亚东部、波利尼西亚和密克罗尼西亚是例外，那些地方未曾有狩猎-采集者登陆，直到南岛语族造访，才有了人迹。）据考古资料显示，最早出现新鲜的文化要素的地方是台湾岛。在公元前第四个千年中，新石器时代的大坌坑文化在台湾岛发端，该文化有磨制石器，陶器的特色是粗绳纹的装饰。学者认为大坌坑文化与大陆早期华南沿海的新石器时代文化有密切的关系。在后来的遗址中，也出土了稻米、小米，可见农业也是生计之一。

大坌坑文化遗址以及华南沿海的相关遗址中，出土了大量鱼骨与贝壳，还有石网坠（捕鱼用具）、扁斧（适于挖凿独木舟）。可见在台湾岛上的新石器时代族群已有航海技艺，可以从事深海捕捞，并穿越台湾海峡。当时台湾海峡可能是中国大陆人群的航海技艺训练场，他们掌握技术后，就能向太平洋扩张。

台湾岛的大坌坑文化遗址出土的一种器具，将大坌坑文化和后来的太平洋岛屿文化联系在一起，这就是树皮舂捣棒。那是一种磨制石器，用来舂捣某种树的树皮，以制作绳索、渔网、衣布。太平洋诸岛有的缺乏产毛的家畜，又没有可以抽取纤维的农作物，岛民只好用树皮制造衣物。伦内尔岛的土著是波利尼西亚人，岛上直至 20 世纪 30 年代才开始西化。那里的人告诉我，西化有个美妙的"副产品"，就是岛上从此安静了下来，再也没有万户捣衣声了——从前家家得用树皮舂捣棒每天敲个不停，制造树皮布。

考古证据证明，大坌坑文化在台湾岛发端后，显然源自大坌坑文化的考古文化在 1 000 年内逐渐散播到整个南岛语族的分布范围（图 17.2）。证据包括磨制石器、陶器、家猪骨和农作物遗存。由大坌坑文化陶器发展出来的素面红陶，也在菲律宾群岛，以及印度尼西亚的苏拉威西岛和帝汶岛出土。这个由陶器、石器、作物和家畜组成的"文化包"约在公元前 3000 年到达菲律宾，公元前 2500 年到达印度尼西亚的苏拉威西岛、加里曼丹岛北部、帝汶岛，公元前 2000 年到达爪哇岛、苏门答腊岛，公元前 1600 年到达新几内亚。到了那里之后，扩张速度就加足了马力，带着那个文化包的族群，向东冲入所罗门群岛以东尚无人迹的太平洋。这个文化扩张的最后阶段，大约在公元元年后 1 000 年内完成，大洋洲所有适于人居的无人岛都被占领了。令人惊讶的是，带着这个"文化包"的族群也大胆西进，越过印度洋，抵达非洲东岸，拓殖到马达加斯加岛。

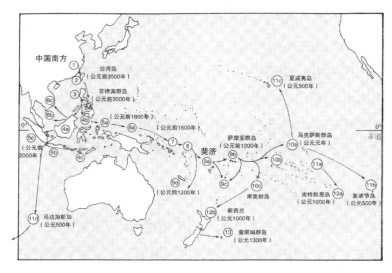

图 17.2　南岛语族的扩张（图上的年代为抵达该区域的约略时间）

注：4a＝加里曼丹岛，4b＝苏拉威西岛，4c＝帝汶岛（约公元前 2500 年）。5a＝哈马黑拉岛（约公元前 1600 年），5b＝爪哇岛，5c＝苏门答腊岛（约公元前 2000 年）。6a＝俾斯麦群岛（约公元前 1600 年），6b＝马来半岛，6c＝越南（约公元前 1000 年）。7＝所罗门群岛（约公元前 1600 年）。8＝圣克鲁斯群岛。9c＝汤加，9d＝新喀里多尼亚岛（约公元前 1200 年）。10b＝社会群岛，10c＝库克群岛。11a＝土阿莫土群岛（约公元元年）。

扩张到新几内亚海岸之前，人们航海用的船只大概是有舷外浮木的风帆独木舟，这在今天的印度尼西亚仍很普遍。这种船的设计代表了一个重要的技术发展，并超越了独木舟。世界各地利用内陆水路航行的族群，过去都乘坐简单的独木舟。顾名思义，独木舟就是用独木（树干）做的，先用锛（凿子）凿空树干，再修饰两端，就可以下水了。树干是圆的，所以独木舟是圆底的。坐在这种船里，只要重量分布稍有一点失衡，船就会从重心所在那一侧翻覆。每次我乘坐新几内亚人的独木舟航行在新几内亚的河流中，都觉得惊恐万分，好像我的身体只要稍微移动一下，小船就会倾覆，把我和我的望远镜送入鳄鱼的腹中。新几内亚人在宁静的湖泊上、内陆河中划起独木舟来，看起来还算平安无事，但是他们即使在波涛不怎么汹涌的海面上也无法安全驾驭独木舟。因此，设计出一种稳定装置，不仅对南岛语族从印度尼西亚深入太平洋极为重要，最早人类定居台湾岛时可能也少不了它。

解决方案是在船舷外侧几英尺处，装上与船身平行、直径较细的圆木（浮木）。固定舷外浮木的方法，是利用绑在船身、与船身垂直伸出两侧的支杆，将浮木固定在上面就成了。船舷两侧的浮木，因为本身有浮力，可以防止船身因为稍微倾侧而翻覆。有舷外浮木的风帆独木舟的发明，可能为促成南岛语族从中国大陆向外扩张提供了技术突破。

* * *

考古学和语言学证据的两个惊人巧合，似乎能支持这样的推论：几千年前将新石器时代文化带到台湾岛、菲律宾群岛、印度尼西亚群岛的人群，说的是南岛语系的语言，他们也是如今这些岛屿上南岛语族的祖先。第一，这两种证据都清楚显示，定居台湾岛是从中国大陆南方海岸地区向外扩张的第一阶段，从台湾岛拓殖到菲律宾群岛、印度尼西亚群岛是下一阶段的事。如果当初的族群由东南亚热带地区的马来半岛开始扩张，先到附近的苏门答腊岛，再到印度尼西亚的其他岛屿，最后北上菲律宾群岛，再到台湾岛，那么我们应该能在马来半岛、苏门答腊岛上的南岛语系语言中，找到最深刻的分化（反映长时间累积起来的歧异），而且在台湾岛、菲律宾群岛上的南岛语系语言中只能找到一个语族内的变异（反映出它们分化的时日浅短）。然而，实际的数据呈现完全相反的模式：在台湾岛发现了南岛语系最古老的歧异，而马来半岛、印度尼西亚群岛上的南岛语系语言全都属于西马来–波利尼西亚语族中一个晚近形成的分支，而西马来–波利尼西亚语族本身也是比较晚近的时候才从马来–波利尼西亚语族分化出来的。那些语言之间关系的细节，与考古证据吻合。我们才讨论过，马来半岛上的新石器时代文化，出现的时间晚于而非早于台湾岛、菲律宾群岛、印度尼西亚群岛上的同类型文化。

　　另一个吻合之处，涉及古南岛语系语言的文化内容。考古提供的是直接的物证，例如陶器的形制、装饰纹样，猪、鱼的骨骼等。语言学家能够提供什么样的证据，讨论古代南岛语族的文化呢？南岛语族不是从来没有发展出书写系统（文字）吗？语言学家怎么知道 6 000 年前住在台湾岛上的南岛语族养过猪呢？他们解决这个问题的办法是：比较古代语言现代传人的词汇，重建已经消失了的古代语言［成为"原始母语"（protolanguage）］的词汇。

　　举例来说，现代印欧语系的许多语言都有意为"绵羊"的词，那些词都很相似，立陶宛语、梵语、拉丁语、西班牙语、俄语、希腊语、爱尔兰语分别使用 avis, avis, ovis, oveja, ovtsa, owis, oi 意为绵羊。（英语的 sheep 显然来自不同的源头，但意为母羊的 ewe 一词保留了这个最初的词根。) 研究那些语言分化后的语音更替过程, 就可以知道所有那些词同出一源: owis——6 000 年前的古印欧语中意为绵羊的词。那个没有文字记录的古代语言, 我们称其为"原始印欧语"。

显然, 6 000 年前使用原始印欧语的族群养过绵羊, 这与考古证据吻合。另有 2 000 个词已经以同样的方法拟测出来了, 包括表示山羊、马、轮子、兄弟、眼睛的词。但是, 原始印欧语没有"枪炮"这个词, 而且现代印欧语的各个语言, 表示"枪炮"的词各有渊源。这应该不令人奇怪, 枪炮是最近 1 000 年才发明出来的, 6 000 年前没有必要造这个词表示"枪炮"。既然祖先没传过, 各个印欧语系族群看见"枪炮"这新玩意, 不是用古词附会, 就是铸造新词。

语言学家用同样的方法, 比较台湾岛、菲律宾群岛、印度尼西亚群岛、马来半岛等地的南岛语, 重建"原始南岛语"词汇。结果发现原始南岛语有表示"二""鸟""耳朵""头虱"的词。大概没有人会觉得惊讶, 古代说南岛语的族群当然会数数, 看见过鸟, 长了耳朵, 也会长头虱。更有意思的发现是"猪""狗""米"等词, 它们必然是原始南岛语族的文化成分。重建的词汇中有很多表现海洋经济的词, 例如有舷外浮木的独木舟、帆、巨大的棕榈树、章鱼、渔网、海龟。语言学证据对于原始南岛语族的文化、原始南岛语族的时空分布历程, 和考古学证据十分吻合。从考古发掘中, 我们已经知道他们 6 000 年前抵达台湾岛, 懂得陶艺、农艺, 过着以海洋资源为生的生活。

同样的方法也可以用来重建原始马来-波利尼西亚语族的词汇。原始南岛语系人群从台湾岛启程南下太平洋后，发生过什么样的文化变迁呢？原始马来-波利尼西亚语族包括了许多指涉热带作物（比如芋头、面包果、香蕉、山药、椰子）的词，是原始南岛语中没有的。因此语言学证据显示：许多热带作物的名字，是原始南岛语族离开台湾岛之后才出现在南岛语中的。这个结论与考古证据吻合：从台湾岛（约在北纬23度）南下的说原始南岛语的农民，到了赤道带区域后，越来越依赖热带作物的块根和树果维生，并将它们带到南太平洋各岛屿。

可是源自华南、经台湾岛南下太平洋的原始南岛语农民，并不是去开拓杳无人迹的土地。菲律宾群岛和印度尼西亚西部群岛上都有过着狩猎-采集生活的土著，原始南岛语农民怎么能够把他们全都取而代之，而且把他们消灭得如此彻底，一点语言、遗传的痕迹也不留？这个问题的答案，我们应该很熟悉了。欧洲人不就在过去两个世纪中消灭了澳大利亚土著？更早的例子还有华南人取代了东南亚热带地区的土著。农民有稠密的人口、更好用的工具与武器、更先进的航海船只和航海技术，还有令狩猎-采集族群无法招架的传染病，以上都是原因。在亚洲大陆上，南岛语系农民在马来半岛替代了一些狩猎-采集族群。因为他们（由加里曼丹岛、苏门答腊岛而来）从马来半岛的南部和东部登陆，而当时南亚语系农民（由今泰国所在地区而来）从北部进入马来半岛。还有一些南岛语族则在越南南部和柬埔寨定居下来，现在当地的少数族群占人（Chams），就是他们的后裔。

不过，南岛语系农民无法进一步在东南亚大陆上推进，因为南亚语系农民和壮侗语族农民此前就已取代了那里的狩猎-采集土著，站稳了脚跟，南岛语系农民在他们面前并没有优势。虽然我们推测南岛语族源自华南沿海地区，可是现在中国大陆上并没有人说南岛语系的语言。当年汉藏语族南下，取代了众多华南的土著，也许南岛语族正是其中之一。但是，有人认为南亚语系、壮侗语族、苗瑶语族都与南岛语系关系很近，因此，虽然南岛语系的语言在中国大陆上没能抵挡住历朝历代语言的猛攻，但它们的近亲抵挡住了。

* * *

有关南岛语族的扩张，我们从华南海岸到台湾岛、菲律宾群岛，再到印度尼西亚群岛的中部与西部，已经追踪了 2 500 英里。可是那还只是南岛语系扩张的初期阶段。在这个阶段，南岛语族占据了那些岛屿上所有适于居住的土地，无论沿海还是内陆，低地还是高地。到了公元前 1500 年，南岛语族已经在印度尼西亚群岛东部的哈马黑拉岛上留下了踪迹，考古学家在那里发掘出我们熟悉的南岛语族的文化标志，包括猪骨和敷上红纹的素面陶。哈马黑拉岛东距新几内亚的西端不到 200 英里。新几内亚是个多山的大岛，南岛语族能够一鼓作气拿下新几内亚吗？他们已经拿下了苏拉威西、加里曼丹、爪哇、苏门答腊，这些都是多山的大岛，不是吗？

他们没有拿下新几内亚。只消一瞥现代新几内亚人的面孔就知道，对新几内亚人做的详细遗传调查也证实了这一点。我的朋友维沃以及所有新几内亚高地人，都和印度尼西亚人、菲律宾人、华南人不同，他们的皮肤是黑的，头发浓密而卷曲，脸型也不一样。新几内亚内陆和南部海岸地带的低地人与高地人看来很像，只是比较高。遗传学家在新几内亚高地人的血样中，没有找到南岛语族特有的标签基因。

但是，新几内亚北部与东部海岸的居民，以及俾斯麦群岛、所罗门群岛上的居民，呈现了更为复杂的图景。他们的长相，似乎介于新几内亚高地人维沃和印度尼西亚爪哇人艾哈迈德之间，有的更像维沃，有的更像艾哈迈德，但平均说来比较接近维沃。例如，我的朋友沙瓦卡里是从新几内亚北部海岸来的，他的头发是波浪卷，介于艾哈迈德的直发和维沃的小卷发之间；他的肤色比维沃的白一点，可是比艾哈迈德的黑多了。从遗传学上说，俾斯麦群岛、所罗门群岛上的居民，和新几内亚北海岸的居民，大概有 15% 的南岛语族成分，另外 85% 像新几内亚高地人。因此南岛语族必然到过新几内亚一带，只是他们上岸后难以推进至内陆，所以他们的基因就被登陆地区的土著"稀释"了。

现代语言诉说的是同一个故事，只是增加了细节。我在第 15 章讨论过，新几内亚人的大多数语言（称为巴布亚语）与世界上其他地方的语族都没有关系。在新几内亚的山地、西南和中南部低地（包括海岸在内），以及北部内陆地区，人们所说的语言全部属于巴布亚语。不过，在新几内亚北部与东南沿海的狭长地带，有一部分人说的是南岛语系的语言。俾斯麦群岛、所罗门群岛上的语言，绝大多数属于南岛语系，巴布亚语的分布范围仅限于几个小岛上的飞地。

俾斯麦群岛、所罗门群岛、新几内亚北部沿海的南岛语系语言（称为"大洋语"），与哈马黑拉岛、新几内亚西端的南岛语系语言有关。我们推测南岛语族是从哈马黑拉岛来到新几内亚一带的，看一眼地图就知道，那个语言学关系正是佐证。南岛语、巴布亚语的细节，以及这两种语言在新几内亚北部的分布，显示入侵的南岛语族与巴布亚语土著有过长期的接触。这个地区的南岛语和巴布亚语，无论词汇还是语法，都受到对方广泛的影响，因此很难判断哪些东西受谁影响。如果我们在新几内亚沿着北部海岸前行，走过一个又一个村子，一个村子说巴布亚语，下一个村子说南岛语，再下一个村子又说巴布亚语，而不同语言的交界处并没有遗传中断的现象。

以上种种说明，在新几内亚北部海岸及附近岛屿上，入侵的南岛语族的后裔，与土著贸易、通婚，交流语言与基因，达数千年之久。那么长时间的接触，对转移语言比较有效，转移基因的成就则有限。俾斯麦群岛、所罗门群岛上的语言，绝大多数属于南岛语系，可是居民的长相和身体里的基因仍然非常"巴布亚"。但是南岛语族无论语言还是基因，都没能渗透到新几内亚的内地。他们进入新几内亚的结果，完全不同于他们进入加里曼丹、苏拉威西等印度尼西亚大岛的结果，在那些岛上，他们所向披靡，几乎抹去了原住民所有的语言和基因痕迹。为了解新几内亚当时究竟发生过什么事，让我们到考古资料里爬梳一番。

＊　＊　＊

大约在公元前 1600 年，南岛语族到达新几内亚一带，那几乎是他们登陆哈马黑拉岛的同时。在新几内亚，考古学家已经发掘出南岛语族扩张初期的文化遗存，包括我们熟悉的猪、鸡、狗、红纹陶器、磨制石器、大贝壳。但是，有两个特征是菲律宾和印度尼西亚的南岛语族遗址中没有的。

第一，陶器的纹饰。陶器纹饰的价值在于审美，并无经济价值，但考古学家可以借此辨认出早期的南岛语族遗址。在菲律宾、印度尼西亚的早期遗址里出土的陶器都是素面无饰的，新几内亚地区的陶器上却有精美的装饰。主要是水平带状的几何图案。在其他方面，那些陶器保存了早期陶器的形制与红色敷饰，考古学家在印度尼西亚的早期遗址里看得多了。显然新几内亚地区的南岛语族会在陶器上"刺青"，也许是从衣服或身体上早就有的纹饰得到了灵感。这种式样的陶器叫作拉皮塔（Lapita）陶器，因为这种式样的陶器首次得到描述，是在拉皮塔遗址的报告中。

新几内亚地区早期南岛语族遗址的更重要的特征是它们的分布。在菲律宾、印度尼西亚发现的遗址，即使是最早期的，都是在大的岛屿上，像是吕宋岛、加里曼丹岛、苏拉威西岛。可是，新几内亚地区出土拉皮塔陶器的遗址，都是在贴近偏远大岛的小岛上。至今，在新几内亚岛只有北部海岸有个遗址出土了拉皮塔陶器，所罗门群岛上有几个遗址也有发现；新几内亚地区大部分出土拉皮塔陶器的遗址，都在俾斯麦群岛上，而且是在贴近较大岛屿的小岛上，也有极少数出现在较大岛屿的海岸上。制作拉皮塔陶器的族群能在大洋中航行上千英里（我们就要谈到这一块了），他们没有把村子搬到近在咫尺的俾斯麦大岛上，或几十英里外的新几内亚岛，显然不是因为办不到。

　　拉皮塔人的生计基础，可以从遗址出土的垃圾来重建。拉皮塔人以海产为主食，包括鱼、海豚、海龟、鲨鱼以及贝类。他们也养猪、鸡、狗，还有采食树上的坚果（还有椰子）。他们可能也食用南岛语族的传统食物——芋头、山药等根茎类作物，但是不容易找到证据，因为垃圾堆中坚果壳比较容易保存下来，根茎类食物的残渣很快就腐烂了。

　　当然，我们没有办法直接证明拉皮塔人说的是南岛语。不过有两个事实几乎可以肯定这个推论。第一，除了陶器上的纹饰，拉皮塔陶器的形制以及其他与陶器一同出土的文化遗存，都与印度尼西亚、菲律宾诸岛上南岛语族的文化遗存相似。第二，拉皮塔陶器也在偏远的太平洋岛屿的遗址中出土，那里本来都是无人岛，带去拉皮塔陶器的人是唯一登临那些岛屿的族群，没有证据说明后续还有移民出现在那些海域，而且，现在这些岛上居民都说南岛语（见下文）。因此，我们可以安心地假定：拉皮塔陶器是南岛语族造访新几内亚地区的标志。

　　那些说南岛语的陶匠在大岛附近的小岛上做什么？他们过的生活，也许和新几内亚地区的现代陶匠过的生活没多大差别（直到不久之前，那些陶匠的生活才开始改变）。1972 年，我到锡亚西群岛中一个叫作马拉依（Malai）的小岛上访问一个陶匠村子，那个岛距中型的温博伊岛和俾斯麦群岛中较大的新不列颠岛都有一段距离。我到那里原是为了观察鸟，对当地的居民一无所知。我上岸后，立刻就为眼前的情景惊讶不已。一般的岛屿上只有矮茅屋组成的小村落，四周有广大的园地可供耕作，另有几条独木舟搁浅在海滩上。可是在马拉依，大部分地方都盖满了两层的木屋，屋屋紧邻，没有什么绿地可供耕作，简直就是新几内亚的曼哈顿。海滩上有成排的大独木舟。原来，马拉依岛民不只会捕鱼，他们中间还有专业的陶匠、雕刻匠、商人，他们制作装饰精美的陶器与木碗，再用独木舟运到大岛上，交换猪、狗、蔬菜等生活物资。甚至连他们制造独木舟的木材，都是从邻近的温博伊岛交换而来的，因为马拉依岛上没有大树可供他们制造独木舟。

欧洲人到来之前，新几内亚地区各岛屿之间的贸易，由马拉依岛民之类的专业人士垄断。他们有制作陶器的专门技艺，会造独木舟，又擅长不依靠航海工具航海，住在紧邻大岛的小岛上，偶尔会在大岛上的海岸村落中定居。1972 年我访问马拉依岛的时候，土著贸易网已经瓦解或萎缩，因为无法与欧洲来的机动船和铝制品竞争。此外，澳大利亚殖民政府禁止以独木舟远距离航行也是原因（因为发生过几次意外，导致商人丧生）。我相信拉皮塔陶匠当年就是以专门技艺和贸易为生的人，他们在岛屿之间穿梭，搬有运无。

南岛语传播到新几内亚岛北岸，以及俾斯麦群岛、所罗门群岛中最大的岛上，应该基本发生在拉皮塔时代之后，因为拉皮塔遗址集中在俾斯麦群岛中的小岛上。直到公元元年之后，源自拉皮塔式样的陶器，才出现在新几内亚东南半岛的南边。欧洲人

19 世纪末开始调查新几内亚，当时新几内亚的南部海岸的其他地区都只有说巴布亚语的土著居住。而南岛语族已经在东南半岛上定居很久了，而且，新几内亚南部海岸以西七八十英里远的阿鲁群岛和克伊岛上也有南岛语族。南岛语族有几千年时间可以从附近的基地深入新几内亚内陆与南岸，然而他们从未成功。甚至在北岸一小片狭长的土地上的"殖民"，也是语言的意义大于遗传的意义。所有现在住在北方海岸地区的居民，遗传上仍以巴布亚成分为主。也许当初那里许多人只是采借了南岛语，以便和那些做远距离生意的商人沟通。

* * *

可见，南岛语族在新几内亚一带扩张的结果，与在印度尼西亚、菲律宾的结果不同。菲律宾、印度尼西亚原住民消失了——可能是遭到了驱离、杀害，或是死于传染病，也可能是被同化了。而新几内亚一带的土著却抵挡住了外来者的影响。在这两个案例中，外来者（南岛语族）是一样的，土著可能也有密切的亲缘关系，那么为什么结果会相反？

只要考虑一下印度尼西亚和新几内亚土著的文化环境，就可以发现答案其实很明显。南岛语族到达印度尼西亚之前，只有狩猎-采集族群生活在那里。他们人口密度低，连磨制石器都没有。新几内亚就不同了，那里的高地已经生产了几千年粮食，至于新几内亚岛的低地和俾斯麦群岛、所罗门群岛，可能也一样。新几内亚高地上，可能有现代世界中最稠密的石器时代人口。

　　南岛语族与那些新几内亚土著竞争，根本占不着便宜。南岛语族当作主食的一些作物，例如芋头、山药、香蕉，新几内亚土著可能老早就独立驯化了。新几内亚土著很快就把南岛语族带来的猪、鸡、狗纳入他们的食物生产经济。新几内亚土著已经有磨制石器。他们也已经适应了热带疾病，至少不比南岛语族免疫力差，因为他们和南岛语族一样，也有那五种抵抗疟疾的基因类型，这些基因也许都是在新几内亚独立演化出来的。新几内亚土著也是航海家，虽然技艺可能比不上拉皮塔陶匠。几万年前，新几内亚土著已经拓殖到俾斯麦群岛、所罗门群岛；南岛语族在此地现身前的 1.8 万年，黑曜石（一种可用来制造锐利工具的火山岩）贸易在俾斯麦群岛好生兴旺。新几内亚土著甚至还在近代大胆西进，进入印度尼西亚东部，迎击南岛语族。印度尼西亚群岛东部的北哈马黑拉岛、帝汶岛上的语言，是典型的巴布亚语，和新几内亚西部的一些巴布亚语有关。

　　简言之，南岛语族扩张的不同结果，清楚呈现了食物生产在人口流动中的角色。南岛语系农民移居到两个不同的地区（新几内亚和印度尼西亚），那两个地区的土著可能有亲缘关系。印度尼西亚土著仍过着狩猎-采集生活，而新几内亚土著能够生产食物，并有相应的发展（例如稠密的人口、对疾病的抵抗力、先进的技术等）。结果，南岛语族消灭了印度尼西亚土著，却在新几内亚遭到顽抗。事实上，南岛语族和其他的族群对阵，也没占过上风，例如在东南亚热带地区，他们硬是被使用南亚语系、壮侗语族语言的农民挡了下来。

　　我们追随南岛语族扩张的轨迹，已经到了印度尼西亚、新几内亚海岸，以及东南亚热带地区。在第 19 章我们会继续跟踪他们，横越印度洋到马达加斯加岛；在第 15 章，我们已经讨论过澳大利亚北部、西部困苦的生态环境，南岛语族无法在那里生活。南岛语族扩张的最后阶段，由拉皮塔商人领军，向东越过所罗门群岛，深入太平洋的无人海域。大约在公元前 1200 年，拉皮塔陶器、猪、鸡、狗，以及其他南岛语族的文化特征，出现在太平洋上的斐济、萨摩亚、汤加等群岛上，这些岛屿位于所罗门群岛以东超过 1 000 英里处。公元后的一段时期里，大部分同样的特征（这回少了陶器）出现在波利尼西亚东部的岛屿上，包括社会群岛和马克萨斯群岛。再航行一段更长的水路，往北可以到达夏威夷，往东是皮特凯恩岛、复活节岛，往西南则是新西兰。今天大部分那些岛屿的土著是波利尼西亚人，他们是拉皮塔商人的后裔。他们说的南岛语和新几内亚一带的语言有密切的关联，他们的主要作物都是南岛语族的传统食物：芋头、山药、香蕉、椰子，还有面包果。

　　公元 1400 年左右，南岛语族登陆新西兰附近的查塔姆群岛并定居下来，为亚洲人的太平洋探险记写下了完结篇。大概一百年以后，欧洲"探险家"才进入太平洋。亚洲人的探险传统绵延了几万年，早在维沃的祖先散布到印度尼西亚、新几内亚、澳大利亚之时，就已经开始了。亚洲人的探险之所以结束，是因为他们占领了太平洋上几乎所有适合人居住的岛屿，再无别的岛屿可去。

*　*　*

东亚和太平洋的社会，能给对世界史感兴趣的人许多启发，因为它们提供了许多例子，展示了环境形塑历史的力量。东亚族群和太平洋族群可用的自然资源不同，能够驯化的动植物不同，与其他族群联系的密切程度也不同，因为他们的家园在不同的地理环境中。老戏码一再重复上演：有的族群，所在的生态环境中有发展农牧业的资源，地理位置又方便采借别处的技术，这些族群就取代了不具备这些优势的族群。而同一拨移民散布到不同环境中后，他们的后代又会在不同的环境中，发展出不同的生活样态。

举个例子，我们知道，华南人独立发展出了农业和技术，从华北采借了文字和政治结构，定居东南亚热带地区和台湾岛，取代了大部分当地土著。在东南亚，居住在泰国东北和老挝山地雨林中的永布人是华南农民的后裔，但他们变成了狩猎-采集者，而永布人的近亲安南人（语言与永布人同属南亚语的一个亚族）在肥沃的红河三角洲继续农耕，建立了一个使用金属工具的大型帝国。同样，住在加里曼丹岛雨林中的普南人和他们住在爪哇的亲戚族群，同是从台湾岛和印度尼西亚其他岛屿来的南岛语系农民，普南人不得不过回狩猎-采集生活，而他们在爪哇的亲戚却因为生活在富含火山灰的土壤上而得以继续经营农业，还在印度的影响下建立了一个国家，又从印度借了文字，并在婆罗浮屠（Borodubur）建造了巨大的佛像。殖民波利尼西亚各岛屿的南岛语族，由于与东亚的文字和冶金技术隔绝，一直没有文字与金属工具。我们在第 2 章讨论过波利尼西亚的政治和社会组织，以及在不同的环境中经济生活发生的巨大分化。在 1 000 年的时间里，定居波利尼西亚东部查塔姆群岛的拓殖者都过回狩猎-采集的生活，而夏威夷群岛上的拓殖者则发展出一个以集约化食物生产为基础的原始帝国。

　　最后欧洲人来了。仗着技术上和其他方面的优势，他们在东南亚热带地区和太平洋诸岛上建立了短暂的殖民统治。不过，各地的病菌和食物生产者阻滞了欧洲人扩张、占据的努力。整个区域中，只有新西兰、新喀里多尼亚、夏威夷有大量欧洲人居住，它们是太平洋诸岛中面积最大、距离赤道最远的岛屿，气候与欧洲类似。因此，与澳大利亚和美洲不同，东亚和大部分太平洋岛屿仍然是由亚洲人和太平洋岛民掌控的。

第 18 章

两个半球的碰撞

过去 1.3 万年中，地球上最大规模的人口更替，是新大陆和旧大陆碰撞的结果。这个过程中最富戏剧性也最具决定性的一刻，第 3 章已经描绘过了——皮萨罗带领一小队人马，居然生擒了印加帝国皇帝阿塔瓦尔帕。要知道，印加帝国是新大陆最大、最富庶的国家，人口最多、统治机器最严整、技术最先进，而且这个国家的皇帝可不是什么虚位元首。皮萨罗生擒阿塔瓦尔帕象征欧洲人征服了美洲，因为让皮萨罗成就这一功业的近因，也是欧洲人征服美洲其他社会的原因。本章将应用第 3 章总结的教训，讨论两个半球间的这场冲突。我们要讨论的问题是：为什么是欧洲人越洋征服了美洲，而不是美洲人征服欧洲？针对这个问题，比较一下哥伦布 1492 年"发现"美洲时的欧洲社会与美洲社会，是个很好的讨论起点。

＊ ＊ ＊

先从食物生产方式谈起，食物生产方式决定了人口数量与社会的复杂程度，因此可以说是欧洲人征服美洲这个历史结果的一个终极因。美洲与欧洲在食物生产方面最明显的不同，就在于大型家养哺乳动物。在第9章里我们讨论过欧亚大陆上的13种家畜，它们不仅是人类主要的动物性蛋白质来源（提供肉与奶），也供应毛、皮，还是陆上运输工具，平时运送人员、物资，战时更不可或缺。在农耕上，它们也节省了人力，提高了土地的产量。大约到了中世纪，水力与风力逐渐取代了畜力，但是在那以前，家畜是人力之外主要的"工业"能源，例如碾坊拉磨、开关水闸等，无不由家畜代劳。美洲呢？美洲只有一种大型家养哺乳动物，就是骆马。骆马只出没于安第斯山脉一个很小的区域，以及附近的秘鲁海岸地区。骆马供应肉、毛、皮，也可以运输物资，但是不产奶，不供人骑乘，不能拉车、拉犁，不供应工业能源，更别提冲锋陷阵了。

在晚更新世，南北美洲的大型野生哺乳动物发生了大灭绝（也许是被消灭的），这是欧亚社会与美洲土著社会间巨大差异的一大成因。假如没有那场大灭绝，现代历史可能改写。假如没有那场大灭绝，1519年科尔特斯带着他那群衣衫褴褛的冒险家登上墨西哥海岸的时候，面对的将是几千名骑兵，而他们的坐骑是在美洲驯化的马匹；阿兹特克人不会死于天花，反倒是西班牙人会被美洲独有的各种病菌感染，而阿兹特克人早就有了抵御这些病菌的能力；懂得利用畜力的美洲文明，也可能会发兵入侵欧洲，造成浩劫。但是，这些假设的状况都没发生，因为几千年前的哺乳动物灭绝事件阻绝了历史那样发展的可能性。

美洲发生的动物灭绝事件，使美洲可供驯养的野生动物远少于欧亚大陆。而大多数的"候选"动物，都因为在 6 种原因中占了一种或几种而不适合人类驯养。最后，欧亚大陆产生了 13 种大型家养哺乳动物，而美洲只有 1 种，分布范围还非常有限。两个半球都驯养出了家禽和小型哺乳动物：美洲有些地方有火鸡、豚鼠、疣鼻栖鸭，许多地方都有狗；欧亚大陆有鸡、鸭、鹅、猫、狗、兔、蜜蜂、蚕等。但是那些小型动物的历史作用，比起大型动物简直微不足道。

欧亚大陆和美洲在粮食作物资源上也有差异，不过比起动物资源的差异就没那么显著了。1492 年，欧亚大陆上农业已很普遍。只有少数几个狩猎-采集族群既没有农作物，也没有家禽、家畜，如日本北方的阿伊努人，西伯利亚地区缺乏驯鹿的社会，以及散居在印度、东南亚热带森林中的族群，他们会与附近的农民交换生活所需的物资。另一些欧亚社会有家养动物，但是几乎没有农业，例如中亚的游牧族群、畜养驯鹿的拉普人（Lapps）、北极地区的萨莫耶德人（Samoyed）。大部分欧亚社会都从事农耕、畜养动物。

农业在美洲也很普遍，但是狩猎-采集族群占据的土地比例大多了。在美洲，没有食物生产业的地区包括北美洲北部、南美洲南部、加拿大大平原，以及几乎全部北美洲西部地区（只有西南角的小片土地上有灌溉农业）。让人惊讶的是，一些当初没能发展出食物生产业的地区，经过之后到来的欧洲人的开发，今天成为美洲非常高产的耕地和牧场，如美国的太平洋各州、加拿大的小麦带、阿根廷的潘帕斯草原、智利的地中海气候区。那些地区先前没有农业，是因为当地缺乏可驯化的动植物资源，还有地理和生态的障碍使在其他地区开发的农业资源难以传入。那些土地的生产力，不是只有欧洲"拓荒者"才用得着：欧洲人输入了适当的家禽和作物之后，美洲土著也能在他们祖先的土地上创造奇迹。举例来说，许多美洲土著社会后来都以马术闻名，有的则以养牛、养羊见长，加拿大大平原、美国西部、阿根廷潘帕斯草原上都有这类美洲土著。美国白人对美洲土著的印象，包括大平原上纵马驰骋的战士、纳瓦霍牧羊人和他们的著名织品，而这些印象的基础是 1492 年之后才有的。这些例子说明，美洲广大土地上没有出现食物生产业的唯一原因，就是缺乏可驯化的动植物资源。

美洲也有一些地区自行发展出了农业，但与欧亚大陆相比，其发展受到五大因素的限制：美洲的农作物主要以蛋白质含量不高的玉米为主，欧亚大陆则有种类多样而且蛋白质含量高的谷物；美洲作物的种子必须一粒一粒用手种下，欧亚作物的种子则可以撒播；美洲需要人自己动手耕作，欧亚则用家畜犁田，因此一个人可以耕作大片的田地，还能开发如北美大平原般肥沃却干硬的土地；美洲缺乏可以增加土壤肥力的动物肥料；美洲的农事中，脱粒、碾磨、灌溉等许多工作只有人力可用，没有动物可代劳。这些差异意味着，1492 年，就每人每小时的平均农业产出而言，欧亚大陆生产的卡路里与蛋白质要远多于美洲。

* * *

上面讨论的食物生产方面的差异，是欧亚大陆和美洲土著社会发展迥异的主要终极因。所有使欧洲人得以征服美洲的近因，都可溯源至这个终极因。那些近因中，最重要的有病菌、技术、政治组织以及文字。其中与食物生产差异最直接相关的是病菌。一些传染病经常光临拥挤的欧亚社会，许多欧亚族群因此获得了抵御它们的能力，而这些传染病中，就有人类历史上最致命的"杀手"：天花、麻疹、流感、鼠疫、肺结核、斑疹伤寒、霍乱、疟疾等。相对于这张人类"杀手"的名单，美洲社会在哥伦布造访之前，唯一经历过的群聚传染病只有非梅毒性螺旋体病。（我在第 11 章说过，梅毒究竟起源于欧亚大陆还是美洲，目前还不清楚；虽然有人主张肺结核在哥伦布时代之前就在美洲出现了，但我认为证据仍显不足。）

两大洲在病菌方面的差异，源自家畜的差异。在人口密集的社会传播的病菌，大多数是由家畜病菌演化出来的。大约 1 万年前，食物生产者开始每天与牲口密切接触，在牲口中流行的病菌就趁机开发人体作为生殖场所。欧亚大陆的家畜种类较多，因此有机会尝试进入人体的家畜病菌就比较多。美洲没有什么家畜，群聚传染病的病菌当然就少了。致命病菌没有在美洲土著社会中演化出来的原因还有：有利于那些病菌演化的村落，在美洲兴起得较晚，比欧亚大陆晚了好几千年；新大陆中出现城市社会的三个区域——南美安第斯山脉、中美洲、美国西南部——从来没有形成高速、巨量的商业贸易网络，而亚洲输往欧洲的黑死病、流感，（或许）还有天花，都是通过那种贸易网络传播的。就连黄热病、疟疾等阻滞欧洲人开发美洲热带地区，还给巴拿马运河开凿带来巨大障碍的疾病，都不是由美洲原有的病菌，而是由旧大陆热带地区的致病微生物导致的，这些病菌由欧洲人带到了新大陆。

欧洲人征服美洲的近因中，威力可与病菌相比的是技术。双方的技术在各个方面都有差距，这些差距的根源在于，人口稠密、经济分工、政治集权、与其他社会频繁互动和竞争且基于食物生产的社会，在欧亚世界兴起的时间要早得多。从以下五个技术领域，我们可以看到旧大陆与新大陆的差异。

第一，1492 年，欧亚大陆上所有的复杂社会都已经使用金属工具了——起先是铜器，然后是青铜器，最后是铁器。相比之下，美洲社会仍以石头、木头、骨头为制造工具的主要材料，尽管安第斯山区和美洲其他一些地方也用铜、银、金、合金等，但主要是用来做饰物。

第二，欧亚大陆的军事技术远胜于美洲。欧洲人的武器有：钢剑、矛、匕首，加上小型火器与大炮，还有钢铁打造或铁环串成的护身盔甲。面对强敌，美洲土著拿出来的武器只有木头或石头做的棍棒、斧头（安第斯山脉中偶尔有铜制的）、投石器、弓箭、编织的盔甲，无论攻击还是防御，都显得小儿科。此外，美洲土著也没有足以对抗欧洲人的马匹的动物。马匹除了上阵，还能使军队拥有强大的运动能力，因此欧洲人在美洲的军事行动势如破竹。后来一些美洲族群也学会利用马匹，才稍挫欧洲人的气焰。

　　第三，欧亚社会用来使机器运转的能源，远丰富于美洲土著。最早突破能源限制的发明是利用畜力。牛、马、驴可以用于拉犁、推磨、打水、灌溉或排水。水轮在罗马时代就有了，用途日渐广泛，到了中世纪，利用潮汐或风力的装置也出现了。加上齿轮传动装置，水力和风力不但可以用于碾磨谷物或汲引河水，还能用在榨糖、鼓风、采矿、造纸、磨石、榨油、制盐、织布、锯木等一系列生产活动中。传统上都将18世纪英国以蒸汽为动力作为工业革命的起点，事实上，一场以风力与水力为基础的工业革命，早在中世纪就已经在欧洲许多地区展开了。到了1492年，欧亚大陆上所有利用畜力、风力、水力完成的工作，在美洲仍旧以人力操作。

　　其实在欧亚大陆上，轮子用作能量转换的装置是后来发展出来的，轮子老早就是陆路运输的基础。利用牲畜拉车用不着多说，即使以人力拉动独轮车，所能搬运的物资，也要超过徒手好几倍。轮子还用在陶艺上，钟表也靠轮子运行。美洲土著从来没有利用轮子做过上述这些事，在墨西哥发现的陶制玩具上倒是有轮子。

　　最后我们要比较的技术领域是航海。许多欧亚社会发展出大型帆船，有些能乘风破浪、横渡大洋，并配备了六分仪、罗盘、尾舵、大炮。无论是装载量、速度，还是可操作性、适航性，那些船只都比美洲土著建造的筏子优越多了。安第斯山区和中美洲几个比较进步的社会，就是用那种筏子搬有运无、交通贸易的。皮萨罗在第一次航向秘鲁的途中，就能够轻易地超越那种筏子，拦截、追捕它们毫不费力。

* * *

除了病菌与技术，欧亚社会与美洲社会在政治组织方面也有不同。到了中世纪晚期或文艺复兴时代，欧亚大陆上大部分社会都由国家统治。其中，哈布斯堡王朝、奥斯曼帝国、中国、印度的莫卧儿王朝，以及 13 世纪势力达于巅峰的蒙古帝国，都以征服四邻起家，最后形成混杂了多种语言的政治体。欧亚大陆的许多国家或帝国都有官方宗教，以维系国内的政治秩序、团结民众、对抗异族。欧亚大陆上的部落或游群社会，大多是北极地区的驯鹿牧民、西伯利亚的狩猎-采集族群，在南亚次大陆以及东南亚热带地区，则是生活在飞地里的狩猎-采集族群。

美洲有两个帝国，印加帝国与阿兹特克帝国。它们与欧亚大陆上的帝国在面积、人口、语言成分、官方宗教与起源（征服邻国）等各方面都很相似。在美洲，唯有这两个帝国可以有效动员资源来修造公共工程、发动战争，调动的规模也能与欧亚国家相当。但是 1492—1666 年，欧亚大陆上有 7 个国家（西班牙、葡萄牙、英国、法国、荷兰、瑞典和丹麦）有能力在美洲建立殖民地。在南美洲热带地区、中美洲阿兹特克帝国势力不及之处、美国东南部也有许多酋邦（有些无异于小型国家）。美洲其他地区的社会，只不过是部落或游群。

我们要讨论的最后一个近因，就是文字。大多数欧亚国家都有使用文字的官僚系统，也有很高比例的平民能读书识字。文字的使用促进了政治管理与经济交换，激励与指引着探险、征服的雄心，使信息与经验得以累积、传布，不受时空限制。一言以蔽之，文字增强了欧亚社会的竞争力。相比之下，在美洲，只有中美洲一个小区域的一小群知识分子掌握了文字的奥秘。印加帝国发展出一种基于结绳的记账系统和助记手段［称为"结绳语"（quipu）］，可是与文字比起来，它的功能差远了，无法作为传递详细信息的工具。

* * *

因此，在哥伦布时代，欧亚社会在粮食生产、病菌、技术（包括武器）、政治组织、文字等方面，都比美洲土著社会更具优势。这些优势对后哥伦布时代欧洲与美洲的碰撞产生了决定性影响。而1492年的那些差异，源自不同的历史发展轨迹。在美洲，那是过去1.3万年历史的结果；在欧亚大陆，历史就更长了。1492年的美洲社会，是美洲土著独立创造出来的，体现了美洲独立发展轨迹的结果。为了进一步了解1492年的情况，我们最好回溯美洲历史发展的早期阶段。

表18.1概括了欧亚大陆和美洲出现关键性发展的大致年代。欧亚大陆以肥沃新月地带、中国为代表，新大陆以安第斯山区、亚马孙河流域、中美洲为代表，这些都是历史上的"创造中心"。表中也列入了不那么耀眼的地区，比如新大陆的美国东部地区，还有英格兰，虽然那里并不算是种种发展的发源地，但英格兰的情况可以让我们看到这些发展从肥沃新月地带向外传播的速度有多快。

表 18.1　欧亚大陆与美洲的历史发展轨迹

大致采用年代	欧亚大陆			美洲			
	肥沃新月地带	中国	英格兰	安第斯山区	亚马孙河流域	中美洲	美国东部
植物的驯化	公元前8500年	不晚于公元前7500年	公元前3500年	不晚于公元前3000年	公元前3000年	不晚于公元前3000年	公元前2500年
动物的驯化	公元前8000年	不晚于公元前7500年	公元前3500年	公元前3500年	？	公元前500年	—
陶器	公元前7000年	不晚于公元前7500年	公元前3500年	公元前3100—前1800年	公元前6000年	公元前1500年	公元前2500年
村落	公元前9000年	不晚于公元前7500年	公元前3000年	公元前3100—前1800年	公元前6000年	公元前1500年	公元前500年
酋邦	公元前5500年	公元前4000年	公元前2500年	不晚于公元前1500年	公元元年	公元前1500年	公元前200年
广泛使用的金属器具（铜和/或青铜）	公元前4000年	公元前2000年	公元前2000年	公元1000年	—	—	—
国家	公元前3700年	公元前2000年	公元500年	公元元年	—	公元前300年	
文字	公元前3200年	不晚于公元前1300年	公元43年	—	—	公元前600年	

（续表）

大致采用年代	欧亚大陆			美洲			
	肥沃新月地带	中国	英格兰	安第斯山区	亚马孙河流域	中美洲	美国东部
钢铁工具的传播	公元前900年	公元前500年	公元前650年	—	—	—	—

注：本表列出了各种技术在欧亚大陆的 3 个地区及美洲的 4 个地区得到采用的约略年代。狗在两个大陆开始发展食物生产业以前就已经被驯化，因此表中所指是狗以外的动物的驯化年代。首邦出现的年代是从考古证据推断出来的，考古证据包括不同等级的墓葬、建筑、聚落模式等。表格大幅度地简化了复杂的历史事实，详细内容可参照内文叙述。

这个表一定会令博学鸿儒倒尽胃口，因为它把极端复杂的历史化约成几个看似精确的年代数字。事实上，表中所有的年代数字不过代表了一段连续发展中的一个点，我把那个点标示出来，目的是提醒读者注意发展过程。例如有些考古学家发现了"最早的"金属工具，但是更有意义的年代应是"金属工具占所有工具一定比例"的年代，也就是金属工具开始得到普遍使用的年代。那么，问题来了，哪个"一定比例"算得上"普遍"？还有，在同一个"创造中心"，同一种发展并不在每个角落同时出现。例如，陶器在安第斯山区的厄瓜多尔海岸出现得较早（公元前 3100 年），在秘鲁较晚（公元前 1800 年），二者相距 1 300 年。有一些"里程碑"的年代，比较难以从考古记录中推定，例如酋邦出现的年代就比陶器或金属工具的出现年代更难断定。表 18.1

中有些年代非常不确定，尤其是食物生产在美洲发生的时间。然而，读者只需明白那张表是经过"简化"程序制作出来的，还是可以用来比较各大洲历史的。

从表 18.1 中我们可以发现，食物生产成为人类食物的主要来源，在欧亚大陆比在美洲早了 5 000 年。不过我必须提醒读者：欧亚大陆的食物生产源远流长，证据明确，而美洲食物生产的起源时间还有争议。有些考古学家会征引一些更古老的数据，证明农业在美洲有很悠久的历史，例如墨西哥的科斯卡特兰洞穴、秘鲁的吉塔雷罗洞穴（Guitarrero Cave），以及其他的考古遗址。那些遗址的年代都比表 18.1 中列出的早得多。目前学界正在重新评估那些资料，理由有好几个：最近直接以那些遗址出土的农作物进行碳 14 年代测定，得到的结果比原先的晚许多；先前报告的年代是以遗址出土的木炭作为样本测定的，而那些木炭样本与农作物的关系并未确定；某些古老的植物遗存究竟是不是农作物尚不确定，它们也有可能只是采集来的野生植物。即使植物驯化在美洲发源的时间比表 18.1 的年代早得多，但农业很晚才在美洲成为人类主要的卡路里来源，并供养定居的人类聚落，这一点倒无疑问。

我们在第 5 章、第 10 章讨论过，世界上只有少数几个地区独立发展出食物生产手段，之后从那些创造中心传播到了其他地区。欧亚大陆的肥沃新月地带、中国，美洲的安第斯山区、亚马孙河流域、中美洲、美国东部，都是这样的核心地区。至于核心地区的主要突破成就向外传播的速度，由于欧洲考古学者的辛勤

工作，我们对欧洲的情况有很好的了解。根据表 18.1 中英格兰
的各项数据，我们知道食物生产手段与村落生活方式从肥沃新月
地带传入英格兰花了 5 000 年左右。后续的重要发展，例如酋邦、
国家、文字，特别是金属工具，传入英格兰的速度就越来越快：
铜器和青铜器花了 2 000 年传入英格兰，铁器只花了 250 年。很
明显，定居农民组成的社会比较容易采借其他农业社会发展出的
金属技艺；狩猎-采集族群则不容易从定居的农业社会采借食物
生产手段——最后他们往往被农民替代。

* * *

为什么所有重要的历史里程碑在美洲都树立得比较晚呢？我
想到了四组理由：起步迟；可供驯化的动植物资源有限；传播屏
障；美洲人口稠密的地区或较小，或孤立，彼此并无紧密互动。

说到欧亚大陆着先鞭，人类在欧亚大陆的活动早在 100 万年
前就开始了，美洲的人类史就显得小儿科了。根据我们在第 1 章
讨论过的考古证据，人类在公元前 1.2 万年左右才从阿拉斯加进
入北美，在公元前 1.1 万年之前的几百年间散布到加拿大冰原的
南部（那群人是克洛维斯猎人），最晚在公元前 1 万年前到达南
美洲南端。即使有证据可以证实人类在更早的时候就已进入美洲，
那些所谓"前克洛维斯"族群在美洲也分布得很散（所以留下的
遗迹很少），美洲狩猎-采集族群到达南美洲南端之后的 1 500 年，
食物生产已在肥沃新月地带兴起。

欧亚大陆先驰得点，领先美洲 5 000 年，这种情况可能造成

的几种影响值得我们考虑。第一，公元前 1.1 万年之后，人类是否花了很长时间才完全占据美洲？只要以纸笔列出相关数字计算一番，就知道那与 5 000 年的落差关系不大。第 1 章提到的计算结果让我们知道，当初即使只有 100 个人组成先遣小组，越过加拿大边界进入空无一人的美国，假定人口增长率每年只有 1%，也只要 1 000 年就能创造出足够的狩猎-采集人口，布满整个南北美洲。那个先遣小组要是每个月向南推进 1 英里，那么只要 700 年就能到达南美洲南端。而我们用来计算的人口增长率与人类社会的移动速度，比起已知的人类占据无人土地的事例，要保守得太多了。因此，第一批狩猎-采集族群进入美洲之后，可能不出几个世纪就已经分布到美洲的各个角落。

第二，那 5 000 年的落差会不会是因为最初进入美洲的人必须花费大量的时间熟悉美洲的动植物、岩石资源？我们可以再次引用人类进占先前不熟悉的环境的事例，例如毛利人进占新西兰，图达维人（Tudawhe）拓殖到新几内亚的卡里穆伊盆地。拓殖者用了远少于 1 个世纪的时间，就搞清楚了新环境中哪里有最好的石头，也学会了分辨有毒和有用的动植物。

第三，欧亚大陆先人一步发展出了适应当地需要的技术，这作何解释呢？肥沃新月地带和中国的早期农民，继承了几万年来现代智人为开发当地环境资源而发展出来的技术。比如，肥沃新月地带的狩猎-采集族群为利用野生谷物而发展出来的石镰刀、地窖等技术，也可以为那批最早栽种谷物的农民所用。相比之下，第一批进入美洲拓垦的族群到达阿拉斯加时，携带的都是适应西伯利亚北极冻原的装备、知识与经验。他们必须在陌生的环境中摸索，自己去发明适合新环境的装备。也许这才是美洲的发展比较迟缓的主因。

美洲的发展落后于欧亚大陆的一个更为明显的因素，是美洲适合驯化的动植物资源有限。第6章谈到，当初狩猎-采集者开始生产食物，并不是因为他们预见食物生产会对后代子孙有利，而是因为起步阶段的食物生产已能带来比狩猎-采集更好、更稳定的生活。而在美洲，起步阶段的食物生产相对于狩猎-采集的优势，远没有在肥沃新月地带和中国那么大，部分原因是美洲缺乏可供驯养的野生哺乳动物。因此，美洲的早期农民仍然以野生动物作为动物性蛋白质的主要来源，不得不兼职当狩猎-采集者。肥沃新月地带和中国的农民就没有这样的问题，他们定居不久就驯养了野生动物，既然有了自足的食物生产方式，就不必再去狩猎或采集了。此外，欧亚大陆家畜的粪便可以肥田，后来家畜又能犁田，不仅增加了农业的生产力，还进一步提升了农业的竞争力。

美洲野生植物的一些特色，也削弱了食物生产在美洲的竞争力。这个结论在美国东部体现得最清楚。那里土著驯化的作物大约还不到12种，包括小籽粒谷物（没有大籽粒谷物）、豆类、纤维作物，还有果树与坚果树。中美洲的主食作物玉米也是个好例子（玉米传播到美洲其他地区，也成为各地的主食作物）。肥沃新月地带的野生小麦、大麦，在短短几世纪内就演化成农作物，形态上也几乎没有什么改变；而野生的墨西哥类蜀黍大概经过了好几千年才演化成今日的玉米，在演化过程中，其生殖生物学、生产种子的能量分配机制都发生了巨变，种子坚硬的外壳褪去了，穗轴也增大了许多。

因此，即使我们接受最近一些学者的主张，认为植物驯化在美洲发生得比较晚近，从村落开始出现（约公元前 3000—前 2500 年），到终年定居的村落普遍出现在中美洲、安第斯山区内陆、美国东部（公元前 1800—前 500 年），也花了约 1 500 年或 2 000 年。美洲本土的农业在很长一段时间只是狩猎-采集族群的小型"副业"，只能供养稀疏的人口。要是我们接受传统的看法，认为农业在美洲很早就发生了，那么美洲的农业就是花了 5 000 年才发展到可以供养定居村落的程度，而不是 1 500 年或 2 000 年了。在欧亚大陆，我们观察到的是，食物生产兴起和村落出现的时间很近。（一些地方在农业发展之前，光靠狩猎-采集就足以供养定居村落，例如，旧大陆的日本与肥沃新月地带，新大陆的厄瓜多尔海岸地区、亚马孙河流域。）许多美洲土著社会在美洲其他地区或欧亚大陆的农作物和牲畜传入之后，都发生了重大的转变，可见新大陆各地的社会发展受本地可驯化动植物资源的限制是多么大。具体的例子有，玉米传入美国东部、亚马孙河流域，安第斯山区南部的人驯养的驼马传入安第斯山区北部，欧洲人带来的马匹进入了南北美洲的许多地区。

除了最先出现农业社会，拥有丰富又易于驯化的动植物资源，欧亚大陆还有一系列地理与生态条件一齐发挥了作用，方便动植物、观念、技术、人群的流通，加速了欧亚社会的发展。欧亚大陆的东西向主轴，相对于美洲的南北向主轴，更有利于生物资源的传播，因为东西向的流动更少涉及纬度变化引起的适应问题。与欧亚大陆宽阔的东西向主轴相比，美洲的南北交流还受制于中美洲狭长的地形，特别是巴拿马地峡。此外，美洲的人文地理更为碎片化，不适合耕作的地区和稠密人口居住的地带相互穿插。美洲的生态屏障包括：巴拿马地峡的热带雨林，将中美洲社会与南美亚马孙河流域、安第斯山区的社会隔离开来；得克萨斯州的干旱地带，隔离了美国东南部与西南部；美国太平洋沿岸是适合农耕的地带，可惜被沙漠、高山隔绝了。结果，新大陆的各个"创造中心"（美国东部、中美洲、安第斯山区、亚马孙河流域）彼此没有紧密的联系与互动，驯化的动物、文字、政治体制完全没有流动，农作物与技术的流动则缓慢且有限。

美洲这些屏障造成的一些后果值得一提。美国西南部与密西西比河河谷的农业从未传入加利福尼亚与俄勒冈州（今日美国的粮仓），后者的土著因为缺乏合适的农作物，仍过着狩猎-采集的生活。安第斯高地的骆马、豚鼠、马铃薯从未传入墨西哥高地，以至于中美洲、北美洲唯一的家养哺乳动物就是狗。美国东部的向日葵从未传入中美洲，中美洲的火鸡也从未传到南美洲与美国东部。中美洲的玉米花了 3 000 年、豆子花了 4 000 年，才越过 700 英里的距离，从墨西哥的农地传到美国东部的农地。玉米传入美国东部后，经过 700 年才发展出适应北美洲气候的品种，带来密西西比河河谷的繁荣盛况。玉米、豆子、南瓜也许花了几千年才从中美洲传入美国西南部。肥沃新月地带的农作物迅速地向东、向西传播的同时，有效地阻绝了其他地区的族群驯化同一物种或相关物种的机会，而美洲的传播障碍却带来了许多驯化相似植物的机会。

美洲的传播障碍不仅阻绝了农作物与牲畜的流通，对人类社会的其他方面也产生了重大的影响。地中海东部发展出的字母，传播到了欧亚大陆所有的复杂社会中——从英格兰到印度尼西亚，只有东亚地区例外，那里是中国文字的势力范围。然而，新大陆唯一的文字（出现在中美洲）从未传入安第斯山区和美国东部的复杂社会，而这些是最有可能采借文字的美洲社会。中美洲为玩具发明的轮子，从未得到机会和安第斯山区驯化的骆马合作，新大陆因此丧失了一种强有力的运输工具。在旧大陆，马其顿王国、罗马帝国由东至西都横亘 3 000 英里，蒙古帝国则横亘 6 000 英里；但是，中美洲的帝国和国家，与北边 700 英里外的美国东部酋邦，以及南边 1 200 英里外安第斯地区的帝国和国家，根本没有政治关系，而且似乎都不知道彼此的存在。

美洲与欧亚大陆比较起来，地理上的破碎化程度更高。这也反映在美洲土著的语言上。语言学家们认为，除了少数几种语言，欧亚大陆上的语言都可归入十几个语系，每个语系下最多有达几百种彼此有关联的语言。例如，印欧语系包括英语、法语、俄语、希腊语和印地语等几百种语言。不少语系的分布范围是大片连续的区域。再以印欧语系为例，其分布范围包括欧洲大部分地区，并往东经西亚延伸至印度。综合语言、历史、考古证据，我们可以看出，这种大片的连续分布源于一种祖先语言在历史上的扩张，这种语言在各地分化出当地的变种，而后彼此有关又不相同的语言构成了一个语系（表 18.2）。大部分这样的扩张，似乎可以归因于使用那种祖先语言、从事食物生产的群体，在与狩猎–采集族群相遇时占了上风。在前两章，我们讨论过汉藏语系、南岛语系，还有其他东亚语系类似的扩张历史。过去 1 000 年中发生的语言扩张主要有：印欧语系的语言扩张到澳大利亚、美洲，俄语从欧洲东部扩张到西伯利亚，突厥语（属于阿尔泰语系）由中亚西进今日的土耳其。

表 18.2　旧大陆的语言扩张

推断年代	语系或语种	扩张	终极驱动力
公元前 6000 年或前 4000 年	印欧语系	乌克兰或安纳托利亚→欧洲、中亚、印度	食物生产或以马匹为主的畜牧业
公元前 6000—前 2000 年	埃兰—达罗毗茶语系	伊朗→印度	食物生产
公元前 4000 年至今	汉藏语系	青藏高原、中国北方→中国南方、东南亚热带地区	食物生产
公元前 3000—前 1000 年	南岛语系	中国南方→印度尼西亚、太平洋诸岛	食物生产
公元前 3000—公元 1000 年	班图语	尼日利亚和喀麦隆→非洲南部	食物生产
公元前 3000—公元元年	南亚语系	中国南方→东南亚热带地区、印度	食物生产
公元前 1000—公元 1500 年	壮侗语族、苗瑶语族	中国南方→东南亚热带地区	食物生产

（续表）

推断年代	语系或语种	扩张	终极驱动力
公元 892 年	匈牙利语	乌拉尔山脉→匈牙利	食物生产
公元 1000—1300 年	阿尔泰语系（蒙古语、土耳其语）	亚洲草原→欧洲、土耳其、中国、印度	以马匹为主的畜牧业
公元 1480—1638 年	俄语	俄罗斯欧洲部分→亚洲的西伯利亚	食物生产

　　相比之下，美洲则少有语言学家公认的大规模扩张案例，仅有的例外是分布在北极地区的爱斯基摩-阿留申语系，以及分布在阿拉斯加、加拿大西北部、美国西南部的纳-德内语系。大多数研究美洲土著语言的语言学家都没有识别出多少明确的大型语系，爱斯基摩-阿留申语系和纳-德内语系除外。他们认为，根据现有证据，只能将其他美洲土著语言（不同学者的估计不同，总数为 600～2 000 种）划入 100 多个语族或单独的语种。语言学家约瑟夫·格林伯格提出了不同于主流、尚有争议的观点，他将不属于爱斯基摩-阿留申语系和纳-德内语系的美洲土著语言都归入了一个语系，称其为"美洲印第安语系"（Amerind），该语系之下有十几个亚语系。

　　格林伯格归纳出来的几个亚语系，以及更传统的语言学家也认可的语言分类，可能是新大陆内部在食物生产等动力驱动之下的族群扩张的遗泽。那些族群扩张的遗泽可能包括中美洲和美国西部的犹他-阿兹特克（Uto-Aztecan）诸语言、中美洲的奥托-曼吉（Oto-Manguean）诸语言、美国东南部的纳切斯-穆斯科格（Natchez-Muskogean）诸语言、西印度群岛的阿拉瓦克（Arawak）诸语言。但是，语言学家对美洲土著语言分类难以产生共识，这也反映出美洲复杂社会在扩张时遭遇的困难。要是生产食物的美洲土著族群能带着农作物和牲口迅速扩张，顺利取代所到之处的狩猎-采集土著，那么他们必然会留下易于辨认的遗泽——清晰的语系分布图，就像我们在欧亚大陆上观察到的一样，而且美洲土著诸语言的关系也不会那么众说纷纭。

　　我们已经找出了三组终极因，可以说明欧洲人侵入美洲时为什么占尽了优势。第一，人类早就在欧亚大陆上生活；第二，欧亚大陆的食物生产效率高，原因在于可驯化的野生动植物资源，特别是动物资源比较丰富；第三，欧亚大陆内部的地理、生态屏障没有那么难以逾越，不至于妨碍大陆内部的交流。第四个终极因的臆测成分要高一些，是从一些美洲土著"没有发明"的东西推测出来的，他们为何没有发明那些东西令人不解：安第斯山区的复杂社会没有发明文字与轮子，而中美洲的复杂社会发明了文字与轮子，事实上这些社会历史同样久远；中美洲发明了轮子，却只用在玩具上，而且后来还失传了——难道他们想不到手推车（中国就有）的用途吗？这些令人不解的谜，让人想起与世隔绝的小型社会里同样的事例——该发明的没有发明；发明了的，又没有善用，以至于失传。塔斯马尼亚岛、澳大利亚、日本、波利尼西亚诸岛，还有美洲北极地区，都有同样令人不解的事例。论面积，美洲约为欧亚大陆的 76%，我们当然不能说美洲是个小地方；论人口，1492 年美洲的人口与欧洲大陆的比较起来也不显寒碜。但是我们已经讨论过，美洲因为地理、生态屏障的切割，已分裂成许多"孤岛"，社会之间的联系极少。也许美洲文字与轮子的历史反映的是真正岛屿社会的规律，只是美洲社会的隔绝程度没有真正的岛屿社会那么极端。

* * *

美洲社会与欧亚社会经过 1.3 万年的隔离之后，在最近 1 000 年里终于发生了碰撞。在碰撞之前，新、旧大陆社会的接触仅限于白令海峡两岸狩猎-采集族群的互动。

美洲土著并未尝试拓殖欧亚大陆，只有一小群从阿拉斯加来的因纽特人越过了白令海峡，在西伯利亚海岸生活、繁衍。有记载的第一批尝试殖民美洲的欧亚族群，是住在北极和亚北极地区的诺尔斯人（图 18.1）。由挪威出发的诺尔斯人在 874 年拓殖冰岛，由冰岛出发的诺尔斯人在 986 年拓殖到格陵兰岛，最后诺尔斯人在 1000—1350 年，好几次登陆北美东北部海岸。在美洲发现的唯一的诺尔斯人遗址是在纽芬兰岛，也许那就是诺尔斯人传说中的文兰（Vinland）。但是，诺尔斯人的传说中还描述了更为北边的登陆地点，就是现在加拿大东北的拉布拉多海岸与巴芬岛。

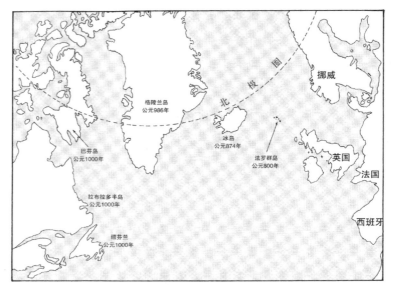

图 18.1　诺尔斯人从挪威出发横渡北大西洋的扩张

注：图上的年代为抵达该区域的约略时间。

　　冰岛的气候容许畜牧以及非常有限的农耕，面积也够大，所以诺尔斯人的后代在那里生活至今。而格陵兰岛大部分地区都覆盖着冰盖，即使有两处还算适合人居住的峡湾，也不适于畜牧、耕作。格陵兰岛的诺尔斯人，人口一直不超过几千人，依赖进口物资维生，例如从挪威进口食物与铁器，从拉布拉多海岸进口木材。不同于复活节岛和其他偏远的波利尼西亚岛屿，在格陵兰岛上，从事食物生产的社会无法自给自足，不过狩猎-采集的因纽特人一直都能自给自足，他们早在诺尔斯人登陆前就到了那里，之后也没被取代。

13 世纪起，地球进入小冰期，北大西洋区域气温下降，格陵兰的食物生产陷于谷底，诺尔斯人从挪威、冰岛到格陵兰的航线也陷入瘫痪。格陵兰岛民与欧洲人最后一次有记录可查的接触是在 1410 年，一艘冰岛船因为被风吹得偏离了航线，在格陵兰靠岸。到了 1577 年欧洲人终于再度造访格陵兰，然而诺尔斯人已经在岛上消失了，整个 15 世纪没有留下任何其他记录。

但是，北美洲海岸对于从挪威出发的船只而言，实在太远了；986—1410 年，诺尔斯人的造船技术还没有那个水平。诺尔斯人造访美洲都是从格陵兰出发的，那里距离北美海岸只有 200 英里。但是格陵兰岛上的诺尔斯人继续探险、征服、定居美洲的能力微乎其微，因为那只是一个小小的边缘地区。即使是纽芬兰岛上的诺尔斯人营地，也不过是用于过冬，最多支持几十个人过个几年。诺尔斯人的传说中提到他们在文兰的营地遭到斯科拉林人（Skraelings）的攻击。显然那是指当地土著，不是纽芬兰印第安人就是多塞特因纽特人。

格陵兰是欧洲中世纪最边远的殖民站，岛上诺尔斯人的命运仍是考古学上最传奇的谜团。最后一个诺尔斯人究竟是饿死了，还是扬帆远航了？是与因纽特人通婚了，还是病死了或被因纽特人杀害了？虽然那些有关近因的问题我们无法回答，但诺尔斯人在格陵兰与美洲的拓殖努力失败的终极因却很清楚。他们失败了，因为他们的"出身"（挪威）、目标（格陵兰、纽芬兰）、时机（984—1410 年），使欧洲人完全不能发挥已经拥有了的优势（食物生产、技术、政治组织）。高纬度地区无法有效地实施食物生产，几十个诺尔斯人拿着铁器，作为后盾的政府又是欧洲的穷国，当然抵挡不住因纽特、印第安狩猎-采集族群的石器、骨器、木器，他们可是北极地区本领最高强的求生专家！

* * *

欧亚族群第二次殖民美洲的努力成功了。这一次，由于各种条件的配合，欧洲人的优势完全发挥出来了。西班牙与挪威不同，它富庶、人口众多，足以支持海外探险、补助殖民地。西班牙人在美洲登陆的纬度属于亚热带，非常适合食物生产，他们起先耕作的是美洲本地的作物，欧洲带来的牛、马等牲口也扮演了重要的角色。西班牙的越洋殖民事业始于 1492 年，这时欧洲远洋船只的制造技术已经快速发展了 1 个世纪，吸收了旧大陆社会（阿拉伯人、印度人、中国人、印度尼西亚人）在印度洋发展出来的先进航海术、风帆、船舶设计。结果，在西班牙建造的船只与招募的船员能够航行到西印度群岛；相形之下，挪威的诺尔斯人经由格陵兰殖民美洲的尝试就太小儿科了。西班牙成功殖民美洲之后，立刻就有 6 个其他欧洲国家加入竞逐。

美洲的第一批欧洲定居点在西印度群岛，其中一个定居点是 1492 年哥伦布建立的。哥伦布"发现"他们的时候，岛上的印第安人估计超过 100 万人，但很快，在疾病和欧洲人的驱逐、奴役、战争、随意杀戮的共同作用下，大部分印第安人都消失了。大约到了 1508 年，第一个欧洲殖民地在美洲大陆出现了，那是在巴拿马地峡。阿兹特克与印加这两个美洲帝国分别在 1519—1520

年和 1532—1533 年被征服了。在那两场征服中，欧洲人传播的疾病（可能是天花）扮演了主要角色，两位皇帝与他们的许多臣民都死于传染病。一小队西班牙骑兵展现的军事优势，加上他们使用政治技巧挑拨土著族群，加剧了两大帝国的崩溃。然后，欧洲人在 16—17 世纪逐步征服了中美洲和南美洲北部剩余的国家。

至于美国东南部和密西西比河河谷的那些北美最发达的土著社会，则是由病菌摧毁的。早期的欧洲探险家将病菌带到了那些地方，然后疫病蔓延的速度超过了欧洲人推进的速度。当欧洲人的足迹遍及美洲之后，许多其他的土著社会的消灭，如大平原上的曼丹人、北极圈内的赛得缪特因纽特人，也是因为传染病，军事手段根本用不着。人口众多的土著社会即便没有被传染病消灭，也难免像阿兹特克和印加帝国一样遭受战争蹂躏，毕竟他们的敌手是越来越多的欧洲职业军人以及他们的土著盟友。这些职业军人的政治组织后盾起先是欧洲母国，然后是新大陆的殖民政府，最后是继承殖民政府的欧洲式独立国家。

摧毁小型土著社会的过程则不那么有组织性，平民拓垦者小规模地突击和杀戮就能将其轻易摧毁。例如美国加利福尼亚的狩猎-采集族群，人口大约共有 20 万，但是他们分散在 100 多个小部落中，消灭那么一个小部落根本用不着"战争"。那些小部落大都在加利福尼亚淘金潮（1848—1852 年）中被杀光或驱散了，当时有大量的欧洲移民涌入加利福尼亚。例如，生活在北加利福尼亚的雅希（Yahi）小部落，人口大约为 2 000，没有火器。武装拓垦者的 4 次突袭摧毁了这个部落：1865 年 8 月 6 日，17 个白人发动拂晓突击；1866 年，雅希人在一个峡谷中遭到奇袭，死伤枕藉；1867 年，雅希人被诱入一个山洞，33 人被杀；1868 年，4 个白人牛仔将雅希人诱入另一个山洞，杀了大约 30 人。亚马孙河流域的许多印第安族群也在 19 世纪末、20 世纪初的橡胶热潮中，被欧洲拓垦者消灭了。征服的最后阶段在 20 世纪最后 10 年上演，雅诺马莫人（Yanomamo）等仍然独立的亚马孙印第安人社会，不是一一屈服于传染病，就是遭到采矿人谋杀，或是受制于传教士或政府机构。

几百年来征服行动的结局是：在适于欧洲食物生产与欧洲人生理的美洲温带区域，人口众多的土著社会大多消失了。在北美洲，存续下来的大型完整社会绝大多数分布在保留区，或其他不适于欧洲食物生产及采矿的地带，例如北极地区和美国西部的干旱地区。美洲热带地区的许多土著，也被旧大陆热带地区来的移民（特别是非洲黑人，以及来到苏里南的印度人和爪哇人）取代了。

中美洲及安第斯山区的某些地区，土著的人口原来就很稠密，即使遭受过传染病和战争的蹂躏，今日当地的人口仍以土著或混血族群为主。特别是安第斯高地，欧洲妇女在生理上难以适应那里的生活，甚至连生育都出现了困难，而本土农作物仍是最适合当地生态的作物。不过，即使在仍有美洲土著生活的地区，美洲土著的文化与语言也被旧大陆输入的文化和语言大量取代。北美洲几百种土著语言中只有 187 种还有人说，而这 187 种里，有 149 种只有年长的人还会说，年轻世代都不再学这些语言了。新大陆现在约有 40 个国家都以印欧语或克里奥尔语为官方语言。秘鲁、玻利维亚、墨西哥、危地马拉是新大陆土著族群幸存比例最高的国家，可是在这些国家，土著族群在政治和商业领袖中所占的比例还是远低于欧洲人。好几个加勒比海国家倒有非洲黑人领袖，圭亚那的领袖则是印度人。

　　原先的美洲土著族群人口大量减少，具体数字还没有定论，有人估计北美洲的土著人口减少了 95%。但是，美洲现有的人口接近 1492 年的 10 倍，因为有来自旧大陆（欧洲、非洲、亚洲）的移民涌入。美洲现有人口的发源地遍及澳大利亚以外的各大洲。美洲最近 500 年的人口变化大概是澳大利亚以外的各大洲中幅度最大的，它的根源早在公元前 1.1 万—公元元年就已经种下了。

第 19 章

非洲是怎么变成黑人的非洲的?

　　不管你事前读过多少关于非洲的书，你到了那里后的第一印象仍会感到震撼。纳米比亚是 1990 年 3 月才独立的国家，在首都温得和克的街上，眼中尽是黑皮肤的赫雷罗人（Herero）、黑皮肤的奥万博人（Ovambo）、白人，还有与黑人和白人都不同的纳马族（Nama）。他们不再只是教科书中的照片，他们是活生生的人，就在我的眼前。在温得和克城外，仅存的一批布须曼人正在努力讨生活，过去他们遍布于卡拉哈里沙漠（Kalahari）。但是到了纳米比亚后，最让我震惊的是一条街的路牌，那是温得和克城中的一条干道，竟然叫作"戈林街"！

　　居然会有一个国家由纳粹死硬派把持着，让他们为所欲为，甚至以一条街来纪念纳粹德国当年恶名昭彰的空军元帅赫尔曼·戈林（Hermann Goering）？不，事实上，那条街纪念的是他的父亲海因里希·戈林（Heinrich Goering）。海因里希·戈林是德意志帝国在非洲的殖民功臣，他建立了以温得和克为中心的西南非洲殖民地——纳米比亚的"前身"。但是，海因里希·戈林也是个问题人物，因为他的遗产包括德国在 1904 年针对赫雷罗人发动的种族灭绝攻击，欧洲殖民者在非洲发动的战事，就属那次最恶毒。虽然在今天，邻国南非的情势受到世人更多的关注，但纳米比亚也在努力摆脱殖民时代的历史，建立各种族都能和平相处的社会。非洲的现状无法和过去分割开来，纳米比亚就是个具体的例子。

　　大部分美国人和许多欧洲人都认为，非洲土著就是黑人，非洲的白人是近代才侵入的，非洲种族史就是欧洲殖民和奴隶贸易的历史。他们只注意那些事实，理由很简单：过去几百年中，有大量的非洲黑人被运到美国当奴隶，所以大多数美国人熟悉的非洲土著只有黑人。但是，就在几千年前，与非洲黑人非常不一样的族群可能占据过今天的"黑色"非洲，而且所谓的"非洲黑人"，也是个混杂的族群。在白人殖民者到达非洲之前，非洲的居民就不只有黑人了，地球上的六个主要种族，有五个在非洲生活，其中有三个是原本就生活在非洲的。世界上的语言，有四分之一只在非洲被使用。其他大洲都没有这么高的语言多样性。

　　非洲的族群源流复杂，因为非洲的地理条件复杂，又有悠久的史前史。非洲是唯一纵贯南北半球温带区的大洲，广袤的大陆上有世界上最干燥的沙漠、最大的雨林、赤道带上最高的山脉。人类在非洲生活的历史之悠久，其他大洲根本比不上：人类的远祖约 700 万年前在非洲发源；解剖学意义上的现代智人，最早出现的地点可能也是在非洲。非洲大陆上的众多族群长期互动，因此非洲有精彩的史前史，包括最近 5 000 年中规模最大的两次人口流动——班图人扩张，以及印度尼西亚群岛上的族群到马达加斯加岛殖民。那些发生在过去的互动仍深刻影响着今天，因为今天非洲的风貌，就是由"谁在谁之前到了哪里"这样的细节塑造的。

五大人类族群生活在非洲，他们在非洲的分布是怎样形成的？为什么分布得最广的是黑人，而不是美国人几乎忘了的其他四个族群？我们了解罗马帝国的扩张经过，是因为有文字史料可考证，而在没有文字记载的情况下，我们又能如何回答关于非洲史前史的种种问题呢？非洲史前史是个巨大的谜题，只有一部分的谜底得以揭晓。不过我们发现，非洲的史前史，和上一章谈过的美洲史前史，有着尚未被注意到的惊人相似之处。

* * *

到了公元 1000 年，非洲已是五个主要人类族群的家园：黑人、白人、非洲俾格米人、科伊桑人，以及亚洲人。图 19.1 是这些族群在非洲的分布图，从照片上也能看出，在皮肤颜色、发型与颜色、面孔特征上，他们都不相似。黑人过去只生活在非洲，俾格米人与科伊桑人到今天仍然只生活在非洲，白人与亚洲人在非洲以外地区生活的人口比较多。所有主要的人类族群，只有澳大利亚土著（以及他们的亲戚）没到过非洲。

读到这里，许多读者可能会抗议：怎么能用"种族"这样武断的概念来划分人呢？对的，我承认每个所谓的主要族群，都是异质性很高的群体。将祖鲁人、索马里人、伊博人都归为"黑人"，确实忽视了他们之间的差异。将非洲的埃及人、柏柏尔人算作"白人"，也犯了同样的毛病，而且瑞典人也是白人，欧洲的白人与非洲的白人差别就更大了。此外，所有族群的界限都不清楚，无法截然区别，找不到"自然的"界限，学者只能采用人工标准分类——因为不同的族群只要接触，就会发生混血，这是普遍存在的现象。不过，本章的讨论仍然以前面列举的五个族群为基础，我使用黑人、白人、非洲俾格米人、科伊桑人、亚洲人这些名称，是为了方便讨论非洲历史，就不再每次都提及前述的注意事项了。

在非洲的五个族群中，美国人与欧洲人比较熟悉的是黑人与白人，所以笔者就不必描述他们的体质特征了。在公元 1400 年的时候，黑人已经是在非洲分布得最广的族群了，拥有撒哈拉南部以及大部分撒哈拉以南非洲地区（见图 19.1）。美国的黑人主要源自非洲的西海岸地区，同样的族群当年也占据了东非地区，北达苏丹，南至南非东南沿海。白人（包括埃及人、利比亚人、摩洛哥人等）占据北非沿海地区与撒哈拉北部。那些北非人的长相当然与金发蓝眼的瑞典人不同，但是我想大部分人仍然会把他们当作"白人"，因为比起南方的"黑人"，他们的肤色浅、头发直。非洲大部分黑人与白人以务农或放牧维生，或两者兼营。

另两个族群就不一样了，我说的是俾格米人与科伊桑人，他们有的仍然过着狩猎-采集生活，既没有农作物也没有牲口。俾格米人与黑人很像，肤色深、头发卷。他们与黑人不同的地方是身材矮小，皮肤比较红而不那么黑，面部和身体上毛发较多，前额、眼睛、牙齿较突出。大部分俾格米人以狩猎-采集维生，他们的聚落散布在非洲中部的雨林中，与邻近的黑人农民交易生活物资或出卖劳力。

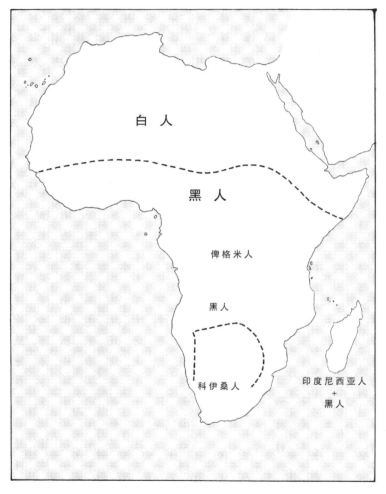

图 19.1　公元 1400 年的非洲族群分布图

注：使用这些族群名称的注意事项详见正文。

科伊桑人大概是美国人最不熟悉的非洲人了，许多美国人大概根本没听说过他们。以前科伊桑人分布在南非大部分地区，其中有身材矮小的狩猎–采集族群，像是桑人（他们过去的名称是布须曼人），也有身材较高的牧民，像是科伊人（他们过去的名称是霍屯督）。桑人与科伊人看来与非洲黑人很不同，他们的皮肤比较黄、头发卷曲得紧，妇女的臀部囤积着大量脂肪［专业术语叫"臀脂过多"（steatopygia）］。科伊人的人口经历了大幅度的缩减：欧洲殖民者枪杀他们、驱赶他们、将传染病传染给他们；幸存下来的大部分人与欧洲人混血，产生了在南非被称为"有色人"（Colored）的人群。桑人也遭遇了同样的命运，被枪杀、被驱赶、被感染，不过还是有一小群人在纳米比亚不适合农耕的沙漠地区生存下来，保留了自己的特性。电影《上帝也疯狂》描述的就是桑人的生活。

白人在非洲分布在北非，这并不令人惊讶，因为体质相似的族群生活在附近的近东、欧洲地区。有史以来，欧洲、近东、北非之间的人口流动就很频繁。因此我不会花太多篇幅讨论白人，因为他们的来源并无神秘之处。相比之下，更为神秘的是黑人、俾格米人、科伊桑人，他们的分布透露了古代发生过的族群变动。举例来说，现在俾格米人共有 20 万人口，只是他们散布在 1.2 亿黑人中，像是黑人大海中的岛屿。俾格米人的分布图，让人怀疑他们本来是广泛分布于非洲赤道森林的土著，后来黑人农民入侵，将他们赶到了与外界隔绝的一个个小片区域中。南非的科伊桑人有独特的体质和语言，可是这样独特的族群的人口却少得可怜，这是令人惊讶的。会不会他们本来占据的地域不仅限于南非，只不过地盘遭北方族群侵入，人口也被消灭了？

非洲的族群史上，最反常的现象发生在马达加斯加岛。这个大岛距非洲东海岸不过 250 英里，与亚洲、澳大利亚之间隔着印度洋。可是，马达加斯加岛上的族群有两种成分，其中之一是非洲黑人（这没什么可奇怪的），另一种是从面孔上就能辨认出的东南亚热带地区的人。具体地说，马达加斯加人（非洲黑人、亚洲人与混血人种）说的语言是南岛语，与印度尼西亚加里曼丹人说的马安亚语（Ma'anyan）非常相似，而加里曼丹人可在 4 000 英里开外的地方！马达加斯加岛周围方圆几千英里，根本没有任何类似加里曼丹人的族群存在。

公元 1500 年，欧洲人到达马达加斯加岛，那时，南岛语族和他们带来的南岛语、调适过的南岛文化，已经在马达加斯加岛上生根了。我认为这是世界人类地理学上最令人惊讶的事实。这就相当于哥伦布登陆古巴后，发现岛上的居民是金发蓝眼的北欧人，说的语言接近瑞典语，而近在咫尺的美洲大陆由完全不同的人种占据、说完全不同的语言。加里曼丹的史前居民，应该是航行到马达加斯加岛的吧？可是他们既没有地图又没有罗盘，怎么办到的呢？

* * *

马达加斯加岛的例子告诉我们：一个族群说的语言，还有他们的体质特征，是研究他们起源的重要线索。在岛上，只要凭他们的长相，你就可以知道有人源自东南亚热带地区，但你无法知道那些人具体来自哪些地方，你可能永远猜不到他们来自加里曼丹岛。那么，非洲的语言地图可以透露哪些难以从人种面孔上看出来的线索呢？

非洲有 1 500 种语言，复杂得令人窒息，但是斯坦福大学的语言学家约瑟夫·格林伯格已经理出了头绪。格林伯格把非洲的语言分成五个语系（图 19.2 表明了它们的分布）。认为语言学沉闷、过于专业的读者，也许难以想象图 19.2 能透露多么有用的线索，来增进我们对非洲的了解。

比较图 19.1 与图 19.2，我们可以发现，大体而言，语言分布与解剖学意义上的族群分布是互相对应的。特定的族群说特定语系的语言。具体来讲，说亚非语系（Afroasiatic）语言的族群大都是本章所谓的白人与黑人；说尼罗–撒哈拉语系（Nilo-Saharan）、尼日尔–刚果语系（Niger-Congo）语言的族群，是黑人；科伊桑人说科伊桑语；说南岛语系语言的是印度尼西亚人。这表明语言往往与说这种语言的族群一起演化。

许多人习惯从欧洲看天下，相信所谓的西方文明是人类最优越的文明，图 19.2 所显示的对持这种观点的人可能是残酷的打击。西方人所受的教育，一向强调西方文明发源于近东，然后由希腊人、罗马人发展到灿烂的高峰，且创造了人类三大宗教：基督教、犹太教、伊斯兰教。创造那三大宗教的族群所说的语言的关系十分密切，都是闪米特语：阿拉米语（基督与使徒说的语言）、希伯来语、阿拉伯语。西方人一想到闪米特族群，就想到近东。

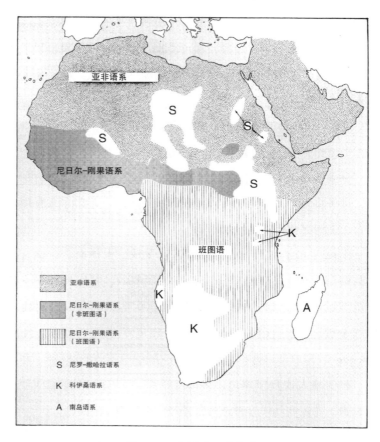

图 19.2　非洲的语系分布

　　但是，根据格林伯格的研究，闪米特语其实只是亚非语系中的一支，亚非语系至少有六大支，除了闪米特语，其他支系（共有 222 种现存语言）全都分布在非洲。甚至闪米特语也主要分布在非洲，它现有的 19 种语言中有 12 种分布在埃塞俄比亚。所有这些事实告诉我们的是：亚非语系起源于非洲，其中只有一支散布到近东。《旧约》《新约》《古兰经》等是西方文明的道德支柱，可是那些经典的作者，说的语言却可能起源于非洲。

图 19.2 显示了另一个令人惊讶的现象是：俾格米人没有"自己的"语言。刚才我说过，特定的族群说特定语系的语言。可是在非洲的五大族群中，俾格米人没有自己的语言，他们说的语言就是邻近黑人农民说的语言。但是，比较俾格米人和邻近黑人农民说的话，俾格米人的话里似乎包含了一些独特的词，发音也很特别。

俾格米人有独特的体质，他们的居住地（非洲赤道附近的雨林）也有独特的生态，因此俾格米人应该有机会发展出自己的语言。不过俾格米人的语言已经消失了。从图 19.1 我们知道，他们目前是散布在黑人海洋中的孤岛。他们的分布和语言情况显示：俾格米人原来占据的土地后来被黑人农民侵入，最后俾格米人不但丧失了土地，也丧失了语言，只剩下一些单词和语音残留下来。我们在第 17 章讨论过同样的现象：马来西亚的尼格利陀人的分支塞芒人和菲律宾的尼格利陀人，都采纳了包围他们的农民说的语言——分别是南亚语和南岛语。

图 19.2 中，尼罗-撒哈拉语系的分布也是破碎的，换言之，有些说这种语言的族群，被亚非语系或尼日尔-刚果语系人群取代了。科伊桑语系的分布，则透露了更不寻常的族群吞并史。科伊桑语极为独特，以咝舌音（click）当辅音。[!Kung Bushman（昆族布须曼人）这个词里，感叹号可不是用来表示感叹的，而是语言学家用来代表咝舌音的符号。]现在说科伊桑语的族群都

生活在南非，但有两个例外。那两个例外是两种频繁使用咂舌音的独特科伊桑语，就是哈扎语（Hadza）和桑达维语（Sandawe），说这两种语言的族群生活在坦桑尼亚——距最近的南非科伊桑语族有 1 000 英里。

此外，南非的科萨语（Xhosa）和其他一些尼日尔-刚果语系的语言，也有很多咂舌音。更令人想不到的是，在肯尼亚有两个说亚非语系语言的黑人族群，也会使用咂舌音和一些科伊桑语的词语，比起坦桑尼亚的哈扎人和桑达维人，他们距离南非的科伊桑语族大本营更远。种种事实显示：科伊桑语族原本在非洲的分布远超他们目前在南非的范围；他们过去在北方的势力范围，和俾格米人的一样，都被黑人蚕食鲸吞了。那是语言学证据的独特贡献，光从体质人类学的数据，我们完全猜不到这种可能。

语言学透露的最重要的一条信息，我还没有讨论。请仔细再看一眼图 19.2，尼日尔-刚果语系分布在整个西非与非洲近赤道地带大部分地区，在这一大片区域中，哪里才是他们的发源地呢？不过，格林伯格发现非洲近赤道地带使用的尼日尔-刚果语系语言，事实上属于同一语支，即班图语支。尼日尔-刚果语系包含 1 032 种语言，其中近一半属于班图语支；说尼日尔-刚果语的人口，有一半说班图语（近 2 亿人）。但是班图语支中的 500 种语言彼此太过相似，所以有人开玩笑说，它们是同一种语言的方言。

整体说来，所有班图语在尼日尔-刚果语系中属于同一个语支。除了班图语，尼日尔-刚果语系中另外还有 176 个支系，大部分挤在西非——那只占整个尼日尔-刚果语系分布地区的一小部分。具体来说，最独特的班图语和最接近班图语的非班图尼日尔-刚果语，都挤在喀麦隆和邻近的尼日利亚东部，那实在是很小的一片地区。

很明显，尼日尔-刚果语系起源于西非；班图语支从它分布地的东边兴起，就是喀麦隆和邻近的尼日利亚东部；然后班图语支从祖先的家园向外扩张至大部分非洲近赤道地带。班图语支一定很早以前就开始扩张了，否则不会发展出 500 种语言，但是也不会太早，因为那 500 种语言还非常相似。由于说尼日尔-刚果语的族群全是黑人，所以光从体质人类学的数据，不可能推测出尼日尔-刚果语的起源和族群发展史。

让我举一个大家熟悉的例子，进一步说明这一类型的语言学推论，那就是英语的起源。今天以英语为第一语言的人，以北美洲最多，其他人则分布于英国、澳大利亚和其他国家。每一个英语国家都有自己的英语方言。要是我们对英语的分布与历史所知不过如此，可能会猜测英语起源于北美洲，然后由殖民者带到英国与澳大利亚。

但是所有的英语方言集合起来，不过是日耳曼语族中的一个支系。其他的支系，包括德语、斯堪的纳维亚语、荷兰语，全都挤在欧洲西北一隅。例如弗里斯兰语（Frisian）是与英语最接近的日耳曼语，流通于荷兰和德国西部的小片沿海区域。因此语言学家可以正确地推测：英语起源于欧洲西北部，然后散播到世界其他地区。事实上，由史料可知，5—6 世纪盎格鲁-撒克逊人侵入英格兰，英语是他们带过去的。

基本上完全相同的推理方法让我们知道，今天占据非洲大片土地的 2 亿班图人，是从喀麦隆和邻近的尼日利亚发源的。我们已经讨论过，闪米特语起源于北非，马达加斯加岛上的亚洲人来自加里曼丹岛，这两个结论和班图语的起源一样，是从语言学的证据得来的。

从科伊桑语的分布、俾格米人没有自己的语言这两个事实，我们推论科伊桑语族和俾格米人原先分布比较广，可是后来被黑人吞没了（这里"吞没"一词是"中性的"，笔者不拟讨论那个过程的具体机制——征服、驱逐、杀戮或疾病）。现在从尼日尔-刚果语系的分布图上，我们可以看出，吞没科伊桑语族和俾格米人的是说班图语的黑人。体质人类学和语言学的证据，已经让我们推论出史前时代发生过的族群吞没事件。但是我们仍然没有解开非洲族群史上的秘密。我现在要铺陈的证据，可以帮助我们回答另外两个问题：班图人凭什么能吞没科伊桑语族和俾格米人？那是什么时候发生的？

* * *

班图人凭什么能吞没科伊桑语族和俾格米人？为了回答此问题，我们得从目前非洲人的生活中，研究一下他们的农作物与牲口，看看能发现什么。我们在前面几章已经讨论过，食物生产能带来稠密的人口、恶毒的病菌、技术的发展、复杂的政治组织，以及其他使社会拥有强大力量的特征。能采借或发展食物生产业的族群，因此能吞没未能发展出食物生产手段的族群。而能与不能，是由地理条件决定的。

欧洲人在公元14世纪初年到达撒哈拉以南非洲地区，那时非洲人种植的作物有五组（见图19.3），每一组都影响了非洲的历史。第一组只在北非生长，向南延伸至埃塞俄比亚高地。北非属地中海气候，特征是降雨集中在冬季（美国加利福尼亚州南部也是地中海气候，难怪许多居民的地下室冬天经常会淹水，而夏季永远炎热干燥，我家的地下室也不例外）。农业发源地肥沃新月地带也是同样冬天降雨的地中海气候。

因此，北非的原生作物全是适应地中海气候的植物，在冬雨中发芽生长。从考古学证据中我们得知，那些作物全是1万年前首先在肥沃新月地带驯化的。它们从肥沃新月地带传播到气候相同的北非，奠定了古埃及文明的基础。那些作物包括小麦、大麦、燕麦、豌豆和葡萄。这些作物听起来熟悉吗？那是因为它们传播到了气候相同的地区，先是邻近的欧洲，然后到美洲、澳大利亚，成为世界上温带农业的粮食作物。

在非洲从北非南下，越过撒哈拉沙漠进入萨赫勒地区，等于再度进入有降雨的地带，可是那里夏季下雨而冬季不下。原先适应地中海气候的肥沃新月地带作物，即使能越过撒哈拉沙漠传播到这里，也很难在夏季下雨的萨赫勒地区生长。事实上有两组非洲作物，在撒哈拉之南非洲有野生始祖，又适应那里的夏季降雨和不怎么随季节变化的日照。其中一组以高粱与珍珠粟最值得注意，它们的祖先种在萨赫勒地区分布广泛，从东到西都有，因此可能是在那里驯化的。高粱与珍珠粟已成为撒哈拉以南非洲大部分地区的主食谷类。高粱的价值可以从今天在世界上的分布来看：各大洲炎热、干燥的地区都有它的踪迹，美国也不例外。

另一组作物，祖先种生活在埃塞俄比亚，也许它们就是在那里的高地驯化的。它们大部分仍然主要在埃塞俄比亚栽种，外地

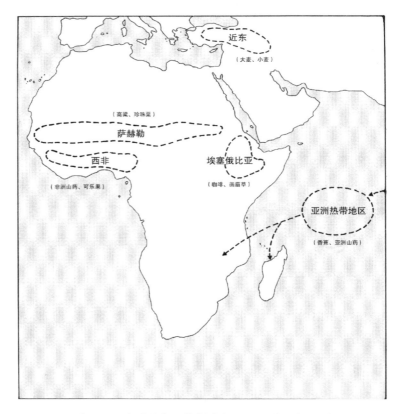

图 19.3　非洲的传统作物（在欧洲殖民者到来之前）

注：每个地区有两种代表性作物。

人不熟悉，其他大洲的人更没听说过，例如埃塞俄比亚具有致幻作用的恰特草（catha edulis）、类似香蕉的象腿蕉（ensete）、油质高的小葵子（noog）、龙爪稷（finger millet，可以酿啤酒）、种子很小的谷物画眉草（teff，可以做面包）。每位爱喝咖啡的读者都应该感谢古代的埃塞俄比亚农民，是他们驯化了咖啡植株。本来咖啡只是埃塞俄比亚的土产，后来在阿拉伯半岛流行起来，然后风靡世界。今天咖啡甚至在距离埃塞俄比亚遥远的国度例如巴西、巴布亚新几内亚，成为重要经济作物。

　　还有一组非洲作物，它们的野生始祖是在西非的潮湿气候中生长的。其中一些仍然只是当地的土产，例如非洲米，另有一些已经散布到其他撒哈拉以南非洲地区，例如非洲山药。不过有两种传入了其他大洲，那就是油棕榈和可乐果。可乐果含有咖啡因，西非人很早就知道咀嚼可乐果可以享受飘飘然的感觉；现在大部分人和可乐果的关系，都是通过美国的可口可乐建立的——可口可乐的原始配方中，就含有可乐果的萃取物。

　　我们要讨论的最后一组非洲作物，也适应潮湿的气候，但它们是在图 19.3 中最令人惊讶的部分。香蕉、亚洲山药、芋头在 15 世纪已广泛分布在撒哈拉以南非洲，亚洲稻作农业也在东非海岸地区生根了。但是所有那些作物的源头都在东南亚热带地区。我们已经知道马达加斯加岛上已有祖籍印度尼西亚的人在此生活，非洲与亚洲在史前就有联系，因此对于亚洲作物在非洲现身，我们并不会感到意外。这是怎么回事呢？难道当年南岛语族从加里曼丹岛远道而来，在非洲东岸登陆，将农作物传给了当地农民，再搭载了当地渔民一齐东航，最后选择定居马达加斯加岛？

　　另一个令人惊讶的地方是：所有的非洲原生作物，原本都生长在赤道以北地区——萨赫勒地区、埃塞俄比亚、西非。没有任何作物发源于赤道以南。兴起于赤道以北的尼日尔-刚果语族群，吞没了发源于赤道带的俾格米人和近赤道地带的南方科伊桑人，非洲作物的分布，已经透露了非洲族群消长历史的玄机。俾格米人与科伊桑人没能发展出农业，不是因为他们缺乏务农的天赋，而是他们的生活环境中缺乏适合人工栽培的植物物种。班图人、白人虽然祖上已有几千年务农的经验，在赤道以南的非洲也没发现过什么适于耕作的植物。

　　至于非洲的家养动物，我用不了多少篇幅就能讲完，因为实在没有几种。只有一种动物我们有把握是在非洲驯化的，就是与火鸡类似的珠鸡，因为它的祖先只生活在非洲。牛、驴、猪、狗、家猫的野生始祖都生活在北非，但也生活在东南亚，所以我们无法确定它们是在哪里驯化的。不过目前已知最早的家驴与家猫出现在埃及。最近的证据显示：家牛可能是在北非、东南亚、印度各自驯化的，它们都与现代非洲牛的品种有关。其他的家畜、家禽必然是在其他地方驯化，再引进非洲的，因为它们的祖先只在欧亚大陆栖息。非洲的山羊、绵羊是在西南亚驯化的，鸡是在东南亚驯化的，马是在俄罗斯南部驯化的，骆驼可能是在阿拉伯半岛驯化的。

　　在这张非洲的家养动物清单上，最令人意外的是上面没有的物种。非洲的大型野生哺乳动物是出了名的，种类与数量都多得不得了，可是一种也没上榜，像是斑马与羚羊、犀牛与河马、长颈鹿与野牛等。我们接下来会看到，这些野生动物没有得到驯化，对非洲历史的影响深远，正如缺乏原生作物对赤道以南非洲产生了重大影响。

快速了解非洲的主要食物之后，我们发现，其中一些是从非洲以内或以外的原生地远道而来的。在非洲生活的族群，和其他大洲的族群一样，有幸有不幸，幸运的是在生活环境中很容易找到适合人工养殖的动植物物种。有鉴于英国殖民者依仗小麦与牛群，在澳大利亚吞没了过着狩猎－采集生活的土著，我们有理由怀疑：非洲比较幸运的族群，充分利用了他们的优势吞没了邻近族群。现在，让我们考察一下考古记录，看看谁在什么时候吞没了谁。

* * *

考古学能告诉我们非洲的农业与牧业是在何时何地发源的吗？只熟悉西方文明的读者，往往假定非洲的食物生产发源于埃及的尼罗河河谷——法老王与金字塔的所在地。毕竟埃及在公元前3000年是非洲最复杂的社会，也是世界上最早使用文字的中心。然而，根据考古学家找到的证据，非洲最早的食物生产地点，可能是在撒哈拉。

当然，今天的撒哈拉太过干旱，很多地方寸草不生。但是在公元前9000年到前4000年之间，撒哈拉是个很潮湿的地方，有许多湖泊，到处都是野生动物。那时生活在撒哈拉的族群开始畜养牛群、制造陶器，后来又养山羊和绵羊。他们也许已经开始驯化高粱与小米。撒哈拉的放牧生计，比已知埃及最早的食物生产业（公元前 5200 年）还要早。不过埃及的食物生产业基本上源自肥沃新月地带的农牧业，包括适应冬雨的农作物与西南亚的牲口。食物生产业也在西非与埃塞俄比亚兴起，到了公元前 2500年，牧牛人已经从埃塞俄比亚扩张进入肯尼亚北部。

上述结论是根据考古证据得来的，另外还有独立的方法能推断出农牧业出现的时代：我们可以比较现代语言中涉及农牧业的词汇。学者研究南尼日利亚诸语言（属于尼日尔-刚果语系）的农作物词汇，发现它们可以分为三类。第一类是所有南尼日利亚语言中都有相同或相似名称的农作物，比如西非山药、油棕榈、可乐果之类的农作物，也就是根据植物学研究或其他证据而证明是非洲土产的农作物。那些植物是西非最古老的农作物，因此所有的现代南尼日利亚语都继承了同一套词汇。

第二类是只有在南尼日利亚语的某一支系中，才有相同或相似名称的农作物。结果发现那些农作物都是源自印度尼西亚的植物，例如香蕉与亚洲山药。很明显，那些农作物传入南尼日利亚的时候，那里的语言已经分化成许多支系，每一支系都得自行发明那些农作物的名称，因此只有属于同一支系的现代语言，才会有相同的名称。最后一类农作物，它们的名字在各语群中并无一致性，反而与贸易路线有关。这一类农作物是在新大陆发源的，例如玉米与花生。它们都是在跨大西洋航运开始（公元 1492 年）之后才输入非洲，沿着贸易路线扩散，而且往往以葡萄牙语或其他外国语言的名称流通。

因此，即使我们没有植物学或考古学方面的证据，光从语言学上的证据就可以推论：西非土产农作物是最早的人工栽培作物，然后印度尼西亚发源的作物输入此地，最后欧洲人又输入了一些作物。美国加利福尼亚大学洛杉矶分校的历史学者克里斯托弗·埃雷特（Christopher Ehret）运用这个语言学方法，观察每一非洲语系中农牧物种的词汇，研究那些农牧物种在各地出现的顺序。还有一种方法叫语言年代学（glottochronology），根据词语变迁的速度，比较语言学家甚至可以推断出农作物在当地驯化或自外地引进的年代。

综合直接的考古学证据和间接的语言学证据，我们可以推论：几千年前在撒哈拉驯化高粱与小米的人，说的语言是现代尼罗-撒哈拉语的"祖语"。在西非，适应湿润气候的农作物，是由说尼日尔-刚果语的族群驯化的，现代尼日尔-刚果语就是由他们的语言衍生出来的。埃塞俄比亚的土产农作物也许是古亚非语族驯化的，他们无疑是把肥沃新月地带的农作物引入北非的人。

因此，从现代非洲语言中的植物名称，我们可以看到几千年前三种非洲语言的一些情况，它们是古尼罗-撒哈拉语、古尼日尔-刚果语和古亚非语。此外，从其他语言证据中，我们也知道了古科伊桑语的存在，但那种语言里没有农作物的名称（因为古代科伊桑人并没有驯化任何作物）。非洲现有 1 500 种语言，这么大的一片大陆，几千年前应该不只有那四种古代语言。但是，其他的语言肯定都消失了，说那些语言的族群，要么幸存下来却放弃了原来的语言，比如俾格米人，要么就是自己走向了消亡。

　　现代非洲的四大语系（暂不谈马达加斯加的南岛语），历经数千年沧桑仍继续流通，不是因为它们是比较优越的沟通工具，而是因为历史的偶然：说古尼罗-撒哈拉语、古尼日尔-刚果语、古亚非语的古代族群，正巧在适当的时机生活在适当的地点，发展出了农业与牧业。农业与牧业使他们占了人口数量的优势，于是他们取代了其他族群，或促使了其他语言的消失。现在之所以还有一些说科伊桑语的人，主要是因为他们孤立地生活在非洲南部不适合发展班图人农业的土地上。

＊　＊　＊

　　等一下我们会讨论科伊桑语族群逃脱了班图浪潮的故事，现在我们先讨论非洲另一个壮观的史前人口迁移事件——南岛语族拓殖到马达加斯加岛。考古学能告诉我们什么？考古学家在马达加斯加岛的发掘，证明南岛语族最晚在公元 800 年已经到达了，也可能早至公元 300 年。在马达加斯加岛，南岛语族踏进（并几乎灭绝）了一个奇怪的动物世界，那些动物像是从其他星球来的，因为马达加斯加岛拥有孤绝的环境，那里的动物走出了自己的演化之路。那里有巨大的隆鸟、体型像大猩猩的原始灵长类狐猴、倭河马。在马达加斯加岛最早的南岛语族营地，考古学家发现了铁器、牲口，还有农作物，可见，那些拓殖者不是被风吹离了航道的独木舟渔民，而是有备而来的探险家。史前时代怎么会有 4 000 英里航程的探险呢？

古代航海书《厄立特里亚航海记》中倒有一条线索。这本书大约完成于公元 100 年，作者是个住在埃及的商人，姓名不详。这位商人描述了当时已经非常发达的一条贸易路线，将印度、埃及与东非海岸地区联系起来。公元 800 年之后伊斯兰势力开始扩张。印度洋的贸易活动非常兴盛，考古学家在东非海岸地区的居住遗址中发现了大量的中东（有时还有中国的）产品，例如陶器、玻璃器、瓷器。商人会等待适当的风向，在印度洋上穿行于印度和东非之间。葡萄牙航海家达伽马是第一位绕过南非到达（东非）肯尼亚海岸的欧洲人，那是在 1498 年。在肯尼亚海岸，达伽马遇到了斯瓦希里商人的营地，他找到了一位水手带他直航印度。

但是从印度往东，也有一条同样兴盛的贸易路线，将印度与印度尼西亚连接到一起。也许马达加斯加岛的南岛语族，是先沿着这条东段路线从印度尼西亚到达印度，再沿着西段路线从印度到达东非，而后和一些非洲人一起到马达加斯加岛去拓殖。南岛语族与东非人的联合，今天继续在马达加斯加岛维持着，岛上的人基本都说南岛语，但他们的语言中有一些来自肯尼亚海岸班图语的外来词。但是，在肯尼亚的语言中却没有发现来自南岛语的外来词，南岛语族在东非的土地上也没有留下太多痕迹，他们留下的，可能只有来自印度尼西亚的乐器（木琴与筝），以及南岛语族的农作物（那些农作物在非洲农业中扮演了重要角色）。这样看来，南岛语族或许有可能直接渡过印度洋（真是不可思议），先发现了马达加斯加岛，然后才加入了印度-东非贸易路线，而不是沿着印度和东非这条比较容易的路线拓殖到马达加斯加岛。看来，非洲最令人惊讶的人类地理学事实，还环绕着些许谜团。

＊　＊　＊

关于非洲史前史晚期的另一次大规模人口流动——班图人扩张，考古学能告诉我们什么呢？从体质人类学与语言学的证据，我们已经知道撒哈拉以南非洲并不一直是黑人的家园。根据同样的证据，我们推测俾格米人过去曾占据非洲中部的热带雨林，而科伊桑人曾经分布在近赤道的非洲比较干旱的地区。考古学能够验证这些推测吗？

对于俾格米人原来的分布，答案是"还不能"。考古学家还没有在非洲中部雨林发掘出古代人类遗骸。至于科伊桑人，答案是"能"。考古学家已经在现代科伊桑人分布地以北的赞比亚发现了人类遗骸，这些遗骸具有科伊桑人的身体特征，同时出土的还有石器，欧洲人初次在南非遇见科伊桑人的时候，科伊桑人使用的就是类似的石器。

那么，班图人是怎样吞没北部科伊桑人的？考古学和语言学证据显示，古代班图农民从西非内陆草原向南扩张，进入气候湿润的海岸森林地带，大概在公元前3000年就开始了（见图19.4）。从大部分班图语言都有的词汇来看，班图人在扩张之初，就已经养牛和栽种适应湿润气候的山药了，但是他们还没有金属工具，仍然花许多时间渔猎、采集。他们接近森林后，牛群被采采蝇传播的锥虫杀光了。他们进入刚果盆地的赤道森林区后，伐林垦

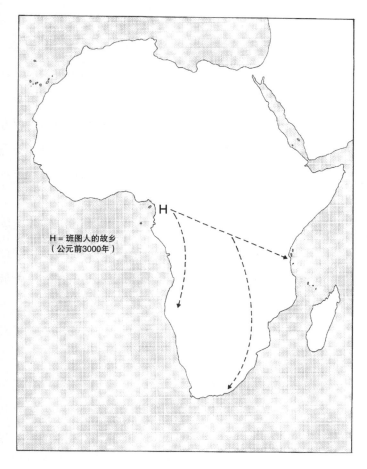

图 19.4 班图语使用者的扩张
（公元前 3000 年至公元 500 年）

地耕作，人口渐增，于是狩猎-采集的俾格米人逐渐被他们吞没，在强大的压力下俾格米人向密林深处退却。

　　公元前 1000 年之后不久，班图人从赤道森林的东缘冒出来，向东非大裂谷和大湖（Rift Valley and Great Lakes）的开阔地带进发。那里是个"族群熔炉"，亚非语系和尼罗－撒哈拉语系的农民（种植高粱与小米）和牧民，在比较干燥的地区已经生活很久了，还有狩猎－采集的科伊桑人。好在班图人从西非祖籍地带来的农作物适应比较湿润的气候，所以他们人弃我取，占据了不适合当地农民耕作的土地。到了公元前几个世纪，班图人到达了东非海岸。

　　在东非，班图人从邻近的尼罗－撒哈拉语族和亚非语族那里，学会了栽种小米与高粱（也采借了它们的尼罗－撒哈拉语名称），也得到了牛群，恢复了牧牛。他们还得到了铁器，那时非洲萨赫勒地区已经开始炼铁了。撒哈拉以南非洲在公元前 1000 年之后就有了铁加工技术，来源仍不清楚。由于炼铁业在萨赫勒地区出现的时间，十分接近近东迦太基铁加工技术输入北非海岸地带的时间，因此历史学者推断撒哈拉以南非洲的炼铁技术源自北非。不过，最迟到公元前 2000 年，炼铜技术在撒哈拉西部与萨赫勒地区就已发展出来。那可能是非洲独立发展炼铁技术的先驱。而且，撒哈拉以南非洲的炼铁技术，与地中海沿岸地区的大不相同，更增强了独立发展假说的说服力。事实上，非洲铁匠很早就发现了维持熔炉高温的诀窍，不需要特殊设计的熔炉，就能炼出钢来，这比 19 世纪欧洲和美国使用的贝塞麦转炉早了 2 000 多年。

　　班图人采借了铁器，加上适应湿润气候的作物，就成了一个农战族群，在当时的非洲近赤道地带蚕食鲸吞，毫无敌手。在东非，他们必须与铁器时代的尼罗-撒哈拉语系和亚非语系农民竞争。但是赤道以南2 000英里的土地上，只散布着科伊桑狩猎-采集族群，他们的人口密度很低，既无铁器，也无农业。不过几个世纪的光景，班图农民就推进到了今日南非东海岸的纳塔尔省。

班图人的扩张迅速且具有戏剧性，是非洲史前史晚期的大事件，但是在叙述的时候，我们很容易简化事实，让人以为科伊桑人望风披靡，班图人摧枯拉朽。其实真相更为复杂。南非的科伊桑人当时已经畜养牛羊几个世纪了。班图人侵入此地的先锋人数应该不多，他们选择气候湿润的森林地带，种植祖传的山药。起初他们只挑选适合栽种山药的湿润地带，所以安家立户的地点散布在干燥地带之间，因此科伊桑人的牧民与猎人在干燥地带还有生存的空间。双方建立了贸易与联姻关系，也是自然不过的；现在非洲近赤道地带以狩猎-采集为生的俾格米人与班图农民，仍然维持这样的关系。但是，班图人口逐渐增长，他们又采借了牧牛生计和适合干燥地带栽种的谷物，于是他们在南非的拓殖就不再只选择湿润地带，而是也开始侵入之前跳过的干燥地带。最终结果还是一样：班图农民占据了先前科伊桑人的大片土地；到头来，科伊桑人在这片大地上的奋斗历史，只剩下零星保留在非科伊桑语言中的咂舌音，地下出土的人类遗骸、石器，以及一些面孔带着科伊桑人特征的南非班图部族了。

原先生活在南非土地上的科伊桑人究竟到哪里去了？我们不得而知，只能确定：在原先科伊桑人生活了近1万年的土地上，现在住的是班图人。我们只能依托近代的实例，推测当年发生的事。在近代史上，使用钢铁的族群和仍然使用石器的族群接触，例如欧洲人与澳大利亚土著或美国加利福尼亚土著，结局就是，使用石器的狩猎-采集族群不是很快地被消灭，就是退居与世隔绝的地区。消灭的手段不一而足：或者驱赶；或者男人被杀害、奴役，女人被强占；或者遭农人带来的传染病杀死。在非洲，疟疾就是一个例子。农人的田地滋养了大量疟蚊，侵入南非的班图农民已有祖传的免疫力，而狩猎-采集的科伊桑人大概还未发展出那种免疫力。

不过，现在的非洲族群分布图（图 19.1）提醒了我们：班图农民并未占据科伊桑人的所有土地。科伊桑人仍然生活在南非，只是他们生活在不适合发展班图农业的土地上。非洲班图人居住在最南边的族群是科萨族，他们的南进止步于南非南部海岸的鱼河，西距开普敦 500 英里。倒不是因为好望角一带太干旱了不适合发展农业，事实上好望角一带现在是南非的谷仓。问题出在：好望角一带属于地中海气候区，冬季才有雨，而班图农作物需要夏季雨水的滋润才能生长。公元 1652 年，荷兰人带着源自中东的冬雨谷物到达开普敦一带，那时科萨族仍未越过鱼河。

上面说的植物地理学细节对今日政治有着深远的影响。后果之一是：南非白人在开普地区迅速吞没了科伊桑人之后，就"正确地"宣布，他们先于班图人占领了这一地带，因此拥有优先占用权。当然，这不是什么必须严肃对待的主张，因为科伊桑人早就占领了这一带，但白人并没有尊重他们的优先权。更为沉重的历史后果是，公元 1652 年时，荷兰人只需要对抗人口稀少的科伊桑牧民，而不是人口稠密、拥有铁器的班图农民。1702 年荷兰人终于东进，在鱼河遭遇了科萨族，于是展开了一场长期的惨烈斗争。那时欧洲人在开普地区已有安全的基地，进可攻退可守，可是他们的军队历经 9 场战争，花了 175 年，才击败了科萨族——平均每年行进不到 1 英里。要是当年几艘荷兰船上的人一上岸就遭到这么顽强的抵抗，他们有机会在南非立足吗？

因此，今日非洲的问题至少有一部分源自地理的偶然。开普地区科伊桑人的家园不巧没有多少适合驯化的野生植物；班图人 5 000 年前从祖先那里继承的农作物正巧是夏雨型作物；欧洲人从中东采借的农作物正巧是冬雨型作物，它们有 1 万年的历史。新近才独立的纳米比亚的首都，有一条"戈林街"，那个路牌提醒我们，非洲的现状带着过去深深的烙印。

* * *

上述原因就是为什么班图农民吞没了科伊桑人，而不是科伊桑人吞没了班图人。但是，非洲史前史的谜团，还有一个有待澄清：到撒哈拉以南非洲殖民的，为什么是欧洲人？是欧洲人殖民非洲，而不是非洲人殖民欧洲，这看上去实在没什么道理。在数百万年的时间里，非洲是人类演化的唯一摇篮，现代智人也可能在非洲发源。那么长时间的历史发展，再加上复杂的气候、地形，还有地球上最多元的族群，1 万年前若有外星人造访过地球，他应该会预测欧洲将成为撒哈拉以南非洲帝国的附庸。

欧洲和非洲对决的结果，近因追究起来十分清楚。就像美洲土著面对的欧洲人一般，登陆撒哈拉以南非洲的欧洲人可不是空手闯天涯，他们手上有枪和其他技术，有用途广泛、流传四方的文字，还有支持探险、征服大业的政治组织。欧洲人的优势几乎在冲突初起的那一刻就显露得十分清楚：达伽马（1498 年）初访东非海岸后不过 4 年，就带着配备大炮的舰队，迫使东非最重要的港口基尔瓦（Kilwa）投降——这个港口控制着津巴布韦的金矿。但是，为什么欧洲人能赶在撒哈拉以南的非洲人之前，发展出那三种优势呢？

本书前面各章已经讨论过了，从历史来看，那三种优势都源自食物生产的发展。但是与欧亚大陆比较起来，食物生产业在撒哈拉以南非洲的发展并不顺利，因为缺乏所必需的生物资源，可供驯化的土产物种太少，供土产农牧业发展的土地面积太小，非洲的南北向大陆轴线更不利于驯化物种的散播。让我们逐项细说。

第一，先谈家畜。撒哈拉以南非洲的牲畜大多来自欧亚大陆，有少数可能来自北非。欧亚大陆上的各大文明利用那些牲畜已经几千年了，撒哈拉以南非洲才得到它们。这个事实乍看之下很令人惊讶，因为我们总认为非洲是野生动物的国度。但是我们在第 9 章讨论过，有驯化潜力的野生动物，必须性情温和、服从人类、饲养成本低、不易罹病、生长迅速、繁殖容易。世界上符合这些条件的大型野生哺乳动物寥寥可数。欧亚大陆上的牛、山羊、绵羊、马、猪，正在其中。非洲也有它们的亲属种，例如非洲水牛、斑马、野猪、犀牛、河马，不过从未被驯化过，直到今天仍然是野兽。

的确，非洲大型野兽也有被驯服的时候。当年迦太基名将汉尼拔攻击罗马（但未成功），就用了驯服的非洲大象。古埃及人可能驯服过长颈鹿和其他野兽。但是那些被驯服的野兽从未得到驯化——驯化指的是在人工环境中选择性地繁殖，控制它们的生殖与遗传，以有利于人类。要是非洲的犀牛与河马能够驯化，供人骑乘，那就不仅可以供养军队，还能组成所向披靡的骑兵，冲散欧洲的马骑。试想一群班图骑兵骑着犀牛，那种惊人阵势，推翻罗马帝国都是可能的。历史真不知会被怎样改写呢！

第二个因素是植物资源，在这方面撒哈拉以南非洲和欧亚大陆也有差异，不过倒不像动物资源那样悬殊。萨赫勒地区、埃塞俄比亚和西非都有土产作物，但是比欧亚大陆上的种类少得多。由于适合驯化的野生植物种类有限，非洲最早的农业，可能也落后肥沃新月地带好几千年。

因此，就动植物驯化而言，欧亚大陆得天独厚，种类繁多，故能抢占先机。第三个因素是面积，非洲的面积不过是欧亚大陆的一半。而且，公元前1000年农民与牧民分布的范围（撒哈拉以南位于赤道以北的区域），只占非洲面积的三分之一。今日非洲的人口有7亿，欧亚大陆的人口超过40亿。若其他条件都一样，面积越大、人口越多的大洲，其中相互竞争的社会就越多，发明也越多，于是发展速度就越快。

最后一个因素，涉及非洲大陆轴线的方向。非洲与美洲一样，主轴走南北向，而欧亚大陆则是东西向（见图10.1）。沿着南北轴线移动，会穿过许多不同区域，气候、生境、雨量、日照长度、农作物和牲口的疾病都不同。因此在非洲某一地点驯化或引进的生物种，很不容易散播到非洲其他地点。相对而言，在欧亚大陆上处于同一纬度或相近纬度的社会，即使相距几千英里，农作物与牲口也容易交流，因为气候与每日日照长度都相近。

农作物与牲口沿非洲南北轴线的交流或是缓慢，或是停滞，这产生了重要的后果。举例来说，非洲埃及人的主食是地中海型作物，但是那些作物需要在冬季下雨、日照长度随季节变化的气候下才能发芽，所以它们无法越过苏丹传到南方，因为南方夏季下雨，日照长度并不随季节变化。埃及的小麦、大麦从未到达南非好望角一带，而那里也是地中海气候。欧洲殖民者 1652 年在好望角登陆，才带去了中东的地中海型农作物；科伊桑人从未发展过农业。同样，萨赫勒地区的作物是夏雨型，也适应了不随季节变化的日照长度，班图人把它们带进了南方，可是好望角一带不适合那样的作物，班图农业的扩张因此停滞。香蕉与其他亚洲热带作物很能适应非洲气候，现在是非洲热带地区农业中产值最高的主要产品。可是亚洲与非洲并无陆路交通，那些作物直到公元第一千年才抵达非洲，因为那时才有大型越洋船只在印度洋上沟通两大洲。

非洲的南北向大陆轴线也严重阻滞了牲口的传播。非洲近赤道地带的采采蝇携带锥虫，传染人畜，土著已经发展出遗传免疫力，可是欧亚大陆或北非传入的牲口对此全都无力抵抗。班图人在萨赫勒地区获得的牛群随着班图人扩张，南进赤道带的森林区，但遭遇采采蝇后无一幸免。马匹在公元前 1800 年左右传入埃及，很快就改变了北非的战争模式，但马匹直到公元后的第一个千年才越过撒哈拉，成为西非王国骑兵的坐骑，而且始终未能穿越过采采蝇出没的地带到达南方。虽然牛、绵羊、山羊在公元前第三个千年中就已出现在塞伦盖蒂平原北缘，但是它们花了 2 000 年才穿过塞伦盖蒂，到达非洲南部。

同样缓慢地沿着非洲南北轴线传播的，还有人类的技术。公元前 8000 年，陶器已经在苏丹和撒哈拉出现，但直到公元元年才传入好望角一带。埃及在公元前 3000 年以前已经发展出文字，埃及文字以字母形式传入努比亚（Nubia）王国麦罗威（Mreoë）；字母文字也传入过埃塞俄比亚（也许自阿拉伯半岛传入），但是非洲其他地区都没能独立发展出文字，那些地方的文字是后来阿拉伯人与欧洲人带过去的。

简言之，欧洲人能够殖民非洲，与白人种族主义者主张的所谓欧洲人和非洲人的族群差异毫无关系。欧洲人殖民非洲源自地理与生物地理意义上的偶然，具体地说，就是两大洲面积不同、大陆轴线方向不同、野生动植物资源不同。换言之，非洲与欧洲的历史发展不同，终极因是两大洲的族群继承的不动产不同。

第 20 章

日本人是什么人?

在现代世界强国中,文化和环境最别具一格的要数日本。日本人的语言起源是语言学中最有争议的问题之一:在世界的主要语言中,只有日语与其他语言的亲缘关系尚不明确。日本人是些什么人,他们于何时从何处来到日本,他们独特的语言又是如何形成的?这些问题关乎日本人的自我形象,也关系到他们在其他族群心目中的形象。日本的优势越发明显,与各邻国之间关系微妙,因此,我们更有必要去除长久以来的迷思,找到真正的答案。

我在《枪炮、病菌与钢铁》的上一版中对日本着墨甚少,这是书中最重要的地理缺漏。在上一版出版后,关于日本人的基因和语言起源,我收集到一些新的信息。现在,我鼓起勇气来验证日本是否符合我所构建的整体框架。

寻找答案很困难,因为证据之间相互矛盾。一方面,日本人在生物学方面并不是很独特,他们在外貌和基因方面和其他东亚人特别是韩国人非常相似。正如日本人自己喜欢强调的,他们在文化上和生物学上相当同质：日本不同地区的人口之间相差无几，只有日本最北边岛屿北海道的阿伊努人大不一样。所有这些似乎都表明，日本人在比较晚近的时候才从东亚大陆来到日本，取代了原住民阿伊努人。但另一方面，如果确实如此，那么日语和东亚大陆上的某种语言就该有明显的亲缘关系，就像英语与其他日耳曼语言那样，因为盎格鲁-撒克逊人直到公元6世纪才从欧洲大陆出发，征服了英格兰。证据显示，日语大概是一门古老的语言，而日本人的起源又比较晚，我们怎样才能解决这一矛盾呢？

目前有四种相互矛盾的理论，在不同国家的流行程度各不相同。在日本最流行的观点是，日本人由古代冰河时期的一批人进化而来，这批人在公元前20000年以前就住在日本了。日本还有一种比较流行的理论是，日本人是骑在马背上的中亚游牧民族的后裔，他们在公元4世纪穿过朝鲜半岛征服了日本，但这群人断然不是朝鲜人。还有一种理论认为日本人是朝鲜移民的后裔，他们在公元前400年前后携带稻作农业到达日本，这一理论得到许多西方的考古学家和韩国人的支持，但在日本各界不受欢迎。最后一种理论认为，也可能是以上三种理论中提及的族群融合后形成了现代的日本人。

如果其他民族的起源也有类似的疑问，我们可以冷静地讨论，但有关日本人的起源问题我们就不能这么处理了。和大多数非欧洲国家不同，19世纪晚期，日本人既能打破孤立，步入工业化社会，又能保持政治独立和民族文化，这是非常了不起的成就。如今，面对来势汹汹的西方文化，日本人关心自己的传统是否能够维持是理所当然的。他们愿意相信自己的语言和文化独一无二，是经由独特而复杂的过程发展而来的。承认日语与其他任何一种语言的关系，似乎都有损于他们的文化身份。

直到 1946 年，日本学校还在讲授基于日本最早史书（公元712—720 年）的历史神话。据说，太阳女神天照大神从父神伊奘诺尊的左眼诞生，后来派孙子琼琼杵尊下凡九州岛，迎娶一个大地之神。琼琼杵尊有曾孙神武，神武在一只光华四射的神鸟的帮助下击败敌人，于公元前 660 年成为日本的初代天皇。为了填补公元前 660 年至最早有历史记载的日本天皇之间的空白，这些史书又杜撰出 13 位天皇。

第二次世界大战结束之前，裕仁天皇终于向日本国民宣告，自己并不是神的后裔，日本的考古学家和历史学家在做出阐释时不得不以此为据。尽管如今他们解读的自由度变大了，但限制仍然存在。日本最重要的考古遗址——158 座建造于公元 300 年到 686 年之间的大型古坟，据说里面埋葬着古代的天皇和皇室成员——仍然归宫内厅所有。这些古坟被禁止挖掘，理由是这是亵渎——还可能揭示出人们不愿看到的日本皇室起源的真相（比如来自朝鲜半岛？）。

美国的考古遗存是与大多数现代美国没有关系的族群（美洲土著）留下的，而在日本，无论发掘出的遗存有多古老，人们都认为它们是现代日本人的祖先留下的。因此，考古学在日本得到了庞大的预算支持，其公众关注度也非常之高，这在世界上绝无仅有。每年，日本考古学家挖掘的古迹超过 1 万处，雇用的野外工作人员多达 5 万名。在日本发现的新石器时代遗址也因而比在整个中国发现的多 20 倍。关于发掘的报道几乎每天都能上电视、登上大报的头版。考古学家一心想要证明现代日本人的祖先是在遥远的古代到达日本的，因此，他们在发掘报告中强调，日本的古代居民与同时期其他地方的人种大有不同，但与今天的日本人极为相似。例如，考古学家在介绍一处具有 2 000 年历史的遗址时，会着重介绍遗址的垃圾坑，意思是，现代日本人引以为傲的清洁卫生，他们的祖先在古时候就很讲究了。

理性探讨日本的考古学之所以如此困难，是因为日本人对历史的解读影响着他们当下的行为。在东亚的各个民族当中，谁把文化传给了谁，谁在文化上高人一等，谁对谁的土地拥有历史主权？例如，有大量的考古证据显示，公元 300 年到 700 年，日本和朝鲜半岛之间有人员及物品的往来。日本人对此的解读是，日本在当时征服了朝鲜，将朝鲜的奴隶和工匠带回了日本；而韩国人对此的解读是，朝鲜人征服了日本，日本皇室的缔造者是来自朝鲜的人。

因此，当日本在 1910 年派遣军队到朝鲜并将其占领时，日本的军方领导人称这次吞并"恢复了古代的合法秩序"。在接下来的 35 年里，日本军方势力试图根除朝鲜的文化，在学校中用日语替代朝鲜语教学。朝鲜家庭就算在日本生活好几代，也很难获得日本国籍。日本的"鼻冢"依然埋着 2 万个从朝鲜人脸上割下的鼻子，它们作为 16 世纪时日本占领朝鲜的战利品被带了回来。难怪今天对日本人的厌恶充斥着韩国上下，对韩国人的歧视在日本也广泛存在。

看似晦涩的考古学争议可能会引发激烈的争端，一个例子是最有名的史前日本考古遗物：公元 5 世纪的江田船山古坟大刀，它被奉为国宝并陈列于东京国立博物馆。这把铁刀上刻有银质汉字铭文，是日本现存最早的文字样本之一，内容涉及一位国王、一个随从和一个名叫"张安"的朝鲜书吏。其中有几个汉字缺损、生锈或遗失，因而只能猜测。一直以来，日本学者认为遗失的汉字指的是 8 世纪日本史书中记载的反正天皇（又称瑞齿别天皇）。然而，1966 年，朝鲜历史学家金松荣（Kim Sokhyong，音译）指出，遗失的汉字其实指的是百济国王盖卤王，那位官吏是当时占领日本部分地区的一名百济国诸侯，这一观点震惊了日本学者。那么，所谓的"古代的合法秩序"究竟是什么呢？

如今，日本和韩国都是经济强国，它们戴着浸染虚假神话和真实历史暴行的有色眼镜，隔着对马海峡互相审视。如果这两个重要的民族无法找到共同立场，那么东亚则前景堪忧。正确了解日本人究竟是些什么人，以及他们如何与关联密切的朝鲜民族分道扬镳，对于找到共同立场至关重要。

* * *

了解日本独特的地理位置和自然环境是理解日本独特文化的起点。首先，日本的地理位置看起来与英国高度相似，它们都是欧亚大陆边缘的大型群岛，只是一个在东，一个在西。但是，两国在细节上的差异不容小觑：日本比英国更大，离欧亚大陆更远。

日本的国土面积为 14.6 万平方英里，比英国的国土面积大一半，差不多与美国的加利福尼亚州一样大。英国距离法国海岸线只有 22 英里，而日本到亚洲大陆最近一点（韩国）的距离为 110 英里，到俄罗斯本土的距离为 180 英里，到中国大陆的距离为 460 英里。

或许正因如此，英国在整个历史上与欧洲大陆的联系要比日本与亚洲大陆的联系密切得多。例如，自基督时代以来，英国共遭遇了四次来自欧洲大陆的入侵，而日本一次也没有（除非朝鲜确实征服过史前日本）。反过来，公元 1066 年诺曼征服之后的每个世纪，英国军队都在欧洲大陆上杀伐过，而在 19 世纪末之前，亚洲大陆上几乎没出现过日本军队，除了史前时期和在 16 世纪的最后 10 年出兵朝鲜。可见，由于地理位置细节的差异，日本比英国更加孤立，在文化上也比英国更加独特。

至于气候，日本每年的降雨量多达 160 英尺，是世界上最湿润的温带国家。此外，与欧洲大部分地区盛行的冬季降雨不同，日本的降雨集中在作物成长的夏季。雨水充沛与夏季降雨两者相结合，使日本成为温带地区农作物生产力最高的国家。加上大量河流从潮湿的山脉流向倾斜的低地平原，日本一半的农田都用于高产的劳动密集型灌溉稻作农业。日本 80% 的土地由不适合发展农业的山地组成，只有 14% 的土地是农田，这些农田每平方英里可养活的人口密度，是英国相同面积的土地养活的人口密度的 8 倍。事实上，按照可用耕地面积的比例来说，日本是世界上人口密度最大的主要社会。

日本的高降雨量还保证了树木被砍伐后能快速再生。尽管数千年来生活着密集的人口，日本给所有人的第一印象仍然是郁郁葱葱，因为日本 70% 的土地被森林覆盖（相比之下，英国只有10% 的土地被森林覆盖）。反过来说，森林密布意味着缺乏天然的草原或牧场。传统上，日本唯一大规模饲养的肉用动物是猪；绵羊和山羊从未被重视过，养牛是为了拉犁拉车而不是肉用。日本饲养的牛一直是少数富人的奢侈食材，售价高达每磅 100 美元。

日本的森林树种因纬度和海拔而异：在南部低海拔地区是常绿阔叶林，在中部地区是落叶阔叶林，在北部和高海拔地区是针叶林。对于史前人类而言，最富饶的森林是落叶阔叶林，因为里面生长着大量可食用的坚果，比如核桃、栗子、马栗、橡实和山毛榉坚果。与日本的森林一样，日本的水域也格外富饶。湖泊、河流、内海、西边的日本海以及东边的太平洋盛产各种鱼类，比如鲑鱼、鳟鱼、金枪鱼、沙丁鱼、鲭鱼、鲱鱼和鳕鱼。现在，日本是世界上最大的鱼类捕捞国、进口国和消费国。日本的水域还盛产蛤蜊和牡蛎等贝类、螃蟹、虾和小龙虾，以及可食用的海藻。我们将会看到，土地、淡水和海洋的物产丰富是日本史前史的关键。

* * *

在我们分析考古学证据之前，先来看一看来自生物学、语言学、早期的肖像以及历史记载的证据。这四种常见的证据之间互相矛盾，这正是造成日本人的起源充满争议的原因。

从西南到东北，日本的四大岛屿分别是九州、四国、本州

（第一大岛）和北海道。在 19 世纪末日本人大规模迁徙至北海道之前，北海道（以及本州北部）的主要居民是阿伊努人，他们的生活方式以狩猎和采集为主，农业发展有限，而当时日本人已经占领了另外三座岛屿。从基因、骨骼和外貌的角度，日本人与其他东亚人，包括中国北方人口、西伯利亚东部人口，特别是朝鲜人非常相似。就连我的日本朋友和朝鲜朋友都说，他们有时候光看外貌也很难判断一个人是日本人还是朝鲜人。

至于阿伊努人，因为他们的外貌很独特，所以关于其起源和亲缘关系的文章比关于其他任何族群的都多。阿伊努男性胡须浓密，比其他人种体毛旺盛，加上一些另外的基因特征，比如指纹纹型和耳垢类型，通常阿伊努人被归为高加索人（所谓的白色人种）。他们通过某种方式穿过欧亚大陆向东迁徙，最后在日本落脚。尽管如此，从总体的基因组成来讲，阿伊努人还是与其他东亚人有所关联，包括日本人、朝鲜人和冲绳人。也许他们独特的外貌和相对少数的基因有关，这种基因是在他们从亚洲大陆迁徙至日本列岛孤立生活后，通过性选择产生的。阿伊努人独特的外貌、狩猎-采集的生活方式，和日本人并不独特的外貌、精耕细作的生活方式，经常被用来支持这种简单的看法：阿伊努人是以狩猎-采集为生的日本原住民的后裔，而日本人是比较晚近的时候才从亚洲大陆来的征服者。

但是，这个观点很难和日本语言的独特性互相调和，所有人都认同日语与世界上任何其他语言都没有（像法语和西班牙语那种）紧密的关联。就目前的研究进展而言，许多学者认为日语是亚洲阿尔泰语系中一种独立的语言。阿尔泰语系包括土耳其语、蒙古语和西伯利亚东部的通古斯语，韩语也经常被认为是阿尔泰语系中一种独立的语言，并且在这个语系中，日语和韩语的关联最密切。但是，日语和韩语的相似之处仅限于一般的语法特征和大约 15% 的基本词汇，而不像法语和西班牙语那样在语法和词汇细节上有共同特征。法语和西班牙语分化的时间距今不超过 2 000 年，如果认为日语和韩语多少有一些亲缘关系，那么根据两种语言 15% 的共同词汇可以推断，它们至少在 5 000 年前就开始分化了。至于阿伊努语，它的亲缘关系完全不明确，它可能和日语也没有什么特殊关系。

除了生物学和语言学，关于日本人起源的第三类证据来自古代的肖像。现存最早的日本居民的肖像是被称为"埴轮"的雕塑，它们被竖立在具有约 1 500 年历史的古坟周围。尤其从它们的眼型来看，这些雕塑所刻画的无疑是（现代日本人或韩国人那种）东亚人。它们和胡须浓密的阿伊努人丝毫不像。如果日本人确实在北海道南部取代了阿伊努人，那么这必然发生在公元 500 年之前。1615 年，日本在北海道设立商栈。之后，他们对待北海道阿伊努人与美国白人对待美洲土著的行径如出一辙。阿伊努人遭到征服，被聚集在一起赶到保留区，被迫为商栈劳作，被赶出日本农民想要的土地，反抗者遭到杀害。日本于 1869 年吞并北海道后，日本的学校教师不遗余力地抹除阿伊努人的文化和语言。今天，阿伊努语基本消亡，可能也没有纯正的阿伊努人存活下来。

关于日本最早的文字记载来自中国古代的史书，因为中国先发明了文字，文字在很久以后才传到了朝鲜或日本。从公元前108年到公元313年，中国占领了朝鲜的一处定居地并与日本互通使节。在后来中国对形形色色的"东夷人"的记述中，日本被称为"倭国"，据说其居民分为100多个部族，相互之间斗争激烈。在公元700年以前，只有少数朝鲜铭文或日本铭文被保存下来，但在公元712年到720年之间，大量史书在日本完成，在朝鲜则稍晚。这些日本史书和朝鲜史书声称记录的是更早时期的历史，但美化、合法化统治家族的杜撰明显且随处可见，比如在日本的记载中，日本天皇是太阳女神天照大神的后裔。尽管如此，这些史书足以表明朝鲜对日本具有不小的影响，中国也通过朝鲜对日本产生了很大的影响，为日本输入了佛教、文字、冶金、各种技艺和官僚管理方法。史书中还有大量关于在日本的朝鲜人和在朝鲜的日本人的记载——被日本史学家和韩国史学家分别解读为本国曾经征服对方的证据。

* * *

我们已经看到，日本人的祖先早在他们有文字之前就到了日本。从生物学特征看，他们是在比较晚近的时候才到日本的，而他们的语言似乎显示他们至少在5 000年前就已经到达。为了解决这一矛盾，我们现在来看考古学证据。我们将看到古代的日本社会有多么不同寻常。

现在，日本大部分地区和东亚沿海地区被浅海环绕。这些浅海在冰期是干地，很多海水被冰封于冰川之中，海平面比现在的高度要低大约 500 英尺。在那些时期，一座大陆桥跨过现在是库页岛的地方，连接着日本最北部的岛屿北海道与俄罗斯本土；另一座大陆桥跨过现在是对马海峡的地方，将日本最南部岛屿九州与朝鲜半岛南部相连；日本的各大岛屿之间相互连接；现在是黄海和东海的大部分区域曾是中国大陆的陆地延伸部分。因此，不足为奇的是，早在船只发明之前的大陆桥时期，哺乳动物就从亚洲大陆来到日本，其中不仅有现代日本熊和猴子的祖先，还有古代的人类。日本北部的古代石器与西伯利亚和中国北部的古代石器十分相像，而日本南部的古代石器与朝鲜和中国南部的古代石器十分相像，这表明南北大陆桥都有人类通过。

　　冰期的日本并不是适宜居住的地方。尽管日本大部分地区没有像当初的英国和加拿大那样被冰川覆盖，但日本仍然寒冷、干燥，被针叶树林和桦树林广泛覆盖，几乎没有什么可供人类食用的植物果实。这些劣势使得冰期日本人所表现的智慧更加令人印象深刻：大约在 3 万年前，他们最早学会将石块磨制成边缘锋利的工具，而不仅仅是通过敲打或撞击制成。在英国考古学中，磨制工具被认为是重大的文明进步，是新石器时代与旧石器时代划分的标志，而直到不足 7 000 年前，磨制石器才随着农业的到达在英国出现。

　　大约在 1.3 万年以前，随着世界各地的冰川迅速融化，日本的自然环境明显变得更适宜人类生存。由于气温上升，雨水充沛，湿度加大，作物的生产力达到了与现在相当的较高水平，日本因此在温带国家中脱颖而出。落叶阔叶林里到处是坚果树，它们在冰期只生长在南方，现在向北扩张到针叶林中，将曾经贫瘠的森林变为果实丰富的森林。海水的上涨淹没了大陆桥，把日本从一块与亚洲连接的陆地变成了一个大群岛，把曾经的平原变成了水产丰富的浅海，并且带来了数千英里物产丰饶的海岸线，那里有着数不胜数的岛屿、海湾、滩涂、河口，这些地方都富产海鲜。

　　日本历史上有两次最具决定意义的变化，其中一个变化是在冰期结束时出现的，那就是陶器的发明。人类有史以来第一次拥有了各种形状的密封盛水容器。掌握蒸、煮或炖的新技能后，人类拥有了更加丰富的食物来源，因为很多食物在以前难以食用，比如在火上烤就会烧着或脱水的叶菜，煮熟后才容易开口的贝类，需要通过浸泡来去除毒素或苦味的橡实和马栗。人们还能将食物煮至软烂，用来喂养婴儿，让婴儿更早地断奶，以缩短母亲的生育间隔。软烂的食物还能用来喂养牙齿脱落的老人，使他们更长寿，在文字出现以前的社会中，长者就是知识的宝库。这些陶器带来的重大影响触发了人口的爆炸式增长，使日本人口从大约几千人攀升至25万人。

　　当然，日本人不是唯一使用陶器的古代人类：在古代，世界上的许多地方在不同时期都各自发明了陶器。但是，世界上已知最早的陶器是12 700年前在日本制作出来的。科学家用放射性碳14测年法测算陶器制成的年代，1960年测算结果公布后，连日本科学家一开始都不敢相信。根据考古学家的通常经验，发明应该是从大陆向岛屿传播的，边缘地区的小型社会一般不会出现革命性的发明。对研究日本的考古学家而言，中国通常是东亚文化突破的发源地，比如在农业、文字、冶金学等重要方面。如今，距离那次测算已近 40 年，但考古学家仍然没有从那个所谓的"碳 14 年代冲击"中缓过来。亚洲的考古学家竞相打破日本的纪录，还在中国和俄罗斯东部（符拉迪沃斯托克附近）发现了其他早期的陶器。（事实上，我刚从小道消息听说，中国人和俄罗斯人离打破日本的纪录已经很接近。）但日本仍是这项纪录的保持者，它的陶器比肥沃新月地带或欧洲最早的陶器还要早数千年。

为什么日本陶器打破历史纪录让人如此震撼？岛国居民要向高等大陆居民学习的这种偏见并非唯一的原因。还有一个原因是，最初的日本陶器工匠显然是狩猎-采集者，而这挑战了传统的观点。大多数情况下，定居社会才有陶器，游牧族群每次转移营地时要带上武器和婴儿，不会想再带上沉重的瓶瓶罐罐。又因为世界上其他地方的定居社会基本只在有了农业之后才出现，所以（农业出现之前的）狩猎-采集者通常没有陶器。但是，由于日本的自然环境非常多产，人们既可以定居下来、制作陶器，又可以同时过狩猎-采集生活，这在世界上是少有的。在精耕细作的农业到达日本之前的 1 万多年中，陶器让这些日本狩猎-采集者得以充分利用大自然中丰富的食物来源。相形之下，大概在农业文明出现后的 1 000 年，肥沃新月地带的居民才开始使用陶器。

可想而知，按照今天的标准，古代的日本陶器在技术上很简单。当时的陶器没有上釉，是用手捏制而不是用陶工转盘制作的，是放在明火上而不是放进窑中烧制的，并且烧制的温度比较低。但是，渐渐地，日本陶器被制成各式各样的形状，样式极为丰富，以任何时代的标准评定都堪称伟大的艺术。许多日本古代陶器都饰有在陶土未干时用绳子缠绕或按压形成的花纹。日语中用来表示"绳子花纹"的词是"绳文"，这个词被用于指代陶器本身，也指代日本古代的陶器工匠，还指代日本自陶器发明开始至 1 万年后结束的整个史前时期（绳文时代）。

最早的绳文陶器出产于 12 700 年前的九州，即位于日本最南端的岛屿。之后，陶器向北普及，在大约 9 500 年前到达现在东京所在地附近，在 7 000 年前到达日本最北端的岛屿北海道。陶器的北向传播发生在盛产坚果的落叶阔叶林北移之后，这表明食物增多是定居生活和陶器普及的前提。日本各地早期绳文陶器的样式相当一致，可见陶器很有可能在日本南部发明，而后从这个唯一的源头向北传播。随着时间推移，在南北距离超过 1 500 英里的日本列岛上，出现了几十种有地域风格的陶器。

* * *

绳文人是如何维持生活的呢？考古学家从日本各地十几万个遗址和贝冢中发掘出绳文人留下的生活废弃物，提供了大量证据。证据表明，绳文人依靠狩猎、采集和打鱼生活，他们的膳食非常丰富且均衡，足以让现在的营养学家拍手称赞。

绳文人的一个主要食物类别是坚果，尤其是栗子和核桃，以及去除了苦味和毒性的马栗和橡实。绳文人在秋天收获大量坚果，然后将其储藏起来过冬，用来存储坚果的地窖可达 6 英尺深、

6 英尺宽。其他植物性食物还有浆果、水果、种子、叶子、嫩枝、球茎和块根。考古学家从绳文人留下的生活废弃物中，总共识别出 64 种可食用的植物。

和现在一样，绳文时代的日本居民也是世界上主要的海鲜消费者。绳文人在开阔的海洋中捕捞金枪鱼；他们将海豚驱赶到浅水中，用棍棒击打或者用尖矛刺杀，和日本人现在的做法一样；他们在海滩上猎杀海豹；他们在河流里捕捉随洋流迁徙的鲑鱼；他们或者撒网打捞，或者用拦鱼栅捕捉，或者用鹿角做成的鱼钩钓上各种各样的鱼类；他们还在潮间带区域捡拾贝类、螃蟹和海藻，或者潜到水中打捞。从绳文人的骨骼看，今天病理学家称为外耳道骨疣的发病率很高，这种病在今天的潜水员中很常见。

在被猎杀的陆地动物中，野猪和驯鹿是最常见的猎物，其次是山羊和黑熊。绳文人的捕猎方法有设陷阱诱捕、用弓箭射杀、放猎狗追咬。考古学家在绳文时代的沿海岛屿发现了猪骨，而在自然情况下，野猪不会出现在这种地方，因此，人们怀疑绳文人已经开始尝试驯养猪了。

对于绳文人的生活，最具争议的问题是农业的贡献有多大。绳文时代的遗址中经常有可食用植物的遗存，包括红豆、绿豆和稗子，这些植物是日本土生土长的野生植物，但在今天也被作为农作物种植。从形态学角度，这些绳文时代遗留下来的植物，没有表现出区别于野生始祖种的明显特征，因此，这些植物是从野外采集而来，还是人工种植而来，我们不得而知。遗址中还有一些遗留的可食用或者可利用的植物种类，这些植物不是日本土生土长的，无疑是因为其价值而被从亚洲大陆引进来的，比如荞麦、甜瓜、葫芦、大麻和紫苏（用于调味）。公元前 1200 年左右接近绳文时代后期的遗址中，开始出现一些水稻、大麦、粟、黍子的颗粒，这些都是东亚的主要谷物。所有这些引人注目的线索表明，绳文人有可能已经开始以某种方式实践刀耕火种的农业，但明显是以一种不经意的方式，农业对他们的饮食贡献很小。

必须强调的是，并不是绳文时代日本全国上下都食用我提到的每一种食物。在日本北部，森林盛产坚果，用于储藏坚果的地窖尤其重要，同样重要的还有猎杀海豹和捕捞海鱼。西南地区不怎么生长坚果，贝类在饮食中发挥着更大的作用。但是，该地绳文人的膳食仍然丰富多样，甚至每一顿都是如此。举个例子，从保存下来的餐饭遗存可以看出，绳文人将栗子粉、核桃粉、猪肉、猪血、鹿肉、鹿血、鸟蛋按照不同比例混合在一起，做成高碳水的"绳文曲奇"或者高蛋白的"绳文汉堡"。后期的阿伊努狩猎-采集者习惯将陶制煮锅架在火上，把杂七杂八的食物全部扔进去煨煮；他们在绳文时代的祖先也是住在此地，食用一样的食物，可能是用同样的烹饪方式。

我提到过，陶器（包括一些高达 3 英尺的沉重陶器）的使用表明绳文时代的狩猎-采集者过着定居而非游牧的生活。对此还有进一步的证据，包括沉重的石器和一些遗址，比如大量有着修葺痕迹的半地下式房屋，有着 100 多户居民的大村落，以及坟墓。种种特征表明，绳文人与现代的狩猎-采集者不同，后者每隔几周就要转移营地，因此只搭建临时住所，只随身携带少量便携的物件。定居的生活方式之所以能成为可能，是因为绳文人的生活环境依林傍水，比如内陆森林、河流、海岸、海湾以及开阔的海洋，生活物资丰富多样。

在狩猎-采集者的居住地中，绳文人居住地的人口密度首屈一指，尤其是在日本中部和北部，因为那里的森林盛产坚果，河里鲑鱼洄游，海洋物产丰富。据估计，绳文时代的日本总人口最多时可达2.5万人——虽然和现在相比不算什么，但是就狩猎-采集社会而言，确实是个不小的数字。和绳文人人口密度最接近的现代族群可能是美洲印第安人，他们生活在太平洋西北沿岸和加利福尼亚，这些地方同样有盛产坚果的森林、不断洄游的鲑鱼和物产丰富的海洋——这是一个人类社会趋同进化的显著案例。

我们强调了绳文人实际拥有什么，同时也需要清楚他们没有什么。他们没有精耕细作的农业，连是否有任何形式的农业都尚不明确。除了狗（可能还有猪），他们没有其他驯养的动物。他们没有金属工具，没有文字，也没有织物。绳文时代的村落和坟墓没有装饰华丽的房屋和墓室，都是很简单的风格，而且规格齐整，可见绳文社会还没有什么高低贵贱的分化。陶器样式在不同地区有所差异，表明当时几乎没有政治集中和统一的进程。所有这些负面清单使得绳文时代的日本社会与同时期的中国大陆社会及朝鲜社会形成了鲜明的对比，尽管它们之间仅有几百英里之隔，与公元前400年后发生变化的日本相比，绳文时代的日本也显得非常不同。

尽管绳文时代的日本就连在东亚范围内也显得相当独特，但它也并非完全与世隔绝。绳文时代的陶器和黑曜石的分布情况表明，水运工具将东京以南 180 英里的伊豆群岛串联起来。同样，陶器、黑曜石和鱼钩证实绳文时代的日本与朝鲜、俄罗斯和冲绳有贸易往来——我之前提到的几种亚洲大陆农作物出现在日本也能证实这一点。但是，研究日本绳文时代的考古学家几乎没有发现日本从中国直接进口的证据，这与中国对后期日本历史影响深远的情况形成了反差。与后来的时代相比，绳文时代的日本之所以令人印象深刻，不在于它确实与外部世界有往来，而在于这种往来对绳文社会影响甚微。绳文时代的日本狭小闭塞，在 1 万年的进程中几乎一成不变，令人匪夷所思——这个百世不易的岛国在同时期瞬息万变的世界中孑然独立。

为了以同时期的视角审视日本绳文时代的独特性，让我们来看看公元前 400 年时，也就是绳文时代末期，日本以西几百英里的亚洲大陆上的人类社会是什么样的。当时的中国由分封诸侯国组成，社会有高低贵贱之分，居住之地城墙高筑，并且即将实现政治统一，成为世界上最大的帝国。从大约公元前 7500 年开始，中国已经发展起南稻北粟的精耕细作型农业，还驯养了猪、鸡和水牛。中国那时已经有至少 900 年的文字历史，至少 1 500 年的金属工具史，并且已经发明出世界上第一件铸铁器。中国的这些发展成果也传播到朝鲜，朝鲜当时已经拥有数千年的农业文明（包括从公元前 2200 年开始种植水稻），自公元前 1000 年起就有了金属工具。

乍看之下，令人颇为震惊的是，数千年来，与日本只隔着对马海峡和中国东海的亚洲大陆不断发展，而公元前 400 年时，占领日本的族群仍然是与朝鲜有些贸易往来但没有文字、还在使用石器工具的狩猎–采集者。纵观人类历史，中央集权国家有金属武器，还有靠稠密的农业人口养活的军队，他们对待人口占少数的使用石器工具的狩猎–采集者，通常是赶尽杀绝。既然如此，绳文时代的日本是如何存续这么长时间的呢？

为了理解问题的答案，我们必须认识到，在公元前 400 年以前，居住在对马海峡两岸的农民和狩猎–采集者，并不是前者富后者穷，而是恰恰相反。中国自身与绳文时代的日本没有直接的联系。与日本有贸易往来的是朝鲜。水稻在温暖的中国南方被驯化，迟迟才向北传播到更为寒冷的朝鲜，这是因为人们花了很长时间才培育出耐寒的新品种水稻。朝鲜最初的水稻是用旱田而不是灌溉水田种植的，产量并不高。因此，朝鲜早期的农业竞争不过绳文人的狩猎–采集生活方式。就算当时的绳文人知道朝鲜发展了农业，也会觉得没有必要引进；贫穷的朝鲜农民也不具备将农业强推给日本的优势。接下来我们将看到，这种优势突然间发生了戏剧性逆转。

* * *

前文提到，日本历史上有两次最具决定意义的变化，大约 12 700 年前在九州岛上发明的陶器及其带来的绳文人口激增是其中之一。另一个决定性变化发生在公元前 400 年左右，全新的生活方式（和族群？）从朝鲜半岛抵达日本，带来了日本的第二次人口爆发。因为有这次变化，日本人的起源问题引发了激烈的争论。这次变化是否标志着朝鲜移民取代了绳文族群而成为现代日本人的祖先？还是说，原本住在那里的绳文人继续占领着日本，但学到了宝贵的新技能？

这种新的生活方式最早出现在日本西南端九州岛的北部海滨，与朝鲜半岛隔着对马海峡。在新事物中，最重要的是日本最早的金属工具，即铁器，以及明确出现的大规模农业。此时的农业形式是灌溉稻田，考古学家发掘出完整的沟渠、河坝、堤岸和水田，以及大米残迹。1884 年，考古学家在东京弥生町首次发现了具有这一时期特征的陶器，于是将这种新的生活方式命名为"弥生文化"。和绳文时代的陶器不同，弥生时代的陶器与同时期朝鲜半岛的陶器在形状上十分相似。在新的弥生文化中，还有许多元素确定是朝鲜的，之前没在日本出现过，包括青铜器、编织物、玻璃器皿、地下稻仓、将死者遗骸放进坛子的习俗，以及朝鲜式工具和房屋。

水稻是弥生时代最重要的农作物，此外人们还新种植了 27 种农作物，可以肯定还驯养了猪。弥生时代的农民可能已经开始实践一年两熟的做法，夏天种植灌溉水稻，冬天排干水，种植黍子、大麦和小麦。这种高产的精耕细作型农业系统必然使九州人口激增。考古学家在九州发现了远多于绳文时代遗址的弥生时代遗址，尽管绳文时代持续的时间比弥生时代长 14 倍。

没过多久，弥生时代的耕种文明从九州跳跃式地发展到本州和四国等毗邻岛屿，不到 200 年就传到了东京地区，又过了 100

年，农业传播到本州的最北端（距离弥生时代的第一个定居点1 000英里）。在九州岛上最早的弥生遗址中，陶罐既有新式的弥生样式，又有老式的绳文样式，但随着弥生文化和新式陶器经过本州向北普及，老式陶器逐渐退出历史舞台。不过，有些绳文文化元素并未完全消失。弥生时代的农民仍然使用绳文时代的打制石器，而打制石器早就在朝鲜和中国被金属工具完全取代。弥生时代的房屋有些是朝鲜风格，有些是绳文风格。这种情况在人口最密集的绳文狩猎-采集者定居地尤其明显，这里气候更冷，稻作农业生产力低，弥生文化从东京北部传到这里时，就兴起了一种融合的弥生-绳文文化。在这里，有金属制作的绳文样式鱼钩，有印有绳文的改良式弥生样式陶罐。弥生时代的农民短暂占领本州北部后便离开，据推测是因为那里的水稻种植竞争不过绳文人的狩猎-采集生活方式。在接下来的2 000年里，本州北部一直是边缘地区。除此之外，位于日本最北部的北海道及其以狩猎-采集为生的阿伊努居民甚至不被当作日本的一部分，直到19世纪时被占领。

弥生时代的铁制工具最初从朝鲜大批量引进，几个世纪后，日本国内的冶炼和铸造技术才发展起来。也是经过几个世纪的发展，弥生时代的日本首次出现了社会等级，这一点尤其能从墓葬中反映出来。在大约公元前100年后，有部分墓地被单独隔开，留给明显是新兴的达官贵人作墓室使用，这些墓室里有许多来自中国的奢侈品，比如精美玉器和铜镜。随着弥生时代人口持续激增，适合种植水稻的肥沃湿地或灌溉平原逐渐被占满，有关战争的考古学证据越来越常见：大规模制造的箭头，周围挖有护城河的村庄，被投射利器贯穿的骸骨。中国史书中关于日本的最早记述，描述了倭国的国土以及上百个互相残杀的政治派别，这与日本弥生时代的战争痕迹相互佐证。

关于公元 300 年至 700 年这段时期，通过考古发现和之后史书中的记载（尽管并不清晰明确），我们大致可以看出，日本已有政治统一的雏形。公元 300 年以前，达官贵人的墓地规模小，样式具有地域差异。从大约公元 300 年开始，本州近畿地区修建的坟墓规模越来越大，形状像钥匙孔，这种土墩式坟墓被称为古坟（Kofun）。随后，古坟出现在从九州到本州北部曾流行弥生文化的地区。为什么这些古坟最先出现在近畿地区呢？可能是因为该地区拥有日本最适宜农耕的土地，现在非常昂贵的神户牛肉就产自近畿，日本古代的首都京都也坐落于此，到 1868 年日本才迁都至现在的东京。

最大的古坟长 1 500 英尺，高 100 多英尺，古坟可能是古代世界中最大的土墩式坟墓。修建这类古坟需要大量劳动力，以确保各地古坟样式相一致，由此可以推测出大量劳动力的背后有实力强大的统治者在指挥，日本正走向政治意义上的统一。考古学家从已发掘的古坟中发现了大量陪葬品，但最大的古坟全部被禁止挖掘，因为人们坚信里面埋葬着日本天皇一脉的祖先。古坟证明弥生时代的日本实现了政治集中，也印证了很久以后日本史书和朝鲜史书中有关古坟时代日本天皇的记载。在古坟时代，朝鲜对日本影响重大〔不管是通过朝鲜征服日本（朝鲜所持观点），还是日本征服朝鲜（日本所持观点）]，为日本带来了亚洲大陆的佛教、文字、骑术，以及新的制陶和冶炼工艺。

最后，公元 712 年，日本的第一部史书成书，其中部分是神话，部分是对真实事件的改写，自此，日本正式出现在历史中。也就是从 712 年开始，生活在日本的居民才成了确定无疑的日本人，他们的语言（古日本语）是现代日本语的起源也没有争议。当今的明仁天皇是公元 712 年第一部史书中的天皇的第 82 世直系子孙。[①] 按照传统观点，他是传说中的第一任天皇神武天皇（太阳女神天照大神的重玄孙）的第 125 世直系子孙。

* * *

日本文化在历时 700 年的弥生时代所发生的变化，远比在历时 1 万年的绳文时代的变化剧烈。绳文时代的稳定性（或者说保守性）与弥生时代变化的剧烈性形成了鲜明反差，这种反差是日本历史上最引人注目的特征。显然，公元前 400 年发生了一些重大的事件。会是什么呢？现代日本人的祖先是绳文人、弥生人，还是两者的结合？在弥生时代，日本人口惊人地增长了 70 倍：是什么带来了这样的剧变？人们围绕以下三种说法展开了激烈的争论。

第一种说法是，绳文时代的狩猎-采集者逐渐演化成现代日本人。因为他们过了数千年的定居生活，接受农业文明也就是水到渠成的事了。在弥生巨变时期，绳文社会从朝鲜获得耐寒稻种

---

① 明仁天皇已于 2019 年正式退位，当前的日本天皇为德仁天皇。——编者注

及灌溉水田的知识，粮食产量和人口数量因而增加，这恐怕就是这一时期最大的变革了。这种说法很受现代的一些日本人欢迎，因为日本人不希望自己的基因池中掺有朝鲜人的基因，这种理论能将日本人基因中的朝鲜人基因成分降至最小；而且，根据这种说法，日本民族至少在过去的 1.2 万年里是独一无二的存在。

第二种理论是那些接受第一种理论的日本人所不喜欢的：弥生巨变时代，朝鲜移民大量流入，带来了朝鲜的农耕方式、文化和基因。在朝鲜稻农看来，九州比朝鲜更加温暖湿润，更适宜水稻生长，是一方生活乐土。据一项估计显示，弥生时代的日本接收了几百万的朝鲜移民，他们对基因的贡献完全超过了绳文人（在弥生巨变前仅有 7.5 万人）。如果是这样，那么现代日本人就是朝鲜移民的后代，他们在过去 2 000 多年调整并形成了自己的文化。

最后一种理论承认有朝鲜移民，但否认如此庞大的移民数量。这种理论认为，因为农业的生产力高，所以数量不多的稻农移民比依靠狩猎-采集为生的绳文人繁衍得更快，最终在人数上超过了绳文人。比如说，假设只有 5 000 名朝鲜人抵达九州，得益于水稻农业，他们可以养活更多的婴儿，实现每年 1% 的人口增长。这样的增长率对狩猎-采集人群而言较难实现，但对于农民而言则能轻易实现：现在肯尼亚每年的人口增长率为 4.5%。在 700 年内，这 5 000 名移民就会有 500 万名子孙后代，超过了绳文人的人口数量。和第二种理论一样，这种理论认为现代的日本人是经过轻微改变的朝鲜人，但不认为需要有大规模的移民。

通过与世界上其他地方发生的类似巨变相比较，我认为第二种或第三种推测比第一种推测更加合理。在过去的 1.2 万年中，地球上发展出农业的地区不超过 9 个，包括中国、肥沃新月地带等。1.2 万年前，地球上的所有人都是狩猎-采集者，而现在，我们几乎全部以农业为生或靠农业养活。农业之所以能从个别地方普及至世界各地，不是因为其他地方的狩猎-采集者接受了农业文明；狩猎-采集者往往比较保守，就像公元前 10700 年至公元前 400 年的绳文人那样。农业能够普及，主要是因为农民比狩猎-采集者繁衍得快，农民发明了更先进的技术，将狩猎者杀死或者赶出所有适合农业生产的土地。在现代，来自欧洲的农民就是这样取代了北美西部的印第安猎人、澳大利亚土著，以及南非的祖鲁人。同样，使用石器工具的农民取代了在史前遍布欧洲、东南亚和印度尼西亚的狩猎者。在史前时期，农民比起狩猎者仅有微弱的优势，相形之下，公元前 400 年的朝鲜农民比起绳文时代的狩猎者有非常明显的优势，因为朝鲜人已经拥有铁制工具，还拥有高度发达的精耕细作型农业。

对于日本来说，以上三种理论中哪一种是正确的呢？回答这个问题的唯一直接方法是，拿绳文人、弥生人的骨骼和基因，与现代日本人和阿伊努人的骨骼和基因做比较。现在，科学家已经用很多骨骼做了测算。此外，在最近几年里，分子遗传基因学家已经开始从古代人的骨骼中提取 DNA，并开始比较古代日本人和现代日本人的基因。其中一项研究发现，绳文人和弥生人的骨骼总体而言可以轻易区分出来。绳文人一般身材矮小，前臂较长，腿部较短，两眼间距较宽，面部宽而短，面部特征更加突出，有明显凸出的眉脊、鼻子和鼻梁。弥生人的平均身高比绳文人高1至2英尺，他们的两眼间距较窄，面部长而窄，有平坦的眉脊和鼻子。一些弥生时期的骨骼在外观上依然和绳文时期的骨骼类似，但在所有关于绳文至弥生过渡的理论中，这一点都能解释得通。到了古坟时期，除阿伊努人外的所有日本人的骨骼变得同质化，与现在的日本人和韩国人的骨骼相似。

在各方面，绳文人的头骨都和现代日本人的头骨不同，与现代阿伊努人的头骨最像，而弥生人的头骨与现代日本人的头骨最像。基于这样一个假设，即现代的日本族群起源于弥生人（外貌像朝鲜人）和绳文人（外貌像阿伊努人）融合后的后代，遗传学家试图计算出这两种基因中哪种基因的贡献相对较大。最后的结论是，朝鲜人或弥生人对日本人基因的贡献是最主要的。阿伊努人或绳文人对西南部的日本人基因的贡献最小，抵达这里的朝鲜移民最多，绳文人口数量稀少；对北部的日本人基因的贡献相对较大，这里的森林更加盛产坚果，绳文人口密度最高，弥生时代的水稻农业发展得最落后。

因此，来自朝鲜的移民的确对现代日本人的基因做出了很大的贡献，尽管我们还不能断定这是因为移民数量巨大，还是因为人数不多的移民经过快速增长而扩大了规模。阿伊努人更像是日本绳文时代居民的后代，同时混合了弥生时代拓殖者和现代日本人身上的朝鲜基因。

得益于水稻农业，朝鲜农民最终获得了相对于绳文狩猎者的压倒性优势。那么，在农业到达朝鲜后的数千年里都没能挺进日本的农民，为什么突然间取得了胜利呢？前文提到过，早期的朝鲜农业生产力非常低，所以农民很贫穷，比不上富裕的狩猎者。最终，很可能在以下四个因素的共同作用下，农民占了上风并引发弥生巨变：取代低产旱地水稻农业的灌溉水稻农业发展了起来；适应寒冷气候的水稻品种不断得到改良；朝鲜农耕人口急剧增长，迫使朝鲜人移民；铁制工具的发明使人们可以高效地大规模制作铲具、锄具等稻田农业所需的工具。铁制工具和精耕细作的农业同时到达日本，不可能只是巧合。

* * *

对于外貌独特的阿伊努人和没有独特外貌的日本人是如何在日本共生的，我在本节开篇提出了一种显而易见的解释。从表面来看，种种事实似乎表明阿伊努人是日本最初住民的后代，而日本人是后来者的后代。现在，我们已经看到，考古学证据、体质人类学证据和遗传学证据都支持这一观点。

但是，我在最开始还提到了一个有力的反对意见，许多人（特别是日本人自己）因此想要寻找其他的解释。如果日本人确实是来自朝鲜的后期移民，那么两种语言应该非常相似才对。更通俗地说，如果日本族群不久前才起源于生活在九州的混血，即外貌像阿伊努人的绳文原住民和来自朝鲜的弥生外来者的混血，那么日语应当与朝鲜语、阿伊努语都有密切的亲缘关系。然而，日语与阿伊努语明显没有任何关系，与朝鲜语也十分疏远。如果绳文原住民和弥生外来者在 2 400 年前才融合，那么为什么他们的语言互不关联？我建议可以这样解释：事实上，生活在九州的绳文原住民的语言不可能与现代的阿伊努语十分相似，弥生外来者的语言也可能与现代的朝鲜语有所不同。

首先来看阿伊努语。正如我们所知，在近代，生活在日本北部岛屿北海道的阿伊努人仍然使用阿伊努语。因此，绳文时代的北海道居民可能会使用一种类似阿伊努语的语言，但绳文时代的九州居民不会。从最南端的九州到最北端的北海道，日本列岛的跨度将近 1 500 英里。我们知道，在绳文时代，人们的生存技能和陶器样式呈现出明显的地域差异，绳文时代的日本也从未有过政治上的统一。在绳文时代的 1 万年中，绳文人应该形成了同样千差万别的语言。正如考古证据显示，如果北部的绳文人和南部的绳文人分别从俄罗斯和朝鲜经大陆桥来到日本，那么他们的语言可能早在 1.2 万年前就已经不同。

事实上，在北海道和本州北部，许多日语中的地名包含了阿伊努语的词，比如表示河流的 nai 或 betsu，表示海角的 shiri，但是在日本更南部的地区，没有出现过类似阿伊努语的词。这表明，弥生人和日本人的祖先采用了许多绳文时代的地名，就像美国白人采用了美洲土著的地名（比如 Massachusetts 和 Mississippi）。这还表明，只有日本最北部地区的居民才使用阿伊努语。绳文时代的九州居民使用的语言可能与南岛语系有着共同的祖先，南岛语系包括波利尼西亚语族、印度尼西亚语族、美拉尼西亚语族以及密克罗尼西亚语族。正如许多语言学家已经指出的，日语表现出受到过南岛语系语言影响的痕迹，在所谓的开音节（后接元音的辅音，就像"Hi-ro-hi-to"中的那样）发音上有相似之处。

也就是说，北海道居民现在使用的阿伊努语，并不是古代九州居民使用的绳文语言的样板。同理，对于公元前400年朝鲜移民使用的弥生时期语言，我们也不能用朝鲜语作为参考。公元676年，朝鲜半岛实现了政治上的统一。在之前的好几个世纪里，朝鲜半岛由三个国家（高句丽、百济和新罗）组成。现代的朝鲜语起源于新罗使用的语言。新罗在发展壮大后统一了朝鲜半岛，但在之后的几个世纪里，与日本密切往来的国家并不是新罗。早期的朝鲜史书告诉我们，高句丽、百济和新罗使用不同语言。被新罗击败后，高句丽和百济的语言已经鲜为人知。几个保存下来的高句丽语单词，与对应的古代日语单词更像，而与对应的现代朝鲜语单词不那么像。公元前400年，朝鲜半岛还是三国时代，尚未实现统一，语言可能更加多样。我猜测，在公元前400年被带到日本并演化成现代日语的朝鲜语，与演化成现代朝鲜语的新罗语，存在着很大的差异。因而，虽然现代日本人和朝鲜人在外貌和基因上非常相似，但在语言上大相径庭，也就不足为奇了。

这一结论很可能在日本和朝鲜半岛都不受欢迎，因为它们互不喜欢。历史原因决定，他们有理由互相厌恶：朝鲜半岛上的人尤其有理由厌恶日本人。就像阿拉伯人和犹太人那样，他们虽然有血缘上的关系，但一直处于敌视状态。但是，不管是在东亚还是在中东，敌视都是互相伤害。两个民族就像孪生兄弟，曾经拥有共同的成长岁月，但双方都不愿意承认这一点。他们能否成功地恢复古时的纽带，在很大程度上决定了东亚的政治前景。

收场白

人类史这门科学的未来

亚力的问题直指人类当前处境的核心，也是人类历史在更新世之后的发展关键。现在我们已经考察过世界各大洲的历史，我们该如何回答亚力？

我会这样回答亚力：各大洲上的族群，有截然不同的大历史，原因不在人，而在环境。要是澳大利亚土著与欧亚大陆上的土著在更新世晚期对调家园，我相信今天占领美洲、澳大利亚大部分土地的（更别说欧亚大陆了），会是那些在欧亚大陆上繁衍的澳大利亚土著。而原来生活在欧亚大陆上的族群，到了澳大利亚同样一筹莫展，面临灭种的命运。这话也许乍听之下没什么意义，因为这只是个在想象中进行的实验，无法证实。但是，历史学者能以回溯法检验相关的假说。举例来说，我们可以考察欧洲农民到了格陵兰岛或美国大平原上后发生了什么，中国的农民迁徙到查塔姆群岛、加里曼丹雨林、爪哇岛或夏威夷岛的火山灰土壤上，又发生了什么。这些测验证实，源自同一祖先族群的苗裔，在不同的环境中会有不同的命运，有的走向群体消亡，有的返回狩猎-采集的生活形态，有的创建复杂的国家，一切都视环境而定。同样，源自同一祖先族群的澳大利亚土著，到了弗林德斯岛、塔斯马尼亚岛或澳大利亚东南部后，在不同的环境中，有的消亡，有的成为世界上工艺技术最原始的狩猎-采集族群，有的开凿运河，经营集约化的高产渔场。

当然，各大洲的环境有许多不同的特征，每个特征都能影响人类历史的发展。但是，逐项列举所有可能的差异并不足以回答亚力的问题，我觉得其中只有四组是最重要的。

第一组因素是环境差异，各大洲上可供驯化的动植物资源不同。食物生产非常重要，因为人类社会需要盈余食物来供养不事生产的专家，而在技术与政治优势发展出来以前，充足的食物可以养活更多的人口，人口的优势很容易转化成军事优势，使社群进可攻退可守。出于这两个理由，从小酋邦的雏形发展成经济复杂、社会分化、政治权力集中的社会，每个阶段都需要以食物生产为基础。

但是，大多数野生物种并不适合人工养殖。食物生产业靠的就是那几样少得可怜的家畜和农作物。各洲可供驯化的野生物种数目差别很大，因为各洲的面积不同，而大型哺乳动物在更新世晚期发生了灭绝。大灭绝对美洲和澳大利亚的影响较大，对欧亚大陆和非洲则相对较小。结果，以可供驯化的生物资源来说，欧亚大陆最得天独厚，非洲次之，美洲就差多了，而澳大利亚简直是不毛之地。以亚力的家乡新几内亚为例，此地面积只有欧亚大陆的七十分之一，大型哺乳动物全部在更新世晚期消失。

在各大洲，动植物的驯化只在少数占了地利的区域完成，相对于整个大洲，那些区域以面积而言真是微不足道，技术发明与政治制度也一样，大多数社会从其他社会采借现成的多，自行研发的少。因此，在一块大洲上促进社会发展的重要途径是传播与迁徙，只要地理条件许可，最后所有社会都能受惠。新西兰毛利人的滑膛枪之战，以比较简单的形式展现了传播与采借的过程——原先缺乏新发明的群体处于不利地位，如果不从已拥有新发明的群体学习采借，就只能坐以待毙，等着被其他群体取代。

第二组因素是影响传播与迁徙速度的条件，各大洲在这方面有很大的差异。在欧亚大陆上，传播与迁徙的速度最快，因为欧亚大陆的大陆轴线是东西向的，而且生态与地理障碍比较少。对牲口与农作物的传播而言，道理再清楚不过了，因为发育、滋长受气候的影响，而气候又受纬度影响。同样的道理也适用于技术发明的传播，只要那些技术不是只适用于特定的环境。在非洲，传播的速度就很慢，美洲更是特别慢，因为它们的大陆轴线为南北向，生态与地理障碍较难克服。在过去的新几内亚，传播也很困难，那里地形崎岖，再加上中央山脉的阻隔，想要一统语言与政治实在希望渺茫。

前文已谈过了影响大陆内部传播的因素，现在我们要谈的就是影响各大洲之间传播的因素，也就是第三组因素。作物、牲口、技术，也可以通过各大洲之间的传播获得。各大洲与外界沟通的难易程度不同，有些大洲与外界较为隔绝。在过去 6 000 年中，从欧亚大陆到撒哈拉以南非洲的传播是最容易的，非洲大部分牲口就是这么得来的。但是，东西半球间的传播对美洲土著的复杂社会毫无贡献，那里与低纬度的欧亚社会隔着大洋，与高纬度的欧亚社会有地理、气候的障碍，因此只适合狩猎-采集族群生存。澳大利亚土著与欧亚大陆隔着大洋，中间点缀着印度尼西亚，欧亚大陆在澳大利亚的遗留之物，已经证实的只有澳大利亚野狗。

　　第四组也是最后一组因素，是各大洲在面积或人口总数上的差异。面积越大、人口总数越多的大洲，发明家越多，相互竞争的社会越多，创新也越多——采借和保持创新的压力更大，因为不这么做就会被竞争对手淘汰。非洲俾格米人和许多其他狩猎-采集族群就被农民取代了。也有反过来的例子，格陵兰岛上固执保守的诺尔斯农民就被狩猎-采集的因纽特人取代了，这是因为格陵兰因纽特人的谋生方法与技术比诺尔斯农民优越得多。世界上的各个陆块中，欧亚大陆的面积最大，相互竞争的社会数量也最多，澳大利亚与新几内亚就小得多了，塔斯马尼亚更不用说了。美洲的面积虽然很大，在地理和生态上却很碎片化，实际上像是没有紧密联系的几个小陆块。

　　这四组因素造成了各大洲主要的环境差异，这些差异是可以客观测量的，不受主观的影响。我认为新几内亚人平均说来比欧亚族群聪明，你也许不同意，认为那是主观的偏见。可是你无法否认新几内亚的面积小得多的事实，新几内亚比起欧亚大陆，大型哺乳动物种类少太多了，这是谁都不能否认的。但是，提起这些环境差异，就会招来历史学者指责你在宣传招人厌的"地理决定论"。这个标签似乎有令人不快的含义，比如人类创造力的作用微不足道，或者人类只不过是受气候、动植物区系摆布的棋子。其实，这些忧虑出自误会。要不是人类的创造活动，我们今天还在用石器切肉，茹毛饮血，像我们 100 万年前的祖先一样。所有的人类社会都有发明天才。不过有些环境提供了更多的起步素材，提供了更适合利用新发明的情境。

* * *

我这样回答亚力的问题，恐怕比亚力当初想知道的答案长得多，也复杂得多。不过，历史学者也许会认为我的答案太简短，也太粗略。将地球各大洲过去 1.3 万年的历史，塞进一本几百页的书中，简化、粗略在所难免，然而压缩也带来好处（算是补偿吧）：这种长时段比较研究得到的睿见，是只研究一个社会的短期发展无法获得的。

我承认，亚力的问题引发的许多议题还没有解决。目前我们能够提供一些不全面的答案，以及指引未来研究的方略，而不是一个完整的理论。现在我们的挑战，是将人类史发展成一门科学，使其与天文学、地质学、演化生物学等已确立的历史科学平起平坐。因此我现在要讨论这门历史学科的未来展望，并勾勒一些尚待解决的议题，这样结束全书，该是适当的吧。

我已经提出四组最重要的因素，以描述各大洲间的差异。所以最自然的下一步骤，应是详细的量化比较，让人信服这些差异在历史上的作用。各大洲可供驯化生物资源有很大的差异，为了凸显这一点，我提供了数字，显示各洲大型陆栖野生哺乳动物中草食性与杂食性物种的数量（表 9.2），以及大种子的谷物种类的数量（表 8.1）。我们还可以进一步研究各大洲有多少大种子的豆类植物，例如豌豆、菜豆与其他野生豆。此外，我讨论过，许多大型哺乳动物由于各种原因而不适合驯化，但我没有详细列出各大洲的候选物种有多少，以及分别是因为哪些原因而难以驯化。这个研究一定很有趣，尤其是非洲的哺乳动物，难以驯化的主要理由是什么？什么样的天择压力让它们演化出那些特征？为什么那样的动物在非洲特别多？粗略的计算让我相信，欧亚大陆、非洲、美洲沿大陆轴线方向的传播速度各不相同，我们可以进一步做的，就是以量化数据来验证这个看法。

* * *

可以进一步研究的第二个方向，就是针对更小的地理范围做比较短期的观察。举例来说，读者可能已经想到这个问题了：在欧亚大陆上，殖民美洲与澳大利亚的为什么是欧洲社会，而不是肥沃新月地带、中国或印度？为什么欧洲社会在技术上领先，而且在现代世界中占据了政治与经济的领导地位？在公元前 8500 年到公元 1450 年之间，任何历史学者都不可能想到欧洲最后会脱颖而出，因为在那近 1 万年间，欧洲是旧大陆中最落后的地区。从公元前 8500 年起，直到公元前 50 年后希腊、罗马相继兴起，欧亚大陆西部地区几乎每一项重要的创新——驯化动植物、文字、冶金、轮子、国家等，都是在中东肥沃新月地带一带发明的。大约公元 900 年后，水车在欧洲逐渐传布各地，这时阿尔卑斯山以西、以北地区，对旧大陆的技术或文明还没有任何贡献；那些地区只会从地中海东部、肥沃新月地带和中国捡现成。甚至公元 1000 年到 1450 年之间，科学与技术的主要流向，是从伊斯兰世界（印度到北非）到欧洲，而不是从欧洲到伊斯兰世界。在那些岁月中，中国是世界的技术领袖，而中国几乎与肥沃新月地带同时发明了农业。

那么，为什么中国与肥沃新月地带领先了几千年之后，却输给了欧洲呢？当然，我们可以指出促使欧洲兴起的近因：欧洲发展出了商人阶级、资本主义、保护发明的专利制度，没有发展出绝对专制体制和压垮平民的税负，希腊-犹太-基督教又有实证研究的传统。不过我们还是要问：究竟是哪些终极因促成了那些近因？为什么这些近因在欧洲出现，而不是出现在中国或肥沃新月地带？

就肥沃新月地带而言，答案很明确。肥沃新月地带除了在生物资源方面占尽优势外，并无显著的地理优势。肥沃新月地带虽然先驰得点，可是后继无力，其中细节我们已经了解得相当清楚，例如强有力的帝国在西方兴起，区域权力重心西移。公元前第四个千年，国家在肥沃新月地带兴起，起先权力重心仍旧在肥沃新月地带，巴比伦、赫梯、亚述、波斯相继成为霸权。可是，公元前 4 世纪后期，希腊人在亚历山大的领导下，逐一征服了东方所有的进步社会，权力重心从此西移，再不复返。公元前 2 世纪罗马征服希腊后，权力再度西移。罗马帝国衰亡后，权力就转移到了西欧与北欧。

　　有关造成这些权力转移的主要因素，只要我们比较一下今天的肥沃新月地带与古代人对肥沃新月地带的描述，就很清楚了。在今天，再用"肥沃新月""农业发源地"这样的词来描述这个地区，就显得荒谬了。在曾经的肥沃新月地带，大片地区如今已成为沙漠、半沙漠、草原，或被侵蚀、盐化的地带，不再适合农耕。今天，当地的一些国家靠石油这种不可再生资源积累财富，隐藏了这一地区长期根本贫困和难以自给的实况。

　　可是，在古代，肥沃新月地带和包括希腊在内的地中海东部地区，多为森林所覆盖。这个地区从肥沃的林地，转变成土壤冲蚀灌木林带或沙漠的过程，古植物学家和考古学家已经弄清楚了。原来的森林，或被清理后当作农田，或被砍伐了当作建材，或被当作燃料烧了，或被用于生产石膏。由于那里降雨量很小，相应而言初级生产力也很低，植被的恢复速度跟不上破坏的速度。羊群大量增加之后，更是雪上加霜，因为羊群对地面植被的破坏非常彻底，地面上的树木与青草消失后，土壤冲蚀、河谷淤积，而灌溉农业在降雨量小的地方会导致土壤盐化。这些过程在新石器时代就开始了，并且持续到现代。古代纳巴泰（Nabataen）王国首都佩特拉（Petra）附近残余的森林，在第一次世界大战前就因奥斯曼帝国建设汉志铁路的需要而全部被砍。

　　可见，位于肥沃新月地带与地中海东部的社会，运气实在不好，因为那里的生态系非常脆弱。他们摧毁了自己的资源基础，无异于生态自杀。那里的社会相继衰落后，权力便西移了。自从人类社会在那里发展，这个过程就开始了。最古老的社会是在东边（肥沃新月地带）出现的，从那里开始，一个接一个的社会兴起后又走向衰亡，权力向西边转移。欧洲北部与西部的社会没有遭遇同样的命运，并不是因为居民比较聪明，而是因为他们运气好，居住环境的降雨量大，植被生长快，经得起人类的折腾。欧洲北部与西部大部分地区，生产食物已有 7 000 年历史，今天仍然有生产力，能够支撑集约型农业。事实上，欧洲的农作物、牲口、技术、文字，都是从肥沃新月地带采借的。肥沃新月地带作为权力与创造的中心，却逐渐被自己的成就侵蚀。

那是肥沃新月地带从领袖群伦的高峰，跌至命运深谷的过程。那么中国呢？中国的例子起先很令人惊讶，因为中国无疑占尽了优势：几乎与肥沃新月地带同时发展出食物生产业；生态复杂，从华北到华南，从海岸到青藏高原，生物资源丰富，因此发展出许多种类的农作物、牲口、技术；幅员辽阔、生产力雄厚，供养了世界上最多的人口；环境强韧，不似肥沃新月地带那样脆弱，经过了 1 万年的耕作，仍能支持密集农作（虽然今日中国的环境问题越来越多，比西欧还严重）。

这些条件使中国先驰得点，于唐宋之间成为技术大国，领先世界。中国有一长串的"技术第一"头衔，例如铸铁、罗盘、造纸、印刷等。在政治实力、航海、海权等方面，中国也曾经是世界领袖。15 世纪初期，中国的船队就数度远航，出航人员共 2.8 万人，船只达数百艘，每艘可达 400 英尺长，他们渡过印度洋，最远到达非洲东部海岸。那时哥伦布还没出生，更别提载着他"发现"美洲的 3 艘船有多简陋了。为什么中国船队没有绕过好望角西进，殖民欧洲，反而是葡萄牙人达伽马率领 3 艘小船绕过好望角东行，开启了欧洲人向东亚拓殖的时代？为什么中国船只没有东渡太平洋，登陆美洲西岸？一言以蔽之，为什么技术先进的中国会被原本落后的欧洲赶上呢？

中国船队的结局可以为我们提供一条线索。1405 年至 1433 年，中国船队七下西洋。后来朝中大臣与太监斗争，大臣占了上风后，就不再维持船队，最后船坞荒废，朝廷甚至颁布禁海令。这样的事例在人类政治史上并不少见：19 世纪 80 年代伦敦通过继续使用煤气街灯的法案，美国在两次世界大战之间的孤立主义，还有许多国家开倒车的例子，不胜枚举，全都是国内政治斗争的结果。但是中国的例子有一点不同，因为中国是个统一的国家，只要一个决定，就可以使全中国的船队停摆。那个决定造成的结果难以挽回，因为船坞荒废就不能造新船，也就无从证明先前的决定荒谬，旧的船坞荒废后，新船坞也无从兴建。

现在请将中国发生的事与欧洲发生的事做个对比：在那探险船队开始地理大发现的时代，政治上分裂的欧洲怎样响应时代的呼声？哥伦布出生于意大利，曾效忠于法国安茹公爵，后来又改成为葡萄牙国王服务。葡萄牙国王拒绝为他提供向西探险的船只后，哥伦布先后向梅迪纳-西多尼亚公爵、梅迪纳-塞利伯爵求助，都遭到拒绝。最后他找上了西班牙国王和王后，他们先是拒绝了哥伦布，哥伦布再次请求，他们才批准。要是欧洲也像中国一样是个统一的国家，要是统治者也像拒绝哥伦布的前几位大人物一样，欧洲人殖民美洲的事业恐怕就无从谈起。

事实上，正因为欧洲是分裂的，哥伦布才有机会在四次失败的尝试后，最终说服几百位君主中的一位来资助他出海。西班牙投身殖民美洲的大业后，其他国家眼见财富流入西班牙，立刻群起效尤，至少有六国加入了行列。大炮、电灯、印刷术、小型火器以及不计其数的其他发明，都经过同样的过程才在欧洲流传开来：刚开始，都在某个国家因为某种特殊理由而受到忽视、冷落；一旦有某个国家采纳，其他各地即争相仿效。

欧洲的分裂和中国的统一带来了截然不同的结果。中国朝廷决定搁置的不只是远洋航行：比如，14 世纪时放弃发展一种精巧的水力纺织机，硬生生地从工业革命的边缘退了回来；中国的机械钟制造一度世界领先，却在 15 世纪晚期之后放弃了制造，不再发展机械与技术。权力集中造成发展停摆，在现代也有类似的事例。

中国的统一体制与欧洲的诸邦并立各有渊源，由来已久。现代中国生产力最高的地区在公元前 221 年首次实现了政治统一，此后大部分时间里都维持着统一。中国自有文字以来，就只有一种书写系统，在很长时间里只有一种主要的语言，2 000 年来文化上也保持统一。欧洲则相反，从未出现过统一的局面：公元 14 世纪时，约有 1 000 个独立小国，公元 1500 年时则有 500 个，到了 20 世纪 80 年代已经兼并成 25 个，而我在写作本段时又增加为近 40 个。欧洲仍有 45 种语言，各有各的一套字母表，不尽相同，至于文化歧异性就更大了。欧洲内部的分歧至今难消，即使经济合作，联盟都不易达成，这反映出欧洲对分裂的执着。

因此，中国在现代史上丧失了政治与技术的优越地位，让后起之秀的欧洲超越了，追根究底必须从古代中国长期统一与欧洲长期分裂的历史下手。地图可以透露答案（见图 A、图 B）。欧洲的海岸极为曲折，有五大半岛，每个都接近孤立的岛屿，所以每个半岛上都发展出了独立的语言、族裔、政府：巴尔干半岛、亚平宁半岛、伊比利亚半岛、日德兰半岛、斯堪的纳维亚半岛。比较起来，中国的海岸线相对平滑了许多，海岸线附近只有朝鲜半岛可视为独立的要角。欧洲有两个岛屿（不列颠与爱尔兰）的面积足够大，能维持政治独立，保持自己的语言和族群；其中不列颠群岛面积很大，距欧洲又很近，能够发展出欧洲大国。反观中国的两座大岛：台湾岛与海南岛，每一个面积都不到爱尔兰的一半，从未成为独立的政治体。日本因地理位置而保持独立和孤立，直到近代在亚洲大陆的影响力都不大，无法与英国对欧洲大陆的影响力相比。欧洲被高山分隔成语言、族群、政治的独立单位（阿尔卑斯山、比利牛斯山、喀尔巴阡山脉、挪威边界山脉），中国在青藏高原以东并无足以隔绝交通的崇山峻岭。中国的腹地被两条东西向的大河（黄河、长江）联系在一起，两岸有冲积河谷，两河之间又有水系联络，所以东西、南北的交通都便利。结果，中国自古便有两个生产力很高的核心地区，而且两地并不疏离，最后统一成一个核心区。欧洲的两条大河（莱茵河与多瑙河）就小多了，流域也不广。与中国不一样，欧洲包括许多分散的小型核心地区，没有一个大到足以长期控制其他地区，所以每个核心区都能长保独立。

图A　欧洲海岸线

图B　中国海岸线

　　自公元前 221 年中国统一之后，中国地区再也无法出现长期并立的国家，虽说秦汉之后中国分裂过几次，但是分久必合，统一仍是常态。但是统一欧洲一直都是梦想，连最有雄心、毅力的霸才都难免霸图成空，像查理大帝、拿破仑、希特勒；甚至鼎盛时期的罗马帝国也不过拥有欧洲一半的土地。

　　因此，中国享有的地理条件（地理通达、内部障碍小）使中国先驰得点。华北、华南、海边、内陆各有各的农作物、牲口、技术、文化特征，最后融合成大一统的国家。例如小米农作、青铜工艺、文字发源于北方，稻作农业、铸铁工艺发源于南方。我在本书一再强调技术传播对社会发展的重要性。但是，中国的地理条件最后让古代中国付出了代价——只要统治者一个决定，就能阻滞创新，这样的事史不绝书。欧洲的情况完全不同，地理的障碍促成许多互相竞争的独立小国。每个小国都是一个创新中心。要是一国没有接受的创新被另一国采纳，邻国也就不得不跟进，否则就会落伍或被淘汰。欧洲的地理障碍足以妨碍统一，又不至于妨碍技术与观念的流通。在欧洲从未出现过像中国一样，能够决定全欧洲命运的统治者。

　　这些比较显示：地理便利对技术的演进既有正面影响，也有负面影响。长期而言，地理便利程度中等的地区，可能技术发展的速度最快，这一速度是地理便利程度高或低的地区都比不上的。过去 1000 年，技术在中国、欧洲以及（可能）南亚次大陆发展的轨迹，分别代表地理便利程度的高、中、低。

　　当然，欧亚大陆不同地区有不同的历史轨迹，还涉及其他因素。例如，中亚骑马的游牧民对肥沃新月地带、中国、欧洲的威胁程度是不同的。例如，游牧民中的蒙古人摧毁了伊朗、伊拉克的古代灌溉系统，但是亚洲的游牧民从未在匈牙利平原以西的西欧森林地带立足。环境因素也包括：肥沃新月地带的地理位置，控制了从中国、印度到欧洲的贸易路线；中国与欧亚大陆上其他文明社会相距太远，因此中国可以被视为大陆上的孤岛。中国相对孤立的地位，同技术的接纳与拒绝有比较密切的关系，令人想起塔斯马尼亚岛和其他岛屿的例子（第 13、15 章）。但是这一简略的讨论足以证明，除了历史的普遍模式，短期、小范围的历史也受环境因素的摆布。

从肥沃新月地带和中国的历史中，我们得到的教训是：世界不是一成不变的，过去的成功并不能保证未来的胜利。读者也许会怀疑，本书所铺陈的地理推论到了今天已不再有意义，因为因特网和国际快递使观念、货物在洲际的流通不再有障碍。也许全球各族群的竞争，已经由一套全新的规则调控，因此新的权力中心正在形成，例如韩国、马来西亚，特别是日本。

不过，仔细想一下，就会发现所谓的"新规则"只不过是"新版的旧规则"。事实的确如此，1947 年美国东部的贝尔实验室发明的半导体，在 8 000 英里外的日本成了电子工业的基础——但是半导体并没有在相对较近的比属刚果、巴拉圭开花结果。新兴起的国家，要么是几千年前就处于因食物生产而获得主导地位的区域，要么是原本的人口已经更替为来自这些主导区域的人口。与比属刚果、巴拉圭不同，日本等新兴国家之所以能利用半导体开创新工业，是因为这些地区的人民有长期使用文字的历史，以及拥有金属机器和中央集权政府。世界上最早的两个食物生产中心——肥沃新月地带和中国，仍然主导着现代世界，或者经由它们的直接后继国（例如现代中国），或者通过当年邻近地区最早受惠的国家或族群（例如日本、韩国、马来西亚和欧洲），或者通过由前述族群组成或统治的新国家（例如美国、澳大利亚、巴西）。撒哈拉以南非洲地区土著、澳大利亚土著、美洲土著支配世界的远景颇为黯淡。公元前 8000 年的历史仍然紧抓着我们不放。

* * *

回答亚力的问题，当然不能不提文化的因素与影响。先谈文化的因素，世界各地人类的文化特质各有不同。文化差异无疑有一部分是环境差异的反映，我在本书中讨论过许多例子。但有个重要问题是：与环境无关的文化因素的作用有多大？一个不算重要的文化因素，可能只是为了一时的琐碎理由而形成的，但是形成之后，就会影响社会的特质，在需要做出更重要的文化选择时发挥作用。这是应用混沌理论可以解释的一个例子。这样的文化过程是不可预测的，历史也因此变幻莫测。

让我们来举个例子。我们在第 13 章讨论过打字机键盘上的字母安排。当初有好几种设计参与竞争，今天通用的键盘设计脱颖而出，而选用这种键盘是出于一系列琐碎的原因，包括 19 世纪 60 年代美国制造打字机的技术，销售手段，有位朗利女士在

1882 年决定在辛辛那提创办速记与打字学院，朗利女士训练出来的明星学生弗兰克·麦格林在 1888 年一场著名的打字比赛中，击败了使用另一种键盘的对手路易斯·陶布。在 19 世纪 60 年代到 80 年代之间，其他的键盘设计也有很多机会被采用，但那时美国的环境并不特别有利于任何一个参与竞逐的键盘。不过一旦做出了决定，采纳了其中之一，那种键盘就在美国生根了，一个世纪之后，计算机键盘也采用了同样的设计。又如，苏美尔人采用十二进制（于是，现在每小时是 60 分钟，每天有 24 个小时，每年有 12 个月，圆周是 360 度），其理由可能同样琐碎，只不过现在已经无从追溯；而中美洲的土著社会则采用二十进制（所以他们的历法包括两个同时运行的周期：一个有 260 天，每天有一个名字；另一个是一年 365 天）。

打字机、计时法、历法的这些设计细节，并没有影响采用它们的社会的竞争力。但是我们很容易想象它们可能会产生的影响。例如要是世界上其他地区都不采用美国的这种键盘，比如日本或欧洲采用了另一种更有效率的键盘，那么 19 世纪决策过程中的琐碎的原因，就可能影响到美国技术在 20 世纪的竞争地位。

同样，一份针对中国学童的研究报告显示，中国学童以拼音符号学写字比较快，以方块字学写作比较慢，因为中文至少有几万个字。有人认为中国方块字之所以兴起，是因为汉语中同音字多，所以拼音不容易达意，方块字一目了然。果真如此的话，汉语中大量的同音字可能对识字在社会中的作用产生重大影响，可是中国的环境中可有任何诱因，使得中国社会选择了富于同音字的语言？令人困惑的是，安第斯山区的复杂文明竟没有发展出文字，这其中有什么语言或文化因素在起作用吗？印度的环境"偏爱"僵硬的种姓制度吗？这种制度造成的严峻后果是致使印度的技术发展严重落后。中国的环境有哪些因子促成了儒家哲学和当前的文化心态？哪些因子可能因此对历史的发展有重大影响？为什么传教（基督教和伊斯兰教）是欧洲人和西亚族群殖民与征服的驱力，而中国人却不受传教的驱动？

这些例子都在围绕文化特异性的问题，所涉及的范围也很广，那些文化上的特异之处与环境无关，刚发展出来的时候似乎无足轻重，却可能演化成影响深远、屹立不摇的文化特征。文化特异性的意义，是我们目前还无法作答的重要问题。解答这个问题最好的途径，是先把主要环境因素的作用找出来，然后研究历史发展模式中仍然令人不解的部分。

* * *

那么特异的个人会有什么影响呢？一个在现代历史上大家所熟悉的例子，可以说明这个问题的意思。1944 年 7 月 20 日，刺杀希特勒并在柏林起义的计划功败垂成。策划这两件事的德国人相信大势已去，希望停战谈和，当时德军在东线与苏军的对峙，仍主要在苏联境内。希特勒被定时炸弹（预置在会议桌下的公文包中）炸伤，但并无大碍。要是公文包再临他近点儿，他必然在劫难逃。如果希特勒当时被炸死了，第二次世界大战随即结束，战后东欧的地图、冷战的发展可能会有很大不同。

　　鲜为人知但对希特勒来说更致命的事件，是1930年夏天的一场车祸，那是在纳粹党大选胜利前夕，希特勒两年后才会夺得大权。当时希特勒坐在一辆车的副驾驶位置，就是我们说的"死亡座位"，这辆车与一辆大卡车相撞，幸好大卡车及时刹车，希特勒才与死神擦肩而过。希特勒的病态心理在很大程度上决定了纳粹的政策与后来的得逞，要是当年那个卡车司机迟几秒钟踩刹车，第二次世界大战的面貌可能就会非常不同。

　　当然还有其他的人，像希特勒一样，由于他们的人格特质，对历史产生了可见的影响。例如亚历山大大帝、奥古斯都、佛陀、基督、列宁、马丁·路德、印加帝国皇帝帕查库提、穆罕默德、征服者威廉和祖鲁国王恰卡。他们究竟是真的改变了历史，还是仅仅是在合适的时间、合适的地点出现的合适的人？一方面，我们有苏格兰历史学家托马斯·卡莱尔，他主张，记录人类业绩的历史，就是伟人史。另一方面，我们有普鲁士的俾斯麦，他可不是个学者，而是位老练的政治家，他说："政治家的任务，就是倾听上帝在历史上的足音，并在他经过的时候努力抓住他的衣角，与他同行。"

　　与文化的特异性一样，个人的特异性也是历史发展过程的不确定因素。他们使历史变得难以用环境力量和其他通则解释。不过，就本书探讨的主题而言，个人的特异性离题太远了。因为历史的普遍模式不可能凭几个伟人就创造出来，即使再极端的"伟人论"者都不得不承认这一点。也许亚历山大大帝的确改变了欧亚大陆西部先进社会（有文字、生产食物、使用铁器）的命运，但是欧亚大陆西部能够支持有文字、生产食物、使用铁器的国家，而当时的澳大利亚只有无文字、无金属工具的狩猎-采集族群活动，这就与亚历山大大帝无关了。不过，个人的特异性对历史的影响，究竟能有多广泛、多持久，这是个开放性问题，笔者并无定见。

＊ ＊ ＊

我们通常认为，历史这门学科不算科学，倒接近人文学，最多是把历史划归社会科学，而且是社会科学中最不科学的学科。虽然研究政府的领域常常挂出政治科学的招牌，表彰经济学成就的诺贝尔奖项是"经济科学"奖，历史学系几乎没有挂出过"历史科学系"的招牌。大多数历史学者不认为自己是科学家，也从未受过公认科学领域及相关方法论的训练。许多人认为历史不过是一堆细节，流行的警句就清楚地反映了这种观点，什么"历史是一个又一个的事实"，"历史几乎是废话"，"历史的规律跟万花筒差不多"，等等。

我们无法否认：通过研究历史很难归纳出一般性的通则，研究行星轨道就容易多了。不过，研究历史的困难并不是绝症。许多被当作科学的研究领域，如天文学、气候学、生态学、演化生物学、地质学和古生物学，研究的都是历史题材，学者遭遇同样的困难。大众对科学的印象来自物理学，以及一些运用相同方法的学科，这是很不幸的。那些领域中的科学家对不同类型的科学研究领域，经常由于无知而流露出轻蔑的态度。殊不知物理学的方法不适用于所有的科学研究题材。既不适用，就得自行发展，找适用的方法，我的研究领域——生态学、演化生物学，就是这样。科学的意义是追求知识，可是知识并不是物理学方法可以垄断的。每个领域都有适当的追求知识的方法。因此我对历史学者面对的困难感同身受。

广义的历史科学（包括天文学之类的学科）有共同的特征，因此与非历史科学（如物理学、化学、分子生物学）有别。下面我要讨论四个主要的差别：方法、因果、预测、复杂度。

物理学获取知识的主要方法是到实验室做实验：对想知道其影响的参数进行操纵，保持该参数不变的情况下做随机对照实验，然后保持其他参数不变，重复实验操纵和对照实验，最后得到数据。这个策略十分有用，化学、分子生物学也采用这种方法，许多人认为到实验室做实验就是科学，而实验在他们心目中成了科学方法的核心。但是，在许多历史科学中，实验并未扮演重要角色。我们不能中断银河系的生成，无法让飓风和冰期启动或停止，不可能为了做实验而挑几个国家公园里的灰熊来灭绝，也没办法重现恐龙演化的过程。在这些历史科学中，我们必须使用别的方法获得知识，例如观察、比较，以及所谓的自然实验（下面会解释）。

历史科学研究的是近因与终极因的因果过程。终极因、目的、功能等观念在大部分物理学与化学研究中并无意义，但它们是了解生物系统或人类活动不可或缺的。举例来说，一位演化生物学家在北极发现一种兔子，它们的皮毛夏天是棕色，冬天是白色，而他不只想知道皮毛变色的机制（色素分子构造与兔子体内合成色素的机制），他认为更重要的是关于功能（欺敌的保护色？）与终极因（天择？原先兔子的皮毛只有一种颜色？）的问题。同样，研究欧洲的历史学者不会满足于将欧洲在 1815 年和 1918 年的情况都描述成"一场代价高昂的欧洲大战之后，各方达成了和平"。他们必须先分别了解那两个和平协议的因果过程，再仔细比较两者的异同，才有可能了解，为什么 1918 年达成和平协议后，不过 20 年就战端再启，而 1815 年的和平协议却能维持较久的和平？化学家则不必关心两种气体分子碰撞的目的或功能，更别说碰撞的终极因了。

历史科学与非历史科学还有一个差别，就是预测。在化学与物理学研究中，要知道一个人对某一系统的了解程度，可以看他能不能预测那个系统的未来行为。物理学家看不起演化生物学与历史，因为这两个学科似乎通不过预测的考验。在历史科学中，学者可以做事后解释，例如解释为什么 6 600 万年前一颗陨石撞击地球造成恐龙的大灭绝，可是还有许多其他物种幸存了。但对此，学者很难做先验的预测（要是我们没有历史信息的指引，就无法预测生态系统中哪个物种会灭绝）。但是历史学者和历史科学家的确会做预测，他们预测和检验的是未来发现的新资料、新证据，能如何改变我们对过去事件的理解。

历史系统的性质，使预测更为困难。描述这个事实，有几个不同的方式。我们可以说，人类社会与恐龙都非常复杂，其中有许多自变量都在相互作用。因此，在较低阶发生的变化，可能导致较高阶的突现变化。典型的例子就是1930年希特勒的车祸，卡车司机的刹车反应影响到第二次世界大战中伤亡的1亿人。大多数生物学家都同意，生物系统终究是由物理性质决定的，而且服从量子力学定律，但是生物系统是复杂的，因为在实践中，知道确定的因果关系，并不代表可以预测系统的行为。量子力学知识不能帮助学者回答：为什么澳大利亚引进胎盘哺乳动物后，土产的有袋动物就大量灭绝？为什么第一次世界大战的结果是协约国战胜了同盟国？

　　每条冰河、每团星云、每场飓风、每个人类社会、每个生物物种，甚至每个有性生殖物种的个体与细胞，都是独一无二的，因为它们都是受许多变量的影响，由许多变量构成。相对而言，不管是物理学中的基本粒子或同位素，还是化学分子，都没有前面提到的那种"个体性"，例如碳14就是碳14，没有什么路人甲、路人乙的区别。因此物理学家和化学家能发明描述宏观层次现象的普遍定律，宇宙各处一体适用，但是生物学家和历史学者只能描述统计学趋势。我能预测，在我所服务的加利福尼亚大学医学中心接下来出生的1 000名婴儿中，男婴的人数在480到520之间，这个预测正确的可能性很高；但我事前无法知道我自己的两个孩子是男孩。同样，历史学家指出，部落社会在两种情况下更有可能发展酋邦：一是，人口密度大、数量大；二是，有能力生产大量盈余食物。但是，满足这两个条件的人群，各有各的独特之处，墨西哥、危地马拉、秘鲁和马达加斯加的高地都出现了酋邦，而新几内亚岛、瓜达尔卡纳尔岛上就没有。

历史系统即使有终极的确定性，也仍旧是复杂、不可预测的，对此的另一种描述是：由于因果链条很长，造成最终结果的终极因，可能不在研究结果的那门学科的研究范围之内。例如，恐龙的灭绝可能是一颗陨石撞击地球的结果，而那颗陨石的轨道服从于古典力学的定律。6 700 万年前，假如有一位古生物学家生活在地球上，他是不可能预测到恐龙很快将要灭绝的，因为研究小行星的科学领域与恐龙生物学相距甚远。同样，公元 1300 年到 1500 年之间的小冰期，使格陵兰岛上的诺尔斯人消失了。但是没有一位历史学者，甚至没有一位现代气候学家，能够预测到这个小冰期的到来。

* * *

可见，在确立人类社会史的因果关系方面，历史学家面临的困难大体而言与其他历史科学的学者一样。天文学、气候学、生态学、演化生物学、地质学和古生物学，每个研究领域都受到下列困难的困扰，只是程度有别：无法实行可复制的对照实验，变量众多导致系统复杂，每个系统因此都有特异之处，无法归纳出普遍定律，难以预测系统的突现性质与未来行为。历史预测和其他历史科学中的预测一样，在大空间尺度和长时间内最可靠，因为每个小尺度事件的特异性在大尺度中不再突出。我刚刚预测过下 1 000 个婴儿的男婴人数，但我不能预测我的孩子的性别。至于欧洲人与美洲土著冲突的结局，历史学者能辨识出决定因素，因为欧亚大陆的社会和美洲社会在过去的 1.3 万年中走上了不同的发展道路，但他们预测不到 1960 年美国总统大选的结果。1960 年 10 月一场电视辩论会上哪个候选人说了什么之类的细节，可能会影响选举的结果，让尼克松而不是肯尼迪当选，但是谁说了什么之类的细节，不会影响欧洲人征服美洲的结局。

研究人类历史的学者，怎样才能从其他历史科学的研究经验中获益呢？有一套方略很管用，就是比较法与所谓的自然实验。虽然研究银河演化的天文学家与人类历史学家，都不能操纵他们研究的对象，在实验室里从事对照实验，但是他们可以利用自然实验，比较只差一个变量（有或无；作用强或弱）的系统。举个例子吧，流行病学家无法以实验研究高盐食物对人体的影响，但是他们可以比较不同的人类社群，有些社群食物的含盐量高，有些低，这样也可以判别食盐对人体的影响。对环境资源的长期影响有兴趣的文化人类学家，也不能拿人类社群做实验，所以他们研究南太平洋的波利尼西亚人，因为每个岛的资源都不一样。研究人类历史的学者能够利用更多的自然实验，比较五大洲生物资源的历史后果只是其中之一。有些相当孤立的大岛上发展出复杂的社会，例如日本岛、马达加斯加岛、美洲土著的伊斯帕尼奥拉岛、新几内亚岛、夏威夷岛以及其他许多岛屿，学者可以借此做比较研究；还有小岛上的社会，同一大洲上的区域社会，都可以做比较研究。

任何领域中的自然实验，生态学也好，人类历史也好，方法论都难免受到批评。例如，除了作为研究焦点的变量之外，其他变量也有自然差异，这样就会出现混杂作用的情况；观察到变量间有相关性并由此推出因果链条，推论过程也可能存在问题。此类方法论问题，在某些历史科学中已经有很详细的讨论，特别是在流行病学。流行病学家比较同一社会的不同人群（常通过历史回溯研究），早就能运用一套固定程序，来处理人类社会的历史学者遭遇的类似问题。生态学家也非常注意自然实验的问题，因为在很多情况下，靠直接的实验干涉来操纵生态变量是不道德的、不合法的或不可能的。演化生物学家最近发展出了更成熟的方法，通过比较演化史已知的动植物来得出结论。

　　简言之，我承认，了解人类历史，要比了解历史并不重要、变量少的科学领域研究的问题困难得多。不过，有好几个研究领域已经发展出分析历史问题的方法，而且很成功。结果是，人们通常认为对恐龙、星云和冰川的历史研究，属于科学而非人文学科的范畴。但是，比起研究恐龙，在研究人类的行动时，内省法可以为我们提供更多的睿见。因此我很乐观，人类社会的历史可以当作科学来研究，就像研究恐龙一样，我们的收获对当今的社会有益，因为我们会明白什么塑造了现代世界，什么又可能塑造我们的未来。

2017 版后记

《枪炮、病菌与钢铁》视角下的富国与穷国

国家的贫富是经济学的一个核心问题。一些国家远比其他国家富裕。像美国、挪威这样最富裕的国家，人均年收入要比坦桑尼亚、也门等最贫穷国家的人均年收入高 400 倍。为什么有些国家富裕，而有些国家贫穷呢？

国家贫富差距不只是值得关注的学术论题，更是具有政策意义的重大问题。如果我们能明确该问题的答案，或许贫穷国家就能利用这些答案致富，而富裕国家就能利用这些答案设计出更加有效的对外援助项目（或者至少减少以援助为名实施的项目无意间带来的伤害）。

我的一段个人经历让我对国家的贫富差距印象深刻，也能让这一冷冰冰的现实问题稍显人性化。十几年前，我计划乘坐长途飞机前往非洲的赞比亚，就在出发前，我先去荷兰待了几天。如果有外星来客造访地球，那么他们第一次去荷兰时，一定会说："这个国家太不走运了！什么优势也没有！"外星来客会发

现，荷兰冬长夏短，农民每年在田地里只能种植一茬农作物。荷兰缺乏有用矿物资源。那里地势低洼平坦，因而没有水坝或水力发电，发电基本只能靠进口石油和煤炭。荷兰还很不走运地与德国接壤：德国比荷兰大很多，还有强大的军队，曾在1940年入侵荷兰，给荷兰造成了巨大的物质破坏和经济损失。荷兰三分之一的国土位于海平面以下，面临着被海水淹没的风险。由此，如果外星来客猜测荷兰是非常贫穷的国家是情有可原的。

随后，我飞往了赞比亚，一个位于非洲南部的国家。外星来客在天上时可能已经听说非洲国家基本都很穷。但是，比起大多数其他非洲国家，甚至比起荷兰，赞比亚也优势显著，这一定会让外星来客大吃一惊。与荷兰不同，赞比亚不需要进口任何石油或煤炭用于发电，而是有横跨赞比西河的大型水坝用以发电。这些水坝发电量巨大，甚至有富余的电量卖给周边各国。与荷兰不同，赞比亚有丰富的矿产，铜矿尤其丰富。赞比亚气候温暖，农民每年能种植好几茬农作物，而不像荷兰农民那样每年只能种植一茬农作物。与大多数其他非洲国家不同，赞比亚和平、稳定、民主，各部族之间和谐相处。赞比亚从未发生过内战，与邻国也没有过战争。与荷兰不同，赞比亚从来没有被邻国侵略过。赞比亚一直实行自由选举。赞比亚人工作勤奋并且重视教育。

所以，现在，请尝试猜测赞比亚的人均收入。你认为赞比亚的人均收入会高于、低于还是等于荷兰的人均收入？如果你认为荷兰的人均收入高于赞比亚的人均收入，那么你认为是高2倍、5倍还是10倍？

　　答案是：荷兰人均收入是赞比亚人均收入的近33倍！荷兰的人均收入为每年48 940美元，而赞比亚的人均收入仅为每年1 500美元。这一差距可能令我们的外星来客难以置信。赞比亚拥有得天独厚的优势，荷兰有种种劣势，荷兰却比赞比亚富裕这么多，这是为什么呢？这一差距显然对荷兰人和赞比亚人产生了重大影响。例如，大多数荷兰人生活舒适，能够获得良好的教育和医疗资源，而大多数赞比亚人则不能。赞比亚人的预期寿命（41岁）差不多是荷兰人的预期寿命（78岁）的一半。

　　那么，如果自然资源和人的驱动力不足以令国家富裕，什么能使国家富裕呢？

＊　＊　＊

　　很多经济学家将国家财富归因于被称为人类制度的东西：法律、行为准则，以及我们的社会、政府、经济的运行规则。有些人类制度能够特别有效地激励公民从事生产，并由此有效地促进国家财富增长。有些制度则非常容易打消人们的生产积极性，这些因素会导致国家走向贫穷。

　　最能有力地说明制度重要性的例子是这样一些便于两两比较的国家：两个国家互相毗邻，自然环境十分相似，曾经统一于一国之下，而后成为制度不同、贫富相异的两国。有三组例子被引用得最频繁：韩国与朝鲜，前者经济发达，已进入发达国家之列，而后者经济落后；过去的联邦德国与民主德国，前者经济发达，后者经济水平较低，即使柏林墙倒塌已有几十年，德国的东西两个部分至今仍存在一定程度的差异；海地与多米尼加，两国都在加勒比海的伊斯帕尼奥拉岛上，海地位于岛屿西部，是西半球最贫穷的国家，多米尼加位于岛屿东部，虽然称不上富裕的国家，但比海地富裕 6 倍。

这种比较令人信服地说明，在几乎没有地理差异的情况下，人类制度的差别确实能够带来国家财富的巨大差异。于是，许多经济学家归纳出这样的结论（我将在下文解释，他们是以偏概全）：有些国家富裕而有些国家贫穷，制度是主要因素。

当经济学家具体谈及他们所谓的"良好制度"时，他们指的是能够激励个人努力工作，实现国家财富积累的经济、社会和政治制度。经济学家至少提出过 12 种所谓良好制度（排序不分先后）：有效控制通货膨胀的制度、提供教育机会的制度、强调政府效能的制度、保障契约执行的制度、打破贸易壁垒的制度、激励资本投资并提供相关机会的制度、打击腐败的制度、降低谋杀风险的制度、保持外汇兑换开放性的制度、保护私有财产权的制度、实行法治的制度，以及畅通资本流动的制度。

毋庸置疑，许多经济学家强调的这些良好制度是解释国家贫富差异的一个重要方面。拥有良好制度的国家，比如挪威，往往会变成富裕国家。不具备良好制度的国家，比如尼日利亚，往往会变得贫穷。

但是，许多经济学家在找到这一原因后，步子迈得太大，掉进了所有试图解释复杂系统的人都容易掉进的陷阱里：拿起一个确实可以解释部分结果的单一因素，声称它能解释全部。因为这些经济学家坚决认为制度是国家贫富的主要原因，所以许多政府和非政府组织被说服，将它们的政策、贷款以及捐赠建立在这一解释的基础上。

然而，人们越来越意识到，包括经济学家自己也越来越意识到，基于良好制度的解释并不完整。这种解释本身并不是错的，也无疑在很大程度上反映了事实。只不过，它不是完整的解释，这体现在两个方面。

第一个方面是，除了良好制度，还有其他因素影响国家财富，尤其是地理因素。为了体验亲自发现两个地理因素的满足感，读者可以找张非洲地图来看看。非洲共有 48 个大陆国家，我们来将这些国家分为两组。位于温带的 10 个国家是一组，包括地中海沿岸北温带的 5 个国家（阿尔及利亚、埃及、利比亚、摩洛哥、突尼斯），以及位于非洲最南部南温带的 5 个国家（博茨瓦纳、莱索托、纳米比亚、南非、斯威士兰）。38 个位于非洲中部热带地区的国家是另一组。在每一组内，用星号标出 16 个内陆国家（既不沿海又没有流入大海的通航河流的国家）。这些用星号标记的国家包括 3 个南温带国家（博茨瓦纳、莱索托、斯威士兰）和 13 个热带国家（布基纳法索、布隆迪、中非共和国、乍得、埃塞俄比亚、马拉维、马里、尼日尔、卢旺达、南苏丹、乌干达、赞比亚、津巴布韦）。然后，去网上查找几个常用的衡量国家财富的指标——例如，人均年收入或者国内生产总值，纠正或者未纠正购买力偏差的都可以，并在两组之间进行比较。你注意到什么了吗？

　　结果可能会让你大吃一惊。在 38 个热带国家中，有 37 个比 10 个温带国家中的任何一个都更贫穷；只有加蓬的财富值与财富值中等的温带国家相当。在热带国家分组和温带国家分组中，沿海国家的财富值平均比内陆国家的财富值高 50%。为什么地理位置对国家财富影响巨大呢？

　　热带地区有两大特征不利于经济发展。其中一个特征是居住在热带地区或去过热带地区的读者很熟悉的：在热带地区比在温带地区更容易生病，容易感染疟疾或登革热等热带传染疾病，或者感染热带寄生虫。因而热带国家的居民比温带国家的居民生病的时间更多，生病期间无法从事劳动生产。总体而言，他们的寿命也更短。这不仅对这些居民而言很悲哀，而且对他们的国家经济来说也是不幸。热带地区的另外一个经济劣势是土壤更贫瘠，植物病害和动物疫病更多，所以农业生产力更低。

　　换言之，非洲的经济地图就像一个厚厚的汉堡，上面和下面是两片薄薄的面包片，由 10 个"富有"国家（或者说至少是不那么贫穷的国家）组成，而中间较厚的部分由那些贫穷的热带国家组成。关于内陆国家的劣势，也很容易理解：陆运比通过沿海港口或可通航河流水运大约贵 7 倍。因此，在运输及货运成本方面，内陆国家比沿海国家承担的要多。对于产品在边远地区需求量大，同时需要从边远地区进口很多产品的国家而言，这是特别重要的考虑因素——赞比亚正是如此。

　　如果我现在已经激起了你的好奇心，你可以自己拿其他大陆上的国家做对比，记得要考虑到可通航的河流。（例如，瑞士和巴拉圭不是内陆国家，尽管从地图上，它们都不是直接临海，而是分别通过可通航的莱茵河和巴拉那河与大西洋相连。）在南美洲，所有3个南温带的国家（阿根廷、智利、乌拉圭）都比9个热带的国家富裕。南美洲最贫穷的国家是玻利维亚，它是南美洲唯一一个内陆国家。这些地理位置的影响通常超过了良好制度或不良制度的影响。例如，许多温带地区的非洲国家和南美洲国家在各自的大洲里算是最富裕的国家，但大家都知道，它们缺乏良好的制度。（考虑一下阿根廷、埃及、利比亚和阿尔及利亚。）如果你的国家有得天独厚的地理条件，有阿根廷那样适宜种植小麦、饲养牛群的广阔温带草原，即使是阿根廷那样声名狼藉的政府也不会让你的国家沦为贫穷国家。当然，如果阿根廷有一个好的政府，它会变得更加富裕。尽管如此，阿根廷仍然是南美洲人均收入最高的国家。

* * *

仅用制度来解释国家贫富的另一个不足之处在于，这种观点并未谈及良好制度的渊源。为什么一些国家拥有良好制度，而另一些国家没有良好制度呢？例如，为什么荷兰最终形成了对促进国家发展更为有效的制度，而赞比亚却没有形成这样的制度呢？这难道仅仅是一件不可预测的随机事件？同等概率下，赞比亚也可能成为发展出更好的制度的国家吗？如果良好制度能在任何地方随意地冒出来，为什么将良好制度移植到那些现在尚无良好制度的国家却困难重重？为什么最贫穷的国家和最富裕的国家没能随机地分布于各个大洲，而是实际上最富裕的国家集中分布在西欧和北美，而最贫穷的国家集中分布在非洲和南美？

换句话说，通常的观点只强调了良好制度，而混淆了近因（因变量）和终极因（自变量）。为了把这种概念差异表达清楚，我来讲一个关于婚姻破裂的故事。

我的妻子玛丽是一位临床心理学家。她有时会接待婚姻面临破裂而前来咨询的夫妻。玛丽可能会先问夫妻中的一方，比如问丈夫，让他解释一下为什么婚姻出现了问题。丈夫说道："我妻子打了我一个耳光！那种行为对于婚姻来说太可怕了！我不想跟打我耳光的女人继续生活下去了！"

随后，玛丽转向妻子并问她："你打了你丈夫一个耳光，这是真的吗？"那位妻子说："没错，是真的。"玛丽接着问："所以，你打了他一个耳光是你们的婚姻出现裂痕的原因吗？"那位妻子回答说："不是，那不是我们婚姻破裂的真正原因。我打他一个耳光，可是有充分理由的：他经常出轨。我不想跟一个总是出轨的丈夫维持婚姻关系。"如果这位妻子不那么生气，或者如果她逻辑清晰，她完全可以这样解释："我打他耳光只是我们婚姻破裂的近因，但终极因是他与其他女人有染。"

但是，玛丽知道，并非所有的妻子都打丈夫耳光，也并非所有的丈夫都会出轨。什么是这位丈夫会出轨的原因呢？

所以，玛丽又转而问那位丈夫："你与其他女人有染，是这样的吗？"丈夫回答说："对，的确如此。"玛丽追问道："你为什么要与其他女人保持婚外关系呢？"丈夫回答说："这是因为我的妻子越来越冷漠，丝毫不给我感情与爱。这就是我为什么会与其他女人有染：为了得到任何正常男人或女人都想得到也应当得到的爱、情感与关注。"如果这位丈夫不那么生气，或者如果他逻辑清晰，他可能这样回答："我的妻子打了我一个耳光只是我们婚姻破裂的近因。我的外遇只是因果链中的一个近因，但它们不是终极原因。终极原因是我妻子的冷淡。"

在其他辅导谈话中，玛丽可能做进一步的探讨，找到那位妻子冷淡背后的终极因，这可能包括她丈夫在其他方面的行为，或者她父母在她童年时期对待她的方式。但是，说到这里，我已经可以给出我的观点了。我们不能满足于明确近因；我们还应该寻找终极因。如果一位婚姻咨询专家只把婚姻破裂归结为妻子打了丈夫一个耳光，就解决不了婚姻危机。假如与他们的婚姻相关的其他事情以及丈夫和妻子本身都保持不变，即使妻子不再打丈夫耳光，他们的婚姻也依然存在问题。同样，经济学家不能满足于说挪威之所以富裕，是因为挪威的政府官员大多品性诚实，而尼日利亚之所以贫穷，是因为尼日利亚的许多政府官员贪污腐败。我们不能只是告诉尼日利亚的政府官员，让他们停止腐败行为，并由此期望成功地消除尼日利亚的腐败，让尼日利亚变成富裕国家。我们必须弄清楚为什么在尼日利亚，而不是在挪威，普遍存在谋杀、腐败、漠视私有财产权利、不履行契约以及其他不良现象。

换句话说，我们必须弄清楚良好制度是怎样形成的。我们不能仅仅满足于将良好制度看作事实予以接受，认为它们可以随意地从天而降，落到某些国家，而没有落到另一些国家。为了理解良好制度是怎样形成的，我们必须探究人类社会所建立的复杂制度的深刻历史渊源，不管这些复杂的制度是好是坏。

* * *

为了回答这一问题，让我们追溯到 1.3 万年前的人类历史，也就是上一个冰期的末期。那时，世界上所有的人都过着狩猎-采集的生活，而不是过着农耕或者放牧的生活。与现代人口众多的国家社会（比如美国）相比，所有狩猎-采集族群拥有的都是相对简单的政治、经济和社会制度。狩猎-采集者生活在人口密度较低的环境中，每平方英里的人口数量比现代农业社会的少得多。狩猎-采集者获取的食物很少会有盈余，难以储存下来以备后来食用。在绝大多数情况下，他们每天打猎或者采集到的食物只够他们当天消耗。相比之下，现代农业社会所储存的食物足够维持数周甚至数年。大多数狩猎-采集者过着流动的生活：他们并不居住在固定的房屋或者城镇，而是每天或每隔几周就变换营地，随着食物供应的季节变化迁徙。因而，在这些狩猎-采集者的社会中，从未出现过钱币、国王统治、股票市场、所得税以及那些制度下的产物，比如铜制或钢制工具、机动车、原子弹。

所有这些事物都是复杂制度及其产物的例子。复杂制度有的好，有的坏，但如果一个社会中没有复杂的制度，就不可能有使其富裕的良好复杂制度。

　　这些复杂制度是如何在过去 1.3 万年中形成的呢？历史学、考古学以及其他学科的研究表明，复杂制度的发展从根本上有赖于人口稠密的定居社会，其农业使得食物（例如小麦、奶酪和马铃薯）盈余成为可能。也就是说，复杂制度的最重要的终极因是农业，其次则是人口稠密的定居社会和农业带来的食物盈余。盈余的食物可以养活不从事食物生产的其他行业的人口，比如国王、银行家、作家和教授。因此，农业是现代社会所有复杂制度发展的先决条件：发达的酋邦和国家、官僚、中央政府、受过教育的有文化修养的公民、发明家、国王、市场经济、商人、金属工具、超越家族忠诚的国家忠诚、由政府主导的法治、大学以及文字。没有一个狩猎者或采集者的社会发展出上述事物，而在今天，我们对这些都习以为常。

　　但是，如果农业是复杂制度发展的终极因，那么，为什么农业没有在世界各地都发展起来，让复杂制度在世界各地形成并发展呢？为什么尼日利亚没有发展出像挪威那样生产力高的农业和良好的制度呢？

　　这个问题就是我在《枪炮、病菌与钢铁》的第 4~10 章所论述的问题。答案是，可供驯化的植物品种和动物物种在世界各地分布不均匀，可驯化的动植物大概集中在世界上的 9 个地区，这些地区成了独立的农业发源地。农业从发源地传播到其他地区，沿着东西轴线的传播比沿着南北大陆轴线的传播快。这一农业历史的结果是，世界各地发展国家社会复杂制度的时间长短不一。在希腊和中国，国家政府及其附属物的存在已有 4 000 年之久，但在新几内亚的一些地方，这些仅有大约30年的历史。

仅依靠提供对外援助，很难将数千年的发展结晶浓缩到一代人之中。荷兰拥有农业的历史长达7 500年，而赞比亚只有2 000年的农业历史；荷兰拥有文字的历史长达2 000年，而赞比亚只有120年的文字历史；荷兰拥有独立国家政府的历史长达500年，而赞比亚拥有独立国家政府的历史只有40年。悠久的农业历史，以及由于农业的发展而有可能产生的复杂制度，是今天的荷兰远比赞比亚富裕的部分原因。另一部分原因是荷兰位于温带沿海地区，而赞比亚地处热带内陆地区。

今天，拥有悠久的农业历史，以及得益于农业发展而形成的悠久的国家政府历史的国家，比那些农业历史短和政府历史短的国家人均收入更高，即使按照经济学家控制了其他变量后的测算，结果也是如此。农业历史的影响是巨大的。它在国家间平均收入的差异方面，占据50%的原因。即使我们比较那些在近代收入依然很低的国家，也会发现，像日本、中国和马来西亚这样国家政府历史悠久的国家，其近代的经济增长率还是高于赞比亚和新几内亚这样国家政府历史短的国家。尽管有些国家政府历史短的国家拥有更丰富的自然资源，拥有悠久的国家政府历史的国家的增长速度还是更快，这一点仍然没错。

关于这种整体趋势，我们从美国外交官曾做出的一系列错误预测中看得非常清楚。20世纪60年代，韩国、加纳和菲律宾都是十分贫穷的国家。美国外交官曾经打赌，看这三个国家中哪一个会变得富有，哪一个会仍旧贫穷。大多数外交官认为加纳和菲律宾的经济即将腾飞。他们的理由是，加纳和菲律宾都是温暖的热带国家，容易种植粮食，自然资源也很丰富。相比之下，韩国寒冷、资源匮乏，似乎没有什么有利条件。

当然，现实情况是，在60年后的今天，韩国的财富一跃进入发达国家之列，而加纳和菲律宾仍然很贫穷。原因是，韩国位于紧邻中国的温带地区，中国是世界上最早出现农业、文字、金属工具和国家政府的发展中心之一。朝鲜半岛很早就从中国接受了这些发展成就，并且在公元700年形成了统一的国家政府。因而，韩国拥有较长的复杂制度历史。韩国尽管在1950年刚从50年的日本占领中恢复独立时还很贫穷，但已经拥有了财富创造在制度方面的前提条件。有了独立、军事安全和美国的对外援助，韩国就发挥出了自己的优势。相比之下，菲律宾直到很晚的时候才从中国引进了农业；加纳只发展出生产力一般的农业，并且几乎没有驯养动物；两国直到最近几个世纪被欧洲人殖民之前，都没有发展出自己的文字或者强大的政府。两国面临的劣势与其他热带国家一样。因此，不管它们拥有怎样的自然优势，菲律宾和加纳缺少悠久的复杂制度历史、人力资本历史，以及促使韩国发展迅速的文化先决条件。

* * *

总而言之，有些国家比其他国家富裕得多，其原因众多且复杂。如果你坚持认为这个重要问题只有一个简单的原因，那么你得离开地球去其他星球生活，因为这里的现实生活实在很复杂。

　　最主要的原因是我已经在此处讨论的制度因素和地理因素。其他原因包括所谓的自然资源的悖论诅咒、与殖民脱不了干系的命运的逆转，以及环境破坏等。良好制度不会独立于地理因素从天而降，落到一些碰巧运气好的国家。良好制度有其自身的历史，部分有赖于农业及农业所带来的结果，包括国家政府和市场等复杂制度的发展。当然，复杂制度可能很好，也可能很糟糕，但如果一个地方根本没有复杂制度，就不可能发展出被经济学家称赞的良好制度。

　　接下来，我将通过一个例子结束对制度起源的讨论，即1688 年英国光荣革命，这个例子是喜欢把国家贫富归因于制度的经济学家最常提到的。直到最近，英国（包括英格兰）还是世界上最富有的国家之一，而且是第一个开展工业革命的国家。光荣革命推翻了詹姆士二世，威廉三世即位，王权被削弱，议会的权力得到增强，并由此推动制度向着更有利于经济增长的方向发展。这是否意味着，以光荣革命为代表的事件催生的制度是现代英国变得富裕的原因？如果是的话，那么光荣革命和财富降临到英国，难道只是偶然的好运吗？如果光荣革命在赞比亚而不是在英国爆发，那么会是赞比亚在今天变得富有，而英国在今天变得贫穷吗？

　　答案当然是否定的。强调光荣革命是现代英国变富的原因，就是掉入了关注近因而忽视终极因的陷阱——就像婚姻咨询师在面对愤怒的夫妻时，只关注到妻子打丈夫耳光这个令人惊讶的细节。赞比亚不可能在1688 年经历一场光荣革命，因为有明显的终极因导致其没有可推翻的国王，也没有可加强权力的议会。这是因为农业在大约 5 500 年前达到英国，而在大约 2 000 年前才达到赞比亚。现代英国的大部分地区在公元 80 年左右于罗马帝国统治下实现了政治上的统一；现代赞比亚直到 19 世纪 90 年代，才因大英帝国的殖民而被统一到一起。英国在公元 600 年前后就有了自己的国王，在公元 1300 年左右有了自己的议会；这两者赞比亚都未曾拥有过。英国得益于肥沃的冰川土壤和温带地理位置，农业生产力很高；赞比亚则因为其贫瘠的土壤和地处热带而农业生产力低下。与其他享有同样地理优势和历史优势的欧洲国家相比，英国还享有巨大的其他优势，即英国是一个岛国，不像欧洲大陆国家那样容易遭受军事入侵（也因此没有必要组建保家卫国的常备军），它还在大西洋占据理想的地理位置，便于殖民其他大洲。相比之下，赞比亚是内陆国家，从未有过水上贸易或殖民地。英国是世界上第一个消除长期饥荒风险的国家，这得益于农业生产力高、得到了新大陆农作物以及政治统一等有利因素。

　　所有这些有利的地理及历史终极因构成了英国财富增长的背景，光荣革命只不过是其中一个重要的靠后阶段和近因。可见，查阅地图能够帮助我们理解地理对历史的重大影响，以及现代世界中国家贫富的终极因。

　　感谢路易斯·普特曼提供了深思熟虑的建议。以上部分内容来自我在《纽约书评》的一篇文章，以及我的《为什么有的国家富裕，有的国家贫穷》一书中的两章。

致谢

本书的写作很荣幸地得到了许多人的帮助，我想向他们再次表示感谢。我在罗克斯伯里拉丁学校（Roxbury Latin School）的老师们让我领略到了历史的魅力。我非常感激我的新几内亚朋友们，我在书中多次援引他们的经历，可见他们的贡献有多大。我也同样感激许多科学家朋友和同事，他们耐心地为我讲解他们研究领域的细节，还审读了我的书稿（当然，文中一切错误都由我负责）。彼得·贝尔伍德（Peter Bellwood）、肯特·弗兰纳里（Kent Flannery），我的妻子玛丽·科恩（Marie Cohen）审读了全书，小查尔斯·海泽（Charles Heiser, Jr.）、戴维·凯特利（David Keightley）、布鲁斯·史密斯（Bruce Smith）、理查德·亚内尔（Richard Yarnell）、丹尼尔·祖海利（Daniel Zohary）分别审读了一些章节。书中一些章节的较早版本曾作为文章发表于《发现》（*Discover*）杂志和《自然历史》（*Natural History*）杂志。美国国家地理学会、世界野生生物基金会、加利福尼亚大学洛杉矶分校为我在太平洋诸岛上的考察提供了资助。我很幸运得到了以下各位的帮助：代理人约翰·布罗克曼（Johan Brockman）和卡廷卡·马特森（Katinka Matson），研究助理及秘书洛里·伊韦森（Lori Iverse）和洛里·罗森（Lori Rosen），绘图师埃伦·莫德吉（Ellen Modecki），W. W. 诺顿（W. W. Norton）出版社的编辑多纳尔·拉姆（Donal Lamm），乔纳森·凯普（Jonathan Cape）出版社的编辑尼尔·贝尔顿（Neil Belton）和威尔·苏尔金（Will Sulkin），菲舍尔（Fischer）出版社的编辑威利·科勒（Willi Köhler），《发现》杂志的编辑马克·扎布卢多夫（Marc Zabludoff）、马克·惠勒（Mark Wheeler）和波莉·舒尔曼（Polly Shulman），以及《自然历史》杂志的编辑埃伦·戈尔登森（Ellen Goldensohn）和阿兰·特恩斯（Alan Ternes）。

延伸阅读

此建议书目乃为有兴趣进一步阅读的读者而作。因此，除了一些重要的书、论文和研究报告外，我也列出一份完整的早期文献参考书目。期刊名称（标示为斜体字）之后的是出版期数，冒号后是第一页与最后一页的页码，在括号内的则是出版年份。

开场白

与本书大部分章节相关的著作中，*The History and Geography of Human Genes*（by L. Luca Cavalli-Sforza, Paolo Menozzi, and Alberto Piazza, Princeton: Princeton University Press, 1994）是讨论人类基因频率的重要专著。这本巨著穷究所有人类族群的身世，作者先简要介绍各大陆的地理、生态以及环境等信息，然后讨论该地的史前史、发展史、语言、体质人类学以及各族群的文化等。由 L. Luca Cavalli-Sforza 和 Francisco Cavalli-Sforza 所著的 *The Great Human Diasporas*（Reading, Mass.: Addison-Wesley, 1995）涵盖的内容类似，不过这本书是普及读物。

另有一套五卷本的易读文献：*The Illustrated History of Humankind*, ed. Göran Burenhult（San Francisco: HarperCollins, 1993-94）。五卷分别是 *The First Humans*、*People of the Stone Age*、*Old World Civilizations*、*New World and Pacific Civilizations*，以及 *Traditional Peoples Today*。

剑桥大学出版社出版的一些系列图书（出版于英格兰的剑桥，各册出版日期不同）涵盖特定地区或时期的历史。还有一系列丛书，由题为 *The Cambridge History of [X]* 的各册组成，其中 X 分别为非洲、早期亚洲腹地、中国、印度、伊朗、伊斯兰、日本、拉丁美洲、波兰以及东南亚。尚有一系列名为 *The Cambridge Encyclopedia of [X]* 的丛书，其中 *X* 分别为非洲、中国、日本、拉丁美洲与加勒比海、俄罗斯、澳大利亚、中东与北美，以及印度、巴基斯坦与邻近国家。其他系列见 *The Cambridge Ancient History*、*The Cambridge Medieval History*、*The Cambridge Modern History*、*The Cambridge Economic History of Europe*，以及 *The Cambridge Economic History of India*。

世界上的语言可看下列三本百科式的专著：Barbara Grimes, *Ethnologue: Languages of the World*, 13th ed.（Dallas: Summer Institute of Linguistics, 1996）、Merritt Ruhlen, *A Guide to the World's Languages*（Stanford: Stanford University Press, 1987），以及 C. F. Voegelin and F. M. Voegelin, *Classification and Index of the World's Languages*（New York: Elsevier, 1977）。

大范围的比较历史学著作中，Arnold Toynbee, *A Study of History*, 12 vols.（London: Oxford University Press, 1934-54）尤其出色。关于欧亚大陆上的文明，尤其是欧亚大陆西部的文明，有一本经典的历史学著作：William McNeill, *The Rise of the West*（Chicago: University of Chicago Press, 1991）。同一位作者的另一本书，尽管题为 *A World History*（New York: Oxford University Press, 1979），但特别关注了欧亚大陆西部的文明，V. Gordon Childe, *What Happened in History*, rev. ed.（Baltimore: Penguin Books, 1954）也是如此。另一本致力于欧亚大陆西部的比较历史学研究著作为 C. D. Darlington, *The Evolution of Man and Society*（New York: Simon and Schuster, 1969），这位作者是生物学家，他和我一样发现了大陆历史与驯化间的关联。Alfred Crosby 的两部精彩专著讨论了欧洲的海外扩张，尤其着重于此举带来的植物、动物以及病菌：*The Columbian Exchange: Biological and Cultural Consequences of 1492*（Westport, Conn.: Greenwood, 1972），以及 *Ecological Imperialism: The Biological Expansion of Europe, 900-1900*（Cambridge: Cambridge University Press, 1986）。Marvin Harris, *Cannibals and Kings: The Origins of Cultures*（New York: Vintage Books, 1978），以及 Marshall Sahlins and Elman Service, eds., *Evolution and Culture*（Ann Arbor: University of Michigan Press, 1960），都是采用文化人类学观点的比较历史学研究。Ellen Semple, *Influences of Geographic Environment*（New York: Holt, 1911）为探讨地理对人类社会影响的早期研究。其他重要的历史学研究则列在收场白的延伸阅读中。我在欧亚大陆与美洲大陆间做的比较历史学研究，*The Third Chimpanzee*（New York: Harper Collins, 1992），特别是第 14 章，提供了构思本书的起点。

近期有关智力群体差异的论辩，最著名或最受非议的著作为 Richard Herrnstein and Charles Murray, *The Bell Curve: Intelligence and Class Structure in American Life*（New York: Free Press, 1994）。

第 1 章

有关人类早期演化，以下都是很值得参考的专著：Richard Klein, *The Human Career* (Chicago: University of Chicago Press, 1989)，Roger Lewin, *Bones of Contention* (New York: Simon and Schuster, 1989)，Paul Mellars and Chris Stringer, eds., *The Human Revolution: Behavioural and Biological Perspectives on the Origins of Modern Humans* (Edinburgh: Edinburgh University Press, 1989)，Richard Leakey and Roger Lewin, *Origins Reconsidered* (New York: Doubleday, 1992)，D. Tab Rasmussen, ed., *The Origin and Evolution of Humans and Humanness* (Boston: Jones and Bartlett, 1993)，Matthew Nitecki and Doris Nitecki, eds., *Origins of Anatomically Modern Humans* (New York: Plenum, 1994)，以及 Chris Stringer and Robin McKie, *African Exodus* (London: Jonathan Cape, 1996)。有关尼安德特人，可参看下列三本畅销佳作：Christopher Stringer and Clive Gamble, *In Search of the Neanderthals* (New York: Thames and Hudson, 1993)、Erik Trinkaus and Pat Shipman, *The Neanderthals* (New York: Knopf, 1993)，以及 Ian Tattersall, *The Last Neanderthal* (New York: Macmillan, 1995)。

L. Luca Cavalli-Sforza et al. 所著的两本书，讨论了人类起源的遗传证据：见开场白的延伸阅读，以及我的《第三种黑猩猩》的第 1 章。两篇研究报告提及了近期在遗传学证据上的进展：J. L. Mountain and L. L. Cavalli-Sforza, "Inference of human evolution through cladistics analysis of nuclear DNA restriction polymorphism," *Proceedings of the National Academy of Sciences* 91:6515-19 (1994)，以及 D. B. Goldstein et al., "Genetic absolute dating based on microsatellites and the origin of modern humans," ibid. 92:6723-27 (1995)。

第 15 章的延伸阅读列出了论及澳大利亚、新几内亚以及俾斯麦与所罗门群岛上，人类殖民与当地大型动物灭绝的参考著作。特别是 Tim Flannery, *The Future Eaters* (New York: Braziller, 1995)，以清楚易懂的语言，辅以最近一些澳大利亚绝种大型哺乳动物仍然存活的论点，讨论了上述问题。

论更新世晚期与近期大型动物绝种的代表作品为 Paul Martin and Richard Klein, eds., *Quaternary Extinctions* (Tucson: University of Arizona Press, 1984)。更多近期更新信息有 Richard Klein, "The impact of early people on the environment: The case of large mammal extinctions," pp. 13-34 in J. E. Jacobsen and J. Firor, *Human Impact on the Environment* (Boulder, Colo.: Westview Press, 1992)，以及 Anthony Stuart, "Mammalian extinctions in the Late Pleistocene of Northern Eurasia and North America," *Biological Reviews* 66:453-562 (1991)。David Steadman 的论文 "Prehistoric extinctions of Pacific island birds: Biodiversity meets zooarchaeology,"

Science 267:1123-31（1995），汇整了关于人类定居太平洋岛屿造成大批动物灭绝的近期证据。

关于美洲大陆定居、伴随而来大型哺乳动物的绝种及其造成的争议，最多人接受的论点有 Brian Fagan, *The Great Journey: The Peopling of Ancient America*（New York: Thames and Hudson, 1987）以及我的《第三种黑猩猩》的第18章，两本书还提供了许多其他的参考著作。Ronald Carlisle, ed., *Americans before Columbus: Ice-Age Origins*（Pittsburgh: University of Pittsburgh, 1988），收录了一篇 J. M. 阿多瓦西奥（J. M. Adovasio）与他的同事讨论梅多克罗夫特遗址的"前克洛维斯"证据。C. Vance Haynes, Jr. 是一位克洛维斯与据信为"前克洛维斯"遗址的专家，他的论文有 "Contributions of radiocarbon dating to the geochronology of the peopling of the New World," pp. 354-74 in R. E. Taylor, A. Long, and R. S. Kra, eds., *Radiocarbon after Four Decades*（New York: Springer, 1992）以及 "Clovis-Folson geochronology and climate change," pp. 219-36 in Olga Soffer and N. D. Praslov, eds., *From Kostenki to Clovis: Upper Paleolithic Paleo-Indian Adaptations*（New York: Plenum, 1993）。前克洛维斯支持富拉达遗址的论点，见 N. Guidon and G. Delibrias, "Carbon-14 dates point to man in the Americas 32,000 years ago," *Nature* 321:769-71（1986），以及 David Meltzer et al., "On a Pleistocene human occupation at Pedra Furada, Brazil," *Antiquity* 68:695-714（1994）。其他有关"前克洛维斯"论辩的著作包括 T. D. Dillehay et al., "Earliest hunters and gatherers of South America," *Journal of World Prehistory* 6:145-204（1992），T. D. Dillehay, *Monte Verde: A Late Pleistocene Site in Chile*（Washington, D.C.: Smithsonian Institution Press, 1989），T. D. Dillehay and D. J. Meltzer, eds., *The First Americans: Search and Research*（Boca Raton: CRC Press, 1991），Thomas Lynch "Glacial-age man in South America?—a critical review," *American Antiquity* 55:12-36（1990），John Hoffecker et al., "The colonization of Beringia and the peopling of the New World," *Science* 259:46-53（1993），以及 A. C. Roosevelt et al., "Paleoindian cave dwellers in the Amazon: The peopling of the Americas," *Science* 272:373-84（1996）。

第 2 章

有关波利尼西亚的文化差异，可参看两本宝贵的专著：Patrick Kirch, *The Evolution of the Polynesian Chiefdoms*（Cambridge: Cambridge University Press, 1984），以及同作者的 *The Wet and the Dry*（Chicago: University of Chicago Press, 1994）。Peter Bellwood 的 *The Polynesians*, rev. ed.（London: Thames and Hudson, 1987），当中有许多篇幅也探讨了这个议题。讨论波利尼西亚特定岛

屿、值得一读的专著为 Michael King, *Moriori*（Auckland: Penguin, 1989），论查塔姆群岛可参看 Patrick Kirch, *Feathered Gods and Fishhooks*（Honolulu: University of Hawaii Press, 1985），有关夏威夷的论述则可参看下列专著：Patrick Kirch and Marshall Sahlins, *Anahulu*（Chicago: University of Chicago Press, 1992），Jo Anne Van Tilburg, *Easter Island*（Washington, D.C.: Smithsonian Institution Press, 1994），以及 Paul Bahn and John Flenley, *Easter Island, Earth Island*（London: Thames and Hudson, 1992）。

第 3 章

关于皮萨罗俘虏阿塔瓦尔帕，我的描述结合了弗兰西斯卡·皮萨罗的弟弟埃尔南多·皮萨罗与佩德罗·皮萨罗，以及皮萨罗的同伴 Miguel de Estete、Cristóbal de Mena、Ruiz de Arce 以及 Francisco de Xerez 等人的目击证词。埃尔南多·皮萨罗、Miguel de Estete 以及 Francisco de Xerez 的证词已被译为 Clements Markham, *Reports on the Discovery of Peru*, Hakluyt Society, 1st ser., vol. 47（New York, 1872）；佩德罗·皮萨罗的证词见 Philip Means, *Relation of the Discovery and Conquest of the Kingdoms of Peru*（New York: Cortés Society, 1921）；Cristóbal de Mena 的证词见 Joseph Sinclair, *The Conquest of Peru, as Recorded by a Member of the Pizarro Expedition*（New York, 1929）。Ruiz de Arce 的证词则重刊于 *Boletín de la Real Academia de Historia*（Madrid）102:327-84（1933）。John Hemming 出色的 *The Conquest of the Incas*（San Diego: Harcourt Brace Jovanovich, 1970），提供了这次俘房事件——其实是关于整个征服行动——的一段完整记载，连带一份全面的参考书目。关于这场征服行动有一份 19 世纪的记载，William H. Prescott 的 *History of the Conquest of Peru*（New York, 1847）至今仍非常易读，名列历史类写作的经典之林。相对应的现代及经典 19 世纪关于西班牙征服阿兹特克的记载分别为 Hugh Thomas, *Conquest: Montezuma, Cortés, and the Fall of Old Mexico*（New York: Simon and Schuster, 1993），以及 William Prescott, *History of the Conquest of Mexico*（New York, 1843）。当时征服阿兹特克的目击证词由科尔特斯本人所写［重刊为 Hernando Cortés, *Five Letters of Cortés to the Emperor*（New York: Norton, 1969）］，其他许多证词则由科尔特斯的同伴所写（重刊于 Patricia de Fuentes, ed., *The Conquistadors*, Norman: University of Oklahoma Press, 1993）。

第 4~10 章

这 7 个章节讨论食物生产，我将参考书目汇整在一起，因为其中许多书目不只适用于这些章节中的单一章节。

　　有关食物生产是如何从狩猎-采集的生活方式演化而来的，可参考下列五本罗列诸多事实的重要食物专著：Kent Flannery, "The origins of agriculture," *Annual Reviews of Anthropology* 2:271-310（1973）；Jack Harlan, *Crops and Man*, 2nd ed.（Madison, Wis.: American Society of Agronomy, 1992）；Richard MacNeish, *The Origins of Agriculture and Settled Life*（Norman: University of Oklahoma Press, 1992）；David Rindos, *The Origins of Agriculture: An Evolutionary Perspective*（San Diego: Academic Press, 1984）；以及 Bruce Smith, *The Emergence of Agriculture*（New York: Scientific American Library, 1995）。有关早期食物生产的概论，可参看下面几本重要作品：Peter Ucko and G. W. Dimbleby, eds., *The Domestication and Exploitation of Plants and Animals*（Chicago: Aldine, 1969），以及 Charles Reed, ed., *Origins of Agriculture*（The Hague: Mouton, 1977）。Carl Sauer, *Agricultural Origins and Dispersals*（New York: American Geographical Society, 1952）是一部比较新旧大陆粮食生产的早期经典；Erich Isaac, *Geography of Domestication*（Englewood Cliffs, N. J.: Prentice-Hall, 1970）则问了在哪里、什么时候以及动植物如何开始被驯化的问题。

　　植物驯化的专论中，写得特别好的一本是 Daniel Zohary and Maria Hopf, *Domestication of Plants in the Old World*, 2nd ed.（Oxford: Oxford University Press, 1993）。这本书提供了世界各地植物驯化最详细的记载，并汇整了欧亚大陆西部各种重要作物驯化与散布的考古学及遗传学证据。

　　有关植物驯化的重要著作有 C. Wesley Cowan and Patty Jo Watson, eds., *The Origins of Agriculture*（Washington, D.C., Smithsonian Institution Press, 1992），David Harris and Gordon Hillman, eds., *Foraging and Farming: The Evolution of Plant Exploitation*（London: Unwin Hyman, 1989），以及 C. Barigozzi, ed., *The Origin and Domestication of Cultivated Plants*（Amsterdam: Elsevier, 1986）。Charles Heiser, Jr. 两本受欢迎的讨论植物驯化的著作为 *Seed to Civilization: The Story of Food*, 3rd ed.（Cambridge: Harvard University Press, 1990），以及 *Of Plants and People*（Norman: University of Oklahoma Press, 1985）。J. Smartt and N. W. Simmonds, ed., *Evolution of Crop Plants*, 2nd ed.（London: Longman, 1995），是世界上所有主要与许多次要作物相关数据标准的参考书。三篇精彩的论文讨论了野生植物在人类栽培自动演化的改变：Mark Blumler and Roger Byrne, "The ecological genetics of domestication and the origins of agriculture," *Current Anthropology* 32:23-54（1991）；Charles Heiser, Jr., "Aspects of unconscious selection and the evolution of domesticated plants," *Euphytica* 37:77-81（1988）；以及 Daniel Zohary, "Modes of evolution in plants under domestication, " in W. F. Grant, ed., *Plant Biosystematics*（Montreal: Academic Press, 1984）。Mark Blumler, "Independent inventionism and recent genetic evidence on plant domestication," *Economic Botany* 46:98-111（1992），评估支持同一野生植物品种多重驯化，反对单一起源再扩散的证据。

与动物驯化相关的概论中，论世界上野生哺乳动物的百科式专著为 Ronald Nowak, ed., *Walker's Mammals of the World*, 5th ed.（Baltimore: Johns Hopkins University Press, 1991）。Juliet Clutton-Brock, *Domesticated Animals from Early Times*［London: British Museum（Natural History），1981］，是关于所有重要的驯化哺乳动物的概要。I. L. Mason, ed., *Evolution of Domesticated Animals*（London: Longman, 1984）是一本个别讨论每一种重要的驯化动物的著作。Simon Davis, *The Archaeology of Animals*（New Haven: Yale University Press, 1987），说明从考古遗址的哺乳动物遗骸中可得知什么。Juliet Clutton-Brock, ed., *The Walking Larder*（London: Unwin-Hyman, 1989）呈现了 31 篇关于人类如何驯化、豢养、猎食世界上其他动物，以及成为它们的猎物。一本关于驯化动物的完整全面的德文书籍为 Wolf Herre and Manfred Röhrs, *Haustiere zoologisch gesehen*（Stuttgart: Fischer, 1990）。Stephen Budiansky, *The Covenant of the Wild*（New York: William Morrow, 1992）论述动物驯化如何从人与动物的关系自然演变而成。Andrew Sherratt, "Plough and pastoralism: Aspects of the secondary products revolution," pp. 261-305 in Ian Hodder et al., eds., *Pattern of the Past*（Cambridge: Cambridge University Press, 1981）则讨论家畜如何用于耕田、交通运输，并提供毛与奶给人类使用。

关于世界上特定地区食物生产的介绍可参看下列著作：Pliny, *Natural History*, vols. 17-19 是论罗马农业的不朽之作，作者的描述极为详细，文笔生动［拉丁文与英文译文对照本见 Loeb Classical Library 版（Cambridge: Harvard University Press, 1961）］；Albert Ammerman and L. L. Cavalli-Sforza, *The Neolithic Transition and the Genetics of Populations in Europe*（Princeton: Princeton University Press, 1984），分析食物生产从肥沃新月地带向西越过欧洲的扩散过程；Donald Henry, *From Foraging to Agriculture: The Levant at the End of the Ice Age*（Philadelphia: University of Pennsylvania Press, 1989），论比邻地中海东岸的土地；以及 D. E. Yen, "Domestication: Lessons from New Guinea," pp. 558-69 in Andrew Pawley, ed., *Man and a Half*（Auckland: Polynesian Society, 1991），论新几内亚。Edward Schafer, *The Golden Peaches of Samarkand*（Berkeley: University of California Press, 1963）描述唐朝时期输入中国的动物、植物以及其他事物。

接下来为关于植物驯化与世界上特定区块作物的讨论。欧洲与肥沃新月地带：Willem van Zeist et al., eds., *Progress in Old World Palaeoethnobotany*（Rotterdam: Balkema, 1991），以及 Jane Renfrew, *Paleoethnobotany*（London: Methuen, 1973）。印度河流域哈拉帕文明及南亚次大陆概论，见：Steven Weber, *Plants and Harappan Subsistence*（New Delhi: American Institute of Indian Studies, 1991）。新大

陆的作物，见：Charles Heiser, Jr., "New perspectives on the origin and evolution of New World domesticated plants: Summary," *Economic Botany* 44（3 suppl.）:111-16（1990），以及同作者的 "Origins of some cultivated New World plants," *Annual Reviews of Ecology and Systematics* 10:309-26（1979）。可能记录中部美洲从狩猎-采集转型至早期农业的一个墨西哥遗址，见：Kent Flannery, ed., *Guilá Naquitz*（New York: Academic Press, 1986）。关于印加时期安第斯山区的作物以及今日它们可能的用途，见：National Research Council, *Lost Crops of the Incas*（Washington, D.C.: National Academy Press, 1989）。关于东部或西南部美国的植物驯化，见：Bruce Smith, "Origins of agriculture in eastern North America," *Science* 246:1566-71（1989）；William Keegan, ed., *Emergent Horticultural Economics of the Eastern Woodlands*（Carbondale: Southern Illinois University, 1987）；Richard Ford, ed., *Prehistoric Food Production in North America*（Ann Arbor: University of Michigan Museum of Anthropology, 1985）；以及 R. G. Matson, *The Origins of Southwestern Agriculture*（Tucson: University of Arizona Press, 1991）。Bruce Smith, "The origins of agriculture in the Americas," *Evolutionary Anthropology* 3:174-84（1995）根据非常少量植物样本的加速器质谱法定年，讨论美洲大陆农业起源其实比先前所想来得更晚的修正观点。

关于动物驯化与世界上特定区域家禽的讨论：论中欧与东欧，见 S. Bökönyi, *History of Domestic Mammals in Central and Eastern Europe*（Budapest: Akadémiai Kiadó, 1974）；论非洲，见 Andrew Smith, *Pastoralism in Africa*（London: Hurst, 1992）；论安第斯山区，见 Elizabeth Wing, "Domestication of Andean mammals," pp. 246-64 in F. Vuilleumier and M. Monasterio, eds., *High Altitude Tropical Biogeography*（Oxford: Oxford University Press, 1986）。

讨论特定重要作物的参考著作如下：Thomas Sodestrom et al., eds., *Grass Systematics and Evolution*（Washington, D.C.: Smithsonian Institution Press, 1987），Hugh Iltis, "From teosinte to maize: The catastrophic sexual transmutation," *Science* 222:886-94（1983），讨论玉米的野生始祖大刍草，在繁殖生物学上的剧烈转变。Yan Wenming, "China's earliest rice agricultural remains," *Indo-Pacific Prehistory Association Bulletin* 10:118-26（1991），讨论华南早期稻米驯化的发展。Charles Heiser, Jr. 两本论特定作物的名著为：*The Sunflower*（Norman: University of Oklahoma Press, 1976），以及 *The Gourd Book*（Norman: University of Oklahoma Press, 1979）。

关注特定驯化植物品种的许多论文或专著如下：R. T. Loftus et al., "Evidence for two independent domestications of cattle," *Proceedings of the National Academy of Sciences U.S.A.* 91:2757-61（1994），使用线粒体 DNA 的证据，论证欧亚大陆西部与南亚次大陆上牛群的独立驯化。论马匹，见：Juliet Clutton-Brock, *Horse Power*

（Cambridge: Harvard University Press, 1992）, Richard Meadow and Hans-Peter Uerpmann, eds., *Equids in the Ancient World*（Wiesbaden: Reichert, 1986）, Matthew J. Kust, *Man and Horse in History*（Alexandria, Va.: Plutarch Press, 1983）, 以及 Robin Law, *The Horse in West African History*（Oxford: Oxford University Press, 1980）。论猪, 见：Colin Groves, *Ancestors for the Pigs: Taxonomy and Phylogeny of the Genus Sus*（Technical Bulletin no. 3, Department of Prehistory, Research School of Pacific Studies, Australian National University [1981]）。论骆马, 见：Kent Flannery, Joyce Marcus, and Robert Reynolds, *The Flocks of the Wamani*（San Diego: Academic Press, 1989）。论犬只, 见：Stanley Olsen, *Origins of the Domestic Dog*（Tucson: University of Arizona Press, 1985）。John Varner and Jeannette Varner, *Dogs of the Conquest*（Norman: University of Oklahoma Press, 1983）, 描述西班牙征服美洲时, 西班牙人用犬只做军用武器杀死印第安人。Clive Spinnage, *The Natural History of Antelopes*（New York: Facts on File, 1986）, 为羚羊的生物学研究, 尝试了解为何这些看似很可能驯化的动物, 实际上却未被驯化的入门讨论。Derek Goodwin, *Domestic Birds*（London: Museum Press, 1965）, 汇整了已被驯化的鸟类, 以及 R. A. Donkin, *The Muscovy Duck* Cairina moschata domestica（Rotterdam: Balkema, 1989）, 讨论新大陆上两种被驯化的鸟类之一。

最后, 关于校正碳 14 年代复杂性的讨论见 G. W. Pearson, "How to cope with calibration," *Antiquity* 61:98-103（1987）, R. E. Taylor, eds., *Radiocarbon after Four Decades: An Interdisciplinary Perspective*（New York: Springer, 1992）, M. Stuiver et al., "Calibration," *Radiocarbon* 35:1-244（1993）, S. Bowman, "Using radiocarbon: An update," *Antiquity* 68:838-43（1994）, 以及 R. E. Taylor, M. Stuiver, and C. Vance Haynes, Jr., "Calibration of the Late Pleistocene radiocarbon time scale: Clovis and Folsom age estimates," *Antiquity* vol. 70（1996）。

第 11 章

关于人口受疾病影响的讨论, 没有什么比得上修昔底德（Thucydides）讨论雅典瘟疫的著作：《伯罗奔尼撒战争史》（*Peloponnesian War*）（译本众多）的第二卷。

有关疾病史的三本开山之作为 Hans Zinsser, *Rats, Lice, and History*（Boston: Little, Brown, 1935）、Geddes Smith, *A Plague on Us*（New York: Commonwealth Fund, 1941）, 以及 William McNeill, *Plagues and Peoples*（Garden City, N.Y.: Doubleday, 1976）。最后一本书的作者不是医师, 而是杰出的史学家, 如同开场白的延伸阅读提到的 Alfred Crosby 的两本书, 本书也特别能使历史学家体悟到

疾病给人类社会带来的冲击。

　　Friedrich Vogel and Arno Motulsky, *Human Genetics*, 2nd ed.（Berlin: Springer, 1986）是一部人类遗传学的标准教科书，也是一部讨论疾病造成人口自然淘汰以及遗传发展抵抗特定疾病的简要著作。Roy Anderson and Robert May, *Infectious Diseases of Humans*（Oxford: Oxford University Press, 1992），是一部清晰的数学研究，关于疾病动力学、传播以及流行病学。MacFarlane Burnet, *Natural History of Infectious Disease*（Cambridge: Cambridge University Press, 1953），是一部由一流医学研究人员所写的经典著作，Arno Karlen, *Man and Microbes*（New York: Putnam, 1995）则是近期颇受欢迎的著作。

　　专论人类传染病演化的书籍与论文包括：Aidan Cockburn, *Infectious Diseases: Their Evolution and Eradication*（Springfield, Ill.: Thomas, 1967）；同作者的 "Where did our infectious diseases come from?" pp. 103-13 in *Health and Disease in Tribal Societies*, CIBA Foundation Symposium, no. 49（Amsterdam: Elsevier, 1977）；George Williams and Randolph Nesse, "The dawn of Darwinian medicine," *Quarterly Reviews of Biology* 66:1-62（1991）；以及 Paul Ewald, *Evolution of Infectious Disease*（New York: Oxford University Press, 1994）。

　　Francis Black, "Infectious diseases in primitive societies," *Science* 187:515-18（1975），讨论地方病与急症对小型孤立社会的冲击及这些病症的流传。Frank Fenner, "Myxoma virus and Oryctolagus cuniculus: Two colonizing species," pp. 485-501 in H. G. Baker and G. L. Stebbins, eds., *Genetics of Colonizing Species*（New York: Academic Press, 1965），描述黏液瘤病毒在澳大利亚兔子间的传布与演化。Peter Panum, *Observations Made during the Epidemic of Measles on the Faroe Islands in the Year 1846*（New York: American Public Health Association, 1940），说明急性传染病的到来，如何迅速杀死孤立无抵抗力的人群，或反而使全体人口免疫。Francis Black, "Measles endemicity in insular populations: Critical community size and its evolutionary implication," *Journal of Theoretical Biology* 11:207-11（1966），使用麻疹等来推估能够让该种病菌存续的最低人口数。Andrew Dobson, "The population biology of parasite-induced changes in host behavior," *Quarterly Reviews of Biology* 63:139-65（1988），讨论寄生虫如何借着改变宿主的行为，以增进自身的传布。Aidan Cockburn and Eve Cockburn, eds., *Mummies, Diseases, and Ancient Cultures*（Cambridge: Cambridge University Press, 1983），说明可从木乃伊得知过去疾病的影响。

　　关于疾病对初次感染人口的影响，Henry Dobyns, *Their Number Become Thinned*（Knoxville: University of Tennessee Press, 1983），搜集证据支持欧洲传入的疾病杀死了近 95%美洲土著的观点。后续加入论辩的有：John Verano and

Douglas Ubelaker, eds., *Disease and Demography in the Americas* (Washington, D.C.: Smithsonian Institution Press, 1992); Ann Ramenofsky, *Vectors of Death* (Albuquerque: University of New Mexico Press, 1987); Russell Thornton, *American Indian Holocaust and Survival* (Norman: University of Oklahoma Press, 1987); Dean Snow, "Microchronology and demographic evidence relating to the size of the pre-Columbian North American Indian population," *Science* 268:1601-4 (1995)。两部著作讨论欧洲传入疾病造成夏威夷的波利尼西亚人人口减少：David Stannard, *Before the Horror: The Population of Hawaii on the Eve of Western Contact* (Honolulu: University of Hawaii Press, 1989)，以及 O. A. Bushnell, *The Gifts of Civilization: Germs and Genocide in Hawaii* (Honolulu: University of Hawaii Press, 1993)。在 1902—1903 年的冬天，赛得缪特因纽特人因痢疾而几乎灭族，见 Susan Rowley, "The Sadlermiut: Mysterious or misunderstood?" pp. 361-84 in David Morrison and Jean-Luc Pilon, eds., *Threads of Arctic Prehistory* (Hull: Canadian Museum of Civilization, 1994)。海外传入的疾病造成欧洲人死亡的现象，见 Philip Curtin, *Death by Migration: Europe's Encounter with the Tropical World in the 19th Century* (Cambridge: Cambridge University Press, 1989)。

　　特定疾病的讨论中，Stephen Morse, ed., *Emerging Viruses* (New York: Oxford University Press, 1993) 包含许多讨论人类"新"病毒疾病的宝贵章节，如同 Mary Wilson et al., eds., *Disease in Evolution*, Annals of the New York Academy of Sciences, vol. 740 (New York, 1995)。其他疾病的参考资料如下。论腺鼠疫：Colin McEvedy, "Bubonic plague," *Scientific American* 258 (2):118-23 (1988)。论霍乱：Norman Longmate, *King Cholera* (London: Hamish Hamilton, 1966)。论流感：Edwin Kilbourne, *Influenza* (New York: Plenum, 1987)，以及 Robert Webster et al., "Evolution and ecology of influenza A viruses," *Microbiological Reviews* 56:152-79 (1992)。论莱姆病：Alan Barbour and Durland Fish, "The biological and social phenomenon of Lyme disease," *Science* 260:1610-16 (1993)，以及 Allan Steere, "Lyme disease: A growing threat to urban populations," *Proceedings of the National Academy of Sciences* 91:2378-83 (1994)。

　　论人类疟原虫间的演化关系：Thomas McCutchan et al., "Evolutionary relatedness of plasmodium species as determined by the structure of DNA," *Science* 225:808-11 (1984)，以及 A. R Waters et al., "Plasmodium falciparum appears to have arisen as a result of lateral transfer between avian and human hosts," *Proceedings of the National Academy of Sciences* 88:3140-44 (1991)。论麻疹病毒的演化关系：E. Norrby et al., "Is rinderpest virus the archevirus of the Morbillivirus genus?" *Intervirology* 23:228-32 (1985)，以及 Keith Murray et al., "A morbillivirus that cause fatal disease in horses and humans," *Science* 268:94-97（1995）。论百日咳：R. Gross et al., "Genetics of pertussis toxin," *Molecular Microbiology* 3:119-24（1989）。论天花：Donald Hopkins, *Princes and Peasants: Smallpox in History*（Chicago: University of Chicago Press, 1983）; F. Vogel and M. R. Chakravartti, "ABO blood groups and smallpox in a rural population of West Bengal and Bihar（India）," *Human Genetics* 3:166-80（1966）; 以及我的 "A pox upon our genes," *Natural History* 99（2）:26-30（1990）。论猴痘，一种与天花相关的疾病：Zdeněk Ježek and Frank Fenner, *Human Monkeypox*（Basel: Karger, 1988）。论梅毒：Claude Quétel, *History of Syphilis*（Baltimore: Johns Hopkins University Press, 1990）。论肺结核：Guy Youmans, *Tuberculosis*（Philadelphia: Saunders, 1979）。关于人类肺结核在哥伦布抵达前便存在于美洲原住民的论点，支持者为：Wilmar Salo et al., "Identification of *Mycobacterium tuberculosis* DNA in a pre-Columbian Peruvian mummy," *Proceedings of the National Academy of Sciences* 91:2091-94（1994）; 持反对看法的则是：William Stead et al., "When did *Mycobacterium tuberculosis* infection first occur in the New World?" *American Journal of Respiratory Critical Care Medicine* 151:1267-68（1995）。

第 12 章

提供文字系统概论与专论的书籍包括 David Diringer, *Writing*（London: Thanes and Hudson, 1982）, I. J. Gelb, *A Study of Writing*, 2nd ed.（Chicago: University of Chicago Press, 1963）, Geoffrey Sampson, *Writing Systems*（Stanford: Stanford University Press, 1985）, John DeFrancis, *Visible Speech*（Honolulu: University of Hawaii Press, 1989）, Wayne Senner, ed., *The Origins of Writing*（Lincoln: University of Nebraska Press, 1991）, 以及 J. T. Hooker, ed., *Reading the Past*（London: British Museum Press, 1990）。论重要文字系统并逐一图解的完整著作为 David Diringer, *The Alphabet*, 3rd ed., 2 vol.（London: Hutchinson, 1968）。Jack Goody, *The Domestication of the Savage Mind*（Cambridge: Cambridge University Press, 1977）, 以及 Robert Logan, *The Alphabet Effect*（New York: Morrow, 1986）, 讨论总体读写能力与特定拼音文字的影响。早期文字系统的使用讨论见 Nicholas Postgate et al., "The evidence for early writing: Utilitarian or ceremonial?" *Antiquity* 69:459-80（1995）。

下列专著破解了先前无法辨读的古代手稿，实是令人振奋之作：Maurice Pope, *The Story of Decipherment*（London: Thames and Hudson, 1975）, Michael Coe, *Breaking the Maya Code*（New York: Thames and Hudson, 1992）, John Chadwick, *The Decipherment of Linear B*（Cambridge: Cambridge University Press, 1992）, Yves

Duhoux, Thomas Palaima, and John Bennet, eds., *Problems in Decipherment* (Louvain-la-Neuve: Peeters, 1989), 以及 John Justeson and Terrence Kaufman, "A decipherment of epi-Olmec hieroglyphic writing," *Science* 259:1703-11 (1993)。

　　Denise Schmandt-Besserat 的两册 *Before Writing* (Austin: University of Texas Press, 1992) 呈现她从苏美尔人使用的黏土符号重建苏美尔文字系统的起源。这段历史跨越了近 5 000 年。尽管作者的重建引发不少争议，仍值得参考。Hans Nissen et al., eds., *Archaic Bookkeeping* (Chicago: University of Chicago Press, 1994) 描述了呈现早期楔形文字的美索不达米亚泥板。Joseph Naveh, *Early History of the Alphabet* (Leiden: Brill, 1982) 追溯地中海地区东部拼音文字的出现。独特的乌加里特（Ugarit）拼音文字专论于 Gernot Windfuhr, "The cuneiform signs of Ugarit," *Journal of Near Eastern Studies* 29:48-51 (1970)。Joyce Marcus, *Mesoamerican Writing Systems: Propaganda, Myth, and History in Four Ancient Civilizations* (Princeton: Princeton University Press, 1992), 以及 Elizabeth Boone and Walter Mignolo, *Writing without Words* (Durham: Duke University Press, 1994), 描述了中部美洲文字系统的发展与使用。William Boltz, *The Origin and Early Development of the Chinese Writing System* (New Haven: American Oriental Society, 1994), 以及同作者的 "Early Chinese writing," *World Archaeology* 17:420-36 (1986) 则讨论了中国的文字。最后，Janet Klausner, *Sequoyah's Gift* (New York: HarperCollins, 1993), 是一部讨论塞阔雅发展切罗基印第安人音节字母的著作。

第 13 章

　　Charles Singer 等人的 *A History of Technology* (Oxford: Clarendon Press, 1954-84) 是解说详尽的八卷本技术史巨著。单册史学著作有 Donald Cardwell, *The Fontana History of Technology* (London: Fontana Press, 1994), Arnold Pacey, *Technology in World Civilization* (Cambridge: MIT Press, 1990), 以及 Trevor Williams, *The History of Invention* (New York: Facts on File, 1987)。R. A. Buchanan, *The Power of the Medicine* (London: Penguin Books, 1994), 是一部关注自公元 1700 年起，几世纪以来的简短技术史著作。Joel Mokyr, *The Lever of Riches* (New York: Oxford University Press, 1990), 讨论为何技术发展速度会随时间与地点而改变。George Basalla, *The Evolution of Technology* (Cambridge: Cambridge University Press, 1988) 提出技术进步相关的一个演化观点。Everett Rogers, *Diffusion of Innovations*, 3rd ed. (New York: Free Press, 1983), 汇整了讨论延伸发明——包括 QWERTY 键盘在内的——现代研究。David Holloway, *Stalin and the Bomb* (New Haven: Yale University Press, 1994), 剖析了蓝图复制、概念散布（借

由间谍）以及独立发明对苏联原子弹的相对贡献。

技术相关的地区性研究中，尤其重要的系列为 *Science and Civilization in China*, by Joseph Needham（Cambridge: Cambridge University Press），系列中的 5 册共 16 部在 1954 年便已问世，同时还有十多部即将完成。Ahmad al-Hassan and Donald Hill, *Islamic Technology*（Cambridge: Cambridge University Press, 1992），以及 K. D. White, *Greek and Roman Technology*（London: Thames and Hudson, 1984），则替那些文化汇整了技术的历史。

日本和中国都是有点封闭的社会。日本在 1543 年采用火器，后来又放弃；而中国在 1433 年扬弃大型越洋船只，两者皆是科技倒退走的显著之例，因而失去技术优势。前者描述于 Noel Perrin, *Giving Up the Gun*（Boston: Hall, 1979），后者描述于 Louise Levathes, *When China Ruled the Seas*（New York: Simon and Schuster, 1994）。"The disappearance of useful arts," pp. 190-210 in W. H. B. Rivers, *Psychology and Ethnology*（New York: Harcourt, Brace, 1926），这篇论文提供了在太平洋岛民间的类似案例。

技术史相关的论文可在技术史学会（Society for the History of Technology）自 1959 年起出版之季刊《技术与文化》（*Technology and Culture*）中找到。John Staudenmaier, *Technology's Storytellers*（Cambridge: MIT Press, 1985），分析了这本期刊头 20 年间的论文。

对电力、织品和冶金等技术史特别感兴趣的读者，则可参看下列专著：Thomas Hughes, *Networks of Power*（Baltimore: Johns Hopkins University Press, 1983）讨论 1880—1930 年间，西方社会电气化历程中，社会、经济、政治以及技术等因素。Dava Sobel, *Longitude*（New York: Walker, 1995），描述了约翰·哈里森（John Harrison）为解决海上测定经度问题发明的经线仪（chronometer）的过程。E. J. W. Barber, *Prehistoric Textiles*（Princeton: Princeton University Press, 1991），从 9 000 多年前开始细说欧亚布料的历史。涵盖广大范围，甚至遍及全世界的冶金术历史的相关讨论包括 Robert Maddin, *The Beginning of the Use of Metals and Alloys*（Cambridge: MIT Press, 1988），Theodore Wertime and James Muhly, eds., *The Coming of the Age of Iron*（New Haven: Yale University Press, 1980），R. D. Penhallurick, *Tin in Antiquity*（London: Institute of Metals, 1986），James Muhly, "Copper and Tin," *Transactions of the Connecticut Academy of Arts and Sciences* 43:155-535（1973），以及 Alan Franklin, Jacqueline Olin, and Theodore Wertime, *The Search for Ancient Tin*（Washington, D.C.: Smithsonian Institution Press, 1978）。关于地区冶金术相关的讨论有 R. F. Tylecote, *The Early History of Metallurgy in Europe*（London: Longman, 1987），以及 Donald Wagner, *Iron and Steel in Ancient China*（Leiden: Brill, 1993）。

第 14 章

游群、部落、酋邦、国家等人类社会的四种分类，大抵按照 Elman Service 在下列两本书的分类：*Primitive Social Organization*（New York: Random House, 1962），以及 *Origins of the State and Civilization*（New York: Norton, 1975）。一种使用不同专有名词的类似社会分类为 Morton Fried, *The Evolution of Political Society*（New York: Random House, 1967）。三篇论国家与社会的演进的重要论文为 Kent Flannery, "The cultural evolution of civilizations," *Annual Review of Ecology and Systematics* 3:399-426（1972），同作者的 "Prehistoric social evolution," pp. 1-26 in Carol and Melvin Ember, eds., *Research Frontiers in Anthropology*（Englewood Cliffs: Prentice-Hall, 1995），以及 Henry Wright, "Recent research on the origin of the state," *Annual Review of Anthropology* 6:379-97（1977）。Robert Carneiro, "A theory of the origin of the state," *Science* 169:733-38（1970），认为国家在面临土地的生态限制时，会通过发动战争而崛起。Karl Wittfogel, *Oriental Despotism*（New Haven: Yale University Press, 1957），将国家的起源联结至大范围的灌溉与水力管理。*On the Evolution of Complex Societies*, by William Sanders, Henry Wright, and Robert Adams（Malibu: Undena, 1984），其中的三篇文章对国家起源提出不同的观点，Robert Adams, *The Evolution of Urban Society*（Chicago: Aldine, 1966），则比较了美索不达米亚与中美洲国家的起源。

论世界上特定区域社会演化的研究中，美索不达米亚的资料包括 Robert Adams, *Heartland of Cities*（Chicago: University of Chicago Press, 1981），以及 J. N. Postgate, *Early Mesopotamia*（London: Routledge, 1992）；论中美洲，见 Richard Blanton et al., *Ancient Mesoamerica*（Cambridge: Cambridge University Press, 1981），以及 Joyce Marcus and Kent Flannery, *Zapotec Civilization*（London: Thames and Hudson, 1996）；论安第斯山区，见 Richard Burger, *Chavin and the Origins of Andean Civilization*（New York: Thames and Hudson, 1992），以及 Jonathan Haas et al., eds., *The Origins and Development of the Andean State*（Cambridge: Cambridge University Press, 1987）；论美洲的酋邦，见 Robert Drennan and Carlos Uribe, eds., *Chiefdoms in the Americas*（Lanham, Md.: University Press of America, 1987）；论波利尼西亚社会，见第 2 章引述的资料；另外，关于祖鲁人的国家，见 Donald Morris, *The Washing of the Spears*（London: Jonathan Cape, 1966）。

第 15 章

讨论澳大利亚与新几内亚两地史前时期的书籍包括 Alan Thorne and Robert

Raymond, *Man on the Rim: The Peopling of the Pacific*（North Ryde: Angus and Robertson, 1989），J. Peter White and James O'Connell, *A Prehistory of Australia, New Guinea, and Sahul*（Sydney: Academic Press, 1982），Jim Allen et al., eds., *Sunda and Sahul*（London: Academic Press, 1977），M. A. Smith et al., eds., *Sahul in Review*（Canberra: Australian National University, 1993），以及 Tim Flannery, *The Future Eaters*（New York: Braziller, 1995）。这些书当中的第一本与第三本也讨论了东南亚岛屿的史前时期。澳大利亚历史的近期讨论为 Jose-phine Flood, *Archaeology of the Dreamtime*, rev. ed.（Sydney: Collins, 1989）。另外一些讨论澳大利亚史前时期的重要论文有 Rhys Jones, "The fifth continent: Problems concerning the human colonization of Australia," *Annual Reviews of Anthropology* 8:445-66（1979），Richard Roberts et al., "Thermoluminescence dating of a 50,000-year-old human occupation site in northern Australia," *Nature* 345: 153-56（1990），以及 Jim Allen and Simon Holdaway, "The contamination of Pleistocene radiocarbon determinations in Australia," *Antiquity* 69:101-12（1995）。Robert Attenborough and Michael Alpers, eds., *Human Biology in Papua New Guinea*（Oxford: Clarendon Press, 1992）则汇整了新几内亚的考古学、各种语言以及遗传学。

　　至于北美拉尼西亚（Northern Melanesia）（俾斯麦与所罗门群岛、东北部与东部新几内亚）的史前时期，相关讨论可见前述 Thorne and Raymond、Flannery 以及 Allen 等人的作品。讨论北美拉尼西亚最早的占领年代的论文有 Stephen Wickler and Matthew Spriggs, "Pleistocene human occupation of the Solomon Islands, Melanesia," *Antiquity* 62:703-6（1988），Jim Allen et al., "Pleistocene dates for the human occupation of New Ireland, Northern Melanesia," *Nature* 331:707-9（1988），Jim Allen et al., "Human Pleistocene adaptations in the tropical island Pacific: Recent evidence from New Ireland, a Greater Australian outlier," *Antiquity* 63:548-61（1989），以及 Christina Pavlides and Chris Gosden, "35,000-year-old sites in the rainforests of West New Britain, Papua New Guinea," *Antiquity* 68:604-10（1994）。新几内亚沿海附近南岛语族扩张的相关资料，可在第 17 章的延伸阅读中找到。

　　有关澳大利亚被欧洲殖民后的历史，请参看：Robert Hughes, *The Fatal Shore*（New York: Knopf, 1987），以及 Michael Cannon, *The Exploration of Australia*（Sydney: Reader's Digest, 1987）。以澳大利亚原住民为主题的著作有 Richard Broome, *Aboriginal Australians*（Sydney: Allen and Unwin, 1982），以及 Henry Reynolds, *Frontier*（Sydney: Allen and Unwin, 1987）。涵盖从最早的文字记载至 1902 年，一部无比详细的新几内亚史，见 Arthur Wichmann, *Entdeckungsgeschichte von Neu-Guinea*（Leiden: Brill, 1909-12）（共三册）。一部较短也较易读的著作为 Gavin Souter, *New Guinea: The Last Unknown*（Sydney: Angus and Robertson, 1964）。

Bob Connolly and Robin Anderson, *First Contact* (New York: Viking, 1987), 感人地描述了高地新几内亚人与欧洲人的第一次接触。

关于新几内亚的巴布亚诸语言（即非南岛语）的详细论著，见 Stephen Wurm, *Papuan Languages of Oceania* (Tübingen: Gunter Narr, 1982), 以及 William Foley, *The Papuan Languages of New Guinea* (Cambridge: Cambridge University Press, 1986)；另外，关于澳大利亚的各语言，见 Stephen Wurm, *Languages of Australia and Tasmania* (The Hague: Mouton, 1972), 以及 R. M. W. Dixon, *The Languages of Australia* (Cambridge: Cambridge University Press, 1980)。

新几内亚植物驯化与食物生产起源的入门文献有 Jack Golson, "Bulmer phase II: Early agriculture in the New Guinea highlands," pp. 484-91 in Andrew Pawley, ed., *Man and a Half* (Auckland: Polynesian Society, 1991), 以及 D. E. Yen, "Polynesian cultigens and cultivars: The question of origin," pp. 67-95 in Paul Cox and Sandra Banack, eds., *Islands, Plants, and Polynesian* (Portland: Dioscorides Press, 1991)。

无数的文章与书籍关注为何印度尼西亚人与托雷斯海峡岛民至澳大利亚的贸易拜访，仅有限地造成文化变迁这个有趣的问题。C. C. Macknight, "Macassans and Aborigines," *Oceania* 42:283-321 (1972), 讨论了马卡萨渔人（Macassan）的拜访，D. Walker, ed., *Bridge and Barrier: The Natural and Cultural History of Torres Strait* (Canberra: Australian National University, 1972), 则讨论了托雷斯海峡的通道。前述的 Flood、White and O'Connell 以及 Allen 等人也有讨论这两条通道。

塔斯马尼亚人的早期目击证词重刊于 N. J. B. Plomley, *The Baudin Expedition and the Tasmanian Aborigines 1802* (Hobart: Blubber Head Press, 1983), N. J. B. Plomley, *Friendly Mission: The Tasmanian Journals and Papers of George Augustus Robinson, 1829-1834* (Hobart: Tasmanian Historical Research Association, 1966), 以及 Edward Duyker, *The Discovery of Tasmania: Journal Extracts from the Expeditions of Abel Janszoon Tasman and Marc-Joseph Marion Dufresne, 1642 and 1772* (Hobart: St. David's Park Publishing, 1992)。争辩孤立状态对塔斯马尼亚社会所产生的效应的论文有 Rhys Jones, "The Tasmanian Paradox," pp. 189-284 in R. V. S. Wright, ed., *Stone Tools as Cultural Markers* (Canberra: Australian Institute of Aboriginal Studies, 1977)；Rhys Jones, "Why did the Tasmanians stop eating fish?" pp. 11-48 in R. Gould, ed., *Explorations in Ethnoarchaeology* (Albuquerque: University of New Mexico Press, 1978)；D. R. Horton, "Tasmanian adaptation," *Mankind* 12:28-34 (1979)；I. Walters, "Why did the Tasmanians stop eating fish?: A theoretical consideration," *Artefact* 6:71-77 (1981)；以及 Rhys Jones, "Tasmanian Archaeology," *Annual Reviews of Anthropology* 24:423-46 (1995)。Robin Sim 的论文叙述了她在弗林德斯岛的考古挖掘结果："Prehistoric human occupation on the King and Furneaux Island regions, Bass Strait," pp. 358-74 in Marjorie Sullivan et al., eds., *Archaeology in the North* (Darwin: North Australia Research Unit, 1994)。

第 16~17 章

前面的章节所引述的相关阅读包括论东亚食物生产（第 4~10 章）、中文书写（第 12 章）、中国的技术（第 13 章），还有新几内亚以及俾斯麦与所罗门群岛概论性（第 15章）的著作。James Matisoff, "Sino-Tibetan linguistics: Present state and future prospects," *Annual Reviews of Anthropology* 20:469-504 (1991)，回顾了汉藏语系及其内部语言间大略的关系。Takeru Akazawa and Emoke Szathmáry, eds., *Prehistoric Mongoloid Dispersals* (Oxford: Oxford University Press, 1996)，以及 Dennis Etler, "Recent developments in the study of human biology in China: A review," *Human Biology* 64:567-85 (1992)，讨论了中国或东亚的关系与播散的证据。Alan Thorne and Robert Raymond, *Man on the Rim* (North Ryde: Angus and Robertson, 1989)，描述了太平洋民族，包括东亚人与太平洋岛民在内的考古、历史与文化。Adrian Hill and Susan Serjeantson, eds. *The Colonization of the Pacific: A Genetic Trail* (Oxford: Clarendon Press, 1989)，以太平洋岛民、澳大利亚原住民以及新几内亚人推知的殖民路径与历史，来诠释他们的基因遗传。基于牙齿结构的证据解读于 Christy Turner III, "Late Pleistocene and Holocene population history of East Asia based on dental variation," *American Journal of Physical Anthropology* 73:305-21 (1987)，以及 "Teeth and prehistory in Asia," *Scientific American* 260（2）:88-96(1989)。

地区性的考古学研究中，有关中国的讨论，见 Kwang-chih Chang（张光直），*The Archaeology of Ancient China*, 4th ed. (New Haven: Yale University Press, 1987)，David Keightley, ed., *The Origins of Chinese Civilization* (Berkeley: University of California Press, 1983)，以及 David Keightley, "Archaeology and mentality: The making of China," *Representations* 18:91-128 (1987)。Mark Elvin, *The Pattern of the Chinese Past* (Stanford: Stanford University Press, 1973) 检视了中国政治统一后的历史。易读的东南亚考古学研究包括 Charles Higham, *The Archaeology of Mainland Southeast Asia* (Cambridge: Cambridge University Press, 1989)；论韩国，Sarah Nelson, *The Archaeology of Korea* (Cambridge: Cambridge University Press, 1993)；论印度尼西亚、菲律宾群岛以及热带东南亚，Peter Bellwood, *Prehistory of the Indo-Malaysian Archipelago* (Sydney: Academic Press, 1985)；论马来半岛，Peter Bellwood, "Cultural and biological differentiation in Peninsular Malaysia: The last 10,000 years," *Asian Perspectives* 32:37-60(1993)；论南亚次大陆，

Bridget and Raymond Allchin, *The Rise of Civilization in India and Pakistan*（Cambridge: Cambridge University Press, 1982）；论东南亚岛屿以及太平洋，尤其是拉皮塔，一系列五篇文章刊于 *Antiquity* 63:547-626（1989），以及 Patrick Kirch, *The Lapita Peoples: Ancestors of the Oceanic World*（London: Basil Blackwell, 1996）；以及论南岛语族整体的扩张，Andrew Pawley and Malcolm Ross, "Austronesian historical linguistics and culture history," *Annual Reviews of Anthropology* 22:425-59（1993），以及 Peter Bellwood et al., *The Austronesians: Comparative and Historical Perspectives*（Canberra: Australian National University, 1995）。

Geoffrey Irwin, *The Prehistoric Exploration and Colonization of the Pacific*（Cambridge: Cambridge University Press, 1992），是关于波利尼西亚人旅行、航海以及殖民的记载。新西兰与东波利尼西亚聚落的定年论辩于 Atholl Anderson, "The chronology of colonisation in New Zealand," *Antiquity* 65:767-95（1991），以及 "Current approaches in East Polynesian colonization research," *Journal of the Polynesian Society* 104:110-32（1995），以及 Patrick Kirch and Joanna Ellison, "Palaeoenvironmental evidence for human colonization of remote Oceanic islands," *Antiquity* 68:310-21（1994）。

第 18 章

本章许多相关延伸阅读可在其他章节的延伸阅读中找到：印加帝国与阿兹特克的征服见第 3 章，植物与动物驯化见第 4~10 章，传染病见第 11 章，文字见第 12 章，技术见第 13 章，政治体制见第 14 章，中国见第 16 章。全世界粮食生产起源的简易比较可见 Bruce Smith, *The Emergence of Agriculture*（New York: Scientific American Library, 1995）。

一些关于历史里程碑的讨论汇整于表 18.1，以下为有别于前几章延伸阅读中的参考数据。论英格兰：Timothy Darvill, *Prehistoric Britain*（London: Batsford, 1987）。论安第斯山区：Jonathan Haas et al., *The Origins and Development of the Andean State*（Cambridge: Cambridge University Press, 1987）；Michael Moseley, *The Incas and Their Ancestors*（New York: Thames and Hudson, 1992）；以及 Richard Burger, *Chavin and the Origins of Andean Civilization*（New York: Thames and Hudson, 1992）。论亚马孙河流域：Anna Roosevelt, *Parmana*（New York: Academic Press, 1980），以及 Anna Roosevelt et al., "Eighth millennium pottery from a prehistoric shell midden in the Brazilian Amazon," *Science* 254:1621-24（1991）。论中美洲：Michael Coe, *Mexico*, 3rd ed.（New York: Thames and Hudson, 1984），以及 Michael Coe, *The Maya*, 3rd ed.（New York: Thames and Hudson, 1984）。论美国东部：Vincas

Steponaitis, "Prehistoric archaeology in the southeastern United States 1970-1985," *Annual Reviews of Anthropology* 15:363-404（1986）；Bruce Smith, "The archaeology of the southeastern United States: From Dalton to de Soto, 10,500-500 B.P.," *Advances in World Archaeology* 5:1-92（1986）；William Keegan, ed., *Emergent Horticultural Economies of the Eastern Woodlands*（Carbondale: Southern Illinois University, 1987）；Bruce Smith, "Origins of agriculture in eastern North America," *Science* 246:1566-71（1989）；Bruce Smith, *The Mississippian Emergence*（Washington, D.C.: Smithsonian Institution Press, 1990）；以及 Judith Bense, *Archaeology of the Southeastern United States*（San Diego: Academic Press, 1994）。论北美洲土著的一份简要文献为 Philip Kopper, *The Smithsonian Book of North American Indians before the Coming of the Europeans*（Washington, D.C.: Smithsonian Institution Press, 1986）。Bruce Smith, "The origins of agriculture in the Americas," *Evolutionary Anthropology* 3:174-84（1995），讨论新大陆食物生产起源早晚的争论。

任何倾向认为新大陆食物生产与社会乃受限于美洲土著自身的文化或心理状态，而非受限于可供其驯化的野生品种的论者，应拜读三本论大平原印第安社会因马匹到来而转型的著作：Frank Row, *The Indian and the Horse*（Norman: University of Oklahoma Press, 1955），John Ewers, *The Blackfeet: Raiders on the Northwestern Plains*（Norman: University of Oklahoma Press, 1958），以及 Ernest Wallace and E. Adamson Hoebel, *The Comanches: Lords of the South Plains*（Norman: University of Oklahoma Press, 1986）。

在联结语系传播与粮食生产兴起的讨论中，有关欧洲的一部经典著作为 Albert Ammerman and L. L. Cavalli-Sforza, *The Neolithic Transition and the Genetics of Populations in Europe*（Princeton: Princeton University Press, 1984），Peter Bellwood, "The Austronesian dispersal and the origin of languages," *Scientific American* 265（1）:88-93（1991），则论南岛语族文化圈。引述世界各地案例的研究为 L. L. Cavalli-Sforza 等人的两本著作，而 Merritt Ruhlen 引述关于印欧语系扩张正反诠释的书，则提供了了解这些分歧观点的机会：Colin Renfrew, *Archaeology and Language: The Puzzle of Indo-European Origins*（Cambridge: Cambridge University Press, 1987），以及 J. P. Mallory, *In Search of the Indo-Europeans*（London: Thames and Hudson, 1989）。关于俄罗斯对西伯利亚扩张请参看：George Lantzeff and Richard Pierce, *Eastward to Empire*（Montreal: McGill-Queens University Press, 1973），以及 W. Bruce Lincoln, *The Conquest of a Continent*（New York: Random House, 1994）。

关于美洲土著语言，从中区分出许多不同语系的主流看法，例如 Lyle Campbell and Marianne Mithun, *The Languages of Native America*（Austin: University of Texas, 1979）。将所有爱斯基摩–阿留申语系以及纳–德内语系的美洲土著语言

划入美洲印第安语系（Amerind family）的相反论点，呈现于 Joseph Greenberg, *Language in the Americas*（Stanford: Stanford University Press, 1987），以及 Merritt Ruhlen, *A Guide to the World's Languages*, vol. 1（Stanford: Stanford University Press, 1987）。

关于欧亚大陆上交通用的轮子的起源与传播，常规观点为 M. A. Littauer and J. H. Crouwel, *Wheeled Vehicles and Ridden Animals in the Ancient Near East*（Leiden: Brill, 1979），以及 Stuart Piggott, *The Earliest Wheeled Transport*（London: Thames and Hudson, 1983）。

讨论格陵兰与美洲诺尔斯人殖民地的崛起与衰亡的书籍，包括 Finn Gad, *The History of Greenland*, vol. 1（Montreal: McGill-Queen University Press, 1971），G. J. Marcus, *The Conquest of the North Atlantic*（New York: Oxford University Press, 1981），Gwyn Jones, *The Norse Atlantic Saga*, 2nd ed.（New York: Oxford University Press, 1986），以及 Christopher Morris and D. James Rackham, eds., *Norse and Later Settlement and Subsistence in the North Atlantic*（Glasgow: University of Glasgow, 1992）。Samuel Eliot Morison的两本书提供了早期欧洲人航行至新大陆极佳的叙述：*The European Discovery of America: The Northern Voyages, A.D. 500-1600*（New York: Oxford University Press, 1971），以及 *The European Discovery of America: The Southern Voyages, A.D. 1492-1616*（New York: Oxford University Press, 1974）。欧洲海外扩张之滥觞讨论于 Felipe Fernández-Armesto, *Before Columbus: Exploration and Colonization from the Mediterranean to the Atlantic, 1229-1492*（London: Macmillan Education, 1987）。关于史上最著名的航行，哥伦布笔下不容错过的逐日记载，重刊为 Oliver Dunn and James Kelley, Jr., *The Diario of Christopher Columbus's First Voyage to America, 1492-1493*（Norman: University of Oklahoma University Press, 1989）。

本书中关于民族间的征服或杀戮大抵客观的讨论，补充资料见这本论北加利福尼亚雅希小部落的灭亡，以及该部落唯一幸存者伊希（Ishi）出现的经典著述：Theodora Kroeber, *Ishi in Two Worlds*（Berkeley: University of California Press, 1961）。以土著语言在美洲及其他地方的消失为题的有 Robert Robins and Eugenius Uhlenbeck, *Endangered Languages*（Providence: Berg, 1991），Joshua Fishman, *Reversing Language Shift*（Clevedon: Multilingual Matters, 1991），以及 Michael Krauss, "The world's languages in crisis," *Language* 68:4-10（1992）。

第 19 章

论非洲大陆考古学、史前史以及历史的书籍包括 Roland Oliver and Brian Fagan, *Africa in the Iron Age*（Cambridge: Cambridge University Press, 1975），

Roland Oliver and J. D. Fage, *A Short History of Africa*, 5th ed. (Harmondsworth: Penguin, 1975), J. D. Fage, *A History of Africa* (London: Hutchinson, 1978), Roland Oliver, *The African Experience* (London: Weidenfeld and Nicolson, 1991), Thurstan Shaw et al., eds., *The Archaeology of Africa: Food, Metals, and Towns* (New York: Routledge, 1993), 以及 David Phillipson, *African Archaeology*, 2nd ed. (Cambridge: Cambridge University Press, 1993)。非洲过往语言学与考古学证据之间的关联，总结于 Christopher Ehret and Merrick Posnansky, eds., *The Archaeological and Linguistic Reconstruction of African History* (Berkeley: University of California Press, 1982)。疾病的角色讨论于 Gerald Hartwig and K. David Patterson, eds., *Disease in African History* (Durham: Duke University Press, 1978)。

至于食物生产，许多为第 4～10 章列出的延伸阅读讨论了非洲。同样值得注意的有 Christopher Ehret, "On the antiquity of agriculture in Ethiopia," *Journal of African History* 20:161-77 (1979); J. Desmond Clark and Steven Brandt, eds., *From Hunters to Farmers: The Causes and Consequences of Food Production in Africa* (Berkeley: University of California Press, 1984); Art Hansen and Delia McMillan, eds., *Food in Sub-Saharan Africa* (Boulder, Colo.: Rienner, 1986); Fred Wendorf et al., "Saharan exploitation of plants 8,000 years B.P.," *Nature* 359:721-24 (1992); Andrew Smith, *Pastoralism in Africa* (London: Hurst, 1992); 以及 Andrew Smith, "Origin and spread of pastoralism in Africa," *Annual Reviews of Anthropology* 21:125-41 (1992)。

关于马达加斯加，入门作品为 Robert Dewar and Henry Wright, "The culture history of Madagascar," *Journal of World Prehistory* 7:417-66 (1993), 以及 Pierre Verin, *The History of Civilization in North Madagascar* (Rotterdam: Balkema, 1986)。关于马达加斯加殖民源头详细的语言学考证研究为 Otto Dahl, *Migration from Kalimantan to Madagascar* (Oslo: Norwegian University Press, 1991)。支持印度尼西亚与东非接触的可能音乐证据讨论于 A. M. Jones, *Africa and Indonesia: The Evidence of the Xylophone and Other Musical and Cultural Factors* (Leiden: Brill, 1971)。马达加斯加早期聚落的重要证据，来自现已灭绝的动物的定年遗骸，并汇整于 Robert Dewar, "Extinctions in Madagascar: The loss of the subfossil fauna," pp. 574-93 in Paul Martin and Richard Klein, eds., *Quaternary Extinctions* (Tucson: University of Arizona Press, 1984)。吊足人胃口的后续遗骸发现报道于 R. D. E. MacPhee and David Burney, "Dating of modified femora of extinct dwarf Hippopotamus from Southern Madagascar," *Journal of Archaeological Science* 18:695-701 (1991)。人类殖民的滥觞，以古植物学证据评估于 David Burney, "Late Holocene vegetational change in Central Madagascar," *Quaternary Research* 28:130-43 (1987)。

收场白

希腊的环境退化与文明没落之间的关联，请参看 Tjeerd van Andel et al.,"Five thousand years of land use and abuse in the southern Argolid," *Hesperia* 55:103-28 (1986), Tjeerd van Andel and Curtis Runnels, *Beyond the Acropolis: A Rural Greek Past* (Stanford: Stanford University Press, 1987), 以及 Curtis Runnels, "Environmental degradation in ancient Greece," *Scientific American* 272（3）:72-75（1995）。Patricia Fall et al., "Fossil hyrax middens from the Middle East: A record of paleovegetation and human disturbance,"pp. 408-27 in Julio Betancourt et al., eds., *Packrat Middens* (Tucson: University of Arizona Press, 1990), 则探讨了佩特拉的没落，Robert Adams, *Heartland of Cities* (Chicago: University of Chicago Press, 1981), 则探讨了美索不达米亚的没落。

讨论中国、印度、伊斯兰世界以及欧洲历史间差异的一段有趣诠释提供于 E. L. Jones, *The European Miracle*, 2nd ed.（Cambridge: Cambridge University Press, 1987）。Louise Levathes, *When China Ruled the Seas*（New York: Simon and Schuster, 1994), 描述了导致中国舰队停航的权力斗争。第 16 ~ 17 章的延伸阅读提供了其他讨论中国早期历史的参考数据。

中亚游牧民对欧亚定居农民复杂文明之影响讨论于 Bennett Bronson, "The role of barbarians in the fall of states," pp. 196-218 in Norman Yoffee and George Cowgill, eds., *The Collapse of Ancient States and Civilizations* (Tucson: University of Arizona Press, 1988)。

混沌理论与历史学之间的潜在关联由 Michael Shermer 讨论于论文 "Exorcising Laplace's demon: Chaos and antichaos, history and metahistory," *History and Theory* 34:59-83（1995), 该论文也提供了讨论 QWERTY 键盘之成功的参考文献，而 Everett Rogers, *Diffusion of Innovations*, 3rd ed.（New York: Free Press, 1983）也收录了这些信息。

1930 年那场差点置希特勒于死地的车祸的证词，可在希特勒车内一名乘客奥托·瓦格纳（Otto Wagener）的回忆录中读到。这些回忆录已由 Henry Turner, Jr. 汇编于 *Hitler: Memoirs of a Confidant*（New Haven: Yale University Press, 1978), 他之后还在章节中臆测了如果希特勒在 1930 年就去世了，一切又将会如何发展："Hitler's impact on history," in David Wetzel, ed., *German History: Ideas, Institutions, and Individuals*（New York: Praeger, 1996）。

关心大历史问题的历史学家写的许多杰作包括 Sidney Hook, *The Hero in History*（Boston: Beacon Press, 1943), Patrick Gardiner, ed., *Theories of History*（New York: Free Press, 1959), Fernand Braudel, *Civilization and Capitalism*（New

York: Harper and Row, 1979）, Fernand Braudel, *On History*（Chicago: University of Chicago Press, 1980）, Peter Novick, *That Noble Dream*（Cambridge: Cambridge University Press, 1988）, 以及 Henry Hobhouse, *Forces of Change*（London: Sedgewick and Jackson, 1989）。

生物学家 Ernst Mayr 的一些作品讨论了历史性与非历史性学科之间的差异，其中特别点出了生物学与物理学之间的对立，不过他所谈的大都也适用于人类史领域，他的观点可参见其 *Evolution and the Diversity of Life*（Cambridge: Harvard University Press, 1976）的第 25章，以及 *Toward a New Philosophy of Biology*（Cambridge: Harvard University Press, 1988）的第一、第二章。

有关人类疾病因果关系的论证，流行病学家并非通过人体试验研究，他们利用的方法见下列专著的讨论：A. M. Lilienfeld and D. E. Lilienfeld, *Foundations of Epidemiology*, 3rd ed.（New York: Oxford University Press, 1994）。至于从生态学家的观点来运用自然实验，请参看本人的论文："Overview: Laboratory experiments, field experiments, and natural experiments," pp. 3-22 in Jared Diamond and Ted Case, eds., *Community Ecology*（New York: Harper and Row, 1986）。Paul Harvey and Mark Pagel, *The Comparative Method in Evolutionary Biology*（Oxford: Oxford University Press, 1991）分析了如何借由物种比较来得出结论。

图片来源

第 12 章 : J. Beckett / K. Perkins, American Museum of Natural History Negative 2A17202; The Metropolitan Museum of Art, Rogers Fund, 1930 (30.3.31) Image © The Metropolitan Museum of Art

第 13 章 : Heraklion Archaeological Museum—Hellenic Ministry of Culture & Sports—Archaeological Receipts Fund

插图 1: Irven DeVore, Anthro-Photo

插图 2 ~ 5: Courtesy of the author

插图 6: P. McLanahan, American Museum of Natural History. Negative 337549

插图 7: Richard Gould, American Museum of Natural History. Negative 332911

插图 8: Penny Tweedie / Alamy Stock Photo

插图 10: Bogoras, American Museum of Natural History. Negative 2975

插图 11: AP Photo / Shizuo Kambayashi

插图 12: Judith Ferster, Anthro-Photo

插图 13: R. H. Beck, American Museum of Natural History. Negative 107814

插图 14: Dan Hrdy, Anthro-Photo

插图 15: Rodman Wanamaker, American Museum of Natural History. Negative 316824

插图 16: Marjorie Shostak, Anthro-Photo

插图 17: Boris Malkin, Anthro-Photo.

插图 18: Napoleon Chagnon, Anthro-Photo

插图 19: Kirschner, American Museum of Natural History. Negative 235230

插图 20: Jason Rothe / Alamy Stock Photo

插图 21: Gladstone, Anthro-Photo

插图 22: AP Photo / Jean-Jacques Levy

插图 23: Above, AP Photo. Below, W. B., American Museum of Natural History. Negative 2A13829

插图 24: AP Photo / Boris Yurchenko

插图 25: Marjorie Shostak, Anthro-Photo

插图 26: Irven DeVore, Anthro-Photo

插图 27: Steve Winn, Anthro-Photo

插图 28: J.B. Thorpe, American Museum of Natural History. Negative 336181

插图 29 和插图 31: J. F. E. Bloss, Anthro-Photo

插图 30: AP Photo / Denis Paquin

插图 32: AP Photo / Sarah Fawcett